금강산

글쓴이 :　유홍준(영남대 교수, 미술사)
　　　　　이태호(전남대 교수, 미술사)
　　　　　김혈조(영남대 교수, 한문학)
　　　　　김효형(한국문화유산답사회 총무)

금강산

엮은이/유홍준
펴낸이/우찬규
펴낸곳/도서출판 **학고재**

1쇄 인쇄일/ 1998년 9월 20일
1쇄 발행일/ 1998년 9월 30일

등록/ 1991년 3월 4일 (제 1-1179호)
주소/ 서울시 종로구 소격동 77
전화/ 736-1713~4, 팩스/ 739-8592
편집/ 박현기 · 제송희 · 김양이 · 김은미
영업/ 박영민 · 이창후 · 최은희

디자인/ 여백
원색분해/ (주)한국커뮤니케이션
인쇄/ 독일인쇄, 제본/ 경일제책사

ⓒ 학고재

값 13,000원
 ISBN 89-85846-41-8

유홍준 엮음

금강산

학고재

차례

뜻깊은 금강산 탐승을 위하여

분단 반세기 동안 우리로부터 떨어져 있던 천하명승 금강산의 탐승길이 바야흐로 다시 열리게 됐다. 이 꿈 같은 사실이 지닌 민족사적 의미를 새기기 앞서 말할 수 없는 기쁨과 기대가 온 국민의 가슴속에서 일어난다. 벌써 몸보다 마음이 먼저 금강산에 가 있는 분이 한두 분 아닐 것이다.

이제 우리는 현실적으로 금강산 탐승과 답사의 길잡이가 될 안내서를 필요로 하게 되었다. 기왕에 나와 있는 금강산 책과 사진첩이 없는 것은 아니다. 그러나 그것은 대부분 사진모음집이거나 갈 수 없는 명승에 대한 향수에서 만들어진 책들이다. 지금 우리가 필요로 하는 바람직한 금강산 탐승의 안내서란 모름지기 그 자연과 역사와 문화유산을 깊이 있게 소개하고 옛 선인들의 경험을 공유할 수 있게 하여 모처럼의 기회를 값지고 살지게 하는 답사 길잡이 책일 것이다. 금강산에서도 "인간은 아는 만큼 볼 뿐이다"라는 답사의 원칙이 그대로 적용되는 것이다.

이런 시대적·대중적 요구에 응하여 나는 그 동안 수집하고 조사해온 자료들을 이제 한 권의 책으로 엮어내게 되었다. 책의 편집 방향은 충실한 여행 실용서이면서 동시에 풍부한 문헌 자료와 친절한 해설을 곁들여, 보고 읽고 공부하는 책으로 만든다는 자못 원대한 기획을 갖고 시도했다.

제1장 금강산의 역사와 문화유산은 금강산의 자연과 지질은 물론이고 거기에 서린 역사와 문화를 요점 정리한 개론 내지 총론으로 금강산 탐승의 길눈이로서 역할을 할 수 있을 것으로 기대된다. 제2장 금강산의 4대 탐승 명소는 금강산의 22개 탐승구역 중 현실적으로 답사가 가능한 4개의 구역을 집약적으로 소개한 것이다. 만약에 22개 구역을

모두 소개하면 독자들에게 오히려 혼선이 일어날 수 있기 때문에 4개 구역에 한정시켰다. 그러나 비로봉과 수정봉 구역 등 탐승에 도움이 되는 곳은 상세한 해설을 곁들여두었다. 이 까다롭고 복잡한 일은 그간 《답사여행의 길잡이》(전14권, 돌베개)를 책임편집하고 있는 한국문화유산답사회 김효형 총무가 맡아주었다. 그의 성실성과 치밀한 편집 자세가 아니었으면 불가능한 작업이었다. 그의 노고를 독자들과 함께 치하하고 싶다. 제3장은 금강산의 많은 전설과 일화 중 대표적인 전설인 〈나무꾼과 선녀〉와 〈울소의 내력〉 그리고 대표적인 일화인 〈금강산에 온 김삿갓〉을 소개하였다. 그 대신 바위와 계곡의 이름에 따른 짤막한 전설들은 탐승 명소에서 다루었다. 특히 〈나무꾼과 선녀〉는 40대 이상이면 초등학교 3학년 2학기 국어책에서 배웠던 글을 그대로 실어 옛 추억이 새로울 것으로 생각된다. 제4장 금강산의 지지(地誌)는 조선시대의 대표적인 인문지리서 두 권에서 발췌하였다. 《신증 동국여지승람》의 회양도호부와 고성군, 통천군의 금강산편과 이중환의 《택리지》 중 금강산편은 답사에서 가장 기본이 되는 충실한 역사지리 자료로서 제 몫을 다할 것이다.

제5장 금강산 기행문선은 그 동안 금강산을 노래한 역대 기행문들 중 한국문학사의 고전으로 된 글과 오늘날 읽어도 그 자체가 안내서로 될 수 있는 대표적인 글을 모은 것이다. 글 길이의 짧고 긴 것에 차이가 많지만 독자들이 그 사정을 헤아려 읽을 것으로 믿고 되도록이면 충실한 글모음이 되도록 노력하였다. 정철의 《관동별곡》, 김창협의 〈동유기〉, 이만부의 〈금강산기〉, 이상수의 〈동행산수기〉는 조선시대 기행시와 기행문 중 가장 뛰어난 글로 정평이 나 있는 이 분야의 고전이기도 하다. 이사벨라 버드 비숍 여사가 100년 전에 한국을 기행하고 쓴 《한국과 그 이웃나라들》 중에서 〈금강산으로의 여정〉은 지금 읽어도 우리의 심금을 울리며 많은 것을 생각케 하는 글이다. 그리고 정비석의 〈산정무한〉은 현대인에게 가장 가깝고 가장 친숙한 글이라 할 수 있을 것이다. 이 외에도 많은 기행명문이 있지만 육당 최남선, 춘원 이광수 등의 글은 워낙 장문이어서 싣지 않았다. 원문의 재록을 허락해주신 정비석 선생의 유족과 비숍의 글을 번역한 이인화 교수의 너그러운 양해에 감사드린다. 제6장에 실린 두 편의 글은 금강산의 역사를 체계적으로 한

눈에 알아볼 수 있는 대단히 유익한 논문이다. 영남대 김혈조 교수의 〈금강산을 노래한 시와 산문〉, 전남대 이태호 교수의 〈한국 산수화의 모태, 금강산과 금강산 그림〉은 제목 그대로 금강산 탐승의 역사와 그 예술적 재현을 통하여 우리의 또 다른 길눈이 되고 있는 것이다. 나의 오랜 친구이자 학문적 동반자인 두 분께 새삼 감사의 뜻을 올린다. 사실 이 책을 준비한 지는 퍽 오래다. 원래 계획으로는 내년 봄쯤에 금강산 탐승과 관계없이 펴낼 생각으로 작년부터 준비해온 것이었다. 그런데 누구나 그랬듯이 금강산 탐승의 길이 이렇게 빨리 열릴 줄 몰랐던 것이다. 그래서 학고재는 나에게 기왕이면 이 책을 되도록 빨리 마무리해줄 것을 요구했고, 나는 흔쾌히 시대와 독자의 요청에 응하기로 마음먹게 되었던 것이다.

금강산 탐승의 안내서를 만들면서 엮은이와 편집자들에게 가장 곤혹스러웠던 것은 금강산에 대한 최근의 정보와 사진이었다. 그래서 학고재는 이 책을 위하여 금강산에 다녀오는 것을 주선하였고, 뛰어난 사진술도 갖고 있는 이 교수는 생생한 현장 사진과 유익한 자료를 많이 가져와 우리는 어느 정도는 현장감 있는 길잡이 책을 만들 수 있었다. 그리고 나 또한 너무나 운좋게도 금강산을 남보다 먼저 다녀올 수 있었기 때문에 책임편집의 역할을 감당할 수 있었다. 그래서 이 책을 만드는 데 있어서 나는 누구보다도 중앙일보사 홍석현 사장님과, 통일문화연구소 권영빈 소장님께 심심한 감사의 뜻을 올린다. 중앙일보사에서 내게 금강산을 답사할 기회를 주지 않았다면 나는 이 책에 엮은이로서 이름을 걸고 펴낼 수 없었을 것이다.

제한된 경험과 자료 때문에 혹 누락되거나 잘못된 것이 있지 않을까 걱정된다. 그러나 책을 더욱 값지고 풍부하게 할 자료가 나오면 지체 없이 바로 개정 증보해 나가겠다.

학고재 우찬규 사장, 한여름 땀흘리며 편집에 열중했던 박현기·제송희 부장을 비롯한 출판사 식구들과 이 책이 출간된 기쁨을 함께 나누면서, 독자 여러분의 사랑과 칭찬을 받고 싶다.

1998. 9. 20.
엮은이 유 홍 준

1 금강산의 역사와 문화유산

유 홍 준

구룡폭포

지질과 자연

금강산의 10대미와 산악 계곡미

금강산은 현재 행정구역상 강원도 금강군(金剛郡)과 고성군(高城郡)에 걸쳐 있다. 그러나 이는 1952년 북한에서 행정구역을 개편하면서 휴전선 이북에 들어 있는 인제군(麟蹄郡), 양구군(楊口郡) 일부와 회양군(淮陽郡) 일부를 합쳐 금강군을 새로 만들면서 생긴 구분이며, 해방 무렵까지만 해도 내금강은 회양군, 외금강과 해금강은 고성군에 해당되었고, 통천군(通川郡)의 총석정(叢石亭)도 넓은 의미에서는 금강산에 포함시켜 왔다.

금강산은 한반도의 등줄기 윗부분, 백두산에서 뻗어내린 백두대간이 한 호흡 멈추어 다시 대맥을 펼치는 굵은 마디에 해당한다. 그래서 이 산줄기의 어느 부분 어느 마디보다도 굵고 굳세며 면적도 넓고 높이도 높다. 지금 북한에서 공식적으로 말하고 있는 금강산 구역은 동서로 40km, 남북으로 60km, 면적은 530km²에 달한다.

금강산의 아름다움은 비단 산봉우리에만 있지 않다. 금강산에는 이른바 10대미(十大美)가 있다. 산악미(山嶽美) · 계곡미(溪谷美) · 수림미(樹林美) · 건축조각미(建築彫刻美) · 해안미(海岸美) · 풍운조화미(風雲造化美) · 색채미(色彩美) · 전망미(展望美) · 호수미(湖水美) · 전설미(傳說美) 등이다.

금강산의 주봉인 비로봉은 해발 1638m로 수치상으로는 그리 높지 않은 것으로 생각될 수 있다. 그러나 동해바다 쪽에 바싹 붙어 있기 때문에 지표로부터 감지되는 이른바 앙시표고(仰視標高)는 4000~5000m 되는 고산 못지않게 높은 것이다.

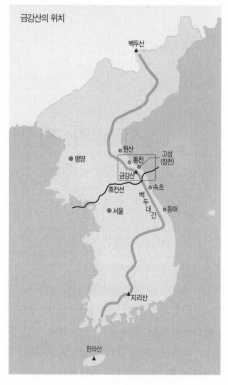

금강산의 위치

게다가 금강산 일만이천봉이라는 말이 생길 정도로 천봉만학(千峰萬壑)을 이룬다. 1500m 이상 되는 봉우리만도 10여 개, 1000m 이상 되는 봉우리는 100여 개이다. 또 봉우리의 모양도 다양하여 집선봉·일출봉·월출봉·채하봉·촛대봉·상관음·중관음·하관음봉 등은 봉우리 끝이 창끝처럼 날카롭고 기세차게 솟아 있는가 하면, 비로봉·장군봉·차일봉으로 이어지는 금강산 남쪽 등마루는 멀리서 보면 난공불락의 요새처럼 장대해 보인다. 그런가 하면 또 백옥으로 다듬은 서리꽃처럼 생겼다는 중향성(衆香城) 봉우리와 산 전체가 수정 같다는 수정봉, 바리때를 엎어놓은 듯하다는 바리봉(鉢峰)처럼 독특한 아름다움의 봉우리들이 처처에서 자태를 뽐내고 있다. 이것이 금강산이 자랑하는 아름다움의 기본인 산악미인 것이다.

금강산 10대미 중 산악미 다음가는 것은 역시 계곡미이다. 금강산은 골짜기가 깊게 파인 급경사 절벽지형으로 이루어졌기 때문에 계곡이 크게 발달하였다. 외금강은 동해안 해안 충적평야와 붙어 있어 지형의 상대적 높이가 크고 절벽이 많으며, 반면에 내금강은 내륙 산악지형과 인접해 있어 보다 느린 경사를 이루며 계단 모양의 절벽지형을 이루고 있다. 따라서 외금강 골짜기는 급하고 폭포가 많은 반면에 내금강 골짜기는 물이 머물고 가는 소(沼)와 담(潭)이 더 발달했다. 그리하여 금강산에는 천변만화(千變萬化)의 계곡이 생겨났으며, 외금강의 옥류동·선하계·한하계·만상계, 내금강의 만폭동·구성동·금장동·백천동·영원동 계곡은 금강산의 아름다움이 산악미인가 계곡미인가를 가늠키 어려운 일대 장관을 이룬다. 그리고 구룡(九龍)폭포, 비봉(飛鳳)폭포, 십이(十

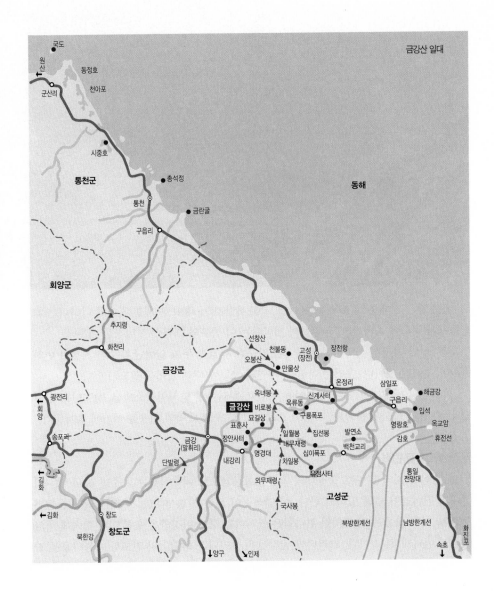

금강산 일대

국도
원산
동정호
군산리
천아포
시중호
통천군
총석정
동해
통천
금란굴
구읍리
회양군
추지령
화천리
금강군
선창산
천불동
고성
(장전)
장전항
오봉산
만물상
온정리
삼일포
해금강
광전리
옥녀봉
신계사터
구읍리
입석
회양
옥류동
비로봉
금강산
구룡폭포
옥교암
송포과
묘길상
장안사터
표훈사
일월봉
집선봉
발연소
영랑호
감호
휴전선
김화
금강
(말휘리)
내강리
명경대
내무재령
백천교리
통일
전망대
단발령
외무재령
십이폭포
차일봉
유점사터
고성군
김화
창도
국사봉
북방한계선
남방한계선
화진포
창도군
북한강
양구
인제
속초

二)폭포 같은 장대한 폭포와 육화(六花)폭포처럼 비가 많이 올 때면 홀연히 나타나는 계절폭포가 곳곳에 숨어 있어 금강산의 계곡미는 이 폭포와 더불어 신비경을 이룬다.

금강산의 이러한 산악미와 계곡미는 장구한 세월을 두고 일어난 특수한 지질의 변화에서 이루어진 것이니, 우리는 먼저 이 자연의 조화에 대해 알아둘 필요가 있다.

금강산의 지질과 자연에 대하여는 북한 사회과학원 역사연구소에서 1984년도에 펴낸《금강산의 력사와 문화》에 자세히 소개되어 있어 그 대략의 내용을 여기에 옮겨둔다.

금강산의 지질 변화

금강산의 지질은 주로 중생대의 흑운모화강암으로 이루어졌는데 주변 지구에는 시생대의 편마암이 널려 있다고 한다. 이 암석들이 오랜 지질시대를 거치면서 융기운동과 풍화 및 삭박 작용을 받아 약한 편마암은 씻겨나고 강한 화강암은 수천 미터 땅속에서 의연히 솟아나게 된 것이다. 그러니까 금강산은 우리나라 화강암의 견고한 아름다움을 집

금강산 비로봉 전경, 1930년대 사진

약적으로 보여주는 곳이며, 노년기 지형이 아니면 이루어낼 수 없는 수천만 년의 인고와
연륜을 거친 자연의 조화인 것이다.

금강산 산봉우리들이 기묘한 형상을 하게 된 것은 처음 암체가 식으면서 굳어질 때
입자가 고운 윗부분에 가로 세로의 응축 틈결이 무수히 생겨났는데 이것이 그 후 이른바
풍화 · 삭박 작용에 의해 비바람에 깎이고 떨어져 나가면서 저마다 기묘한 형상을 하게
된 것이다. 그런 중 같은 외금강이라도 옥류동 계곡의 봉우리들은 가로로 갈라진 판상
(板狀) 절리(節理)가 많고, 만물상 쪽으로는 세로로 쪼개진 주상(柱狀) 절리가 많으며
틈결이 보다 적게 이루어진 아랫바닥 쪽에는 너럭바위를 형성하였다. 그리고 떨어져 나
간 바윗덩이들이 아래쪽으로 굴러 골짜기에 쌓이고 그것이 수수만 년 물결에 씻겨 고운
냇돌로 다듬어진 것이다.

해금강과 삼일포는 이러한 지질작용 이외에 동해바다에서 일어난 해침(海浸)작용에
의해 생긴 것이다. 삼일포는 환상(環狀) 절리현상으로 형성된 둥근고리 모양의 화강암

봉우리들이 바닷물에 잠긴 다음 남강의 흐름에 의해 생겨난 해안 하적호(河跡湖)이며, 해금강 만물상은 해침 해안대의 바위 벼랑이고, 총석정은 지각변동으로 솟아오른 현무암이다.

금강산의 숲과 나무

금강산의 10대미 중 세번째로 수림미를 내세울 정도로 금강산은 숲이 무성하다. 금강산에는 940여 종의 식물, 그 중 꽃피는 식물이 880여 종 자라고 있는 것으로 조사되어 있다. 금강산은 식물분포상 우리나라 중부지대 식물분포군을 대표하면서도 온대 남부계통 식물과 고산지대 아한대성 식물까지 자라고 있기 때문에 매우 다양한 것이다.

금강산의 식물분포는 군락에 따라 큰 차이를 보이고 있는데 해발 300~400m 아래는 소나무 단순림, 해발 300~800m는 소나무와 참나무류의 혼성림, 그 위로는 활엽수림을 이룬다.

이처럼 금강산의 숲을 이루는 나무는 소나무와 참나무가 기본인데, 금강산 소나무는 키가 20m 이상 곧게 뻗은 붉은 줄기의 미인송(美人松)으로 그 아리따운 자태는 늘씬한 미인으로 가득한 해변가를 연상케 한다. 특히 옥류동으로 들어가는 신계사터 입구와 만물상으로 오르는 한하계 입구의 미인송은 그것만으로도 감탄과 찬미의 대상이 되고 있다.

소나무숲에는 철쭉 · 진달래 · 신갈나무 · 붉나무 · 단풍나무 들이 무성히 자라고 있고 때로는 때죽나무가 낮게 깔린 곳도 있다.

혼성림지대에는 참나무와 소나무가 큰키나무층을 이루는데 습기 많은 골짜기에는 가래나무 · 단풍나무 · 서어나무 · 오리나무 들이 넓게 퍼져 있다. 그리고 맨 위층 활엽수림은 참나무를 기본으로 하면서 피나무 · 단풍나무 · 고로쇠나무 · 층층나무 들이 자라고 있다.

따라서 금강산은 늘푸른 바늘잎나무의 청명한 초록빛이 사철을 받쳐주면서 봄철의 진달래 · 철쭉, 가을철의 단풍나무로 화려하게 색채를 바꾼다. 그 변화가 너무도 화려하여 금강산 10대미 중에 색채미가 별도의 장을 차지하고 있고 풍악산이라는 별칭도 생겨났다. 그러나 초록 단색에 비안개가 덮이는 여름이나 흰눈이 쌓인 겨울 금강산은 단일 톤의 수묵화를 보는 듯한 깊고 그윽한 맛을 연출해준다.

금강산엔 초본식물로 미역취·우산나물·마타리·금강봄맞이·노루발풀 등이 무성하고 덩굴식물로는 산삼·더덕·머루·다래 등이 자란다. 또 희귀한 특산식물도 많은데 금강국수나무와 금강초롱은 금강산에서만 발견되는 1속 1종의 천연기념물이다.

금강산의 새와 짐승

금강산은 산악지대로서는 기후가 비교적 온화하고 숲이 울창하며 또 높은 산이 많아서 여러 종류의 동물들이 지역별로 다양하게 분포되어 있다. 20세기 초까지만 하여도 범, 표범, 사슴, 노루가 많이 살고 있었으나 일제 강점기에 "해로운 짐승을 없앤다"는 구실 아래 무차별적 사냥을 벌여 거의 종자를 찾아볼 수 없게 됐다. 그러나 사슴과 노루는 동물보호방침에 의해 다시 증식되어가고 있는 추세라고 한다.

지금 현재 살고 있는 대표적인 초식동물은 메(山)토끼·사향노루이고, 육식동물은 곰·오소리·족제비·여우 등이며, 열매를 먹고 사는 다람쥐, 벌레를 먹고 사는 고슴도치·박쥐 등이 있다. 책자에 의하면 금강산에는 뱀도 있는 것으로 되어 있는데 금강산 관리원과 안내원들은 금강산은 영산(靈山)이어서 뱀 같은 해로운 짐승은 없다고 자랑하고 있으니 많지는 않은 모양이다.

금강산의 아름다움을 더욱 풍요롭게 해주는 짐승은 뭐니뭐니해도 새들이다. 서식하고 있는 새들의 종류가 아주 다양해서 동물분류학상 비둘기목, 두루미목, 도요새목, 두견이목, 부엉이목, 칼새목, 딱다구리목 등 20여 목(目)에 속하는 새들이 있다.

새들은 생태상 계절에 따라 오가는 철새(여름새와 겨울새)와 일년 내내 금강산에 사는 텃새로 분류하는데, 이들이 철마다 우짖고 노래하는 소리는 금강산의 청량한 음악이라 할 수 있다. 금강산 10대미에는 새소리와 계곡 소리의 음향미(音響美)도 당연히 들어가야 하지 않을까 생각해볼 정도로 새소리가 아름답다.

　겨우내 모습을 잘 드러내지 않는 새들이 다시 나타나는 것은 눈 녹고 양지쪽에 개나리, 진달래가 피기 시작하는 3월이다. 제일 먼저 종달새, 할미새, 찌르레기가 나타나고 뒤이어 4월엔 휘파람새 · 꾀꼬리 · 접동새 · 칼새 · 물총새 들이 날아들며 뻐꾸기는 가장 늦어서 5월이 되어야 날아온다. 이는 우리나라 산새들의 공통된 움직임이다.

　이때가 되면 텃새들도 활동을 시작하여 꿩, 메추리, 메비둘기, 딱다구리, 수리부엉이, 박새 등이 철새들과 어울려 살게 된다. 금강산의 새들은 대개 5~6월에 새끼를 친다. 그래서 그들이 짝짓기를 위해 목청을 높이는 봄철은 꽃의 계절일 뿐 아니라 새들의 계절도 된다.

　금강산의 여름새들은 단풍이 들기 시작할 때면 겨울나기를 할 곳으로 하나씩 떠나간다. 제일 늦게 온 뻐꾸기가 가장 먼저 떠나고 뒤이어 꾀꼬리, 후투티, 찌르레기, 칼새 등이 떠나고 할미새가 가장 늦게 떠난다.

　반면에 이때가 되면 콩새, 방울새, 황여새 같은 겨울새들이 금강산으로 찾아와 겨울을 나고 봄이 되면 북쪽으로 떠난다. 그래서 항시 금강산엔 새들이 살고 있고 그 중엔 이로운 새들이 많아 나무 속 벌레를 잡아먹으므로 산림 보호의 최고 가는 일꾼이 되고 있다. 벌레를 잡아먹는 데는 박새가 최고의 선수이고 할미새도 산림 보호의 큰 일꾼이다.

　금강산에는 물고기와 곤충들도 많다. 곳곳에 사는 금강모치, 열목어, 어름치 등은 살아 있는 계곡의 숨결을 전해주는 듯하고, 여러 종류의 나비와 잠자리들은 금강산을 더욱 정겹고 아름답게 해준다.

금강산의 날씨

　금강산의 10대미 중에는 풍운조화미가 있는데 이는 금강산의 독특한 기후 때문에 생기는 것이다. 금강산의 날씨는 우리나라의 전반적인 기후와 비교할 때 비교적 따뜻한 편이나 비와 눈이 가장 많이 오는 지역이다.

또 내금강과 외금강의 차이가 심하여 연평균 기온이 각각 7.4℃, 11.2℃로 나타날 정도로 내륙 쪽이 더 춥다. 이는 내금강은 대륙성기후임에 반하여 외금강은 해양성기후의 특성을 나타내기 때문이다. 또 산 높이에 따라 기온차를 보이는데 보통 100m 올라감에 따라 1℃씩 낮아진다.

금강산에는 눈비가 많이 내리는 것으로 유명하다. 그래서 금강산엔 한 달 30일 중에 40일 비가 내린다는 말조차 생겨났다. 특히 7~8월에 많은데, 내금강은 7월에, 외금강은 8월 하순부터 9월 상순에 무더기 비가 많이 내리는 것으로 관측됐으며, 1964년에 1년 동안 2419mm의 비가 내린 것은 관측사상 최고 기록이다. 금강산에는 눈도 많이 내려 많을 때는 2m 이상 쌓이는 때도 있다.

금강산에는 봄가을로 '금강내기' 라는 강한 바람이 분다. 이는 산에서 바다 쪽으로 가면서 무덥고 메마른 강풍이 일어나는 것인데 보통 초속 40m 이상 된다고 한다.

이런 이유로 금강산 일대에는 갠 날보다 비오거나 흐린 날이 더 많으며 높은 지대는 하늘이 맑았다가도 갑자기 안개구름이 덮이고, 반대로 짙은 안개가 거짓말처럼 걷히면서 홀연히 모습을 드러내기도 한다.

실제로 역대 기행문을 보면 비안개로 인한 안타까운 심정과 환상적인 경험을 말하지 않은 이가 없을 정도이다. 그래서 금강산은 풍운조화에 의한 신비로운 아름다움이 있다고 칭송되기도 하고, 좋은 사람이 오면 모습을 드러내고 나쁜 사람이 오면 감춘다는 귀여운 속설이 생겨나기도 했다.

금강산 명칭의 유래

개골산 · 풍악산 · 상악산

    금강산은 그 이름이 매우 다양하여 풍악(楓嶽) · 개골(皆骨) · 봉래(蓬萊) · 상악(霜嶽) · 선산(仙山) · 기달(怾怛) · 열반(涅槃) · 중향성(衆香城) · 해악(海嶽) 등으로 불려왔다. 이를 역사적 · 내용적으로 분류해보면 처음에는 형상을 표현한 풍악 · 개골 · 상악 등으로 불리다가 불교적 개념으로 이름이 바뀌면서 금강 · 기달 · 열반 · 중향성 등으로 불리게 되었으며, 한편으로는 신선사상과 함께 봉래 · 선산 · 해악 등의 이름이 가미된 것으로 추정되고 있다.

    현재까지 알려진 문헌기록상 가장 오래된 금강산 이름은 《삼국사기》에서 개골산 또는 상악산이라고 한 것과 《삼국유사》에서 진표(眞表)율사의 행적을 말하면서 풍악산이라고 한 것이다. 개골은 금강산 봉우리들이 모두 뼈를 드러낸 것 같다는 뜻이고, 상악은 멧부리가 서릿발 같다는 뜻이며, 풍악은 단풍이 아름다운 산이라는 뜻에서 나온 것이다. 금강산의 아름다운 자태에서 나온 이러한 이름들은 12~13세기 고려 중엽까지 일반화되어 이인로(李仁老)의 《파한집(破閑集)》과 최자(崔滋)의 《보한집(補閑集)》 등에서는 "풍악산은 개골산이라고도 한다"며 두 명칭을 두루 사용하였다.

금강산의 내력과 《화엄경》

    금강산이라는 이름이 나타나는 것은 14세기 최해(崔瀣)가 한 스님이 금강산을 유람하러 떠나는 것을 읊은 글에서 "세상에서는 풍악이라고 부르는 이 산을 중의 무리들은 금강산이라고 한다"고 말한 구절에서 처음 만나게 된다. 이렇게 스님사회에서 부르던 이름이 이내 일반화된 것 같다. 그래서 조선시대 사대부들은 이 불교적 이름이 못마땅하여 애써 금강이라는 이름을 피하려고 해서 풍악, 봉래 등을 즐겨 사용하고 기행문을 쓰면서는 '동유기(東遊記)'라는 제목을 많이 달았다. 그러나 조선 초 15세기 남효온(南孝溫;1454~92) 같은 이는 "금강산이라고 불린 지 하도 오래되어 갑작스레 바꾸기 힘들어 나도 금강이라고 하겠다"며 그 기행문을 〈유금강산기(遊金剛山記)〉라고 했다. 불교에서 금강이란 범어인 바즈라(vajra)를 한자로 의역한 것인데 견고함을 의미한다. 그런데 신기하게도 불교 경전 《화엄경(華嚴經)》 중 '보살주처품(菩薩住處品)'에 법기(法起) 보살의 상주처가 금강산이라고 되어 있다.

바다 가운데 금강산(혹은 怾怛)이라는 곳이 있는데 예부터 여러 보살들이 그곳에 머물고 있다. 지금은 법기(혹은 담무갈)보살이 있어 그 권속과 여러 보살들 1200(혹은 1만 2000)인과 함께 그 가운데 항상 머무르며 설법하고 있다.

'기달'이란 범어의 음역이고 그것을 의역한 것이 금강이며, 다르모가타(Dharmodgata)를 음역한 것이 담무갈(曇無竭)이고 의역한 것이 법기보살이다. 여기에서 우리는 금강산과 일만이천봉의 유래가 《화엄경》의 천상계(혹은 전설적인) 얘기를 이끌어 만들어진 것임을 어렵지 않게 짐작할 수 있다.

고려 태조와 〈법기보살 출현도〉

법기보살의 상주처라는 금강산이 다름 아닌 풍악산이라는 주장은 고려 태조의 배점(拜岾, 혹은 배재령) 전설로 이어진다. 고려 태조가 어느 날 풍악산에 왔는데 내금강 배재령에 다다랐을 때 갑자기 멀리서 일만이천 봉우리를 배경으로 하여 법기보살이 빛을 발하며 나타났다는 것이다. 그래서 태조는 황급히 엎드려 절을 했는데 그 절한 곳은 배점

노영, 〈법기보살 출현도〉(부분), 1307년, 국립중앙박물관 소장. 그림 왼쪽 아래에 엎드려 있는 인물이 고려 태조이고 오른쪽에 두광을 쓴 보살이 법기보살이다. 그리고 왼쪽 상단의 날카로운 봉우리들이 금강산 연봉이다.

이라 하고, 법기보살이 출현한 곳을 방광대(放光臺)라 하며 그 자리에 정양사를 세웠다는 것이다.

이 이야기는 1307년에 강화도 선원사(禪源寺) 반두(班頭)였던 노영(魯英)이 제작한 작은 칠병(漆屛)에 그림으로 그려져 있다. 이 〈법기보살 출현도〉(혹은 〈담무갈보살 현현도(顯現圖)〉, 국립중앙박물관 소장)는 현재까지 알려진 가장 오래된 금강산 그림인 셈이며 금강산의 명칭뿐만 아니라 일만이천봉의 유래를 말해주는 가장 유력한 물증이 되고 있다. 결국 풍악산이 《화엄경》의 금강산으로 둔갑한 셈인데, 사람들은 또 이를 역으로 생각하거나 혹은 신비로운 일치라고 생각하기도 했다.

이리하여 목은 이색의 아버지인 가정(稼亭) 이곡(李穀;1298~1351)은 〈금강산 장안사 중흥기(重興記)〉를 쓰면서 이렇게 말하고 있다.

금강산은 고려의 동쪽에 있는데……이 산은 이름이 천하에 유명할 뿐만 아니라 실제로 불경에도 수록되어 있다. 《화엄경》에서 말한 바로는 동북쪽 바다에 금강산이 있는데 담무갈보살과 일만이천 권속이 항시 반야경을 설법하고 있다는 것이 바로 그것이다. 옛날에 우리나라 사람들은 이것을 모르고 그냥 선산(仙山)이라고 했다.

금강산의 불교적 명칭인 열반, 중향성, 기달 등이 하나의 별칭으로 독립적으로 쓰인 예는 보이지 않는다. 다만 중향성은 범어 간다바르타(Gandhovarti)를 한자로 의역한 것으로 이른바 담무갈보살이 거주하는 곳을 일컫는다. 그리고 중향성은 금강산 봉우리 중

하나의 이름으로 지금도 불리고 있다.

봉래산과 선산

금강산은 일찍부터 전통적인 신선사상과 함께 신선이 사는 산이라는 뜻으로 선산(仙山)이라고 불렸는데 16세기에는 중국 전설에 나오는 삼신산(三神山)의 하나로 지목되게 됐다. 차천로(車天輅;1556~1615)는 〈삼신산설〉에서 "삼신산으로 불리는 방장산(方丈山)은 지리산, 영주산(瀛州山)은 한라산 그리고 봉래산은 금강산으로 생각되고 있다"고 했다.

이렇게 얻어진 봉래산이라는 이름이 금강산의 별칭으로 더욱 유명해지게 되는 것은 16세기 낭만의 시인이자 서예가였던 양사언(楊士彦;1517~84) 덕분이다. 그는 금강산에 살면서 많은 아름다운 시를 지었으며 호를 아예 봉래라 하고 만폭동 계곡 너럭바위에 금강(봉래ㆍ풍악)산에서 으뜸가는 계곡이라는 뜻으로 '蓬萊楓嶽 元化洞天(봉래풍악원화동천)'이라는 글씨를 힘차고 유려한 필치로 장대하게 새겨놓아 많은 사람들을 감동시켰다.

이렇게 얻어진 금강산의 여러 이름들이 20세기에 들어와 본격적으로 탐승길이 열리면서 봄철은 금강산, 여름철은 봉래산, 가을철은 풍악산, 겨울철은 개골산으로 그 이름을 나누어 갖게 되었고 영어로는 다이아몬드 마운틴(Diamond Mountain)으로 번역되고 있다.

금강산의 유적과 문화재

금강산은 그 역사와 함께 많은 유적과 문화재를 남겼다. 불행히도 한국전쟁을 겪으면서 대부분의 목조건축과 공예품들을 잃었고, 금강산 출토유물을 전하는 역사박물관이 따로 건립되지 못하여 뿔뿔이 흩어져 있지만 그 자취는 역력히 남아 있다.

고인돌과 산성

내금강이 있는 금강군 일대에는 모두 16기의 고인돌이 조사·보고된 바 있는데 현재는 금강군 순갑리, 현리, 소곤리 등에 2~4기씩 남아 있는 것으로 알려졌다. 이는 금강산의 역사를 3천년 이상으로 끌어올리는 거석 기념 유적이다.

고인돌 주변에서 발견된 활촉, 창끝, 단검, 반달칼 등은 지금 고성군에 있는 강원도역사박물관에 소장되어 있다.

금강산에는 많은 옛 성터가 남아 있다. 현재까지 발견된 것으로는 둘레 530m, 높이 3m의 온정리 옛 성터와 내금강의 망군성터(둘레 260m)가 가장 뚜렷한 것인데 이 외에도 고성군 일대에는 10여 개의 산성터 자취들이 발견되고 있다. 대부분은 고구려시대에 축조된 것으로 추정되고 있으나 그 중엔 고려 때 것도 있으리라 생각되기도 한다.

석탑, 석등, 부도

우리나라 불교유적 중 가장 시대성을 잘 반영하는 것이 석탑이다. 석탑은 그 내구성으로 병화(兵火)를 이겨내기 때문에 폐사가 되더라도 으레 절터에 남아 있는 석탑이 그 역사와 연륜을 지켜주곤 한다.

금강산엔 3고탑(三古塔)이 있다고 말해지고 있다. 장연사(長淵寺)터 3층석탑, 정양사(正陽寺) 3층석탑, 신계사(神溪寺)터 3층석탑 등 3기의 3층석탑이다.

이 금강산 3고탑은 모두 통일신라 말, 즉 9세기 양식으로 4m 안팎의 아담한 탑이다. 3고탑에는 지역성과 시대성을 동시에 반영하는 다음과 같은 양식상의 공통점이 있다.

첫째, 1층 몸돌(탑신)에 조각이 있다. 둘째, 1층 몸돌에 기둥을 돋을새김했다. 셋째, 받침대(기단)가 높고 몸돌은 3층으로 점점 좁아진다. 넷째, 지붕돌(옥개석)의 층급받침은 4단으로 되어 있다. 다섯째, 처마를 짧게 하고 그 끝은 두껍게 했다. 이는 모두 우리나라 9세기 석탑의 특징이기도 하다.

금강산에는 이 외에도 금장암터에 고려시대에 제작된 4사자 석탑과 표훈사 반야보전 앞에 조선시대에 세워진 7층석탑이 있다.

석등으로는 묘길상 앞에 있는 4각석등이 높이 3.7m로 장대하고, 정양사에는 높이 3m의 6각석등이 아주 특색 있는데 모두 고려시대를 대표하는 당당한 유물이다.

부도와 돌비석은 절터마다 몇 기씩 남아 있다. 그 중 표훈사 아래 백화암터 부도밭에는 청허당 서산대사의 부도와 비석을 비롯하여 편양당, 설봉당, 제월당, 풍담당, 취진당 등의 부도가 있어 제법 규모가 크고 장대한 느낌을 준다.

이 외에도 장안사터에는 영운스님 부도가 단아한 기품을 보여주고, 신계사터 입구에도 여러 비석이 늘어서 있다. 모두 조선 후기의 유적들이다.

불상

금강산에는 모두 8기의 마애석불이 발견된 것으로 조사·보고되어 있다. 그 중 대표적인 것은 역시 묘길상으로 알려진 아미타여래좌상인데 이는 높이 15m의 좌상으로 우리나라 최대의 마애불인 동시에 고려시대 최고의 명작이다.

삼불암으로 알려진 마애삼존불은 고려 후기의 불상조각으로 주위 환경에 어울리는 체모를 갖추었고 뒷면에 새긴 60보살상도 특이한 도상으로 한 시대의 명품이다. 이 외의 석불들은 조선 후기의 민불(民佛)인 모양인데 정확한 자료는 아직 제공되지 않고 있다.

금강산에서는 많은 금동불상이 출토되었다. 대개 고려시대의 소품들인데 조각은 대단히 뛰어난 것으로 고려불상의 파격미를 잘 반영하는 가품(佳品)들이다. 지금은 평양 중앙역사박물관과 강원도 역사박물관 그리고 묘향산 보현사의 불교역사박물관에 보존되어 있다.

절터와 건물

금강산의 4대명찰이라면 유점사, 장안사, 표훈사, 신계사를 꼽는다. 그러나 이 중 표훈사를 제외한 세 사찰이 모두 한국전쟁 때 폭격 맞아 폐사가 되고 말았다. 때문에 금강산에는 오래된 목조건축이라고 해야 표훈사에 있는 반야보전, 능파루(凌坡樓), 명부전, 어실각(御室閣), 판도방(判道房) 정도인데 이들도 모두 1778년에 중건된 것이니 나이가 그리 오래된 것은 아니다.

금강산 4대 사찰 이외에 표훈사의 말사인 정양사에 대웅보전과 사성전이 있고, 마하연에 칠성각이 남아 있지만 이들도 조선 후기의 평범한 건물이다.

금강산의 목조건축은 이처럼 큰 특색도 자랑도 없는 형편이지만, 내금강 보덕암의 기발한 구조는 금강산의 기암 계곡 못지않은 감동을 자아내는 조선 누대(樓臺)의 걸작이다. 깎아지른 벼랑에 7.3m의 구리기둥을 세워 누대를 떠받치고 쇠줄로 집허리를 동여매 놓은 아슬아슬한 이 암자는 아름다운 만천동 계곡의 조망을 획득하기 위한 건축적 모험이기도 하다. 그런 의미에서 보덕암은 가장 금강산의 유적다운 유적이라고 말할 수 있다.

바위 글씨

금강산의 유적 중 빼놓을 수 없는 것이 바위 글씨이다. 이름난 계곡엔 다녀간 사람들의 이름이 빽빽이 새겨져 있어 만폭동과 옥류동에는 빈틈이 없을 정도로 어지럽고 지저

분하다.

그러나 그런 새김글씨 중에는 이름 석 자가 아니라 명필(名筆)의 명적(名跡)도 적지 않아 그것이 금강산의 명성과 연륜을 드높여준다.

그 중 유명한 것을 들어보면 외금강 구룡폭에는 최치원의 글 "천길 흰 비단 드리웠는 가, 만섬 진주알을 흩뿌렸는가"라는 뜻의 '千丈白練 萬斛眞珠(천장백련 만곡진주)'가 새겨져 있다. 이는 가장 오랜 글인 셈인데 최치원 당년에 새긴 것인지는 알 수 없다.

구룡폭 아래 바위에는 또 우암 송시열의 글씨로 '怒瀑中瀉 使人眩轉(노폭중사 사인현전)'이라고 8글자가 새겨 있다. "성난 폭포는 정 가운데로 곧장 쏟아지니, 사람으로 하여금 눈을 어지럽혀 돌리게 한다"는 뜻이다.

그리고 구룡폭 곁에는 해강 김규진이 1919년에 쓴 '彌勒佛(미륵불)' 3글자가 호기 있게 새겨져 있는데 불자의 끝 획은 삐친 길이만 13m이다. 이는 구룡연 깊이에 해당한다.

내금강 만폭동에는 봉래 양사언이 새긴 '만폭동' 3글자와 '봉래풍악 원화동천' 8글 자가 있어 금강산의 한 상징적 유물로 되었다. 만폭동은 "금강산에서 제일가는 계곡"이 라는 뜻이다.

또 삼불암과 묘길상 마애불에는 윤사국(尹師國)이 새긴 불상의 이름이 마애불의 기품을 더해주는 명필이다.

삼일포의 봉래대 아래에 있는 봉래굴에는 역시 봉래 양사언이 쓴 활달한 초서의 7언 절구가 새겨져 있다.

거울 속에 피어 있는 연꽃송이 서른여섯	鏡裏芙蓉三十六
하늘가에 솟아오른 봉우리는 일만이천	天邊鬟髻萬二千
그 중간에 놓여있는 한 조각의 바윗돌은	中間一片滄洲石
바다 찾은 길손들이 잠깐 쉬기 알맞구나	合着東來海客眠

해강 김규진이 쓴 '천하기절'

또 외금강 한하계의 육화암(六花岩)에는 양사언이 새긴 육화암이라는 글씨가 있다고 하나 사진으로도 본 일이 없어 몹시 그립다. 그리고 내금강 진주담 위쪽 법기봉과 마주한 벼랑에는 해강 김규진이 큰 글씨로 쓴 '法起菩薩(법기보살)' 4글자와 '天下奇絶(천하기절)' 4글자가 장쾌하게 새겨져 있다.

금강산의 역사와 금강산 사람들

선사시대의 금강산

금강산에 사람이 들어와 살며 금강산의 역사를 꾸려가기 시작하게 된 것은 선사시대부터라는 사실은 고고학적 출토유물로 알 수 있다. 고성군 삼일포 부근에서는 돌화살촉·반달칼 같은 신석기시대 노동도구들이 다량으로 출토되었고, 금강군 일대에서는 10여 기의 고인돌이 확인되었다. 아마도 '나무꾼과 선녀' 같은 전설이 실제 있었다면 이런 시기의 얘기일 것이다. 아무튼 그 나무꾼은 금강산 전설의 첫번째 주인공이 되는 금강산 사람이라 할 것이다. 그러나 부족국가에서 고대국가로 발전하는 과정에서 금강산은 지정학상 크게 주목받지 못해 삼국시대로 들어서면 고구려의 변방으로서 여전히 기이하고 험한 산 이상의 것이 아니었다. 그렇다고 국방상의 요충지도 아니었기 때문에 어느 고을, 어느 산에서나 볼 수 있는 평범한 고구려식 산성이 몇 개 있었을 뿐이다. 외금강 온정리 '성안골'에 있는 '온정리 옛 성터'와 내금강 망군대 가는 길에 있는 반달 모양의 망군성(望軍城)이 그런 역사의 흔적으로 남아 있다. 이런 금강산이 본격적으로 자기 역사를 갖게 된 것은 불교전래 이후 절간이 세워지기 시작하면서부터였다.

금강산 4대 사찰의 개창

금강산에 처음 세워진 절이 어느 절인지는 확실치 않다. 〈유점사 본말사지(楡岾寺本末寺誌)〉에 의하면 유점사가 창건된 것은 기원 4년, 신라 남해왕 원년이었다고 하나 그 때는 아직 중국에도 불교가 전래되지 않은 때이고 53체불이 종 속에 넣어져 인도에서 떠

내려왔다는 것은 경주 황룡사 전설을 옮긴 것이니 믿을 것이 못 된다. 뿐만 아니라 장안사(長安寺)의 창건을 신라 법흥왕 때 진표(眞表)율사로 말한 것이나 표훈사(表訓寺)를 신라 문무왕 때 표훈대사가 세웠다고 한 것도 스님의 생존 연대가 100년 이상 차이날 정도로 맞지 않으니 도시 믿을 것이 못 된다. 그래서 보덕암(普德庵)이 627년 고구려 보덕화상이 세운 절이라는 것도 액면 그대로 믿을 수 없다. 다만 삼국시대에 오면 이른바 금강산 4대 사찰이라는 유점사 · 장안사 · 표훈사 · 신계사 등이 세워졌던 것만은 확실하며, 이후 산사(山寺)와 선종(禪宗)의 발달에 힘입어 '8만 9암자'라는 말을 들을 정도로 많은 절간과 암자들이 들어앉게 된 것 같다.

현재 금강산에는 표훈사 · 정양사 · 보덕암이 건재하고, 유점사 · 신계사 · 장안사 · 장연사(長淵寺) · 금장암(金藏庵) · 백화암(白華庵) · 마하연(摩訶衍) · 묘길상(妙吉祥) 등에 불적들이 남아 있어 옛 자취를 더듬을 수 있는데, 1942년에 조사된 바에 의하면 당시엔 모두 28개의 절과 암자가 있었다고 하며, 약 100년 전인 1894년에 이사벨라 버드 비숍 여사가 금강산을 탐방했을 때만 해도 55개의 사원과 암자가 있었다고 했다. 그리고 더 올라가서 조선 초 《신증 동국여지승람》이 편찬될 때만 해도 100여 개가 남아 있는 것을 확인할 수 있다.

진표율사와 발연사

전설상으로 금강산에 살았다는 나무꾼과 선녀 다음으로 금강산을 무대로 한 주인공은 진표(眞表)율사이다. 진표율사 이전에 의상, 표훈 같은 큰스님이 금강산과 인연을 맺은 흔적이 있지만 그들은 다녀간 분일 뿐 주인이 된 것은 아니었다. 이에 반해 진표율사는 금강산에 발연사(鉢淵寺)를 창건하고 또 금강산에서 열반하였으니 금강산의 스님이자 역사상 첫번째(나무꾼 전설부터 헤아리면 두번째) 금강산인이라 할 수 있다.

진표스님에 대해서는 《삼국유사》에 〈진표가 목간(木簡)을 전하다(眞表傳簡)〉와 〈관동 풍악산 발연사 돌에 새긴 글(關東楓嶽鉢淵藪石記)〉 두 편이 실려 있는데 서로 약간 차이나는 얘기를 전하고 있다.

진표는 생몰년은 미상이나 8세기 후반 통일신라 경덕왕 때 분이다. 완주(完州) 만경현에서 태어나 12살 때 금산사 순제(順濟)스님에게 가서 머리 깎고 중이 되었다. 은사스님은 두 권의 불경을 주며 계율을 닦게 하는데, 진표는 명산을 돌아다니며 열심히 수도하다 27세에 변산 불사의방(不思議房)에 들어갔다.

여기서 더욱 용맹 정진하니, 어느 날 지장과 미륵이 나타나 계본(戒本)과 두 개의 목간(木簡)을 주고 갔는데 목간에는 8(八)자와 9(九)자가 쓰여 있었고 "이는 시각(始覺)과 본각(本覺)을 의미하니 이로써 과보(果報)를 알 것이다"라는 것이었다. 이때가 762년 4월 27일이었다.

이에 진표는 산에서 내려와 금산사에 가서 크게 불사를 일으키고 교화에 힘썼으며, 그 뒤 속리산을 거쳐 강릉으로 그리고 다시 개골산(금강산)으로 옮기며 중생을 교화하였다.

개골산에 들어온 진표는 외금강 발연동(鉢淵洞)에 발연사를 세우고 7년간 큰 법회를 열었으며, 흉년에 굶주리는 사람들을 크게 구제하기도 했다. 발연사를 나와 다시 불사의방에 들었다가 고향으로 가 아버지를 찾아뵈었다. 이때 곳곳에서 찾아드는 제자에게 목간을 물려주며 법통을 이어가게 했다.

말년에 진표는 아버지를 모시고 다시 개골산 발연사에서 도를 닦으며 살았는데, 어느 날 절 동쪽 큰 바위 위에 앉아 입적하였다. 제자들이 시신을 옮기지 않은 채 공양하다가 뼈가 흩어져 떨어지자 흙을 덮고 무덤을 만들었다. 그 무덤에 곧 푸른 소나무가 자랐다. 무릇 그를 공경하는 이가 이 소나무 밑에서 뼈를 찾으니 혹 얻기도 하고 혹은 얻지 못하였다. 그때 한 스님이 안타깝게 생각하여 3홉 되는 뼈를 수습하여 소나무 밑에 돌을 세우고 다시 모셨다.

지금도 발연동 바리소에서 한참 올라가면 무지개다리가 나오는데 이 다리를 지나면 구유소라는 구유 닮은 소(沼)가 나오고 여기서 오른쪽 언덕으로 오르면 평평한 골 안 세모꼴의 큰 바위에 '발연'이라는 글자가 새겨져 있다. 여기가 발연사터라고 한다.

마의태자

　불교와는 다른 맥락에서 금강산의 역사 한 쪽을 차지하는 것은 비운의 왕자 마의태자 (麻衣太子) 이야기이다. 춘원 이광수의 소설로 대중에게 널리 전파된 마의태자는 금강산과 깊은 인연을 맺은 역사상 두번째 인물인 셈이다.

　신라 마지막 왕인 경순왕의 태자였던 그는 부왕이 935년 고려에 항복한 것에 반대하여 통곡하며 개골산으로 들어가 삼베옷 즉 마의를 입고 초식으로 연명하며 바위에 의지하여 일생을 보냈다는 것이다.

　몰락한 귀공자의 쓸쓸한 삶이라는 감상적인 이야기가 사람들의 마음속에서 은근한 동정심을 일으켰는지, 아니면 망국의 한을 달랜 충의의 한 표상으로 부각시킨 것인지 금강산 곳곳에 '태자성(太子城)' '용마석(龍馬石)' '삼억동' 등의 전설을 낳았고 비로봉 정상에서 외금강으로 내려가는 서남쪽 비탈진 언덕에는 '마의태자릉'이 있다고 한다.

　이 마의태자릉은 다듬은 돌로 2단의 축대를 쌓고 그 위에 보통 무덤보다는 약간 큰 높이 1.5m, 둘레 10m의 봉분이 덮여 있으며 '신라 마의태자릉'이라는 비석이 있다고 한다. 그러나 이 무덤은 축조방식으로 보아 조선 초기 무덤으로 추정될 뿐 적극적인 근거는 없다고 한다.

　금강산은 왕족과도 인연이 깊었던 것인지, 마의태자 이후 곧바로 고려 태조의 방문을 받게 된다. 고려 태조가 금강산에 온 것은 금강산 이름의 내력에서 언급했듯이 배재령과 방광대의 전설에 그대로 남아 있다. 이와 같이 금강산을 찾아오는 귀인들은 한결같이 금강산에 전설을 남기고, 또 고개와 산봉우리에 이름을 새로 명명하면서 금강산에 역사적 연륜을 더해주었던 것이다.

금강산의 스님들

　금강산 4대 사찰을 비롯하여 이른바 '8만 9암자'가 생긴 이후 무수한 스님이 여기에서 살았고 또 여기를 다녀갔다. 그분들이 살다간 자취는 신계사, 장안사, 백화암의 부도밭에 부도와 비로 남아 있기도 하다.

그러나 이상하게도 진표율사 이래로 금강산에 뼈를 묻은 금강산의 큰스님이라고 말할 만한 고승은 배출되지 못했다. 통일신라 말에 구산선문(九山禪門)이 일어날 때도 금강산은 그 하나로 꼽히지 못했다. 천하명산의 이력서로서는 이상스럽기도 하고 큰 아쉬움이기도 하다. 하지만 고려 말에서 조선 초에 이르는 동안 나옹(懶翁)선사, 청허당(淸虛堂) 서산(西山)대사, 사명당(四溟堂) 유정(惟政)대사 같은 큰스님들이 모두 한때 금강산의 큰절에 주석(駐錫)했다는 사실은 뭔가 암시해주는 그 무엇이 있는 것도 같다.

줄여 말해서 금강산은 거쳐갈 곳 또는 거쳐가야만 하는 명산이지만 오래 머물기에는 너무나 큰 산 또는 화려한 산인지도 모른다는 생각이다. 그것은 이 세 분의 큰스님이 금강산을 떠나 나중에 열반에 든 절을 금강산과 비교해보면 더욱 그런 생각이 들게 한다. 나옹은 강변의 절 신륵사에 뼈를 묻었고, 서산대사는 묘향산에, 사명당은 밀양 표충사에서 생을 마감했던 것이다.

그러나 이 고승들이 지나간 자취는 금강산에 뚜렷하게 남아 있다. 나옹선사는 삼불암과 울소(鳴淵)의 전설을 낳았고, 서산대사의 자취는 백화암에 세운 부도비에 남아 있으며, 임진왜란 때 사명당이 분연히 일어난 것은 금강산 유점사에서의 일이었던 것이다. 그러니 누구도 금강산에 큰스님이 없었다고 말할 수 없는 것이며, 그분들의 큰 족적으로 금강산의 역사와 전설과 문화유산이 더욱 생생히 다가오고, 더욱 찬연히 빛나는 것이다.

봉래 양사언 이야기

조선 전기의 명필이자 시인이었던 양사언(楊士彦；1517~84)은 역사상 금강산을 가장 사랑하고 가장 자랑하며 거기에서 일생을 살고자 했던 진정한 금강산인이었다. 그는 스스로 호를 봉래(蓬萊)라 하였고 육화암(六花巖)을 비롯하여 많은 봉우리에 이름을 지어주고 글씨를 바위에 새겨놓기도 했다. 금강산이 봉래산으로 이름이 퍼져 나간 것도 반은 양 봉래 덕이었다.

봉래 양사언에 대하여는《국조인물고(國朝人物考)》에 그의 묘갈명(墓碣銘)이 실려 있고, 그의 시를 모아 펴낸《봉래시집(蓬萊詩集)》(전4권) 말미에 서경(西坰) 유근(柳根)이 그의 전설적인 글씨에 대해 쓴 〈비자기(飛字記)〉가 실려 있어 그의 예사롭지 않았던 생애를 소상히 알 수 있다. 그런데 양사언의 일생은 훗날 설화로 만들어져《청구야담(靑丘野談)》《계서야담(溪西野談)》《기문총화(記聞叢話)》 같은 책에 비슷비슷하면서도 약간씩 다르게 전해지고 있다. 그래서 그의 일생은 더욱 전설적인 것이 되었다.

양사언의 본관은 청주, 자는 응빙(應聘)이었고 주부(主簿)를 지낸 희수(希洙)의 서자(庶子)였다. 양사언의 아버지는 천성이 산수유람을 좋아하여 백두산까지 올라 두루 구경하고 돌아오는 길에 안변(安邊)을 지날 때 낮참에 말을 먹이고자 주막에 다다랐으나 집마다 문을 잠그고 비어 있는지라 주변을 둘러보니 시냇가에 한 여염집이 보여 여기를 찾아가게 됐다.

이때 마침 집주인은 들일(혹은 계회) 나가고 16살 소녀가 혼자 집을 보고 있었는데 점심 시중을 들고 말죽 한 통을 먹이는 것이 아주 곱고 영리해 보였다. 양씨는 떠나면서 이 아리땁고 친절한 소녀에게 사례를 하려 했으나 굳이 사양하며 접빈객(接賓客)은 사람의 도리일 뿐이라고 했다. 이에 양씨는 더욱 소녀를 기특하게 생각하고 감사의 뜻을 남기고 싶어 손부채에 달려 있던 향합(香盒)을 풀어주니 소녀는 이를 두 손으로 공손히 받았다.

그 후 몇 해 지난 뒤 소녀는 그 향합을 들고 양씨를 찾아가 "여자의 행실로 사람의 신물(信物)을 받고 어찌 다른 데로 시집가리오"라며 한사코 말리는데도 기어이 양씨의 집에 들어왔다. 양씨는 처음엔 소녀를 거들떠보지도 않았는데 소녀는 정성으로 집안살림에 힘쓴다. 마침 양씨는 상처(喪妻)하였던지라 소녀를 맞아들여 본처가 있던 방에 들게 하고 가정살림을 맡긴다. 그리고 그들 사이에 아들이 생겼는데 그가 곧 양사언이다.

양사언은 어릴 때부터 용모가 준수하고 총기가 넘쳐흘렀다. 일곱 살 때 양사언은 자하동 별장에서 지냈는데, 왕세자(훗날 성종)가 놀러 나왔다가 소나기를 만나 비를 피하려 이 집에 들렀다. 이때 양사언은 왕세자와 친구가 되었다. 여러 모로 그는 촉망받는 소년이었다. 그러던 어느 날 양사언의 아버지가 세상을 떠났다. 그러자 어머니는 지금까지는 양사언이 서출인 줄 모르고 지냈지만 앞으로 자신이 죽을 때에는 상복을 입는 것에서부터 차이가 나게 될 것이 분명하므로 남편이 죽은 지 3일째 되는 날 본처의 아들들 앞에서 양사언을 첩의 자식이라고 차별하지 말 것을 마지막 유언으로 남기고는 자결하였다. 이로 인하여 사람들은 양사언이 서출인 줄 몰랐다는 얘기와 양사언이 심한 충격으로 낭만적 도피증이 생겼다는 얘기가 생겼다. 그러나 정황을 보면 양사언은 엄격한 의미에서 서출이 아니고 후취의 자식이다. 다만 어머니가 천한 집 출신 여자였다는 것이 구설에 올랐던 것만은 분명한 듯하다.

아무튼 양사언은 이후 30세 되던 1546년에 문과에 급제하였다. 그가 서출이었다면 문과에 응시하는 것 자체가 불가능했을 것이다. 그러나 신분상 약간의 하자 때문인지 크게 벼슬에 오르지는 못하여 대동(大同)의 역승(驛丞), 찰방을 거쳐 삼등, 함흥, 평창, 강릉, 회양, 안변, 철원 등 여덟 고을의 수령을 지냈다. 특히 회양군수로 있을 때는 내금강에 자주 올라 만폭동에 그 유명한 '봉래풍악 원화동천'이라는 여덟 글자를 새겼다.

양사언은 한때 벼슬을 버리고 해금강 삼일포에서 지낸 적이 있었다. 삼일포 장군대와 연화대 사이에 마치 반도처럼 호수가로 나 앉은 바위산이 있는데 여기에 앉으면 삼일포가 한눈에 다 보인다. 여기를 후세 사람은 양 봉래가 즐겨 올라앉았다고 해서 봉래대라고 불렀다. 그리고 봉래대 아래에는 호수가 바라보이는 작은 굴이 있는데 여기를 봉래굴이라고 부르며, 봉래굴 한쪽에는 그의 절구 한 수가 유려한 초서체로 새겨져 있다.

양사언은 46세 되던 1564년에 금강산 아래쪽 구선봉(九仙峯) 감호(鑑湖) 가까이 집 한 채를 짓고 비래정(飛來亭)이라고 이름짓고 여기서 지냈다. 어느 날 그는 비래정의 현판 글씨를 썼는데 날 비(飛)자는 잘되었지만 래(來)자 정(亭)자는 영 맘에 들지 않다. 그래서 날 비자만 족자로 해서 걸어놓았다.

그 뒤 양사언이 안변부사로 발탁되어 비래정을 떠날 때 그는 사람을 두어 집을 지키게 하고 나중에 돌아올 곳으로 삼았다. 그런데 1582년 지릉(智陵)에 불이 나는 사건으로 양사언은 문책받아 황해도 지방으로 귀양살이를 가게 됐다. 그리고 2년 만에 귀양살이에서 풀려 금강산으로 돌아오는 길에 그만 세상을 떠나고 말았다.

한편 비래정 빈 집은 그 동안 동네 사람이 지키고 있었는데, 어느 날 금강산의 돌풍인 금강내기가 불어닥쳐 서재 문이 열리면서 바람에 책이며 족자가 사정없이 휩쓸고 날아갔다. 집 지키던 이가 황급히 물건들을 주워 모았는데 날 비자 족자만은 종래 찾지 못했다. 그 뒤 양 봉래의 친구가 여기에 들러 이 얘기를 듣고는 손가락으로 꼽아본 뒤 그 바람이 불어 날 비자가 없어진 날이 바로 양 봉래가 죽은 날이라고 했다. 그의 혼이 깃들인 글씨는 그의 영혼과 함께 금강산을 떠난 것이다.

금강산을 찾은 문인 묵객들

금강산의 역사는 금강산에 살다간 사람들만의 자취로 이루어지지 않는다. 오히려 금강산을 사모하고 사랑하여 여기를 찾아와 그 아름다움을 시로 노래하고, 글로 쓰고, 그림으로 그려 남겼는데, 그 작품들이 금강산의 역사를 더없이 풍요롭게 한다. 따지고 보면 금강산이 여느 산도 따를 수 없는 문화를 지니게 된 것은 탐승객들이 남긴 문학과 예술 덕분이었다.

얼마나 많은 탐승객들이 금강산을 다녀갔고, 얼마나 많은 문인 묵객들이 시와 그림을 남겼을까? 육당 최남선은 "금강산을 읊은 시를 다 한 자리에 모을 수 있다면 도서관 하나를 채울 수 있을 것이며, 금강산 그림 또한 한 자리에 모을 수 있다면 미술관이 몇 개 될 정도"라고 말했다. 또 금강산 계곡 곳곳에 새겨놓은 수천 명의 이름들을 보아도 그 기행의 열풍을 능히 짐작할 수 있다.

북한 문예출판사에서 펴낸 《금강산 한시집》(1989)을 보면 고려시대부터 구한말까지 약 300명의 문인들이 읊은 시를 인용하고 있으며, 남한 민창문화사에서 간행한 정민 편 《한국역대산수유기취편(韓國歷代山水遊記聚編)》(1996)에는 41명의 51편이 수록되

어 있을 정도이다.

그 면면을 보면, 신라시대의 최치원, 고려시대의 안축·이곡, 조선시대의 이황·이
이·정철·허균·이정구·신익성·이경석·김창흡·김창협·이병연·이하곤·강세
황·신광하·이상수·이만부·박지원·박제가……. 내로라하는 시인·문사·묵객·
사상가 들이 망라된다.

그림으로 말할 것 같으면 진경산수(眞景山水)가 유행하지 않은 시절에도 금강산 그
림은 줄곧 그려졌고, 겸재 정선이 진경산수라는 장르를 탄생시킨 이후로 진경산수는 화
가의 취향과 관계없이 누구나 그리는 화목(畵目)으로 되었다. 그리하여 18세기 후반 50
년간을 놓고 볼 때 금강산을 그리지 않았다면 조선의 화가가 아니었다고 말할 수 있을 정
도로 화가라면 누구나 거쳐가는 대상이었다.

겸재 정선의 웅혼한 필치, 능호관 이인상과 현재 심사정의 문기(文氣)어린 대상의
재해석, 단원 김홍도의 시정(詩情) 넘치는 유연한 필치, 금강산은 화가의 개성과 필치에
따라 다양한 모습으로 전달되었고, 급기야는 이것이 몇 가지 패턴으로 굳어져 나중에는

매너리즘 현상을 일으킬 정도였다.

이런 금강산 기행은 근대에도 이어져 육당 최남선, 춘원 이광수, 호암 문일평 그리고 정비석 같은 문인들이 명기행문을 남겼고, 해강 김규진을 비롯하여 소정 변관식, 청전 이상범, 이당 김은호 등 근대 작가들의 금강산 그림이 전통의 여맥으로 이어져왔다. 이렇게 금강산을 찾은 문인 묵객들이 남긴 유산들은 몇 마디로 일별할 수도 없고 또 그럴 사항이 아니므로 이 책에서는 별도의 장을 마련하여 한문학자 김혈조 교수와 미술사가 이태호 교수의 중후한 논문을 실었다.

금강산의 역사와 문화를 말하면서 결코 빼놓을 수 없는 또 하나의 사항은 금강산이 세계의 명산으로 일찍이 중국과 일본에서도 동경의 산으로 되어왔다는 사실이다.

중국의 사신들이 오면 금강산을 보고 싶어하고, 실제로 금강산에 다녀오기도 했고, 아니면 금강산 그림이라도 하나 얻기를 원했는데,《조선왕조실록》태종 4년조에는 왜 중국사신들이 금강산을 찾느냐는 왕의 물음에 재상 하륜이 대답한 것에 잘 나타나 있다.

"중국인들이 하는 말에 이런 얘기가 있습니다. 원컨대 고려국에 태어나 금강산이나 직접 보았으면(願生高麗國 親見金剛山)."

이 글은 혹 '친견'을 '일견(一見)'이라고 해서 '한 번만이라도 보았으면'이라고 한 기록도 있다. 아무튼 이 말은 또다시 분단 반세기 동안 우리의 소망으로 되었고, 이제는 드디어 분단 50년 만에 금강산은 다시 우리에게 모습을 드러내게 되었으니 금강산의 문화와 역사는 새로운 장으로 우리를 기다리고 있는 것이다.

(영남대 교수/ 미술사)

2 금강산의 4대 탐승 명소

김 효 형

금강산 탐승 코스는 매우 다양하여 실제 답사를 해보지 않은 상태에서 지리를 숙지하기란 매우 어렵다. 일제 강점기에는 금강산을 내금강·외금강·해금강 이외에 신금강·오금강을 새로운 탐승 코스로 개발했고, 오늘날에는 또 별금강을 개발중이다. 이것을 북한에서는 금강산 22개 명승구역으로 나누어 정리하고 있다. 여기서는 금강산의 대표적인 탐승 코스인 외금강 만물상·외금강 구룡연·내금강 만폭동·해금강 등 4개 구역만을 집약적으로 안내한다. 이는 현실적으로 금강산 답사가 가능한 구역이며 동시에 금강산을 대표하는 탐승 코스인 것이다.

금강산 탐승의 길라잡이

금강산 탐승 코스는 대단히 다양하고 복잡하다. 그것은 금강산이 높이보다도 깊이와 넓이가 큰 산이기 때문이다. 계곡이 깊고, 계곡의 갈래가 많고, 계곡이 퍼져 있는 넓이가 넓은 것이다. 본래 산길이란 계곡을 타고 오르게 되어 있기 때문에 금강산 탐승 코스는 계곡만큼이나 여러 갈래일 수밖에 없다. 이것을 금강산에 가보지 않고 파악한다는 것은 불가능하며, 금강산 안내책자를 아무리 읽어도 감이 잡히지 않는 이유도 바로 여기 있는 것이다. 그러나 모든 복잡한 사항을 푸는 열쇠는 대맥을 잡아 큰 줄거리를 파악하는 것인 바, 이제 우리는 금강산의 전체적 윤곽과 현실적으로 탐승 가능한 기본 코스에 대해 살펴보기로 한다.

금강산은 보통 외금강, 내금강, 해금강으로 나뉘는데, 현재 북한에서는 이를 더 세분화하여 모두 22개 명승구역으로 나누고 있다. 먼저 그 내역을 알아보면 다음과 같다.

외금강

1. 온정 구역 ; 온정리 주변
2. 만물상 구역 ; 한하계/만상계/삼선암/만물상
3. 구룡연 구역 ; 신계사터/옥류동/구룡폭포/상팔담
4. 수정봉 구역
5. 천불동 구역
6. 선창 구역
7. 백정봉 구역

8. 선하 구역:동석동/집선봉

9. 발연소 구역:발연동/발연사터

10. 송림 구역:송림사터/십이폭포

11. 은선대 구역:효운동/은선대/유점사터

내금강

1. 만천 구역:장안사터/삼불암/표훈사/정양사

2. 만폭 구역:만폭동/보덕암/진주담

3. 백운대 구역:마하연터/묘길상/백운대

4. 명경대 구역:백천동/영원동/수렴동/백탑동

5. 망군대 구역

6. 태상 구역

7. 구성 구역

8. 비로봉 구역:은사다리 금사다리/일출 · 월출봉

해금강

1. 삼일포 구역:봉래대/몽천/금강문

2. 해금강 구역:해만물상/입석/영랑호/감호

3. 총석정 구역:총석정/국도

금강산의 모든 탐승 코스는 이 22개 구역에 들어 있다. 간혹 금강산 안내책에 신(新)금강, 오(奧)금강, 별(別)금강 등이 표기된 것을 볼 수 있는데 이는 일제 강점기 때에 금강산 탐승 코스를 개발하면서 외금강 발연소 구역을 신금강, 내금강 태상 구역을 오금강이라고 한 것이며, 별금강은 최근 북한에서 통천과 고성(장전) 사이 금강천지(天池, 혹은 금강못이라고 함)가 있는 곳을 새로이 탐승 코스로 개발하며 붙인 이름이다.

이 금강산 22개 구역을 좀 요약해서 설명하자면 외금강의 11개 구역 중 현실적으로 탐승이 가능하고 또 외금강의 진수를 보여주는 것은 만물상 구역과 구룡연 구역이다. 그리고 나머지 9개 구역은 당분간 비장해둔 셈치고 잊고 지낸다면 외금강의 구조는 의외로 간명히 들어온다.

내금강의 8개 구역을 탐승 코스로 구획한다면 사실상 만천 구역, 만폭 구역, 백운대 구역이 하나의 동선으로 이어지며 이 코스는 비로봉 구역까지 이어진다. 그리고 명경대 구역은 이 코스의 곁가지인 셈이니 아주 간명하다고 할 수 있다. 이렇게 본다면 금강산의 진수를 보여주는 탐승 구역은 다음과 같이 4개 코스로 정리될 수 있다.

1. 외금강 만물상 코스:온정리→한하계→육화폭포→만상정→삼선암→천선대→만물상
2. 외금강 구룡연 코스:온정리→신계사터→옥류동→비봉폭포→구룡폭포→상팔담
3. 내금강 만폭동 코스:내강리→장안사터→삼불암→표훈사→정양사터→만폭동→보덕암→마하연→묘길상
4. 해금강 총석정 코스:삼일포→해금강→총석정

그러나 현실적으로 일반 관광객이 내금강으로 들어가기까지는 아직 많은 시간을 요하므로 당분간 사진과 그림으로 아쉬움을 달랠 수밖에 없다.

우리가 내금강으로 가지 못하는 것은 분단의 또 다른 아픔이다. 금강산은 생각보다 휴전선 가까이 위치해 있다. 그래서 남쪽에서 진입하는 것은 불가능하며, 옛날 철원에서 단발령 넘어 말휘리(末輝里)로 들어가는 길도 50년간 폐쇄된 상태이다. 사실 조선시대는 물론이고 일제 강점기 때까지만 해도 금강산으로 가는 길은 외금강보다도 내금강으로 더 많이 열려 있었다. 그것은 1932년에 개통된 금강산 전철 덕분에 서울에서 금강산을 가는 가장 빠르고 이상적인 길이었던 것이다. 당시 금강산 안내책자에는 내금강으로 가는 길을 이렇게 안내하고 있다.

경성(서울)에서 기차로 철원까지 와서 전차로 갈아타면 내금강역까지 갈 수 있습니다. 매년 5월부터

10월까지 탐승기간중에는 경성에서 매일 연락하는 열차가 운행됩니다. 내금강역에서 장안사까지는 걸어서 20분, 승합버스로는 5분 걸립니다.

구성동, 온정리로 가실 분은 말휘리역에서 내려 자동차로 가야 합니다.

내금강에서 외금강으로 넘어가는 길은 2개가 있는데 하나는 금강산 남쪽 자락을 타고 넘는 길로 장안사터에서 백운동으로 들어선 후 내무재령을 넘어 유점사를 거쳐 온정리로 가는 길이고, 또 하나는 금강산 북쪽 자락을 타고 넘는 길로 장안사터에서 내강리로 나와 온정령을 넘어 한하계 골짜기로 빠져 온정리로 내려오는 길이다. 장안사터에서 온정리까지는 약 40km의 먼 길이다. 그런데 남쪽 길은 비무장지대에 가까이 붙어 있어 통행이 거의 없고, 온정령 고갯길은 비록 시멘트 포장길이긴 하지만 매우 험하여 관광버스가 통행하기 어렵다.

이 외에 다른 길이 있다면 통천에서 회양을 거쳐 내강리로 들어가는 길인데 이 길은 앞으로 포장할 계획이지만 현재는 비포장 흙길이다. 이리하여 오늘날 금강산 탐승길은 외금강 온정리로만 열리게 된 것이다. 그 대신 해금강의 3개 명승 구역을 모두 탐승할 수 있는 것이 큰 위안이다.

이제 금강산의 대표적인 4개 코스를 코스별로 소개하기에 앞서 일제 강점기 때에 우리 할아버지들이 가장 애용했던 금강산 도보 코스를 상상 속의 회상이라도 해보고자 소개해둔다. 서울을 출발점으로 한 것이다.

내강리→장안사→삼불암→표훈사→정양사→표훈사→만폭동→보덕암→진주담→마하연(1박, 또는 비로봉 밑 구미산장에서 1박)→금사다리 은사다리→비로봉→마의태자릉→상팔담→구룡폭포→비봉폭포→옥류동→신계사→온정리(2박)→한하계→삼선암→만물상→천선대→한하계→온정리(3박)→삼일포→해금강→통천 총석정→원산(4박)→경원선 기차로 서울행

외금강

외금강은 금강산에서 가장 높은 주봉인 비로봉(毘盧峰, 1638m)을 중심으로 남북으로 길게 뻗은 주능선의 동쪽 지역으로, 동해안 해금강과 잇닿아 있다.

비로봉을 기준삼아 남북으로 뻗은 주능선을 살펴보면, 북쪽으로 옥녀봉(玉女峰, 1423m), 상등봉(上登峰, 1229m), 온정령(溫井嶺, 858m), 오봉산(五峰山, 1264m)이 잇달아 있으며, 남쪽으로는 월출봉(月出峰, 1580m), 일출봉(日出峰, 1552m), 내무재령(內務在嶺, 1275m), 차일봉(遮日峰, 1529m), 외무재령(外務在嶺, 1137m)이 이어진다.

일만이천봉이 순전히 돌봉우리라 할 정도로, 천하에 둘도 없는 돌산인 금강산은 산 너머 산 그 너머도 산이다. 비슷하게 생긴 봉우리도 있으련만 같은 봉우리가 하나도 없어 천태만상을 이룬다.

금강산의 동쪽 외금강은 서쪽 내금강에 비해 가파르기 때문에, 규모가 큰 폭포들을 간직하고 있으며, 계곡마다 무수한 폭포와 소를 이루고 있는 것이 특징이다. 수많은 계곡과 준봉들이 이루는 모양새가 웅장하고 기발하고 기세차고 당당한 것이 남성적 성격을 띤다고 해서, 바깥 외(外)자를 쓴다. 외금강 중에서도 '만물상 구역'과 '구룡연 구역'이 대표적인 경승지이다.

외금강 전경, 앞에 보이는 봉우리는 세존봉이다.

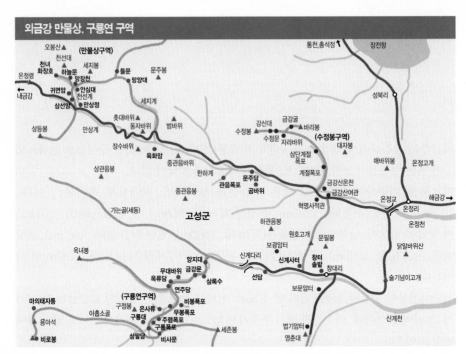

외금강의 들머리가 되는 온정리에서 온정령(온정터널이 뚫림) 너머 내금강 입구인 내강리까지는 찻길이 나 있는데, 온정령 못미처 주차장이 마련되어 있는 만상정에서 오른쪽으로 꺾어지면 곧바로 만물상 입구로 들어선다. 만물상은 금강산에서 산악미를 대표하는 구역으로, 형형색색의 모양을 나타내는 기암괴석의 천연 조각미가 뛰어나다. 이 세상에 있는 만 가지 물체를 닮았다고 해서 이름도 만물상이다.

구룡연 구역은 세존봉의 서북쪽 주위를 감싸고 도는 긴 계곡으로, 신계사터가 있는 맨 아래 골짜기로부터 신계동, 옥류동, 구룡동으로 이어져 있다. 옥류담, 연주담, 비봉폭포, 구룡연, 구룡폭포, 상팔담 등 폭포와 못이 집중돼 있으며, 금강산에서 으뜸가는 계곡미를 간직하고 있다.

만물상 구역

1) 온정리

온정리(溫井里)는 외금강을 찾아갈 때 거점이 되는 곳이다. 동쪽을 제외한 북, 서, 남쪽 주변이 준봉으로 둘러싸여 있고, 마을을 가로지르는 온정천의 맑은 물가 주변에 푸른 숲이 어우러져 있으며, 산기슭과 계곡 가에 숨은 듯 휴양소 시설이 들어서 있다.

온정리를 둘러싼 주봉은 북쪽으로 매바위봉(鷹峰, 255m), 바리봉(鉢峰, 488m), 수정봉(水晶峰, 773m), 남쪽에는 문필봉(文筆峰, 337m), 하관음봉(下觀音峰, 453m) 등이다. 그래서 금강산은 초입부터 기발한 봉우리들을 만나게 된다.

매바위봉은 온정리 마을의 수문장인 듯 길가에 우뚝 솟아 있는데, 갖가지 모양의 기묘한 바위들이 산마루에 솟아 있는 가운데 매가 방금 내려앉아 주변을 살피는 모습의 매바위가 두드러진다.

수정봉은 온정리에서 바라보이는 주변의 봉우리 가운데 단연 자태가 빼어나다. 북서쪽은 세지봉(勢至峰, 1041m), 문수봉(文殊峰, 906m, 문주봉이라고도 함), 동쪽은 바리봉, 매바위봉과 잇닿아 있으며, 북쪽에는 천불산(千佛山, 654m)이 마주서 있는데, 기암괴석의 전시장 같은 금강산에서도 화강암과 함께 수정돌이 널리 깔려 있어, 암질 구성이 독특하다 하겠다. 산 전체가 수정처럼 반짝인다고 하여 '수정봉'으로 부른다. 지금도 수정봉 일대에서는 천연수정을 발견할 수 있는데, 맑고 투명한 것, 검은 색을 가지면서도

금강산려관에서 바라본 온정리와 수정봉

투명한 것 등 종류도 여러 가지이고 덩어리도 꽤 크다. 여기에는 수정문, 강선대, 금강굴을 비롯하여 적지않게 이름난 명소가 있다.

수정봉과 바리봉은 온정리 금강산 여관이나 금강산 온천이 있는 넓은 뜰에서 바로 올려다보이므로 금강산을 찾는 이들과 가장 먼저 친해지는 산이 되고 있다.

온정리 남쪽의 하관음봉은 한하계(寒霞溪)의 남쪽에 기세차게 뻗어내린 관음연봉의 마지막 봉우리이다.

문필봉은 가지런한 붓끝처럼 생겼다고 하여, 그렇게 이름붙였는데, 산 남쪽에 자리한 신계사(神溪寺)터에서 그렇게 보인다.

온정리에서 온정천을 따라 서쪽으로 한하계곡을 거슬러 오르면 온정령에 이르는데, 이 사이가 금강산 제일의 경승지라고 하는 만물상 구역이다. 이 길은 일제 강점기에 찻길로 닦이어 내금강 내강리(內剛里)까지 이어진다.

온정리에는 여관, 근로자 휴양소, 유원지, 상점, 혁명사적관, 금강산온천 등 관광 편의시설이 있으며, 외금강 일대에서는 가장 번화한 곳이라고 하나, 시설물들이 한 곳에 모여 건물숲을 이루고 있는 것이 아니어서, 소탈한 산간 마을의 한적함조차 느껴진다.

온정리에 솟는 온천은 37~44도를 유지하며 방사능을 약하게 띤 라돈이 함유돼 있어, 신경통 · 심장병 · 고혈압 · 관절염 등에 약효가 있다고 한다. 세조 10년(1464)에 고성 온정을 수리했다는 기록이 있는 것으로 보아, 이미 15세기에도 이름난 온천이었음을 알 수 있다. '온정(溫井)'이라는 이름도 이 온천에 연유하고 있다.

온정리 금강산온천

2) 한하계

온정리에서 온정령으로 난 찻길을 따라 만물상 구역으로 올라오면서 좌측에 흐르는 물이 온정천이다. 온정천 왼쪽으로 보이는 봉우리가 상관음봉(上觀音峰, 1137m)·중관음봉(中觀音峰, 875m)·하관음봉 연맥이고, 오른쪽으로 처음 보이는 봉우리는 수정봉, 그 다음이 문수봉인데, 이들 물줄기와 산봉우리 사이에 이루어진 약 10km 구간이 한하계이다. 좁게는 온정리에서 육화암(六花岩)까지의 약 6km 구간만을 한하계, 육화암 위 상류 계곡을 만상계(萬相溪)라 따로 부르기도 한다.

한하계는 금강산 여러 계곡 가운데서도 골 안의 폭이 가장 넓고 환히 트여 있으며, 깊고 장쾌한 계곡미로 이름 높다. 아침 저녁으로 '찬 안개가 낀 골짜기'라는 이름처럼 골 바닥에는 맑고 수량이 풍부한 온정천이 흐르며, 골짜기를 따라 자동차가 다닐 수 있는 온정령 길이 나 있다. 그래서 한하계는 보통 자동차로 넘게 되는데, 계곡의 맛과 멋을 크게 상실한 셈이다. 호암(湖巖) 문일평(文一平;1888~1936)은 이를 두고 "새들이나 다니는 조도(鳥道)를 닦아 인도(人道)를 만든 것만도 자연의 멋을 다치는데 하물며 차도(車道)의 삭막함을 문명의 이기라고 앙탈하겠냐"고 한탄하기도 했다. 온정령 길은 백여섯 굽이를

온정천과 관음연봉

돌아돌아 올라야 한다고 할 정도로, 험한 굽이도 많고 가파르다.

비록 차를 타고 오를지언정 길 양 옆에 늘어선 미인송(美人松)의 행렬을 그냥 지나치지 못한다. 수령 200년 이상, 높이 20m 이상 되는 붉은 줄기의 소나무숲이 장장 2km나 이어지고 있다.

한하계 왼쪽을 따라붙으며 중천에 닿을 듯 한껏 솟아오른 관음연봉은, 날카로운 암릉이 연속된 돌산인 데다 산세가 험준하고 그악스러우며, 쭈뼛쭈뼛한 능선이 겹겹 쌓여 있어서 웅장한 느낌을 준다. 관음연봉 동쪽 끝 암봉에 관음상을 닮은 큰 바위가 버티어 솟아 있는 데서 '관음(觀音)'이란 이름이 생겨났다. 험상궂은 지형에 관음이라는 온화한 이름을 붙여 친숙해지고자 했던 슬기가 엿보인다.

중관음봉 높은 중턱에는 '관음폭포'가 흘러내리는데, 관음폭포의 길이는 37m이다. 관음폭포는 장마철이 아니면 폭포인 줄도 모르고 지나칠 정도이지만, 물이 많을 때는 자지러지는 소리를 낸다. 하지만 가까이 접근하기가 어렵다.

또 중관음봉 중턱에는 벼랑으로 떨어지지 않으려고 안간힘을 쓰면서 목을 쭉 빼고 아래 골짜기를 내려다보는 듯한 곰바위가 보인다.

옛날 비로봉 골짜기에서 수수 백년을 산곰 한 마리가 봄이 되어 수정봉 양지를 향해 가다가 중관음봉을 넘어서는데, 문주담 맑은 물결에 비친 구슬 같은 작은 돌들이 꼭 지난해

온정령 길 좌우에 늘어선 미인송

떨어진 도토리 같아 보였다. 그리하여 단숨에 삼키고 싶은 미련을 버리지 못하고 뛰어내렸으나 문주담(文珠潭)에는 이르지 못하고 중관음봉 중턱의 절벽 위에 떨어지고 말았다. 그 바람에 발이 바위 속으로 움푹 빠져 들어가 꼼짝달싹할 수 없게 되었다고 한다.

곰이 그렇게 내려다보는 곳으로 눈길을 돌리면 바로 맑은 물을 담고 있는 문주

담이다. 비록 찻길에서는 보이지 않지만, 구슬같이 아름답고 동글동글한 작은 돌멩이들
이 못 바닥에 깔렸다고 해서 그런 이름이 붙었다. 예전에는 금강산 안에서 규모가 가장
크다는 옥류담(玉流潭)에 버금가는 규모였으나 여러 차례 홍수가 나서 지금은 규모도
줄어들고 형체도 달라졌다.

시슴을 구해주고 팔선녀 중 한 선녀의 옷가지를 숨긴 인연으로 아들딸 낳고 살았다는
'나무꾼과 선녀' 전설 속에 나오는 팔선녀(八仙女)가 목욕하던 장소가 문주담이다. 그
러나 여러 차례 홍수가 난 뒤로 문주담이 메워져서 모습이 달라지자, 팔선녀의 전설은 외
금강 구룡연 구역의 상팔담(上八潭)으로 무대를 옮겼다.

온정령을 향해 조금 더 올라가면, 한하계 중간의 육화암이다. 이 육화암은 평평한 바위
지대로, 좁아졌던 골 안이 다시 확 트이면서 사방 경치를 둘러보며 잠시 쉬어갈 만한 장
소다.

여기서 북쪽으로 좀 언덕진 곳에 올라서면 사방을 전망하기 좋은 큰 바위 하나가 있는데,
여기에 '六花岩(육화암)' 이라는 글자가 새겨져 있다. 금강산을 사랑하여 자기의 호마저
봉래(蓬萊)라고 하였던 양사언(楊士彦;1517~84)의 글씨이다.

그러나 정작 육화암은 육화암이라는 한자가 암각된 바위가 아니라 바위에서 건너편으로
바라보이는 상관음봉 줄기의 바위벽을 말한다. 상관음봉 줄기의 바위벽은 길이가 100m

나 되며 모양이 삐쭉삐쭉 모난 데다가 색
이 희어서 달빛 아래에서는 틀림없이 육
각형의 눈꽃송이로 보인다. 그래서 육화
암 또는 '눈바위' 라고 부른다고 한다.

육화암에서 보면 육화폭포가 흘러내린
다. 비 끝에야 많은 물이 흘러내리는데,
이처럼 철에 따라 폭포로 나타나는 것을
'계절폭포' 라고 한다. 육화폭포는 금강
산에서 가장 큰 계절폭포 가운데 하나다.

육화폭포

육화폭포 앞에 보이는 것이 문수봉. 그러니까 자동차를 타고 올라가면서 오른쪽에 보이는 봉우리이다.

육화암을 지나면 만상계, 곧 한하계 상류이다. 왼쪽으로 상관음봉 절벽 밑에 힘센 무사 모양의 장수바위가 보이고, 이곳에서 굽이진 길을 따라 오르면 계곡이 차츰 높아지면서 양쪽에 험준하고 수려한 산들이 더 가까워진다.

오른쪽으로 보이는 세지봉 줄기에는 여러 형상의 기암괴석이 수없이 연달아 있다. 만물상 경관이 시작될 조짐이라고 볼 수 있겠다. 이들 기암괴석은 생긴 모양대로 동자바위, 촛대바위, 낙타바위, 망아지바위, 말바위란 이름이 붙어 있으며, 바위마다 전설이 깃들여 있다. 세지봉은 세지보살에서 이름을 따왔다.

육화암에서 약 2km 되는 지점에 이르면 자동차 여남은 대가 주차할 수 있는 넓은 공간이 나오고 바로 위에는 콘크리트로 지어진 정자 만상정(萬相亭)이 있다. 주차장과 휴게소가 있는, 만물상의 관문이 되는 셈이다. 옆에는 시원하고 물맛 좋아 마시면 무병장수한다는 만상천이 있다.

흔히 이 만상정 부근을 네거리라고 하는데, 이곳에서 온정동, 만물상, 온정령으로 통하는 길이 나 있고, 또 계곡 건너로 금강산의 북쪽 주능선인 상등봉으로 가는 길이 있기 때문이다.

만상정에서 계속 찻길을 타고 2km쯤 더 오르면 온정령 고갯마루가 나온다. 온정령은 고성군과 금강군, 그리고 외금강과 내금강을 연결하는 고개이다. 백여섯 굽이나 되는 가파른 산길로 오를수록 전망이 트이면서 가슴이 시원해진다. 특히 단풍과 눈 쌓인 고갯길이 장관이다. 온정령 동서쪽 원시림 지대는 금강산의 식물상을 대표하는 자연식물원으로 알려져 있다. 근래에 고개 아래로 온정터널이 뚫려 내금강 구성동과 내강리로 곧장 연결된다.

3) 만물상

만상정 주차장에서 100m 올라오면 높은 벼랑 사이로, 비록 문짝과 지붕은 없지만 대문처럼 들어가는 길이 나 있다. 그래서 '만물상 대문'이라 불리기도 한다. 대문이 있으니 수문장도 있을 법. 역시나 용감한 무사의 반신상을 떠올리게 하는 무사바위가 버티어 있다.

만물상 초입으로 들어서면 곧 왼쪽으로는 소정(小亭) 변관식(卞寬植;1899~1976)의 그림으로 익히 알려져 있는 삼선암(三仙岩) 세 봉우리가 하늘을 찌를 듯 솟아 있다. 삼선암은 하늘에서 내려온 세 신선 같다는 이름이다. 보기도 좋게 키 순서대로 나란히 서 있는 이 거창한 바위들은 모두 30~40m쯤 된다. 위로부터 첫번째인 상선암은 바위라기보다 날카롭고 예리한 창을 모아 세운 것 같고, 두번째 중선암은 자루같이 뭉툭하며, 세번째 하선암은 주먹같이 불뚝하다.

삼선암 건너편 벼랑 위에 외따로 솟은 바위 하나는, 옛날 네 신선이 금강산에 내려와 장기를 두는데, 한 신선이 훈수를 너무 많이 하다가 세 신선으로부터 미움을 받고 밀려나서 외떨어져 있게 되었다는 독선암(獨仙岩)이다. 삼선암과 독선암 주위에는 활엽수와 침엽수들이 어우러져서 삭막하거나 메말라 보이지 않고 바위의 아름다움을 더해주고 있다.

삼선암에는 다음과 같은 전설도 전해온다. 옛날 온정골에서는 해마다 동제(洞祭)를 지냈는데, 제삿날만 되면 젊은 처녀가 찾아와 10년이나 일손을 도왔다. 마을 노인이 고맙다는 인사를 하면서, 처녀의 집에 가보길 청하니, 처녀는 자신을 삼선암에 사는 월명수좌

삼선암

사진 유홍준

(月明首座)라 소개하면서 초청하였다. 약속한 날 마을 노인 몇이 삼선암을 찾아가 산해
진미 대접을 받고 사흘을 놀다가 마을로 돌아왔으나, 마을은 온데 간데 없어지고 온통 쑥
밭이었다. 한 마을 노인을 만나 물으니, 지금부터 210년 전에 노인 몇이 한 처녀를 쫓아
갔다가 소식이 없어졌다는 이야기를 하더란다. 내금강 구성동에도 이와 비슷한 전설이
전해 내려온다.

삼선암 가운데 맨 위쪽에 있는 상선암 쪽으로 해서 산길을 오르면 정성대(頂成臺)에 이
른다. 정성대는 '첫사자목' 이라고도 부르는 전망대이다. 정성대에 올라서면 갑자기 천지

사진 이태호

세지봉. 산능선 오른쪽에 뾰족 솟은 바위가 독선암이다.

귀면암

사진/홍순태

개벽을 만난 듯 세상이 달라진다. 서남쪽으로는 상등봉의 산줄기와 계곡이 시원하게 보이고, 동북쪽으로 오봉산과 세지봉 줄기의 기암괴석들이 촘촘히 늘어서 병풍을 두른 듯 금강제일승(金剛第一勝) 만물상의 일대 장관이 펼쳐진다. 별세계이다. 여기서 만물상의 정경을 바라보면 천지 조화가 다시 새롭다.

한편, 정성대에서는 삼선암에서 100m쯤 떨어진 곳에 둥그런 돌 하나를 머리에 이고 우뚝 서 있는 귀면암(鬼面岩)이 보인다. 새를 쫓는 허수아비 비슷하고, 험상궂게 생긴 품새라 다시 보게 된다. '귀면암'이라는 이름은 귀신의 얼굴 같다 해서 붙여진 이름이다. 어떤 사람은 날카로운 창 앞에 넋을 잃고 서 있는 귀신의 어수선한 얼굴 같은데, 그 도깨비 같은 모양이 제발 꿈에만 보이지 않게 해달라 했다고 한다. 어느 시인은 귀면암을 두고 이렇게 노래했다.

볼수록 묘하게 생긴 귀면암　만물상의 초병인가
삼선암의 길동무인가　언제부터 그 자세로
만 사람의 심장 틀어잡으며　금강산의 명물로 솟아났나.

삼선암과 귀면암을 비롯하여 각종 기암괴석으로 이루어진 거대한 암봉과 이 암봉 사이로 소나무, 잣나무, 단풍나무, 산벚나무, 진달래 들이 생기 있게 어우러진, 정성대에서 보는 만물상의 경관을 예전에는 '구만물상'이라 불렀다. 이 만물상을 두고 '만물초(萬物草)'라고 하는데, 이는 하느님이 만물을 창조할 때 시험삼아 초본을 잡아본 것이라 한 데 연유한다.

정성대에서 돌계단을 따라 되돌아 내려와 다시 만물상 최고의 전망대라고 하는 천선대 (天仙臺, 936m)를 향해 오르면 얼마 안 가서 왼쪽에는 칠층암, 조금 더 가서는 오른쪽에 절부암(切斧岩)이라는 기묘한 바위가 서 있다.

칠층암은 높이 30m의 거대한 자연석인데, 마치 돌을 일곱 층 쌓은 것처럼 보이고, 윗부분에 사람 모양의 바위가 불거져 나와 있는 것이 독특하다. 그 앞에 보이는 것은 도끼에 찍힌 듯 자국이 남아 있는 절부암이다. 금강산 절경을 바라보는 선녀의 똑떨어진 앵두알같이 아름다운 모습에 매혹된 나무꾼 총각이 청혼했지만, 선녀는 어디론가 훌쩍 날아가버리고, 나무꾼이 그 선녀를 만나고 싶은 마음에 안타까움을 하소연할 길 없자

도끼로 바위를 내려찍었다는 전설이 깃들여 있다.

절부암을 보고 쇠줄을 잡고 산길을 돌고 돌며 오르막길을 오르면, 이제 망장천(忘丈泉)이 나온다. 높은 벼랑 바위틈에서 흘러 내려오는 물을 한번 마시면 힘이 솟는 바람에 짚고 올라 왔던 지팡이마저 잊어버리고 간다고 해서 그렇게 부른다.

망장천으로 올가가기 전, 아래위가 다 절벽이지만 벼랑턱이 말 안장같이 생겨 마음놓고 쉴 만하다고 해서 '안심대(安心臺)'라 부르는 전망대가

있다. '안사자목'이라고도 한다.
가파르고 험한 길로 이곳까지 올
라오면 마음이 놓이고, 천선대에
서 위험을 느끼고 다시 이곳까지
내려오면 마음이 편안해진다.
안심대에서는 사람이 상상할 수
있는 형상의 바위란 바위를 모두
모아 병풍을 두른 듯한 만물상이
또다시 펼쳐진다. 삐쭉삐쭉 기기
묘묘한 바위의 집결체이다.

봄에는 갖가지 꽃들이 피어 향기를 풍기고, 여름에는 침엽수와 활엽수들이 무성한 사이
로 흰 봉우리들이 둘러서 있는 것이 정말 한 폭의 그림 같다. 가을이면 가을대로 층암절
벽에 단풍이 층층이 조화되어 절경을 이루는데, 이곳에 안개와 구름이 떠돌 때는 정말 절
승 경개라 아니할 수 없다.
어떤 시인은 다음과 같이 말했다.

　　바위가 날카롭고 가파르기 그지없다.
　　올라갈수록 기괴한 봉우리와 놀란 바위가 무리로 사람에게 대든다.
　　경쾌한 놈은 날 듯하고 뾰족한 놈은 꺾일 듯하고
　　빽빽이 선 놈은 서로 친밀한 듯하고
　　살찐 놈은 둔한 것 같고
　　여윈 놈은 민첩한 것 같은
　　그 천태만상을 이루 형언할 수 없다.

면암(勉菴) 최익현(崔益鉉;1833~1906)은 만물초를 일러 다음과 같이 노래했다.

깎아지른 벼랑 따라   길은 걸을수록 으슥한데   懸崖移足路經幽
머리 돌려 바라보니   이 몸은 하늘에라도 올라온 듯   回首依然上玉樓
기괴한 새 짐승들   제 모양을 이룬 것 없고   奇獸珍禽無定體
신선들도 부처들도   머리가 같지 않구나.   羽仙金佛不齊頭
알리로다 이것을 마련한   조물주의 공력이 많았음을   乃知造物功多費
찾아오는 사람들은   이 때문에 마음껏 노닐리   能使來人意盡遊
그 중에도 좋은 것은   노을 비낀 맑은 저녁   最愛塵清斜日外
우뚝우뚝 높이 솟은   눈처럼 흰 산봉우리.   崢嶸雪色亂峰稠

여기서 쇠사다리를 타고 곧장 오르면, 높은 봉우리 사이로 구멍이 뚫린 곳이 바로 '하늘문'이다. 금강산은 아름다운 경치가 나타나는 곳마다 자연적으로 생긴 돌문이 있다. 모두 8개의 돌문이 있는데, 그 중에서도 하늘문이 제일 높은 곳에 있다. 이 돌문을 나서면 하늘로 오른다고 해서 '하늘문'이라 하며 또는 '천일문(天一門)'이라고도 한다. 이 하늘문이 없으면, 천선대로 가는 길이 나지 않았을지도 모르며, 천선대가 세상에 알려지지 못했을지도 모른다고 한다. 하늘문의 폭은 한 사람 통할 만하고, 높이는 두어 길이다.

하늘문 오른쪽 바위에 옛날 한 천재 소년이 썼다는 '金剛第一關(금강제일관)'이라는 글자가 새겨져 있다.

하늘문을 빠져 나와 한 굽이를 돌아 올라가면, 천선대에 이른다. 하늘에서 선녀들이 내려와 놀았다고 해서 그렇게 부른다. 천선대는 오봉산 연봉 가운데 하나인 천주봉의 온통 돌로 된 칼등 같은 산줄기가 그 무엇에 뭉텅 잘려나간 것 같으면서 아래는 수백 길 뚝 떨어진 낭떠러지를 이룬 벼랑끝인데, 만물상 한복판에 자리잡고 있어, 만물상의 뛰어난 경치를 볼 수 있는 좋은 전망대가 되고 있다.

천선대에서 남쪽으로 바라보면, 관음연봉과 상등봉이 보인다. 관음연봉 다음 뒤로는 옥녀봉과 세존봉(世尊峰, 1132m)이 보이고, 그 뒤로는 영랑봉(永郎峰, 1601m)과 비로봉의 일부가 보인다. 가장 멀리 높은 곳에 보이는 것이 장군봉(將軍峰), 채하봉(彩霞峰, 1588m), 집선봉(集仙峰, 1351m)이다. 남동쪽으로는 동해바다가 바라보이고, 월비산(月飛山, 469m), 온정리 계곡들을 모두 바라볼 수 있다. 뒤를 돌아서 바라보면, 오봉산(五峰山, 1264m)으로 불리는 일련의 봉우리가 성벽처럼 보인다. 오봉산의 첫 봉우리가 우의봉, 무애봉, 천진봉, 천주봉, 천녀봉과 함께 세지봉이 쭉 둘러서 있다. 이렇게 금강산의 기세찬 봉우리들이 한눈에 조망되니 천선대에서의 전망은 금강산 탐승의 하이라이트가 아닐 수 없다.

또 이곳에서 만물상의 경치를 보면, 어떤 것은 웅장하고 어떤 것은 귀엽고 어떤 것은 간드러져 보이는데, 시간에 따라 날씨에 따라 자기 모습을 달리하는 자연의 조화만큼 자기 힘 닿는 만큼 보이는 대로 아는 대로 보고 돌아가면 평생의 여한이 없다고 한다.

금강산의 만물상 바위들은 보기 탓이고 말하기 탓이고 이름 붙이기 탓이라고 하는데, 우뚝우뚝, 뾰족뾰족, 쫑긋쫑긋 그야말로 만화경 천태만상이다. 예부터 수많은 시인, 화가들이 이곳을 찾았으나, 그저 감탄만 할 뿐 어떠하다 표현할 방도를 찾지 못하겠다고 그 심정을 토로하였다고 한다. 천하명승이라고 하는 금강산 절경, 만물상 중에서도 가장 만물상다운 이곳의 경관을 일러 '신만물상' 또는 '진만물상'이라 한다.

천선대 서북쪽 아래 벼랑 중턱에는 둥그스름한 돌확 두 개가 있는데, 옛날 선녀들이 놀다가 하늘로 올라갈 때 얼굴 치장을 하던 곳이라는 천녀화장호(天女化粧壺)이다. 또는 '천녀세두분(天女洗頭盆)'이라고도 한다.

온정리에 사는 비단녀가 앓아누운 늙은 부모를 공양하기 위해 꿈에 본 백발 노인의 말대로 천선대 꼭대기에 천계화를 따러 갔다. 그러나 지금처럼 천선대에 오르는 길이 있는 것이 아니어서 천선대에 오르다가 높은 벼랑에서 굴러 떨어졌다. 이튿날 선녀들이 천선대 화장호에 얼굴 치장 하러 왔다가 비단녀를 발견하여 살려준 뒤 백 년에 한 번밖에 피지 않는 하늘의 천계화를 쥐어주었다. 비단녀는 천계화로 마을의 아픈 사람과 부모를 모두 공양하였으나 욕심 많은 지주집에서 천계화를 탐하기에 선녀들이 가르쳐준 대로 천계화를 하늘로 보냈다. 지주는 자신의 딸을 천선대에 보내 천계화를 얻어오라 시켰으나, 딸이 천선대에서 발을 헛디뎌 죽자, 자신도 똑같이 죽고 말았다. 이후 마을 사람들은 지주의 괴롭힘 없이 잘살았다는 이야기가 전해온다.

만물상 입구 만상정에서 천선대까지의 거리는 1.5km 정도이다.

한편, 천선대에서 세지봉 쪽을 바라보면, 난간 친 봉우리가 있는데, 이곳이 망양대(望洋臺, 1031m)이다. 천선대를 내려와 다시 안심대에서 오른쪽 길을 택하여 한참을 오르는 망양대에는 제1, 제2전망대가 있으며, 이곳에서는 동남 방향으로 뻗은 세지봉 줄기에 줄지어선 암석들과 천선대, 해금강, 천불동 구역까지 모두 보인다. 예전에는 이곳을 '오만물상(奧萬物相)'이라 하였다.

망양대 제2전망대에서 육화암으로 내려가는 계곡을 '세지계(勢至溪)'라고 한다. 세지계는 경사도가 매우 급하고 칼날 같은 기암들이 바위숲을 이루며, 물이 많지는 않지만 도중에 잡목숲이 울창하다.

천선대까지 올랐다가 망양대에서 만상정으로 해서 되돌아가는 것이 보통이나, 망양대에서 세지계를 거쳐 육화암으로 내려가기도 한다. 모두 온정리에서 출발하며 하루 등산 코스로 적당하다.

구룡연 구역

1) 신계동

온정리에서 구룡연을 찾아가면서 처음 만나는 바위가 닭알바위(鷄卵岩)이다. 높이가 213m로 전망이 좋은데, '닭알바위'라는 이름은 큰 바위가 닭알 모양으로 생긴 때문이다. 전설에 의하면 어떤 장수가 닭알을 머금고 기어오르던 구렁이를 큰 칼로 내려쳐서 두 동강을 냈더니, 그것이 그냥 돌로 굳어진 것이라 한다. 닭알바위 다음에 보이는 산은 망수봉(298m)으로, 옛날 봉화를 올렸던 곳이다. 술기넘이고개를 지나면 선녀들이 모여 살았다는 집선봉이 보이며, 왼쪽으로 흐르는 물이 신계천이다.

신계천을 따라 구룡연 구역으로 들어서면 오래전부터 아름드리 소나무숲으로 이름난 창터솔밭이 나선다. '창터'라 하는 것은 옛날 이곳에 양곡을 비롯한 물자들을 보관하던 창고가 있었기 때문이다. 예전에는 창대리 마을이 자리잡았다고 한다. 이곳에 자라는 소나무는 소나무 중에서도 자태가 빼어난 미인송이며, 나이는 200년쯤 된 8000여 그루의 소나무가 자란다. 옛날에는 소나무가 너무 빽빽하여 하늘이 조금도 보이지 않아서, 창고를 들이기 맞춤이었다고 한다. 창터솔밭은 북한 천연기념물 제416호로 지정돼 있다.

창터솔밭을 지나 신계천을 따라가면 신계사 부도밭이 먼저 나오고 이내 오른쪽으로 넓은 골짜기 안쪽에 자리잡은 신계사(神溪寺)터가 나선다. 외금강 구룡연 구역으로 가기 위해 기점으로 삼는 곳이다.

술기넘이고개말고도 온정리에서 하관음봉과 문필봉 사이 원호고개를 가로질러 신계사터에 이르는 길도 있으나 오랫동안 이용되지 않아 거의 폐쇄되다시피한 상태이다. 이 고개는 '극락(極樂)고개'라고도 불려왔으나, 한국전쟁 때 이 고개로 총과 탄약, 식량 같은 군수물자를 운반하였다 하여 '원호고개'라 고쳐 부르고 있다.

창터솔밭

사진 이태헌

신계사터

신계사는 일제 강점기에 유점사의 말사에 속했으나, 오래전부터 장안사(長安寺), 표훈사(表訓寺), 유점사(楡岾寺)와 더불어 금강산 4대 사찰로 꼽히는 명찰이었다. 광복 후에는 외금강박물관으로 변경되어 이미 사찰의 기능을 상실하였다. 그러나 그마저 한국전쟁 때 전소되었고, 현재는 절터만 남아 있는 형편이다.

신계사는 신라 법흥왕 6년(519)에 보운조사(普雲祖師)가 창건한 것으로 알려져 있다. 본래 '신계사(新溪寺)' 라 이름하고 창건하였으나, '신계사(神溪寺)' 로 바꾼 데에는 다음과 같은 전설이 전한다.

신계천 부근에 연어를 비롯한 물고기떼가 많아, 물고기를 잡으려는 사람들이 몰려드는 바람에 살생을 금하는 사내 분위기를 흐리게 하거니와, 고기냄새가 경내에 진동하니 보운조사가 동해 용왕에게 요청하여 고기떼의 출입을 절 밖으로 제한하게 하였다. 이로부

터 다른 계곡에는 매우 높은 폭포가 자리하고 있어도 물이 없어지는 최상류까지 연어 등
이 들어올 수 있지만, 이 계곡에는 거의 바다까지 계곡물이 이르러도 고기떼들은 들어오
지 못했다고 한다. 이러한 신이(神異)함을 나타내기 위하여 새 신(新)자를 귀신 신(神)
자로 바꾼 것이다.

신계사의 내력에서 눈에 띄는 것으로 삼국통일에 관계된 김유신과 그의 아내, 김인문 등
이 관련된 전설이 남아 있는 것을 보면, 창건 후 쇠락해가던 신계사가 이들의 도움으로
크게 중창을 이룰 수 있었던 것으로 짐작된다.

발굴 결과에 의하면 조선 말기 신계사는 대웅전과 만세루를 중심으로 모두 15채의 건물로 이루어졌다고 한다. 가람은 대웅전과 만세루를 통하는 남북 중심축을 설정하고, 앞의 대웅전 구역과 만세루 구역으로 나뉘어 배치되었는데, 대웅전 구역은 대웅전을 중심으로 앞에 3층석탑이 놓이고 동쪽과 서쪽에 여러 전각이, 만세루 구역에는 만세루를 중심으로 양쪽에 부속 건물이 위치하였다고 한다.

한국전쟁 전만 해도 대웅전을 비롯한 전(殿)이 여섯 채, 각(閣)이 다섯 채, 만세루 등이 있었으나, 지금은 대웅전 마당에 자리잡았던 3층석탑과 만세루를 떠받치던 돌기둥만이 남아 있다. 최근 남북한 불교계에서 신계사 복원을 공동으로 추진하고 있다는 말이 들려온다.

특히 신계사의 대웅전 건축이 매우 수려하고 웅장했다고 전해오며, 한국전쟁 직전까지도 온전했던 대웅전 건물은 조선 선조 30년(1597)에 중건되었던 것으로 알려지고 있다. 신계사터 3층석탑은 정양사(正陽寺), 장연사(長淵寺)터 3층석탑과 함께 금강산에 남아 있는 '3고탑(古塔)' 으로, 상하 기단 위에 3층의 탑신부와 상륜부를 얹은 일반형 석탑이다. 현재 상륜부가 없고 일부 기단부도 손상된 상태이지만, 전체적으로 아담하면서도 상승감이 경쾌하여 탑의 건축적 효과를 잘 나타낸 수작으로 꼽는다.

상하층 기단 면석에는 기둥이 돋을새김되어 있고, 천인상과 팔부신중이 조각돼 있으며, 1층 몸돌 네면에는 모두 문짝이 조각되어 있다. 몸돌의 체감이 3:1로 현저한 것을 보면, 신라 고식을 따르고 있지만, 세부적으로 문짝의 형태나 3층기단과 1층 몸돌 사이에 굄돌을 생략한 수법 등으로 보아서는 탑을 세운 연대가 통일신라 말로 짐작된다.

신계사터는 평지이기는 하지만 문필봉, 관음연봉, 세존봉과 멀리 집선봉 줄기의 높고 기묘한 산봉우리들이 울창한 소나무숲 사이로 올려다보이는 경치가 참

신계사 3층석탑

으로 아름답다. 소하(小荷) 조성하(趙成夏;1845~81)는 신계사의 정취를 이렇게 읊고 있다.

산 위에 단풍이 짙고　고갯길 아득한데	嶺樹紅深嶺路長
바다 멀리 저 동쪽은　아침 해 떠오르는 곳	海天東望卽扶桑
걷고 걸어 늦게야　신계사에 다다르니	行行晩到神溪寺
탑 그림자, 종소리　큰 절간이 분명하구나.	塔鴈鍾魚大道場

신계사터를 뒤로 하고 푸른 못 옆에 큰 너럭바위가 있어 예로부터 좋은 목욕터로 알려진 선담(船潭)을 지나서 조금 더 가면 구룡연 주차장이 나오는데, 이 일대를 '오선암(五仙岩)'이라고 한다. 오선암은 하늘에서 다섯 신선이 내려와 놀았다고 하는 개울가의 바위이다. 이 큰 바위는 어느 해 장마철에 넘어졌다고 하는데, 금강산은 한 달치고는 40일 비가 오고, 마누라 팔아 장화 사는 곳이라고 할 정도로 강수량이 많은 지대이다. 오선암 앞에는 관광식당인 목란관이 있다.

주차장에서 올라가면, 일엄대(一广臺)이다. '일엄대'라고 하는 것은 옛날 일엄보살이라는 분이 이곳에 들어와서 나무껍질과 풀뿌리를 캐어 먹으며 도를 닦아서 후세에 나라를 위해 큰일을 하는 명인으로 자랐다고 한 전설에 연유한다.

일엄대를 지나면 갈림길이 나선다. 구룡연으로 향하는 길과 '가는골'로 향하는 길이다. 가는골은 옥녀봉과 관음연봉 사이에 생긴 골 안으로, 내금강 구성동의 가는골과 잇닿아 금강산에서는 가장 길고도 깊은 계곡의 하나로 꼽힌다. 생물이 다종다양한 곳으로도 이름나 있다. 예전에 골짜기 입구에 삼선암(三仙庵)이 있어서 '삼선동(三仙洞)'이라 했으며, 군선협(群仙峽)'이라고도 했다.

구룡연 쪽으로 들어가는 골짜기에는 '앙지대(仰止臺)'라고 하는 비스듬한 너럭바위가 있는데, 여기에 오면 반드시 걸음을 멈추고 위를 올려다보게 된다고 해서 붙여진 이름이다. 아닌게아니라 개울가 등성이에 휴식하기 좋은 집채만한 바위에 '仰止臺(앙지대)'라

외금강 선담

는 글씨가 새겨져 있다. 이곳에 서서 살펴보면 사방이 절벽으로 막혀 있고 위로 하늘만 보인다. 골 안 개울은 큰 바위 위로 물이 흘러내리는 것이 아귀가 물을 거슬러 올라가는 것 같고, 시야가 탁 트여 온갖 시름이 놓인다. 깊고 그윽하고 험준하고 기발한 멋이 난다 고 해서, 옛날 어떤 탐승객은 "천하에 이것이 있으니 지상 낙원이 틀림없고, 조선에 이것 이 있으니 내 자랑치 아니할쏘냐"라고 하였다. 앙지대 바위에는 여러 사람들이 이름을 새겨놓았는데 그 중에는 단원 김홍도의 아들인 긍원(肯園) 김양기(金良驥;생몰 연대 미상)의 아호와 김홍도의 추종자였던 김하종(金夏鍾;1793~?)의 이름이 새겨져 있다.

앙지대를 보고 조금 더 올라가면 금수다리가 펼쳐진다. "비단천에 꽃수"라는 말이 있는데, 주변 풍경이 흰 비단천처럼 아름답다고 해서 금수다리이다.

금수다리에서 조금 더 가서 옥녀봉 줄기에 보이는 바위가 개구리바위이다. 옛날 온정리에 살던 개구리가 금강산 구경에 나섰다가 아름다운 금강산을 너무 많이 보려고 욕심을 내다가 두 눈이 삐쭉이 튀어나와 굳어졌다고 한다.

개구리바위를 보고 작은 굽이를 돌면 길 왼쪽에, 산삼과 녹용이 녹아 흐르는 물이라고 해서 '삼록수(蔘鹿水)'라고 부르는 샘물이 있다. 세존봉에서 흘러내리는 이 물은 정말 깨끗하기 그지없다. 금강산 안내원들은 올라갈 때 한 모금 마시면 10년 젊어지고 내려올 때 한 모금 마시면 10년 젊어지니 욕심 끝에 너무 많이 마시면 어머니 뱃속으로 들어간다고 곧잘 우스갯소리를 한다.

삼록수를 마시고 조금 더 가서 만경다리를 지나 세존봉 중턱을 올려다보면, 하늘나라 옥황상제가 금강산에 내려왔다가 입산 질서를 지키지 않아서 처벌을 받아 왕관을 빼앗긴 채로 하늘로 올라가지 못하고 그대로 굳어진 옥황상제바위가 있다.

만경다리를 건너 몇 걸음 옮기면 금강문(金剛門)이다. 금강문은 큼직큼직한 바위들이 길을 막은 한가운데에 기역(ㄱ)자 모양의 구멍이 뚫려 있는 모습인데, 돌계단으로 된 층층대를 따라 빠지게 되어 있다. '칠선암(七仙岩)'이라고도 한다. 옛 기록에 의하면 본래 길이 막혀 있어 '막힌 담장'이라고 하였으며, 구룡연으로 올라가려면 저쪽으로 에돌아가야 했는데, 천지 조화로 구룡연으로 가는 문이 생겼다고 한다. 왼쪽에 '金剛門 玉龍關(금강문 옥룡관)'이라고 쓴 글자가 있는데, 옥류동 구룡연으로 가는 길목이라는 뜻이다. 예로부터 금강문을 지나야 금강산의 진짜 맛이 난다고 하였다.

금강산에는 5대 금강문이라고 불리는, 내금강의 만폭동 원화문, 외금강의 천선대 하늘문, 구룡연 위쪽의 비사문, 수정봉의 수정문 등 적잖은 자연 돌문들이 있지만, 이곳 금강문이 가장 기묘하게 생겼다고 한다.

외금강문

2) 옥류동

금강문을 지나면 막혔던 계곡이 툭 트여 크게 열린다. 옥류동(玉流洞)이다. 너럭바위를 타고 흘러내리는 물줄기가 구슬과 같다고 하는 이름이다. 옥류동 입구에 들어서면 왼켠 수십 길 되는 바위벽 밑으로 길이 나 있는데, 길 왼쪽 자연바위에 '玉流洞(옥류동)' '九龍淵(구룡연)' 이라는 글자가 새겨져 있다. 이 글씨는 봉래 양사언이 쓴 것이라 한다.

개울가 오른쪽으로 노래춤이 절로 나는 반반하고 큰 무대바위가 옥류동의 절경을 마음껏 구경하라는 듯 놓여 있다. 옛날 수많은 시인과 화가가 이 무대바위에 올라앉아 옥류동의 절경을 노래하고 그림 그렸으리라. 옥류동은 그 말값을 하고도 남을 만큼 맑고 맑은 계곡이다. 내금강 만폭동과 금강산의 쌍벽이라고 하는데, 만폭동보다 야성미가 더 강하다는 평을 듣는다.

사진 유홍준

옥류동

무대바위

무대바위 앞에는 옥류담이 있다. 수정을 쏟아부은 듯 맑은 옥류담의 면적은 630m²이고, 바닥의 자갈까지 다 보이는 못의 깊이는 5~6m이다. 못 한가운데에 큰 바위 하나가 돛대처럼 서 있었으나, 그만 홍수에 넘어지고 말았다.

숫돌처럼 매끄럽게 닦인 너럭바위 위를 미끄러지듯 흘러내리는 옥류폭포는 마치 문양 고운 흰 비단폭을 펼쳐놓은 것 같은데, 높이 58m이다. 물과 돌이 환히 빛나면서도 그윽하고 기묘하기 이를 데 없는 옥류담과 옥류폭포는 옥류동을 대표하는 절경이다.

옥류동으로 들어서서 앞에 보이는 봉우리가 세존봉 천화대(天花臺)이다. 마치 하늘에 핀 흰 꽃송이 같다고 해서 천화대이다. 뒤에 있는 봉우리는 수려하고 얌전하고 이쁘장하다고 해서 '옥녀봉(玉女峰)'이라고 한다. 옥류동의 절경을 노래한 옛 시는 아주 많다. 그 중 옥류동의 모습을 사실적으로 읊은 시가 있어 소개해둔다.

높이 솟은 세존봉은 동남으로 안아왔고
부르기 좋은 옥녀봉은 서북으로 반겨섰는데
앞에 솟은 천화대야, 뒤에 있는 소옥녀야
뾰족해도 곱지나 말거나 험준하거든 깊이 가지나 말았으면
한가운데 희맑게 내려앉은 숫돌 같은 한 점의 바위는 옥소반 같고
그 위로 흐르는 물은 구슬을 굴리는 듯
그 앞에 담긴 물은 넓거든 깊지나 말거나 깊거든 맑지나 말았으면
어쩌면 이다지도 보는 사람의 가슴을 풀어 헤쳐주는가.

옥녀봉을 바라보면서 계속 오르면 옥류동의 절경이 잇따른다. 잇따라 등장하는 절경은 금강산의 비취색 물색을 대표하는 연주담(連珠潭)과 연주폭포다. 연주담은 그 옛날 선녀가 하늘에서 내려왔다가 아차 실수로 두 알의 구슬을 흘리고 간 흔적이라는 전설처럼 파란 구슬 두 개를 꿰어놓은 듯하다. 위쪽 못의 깊이는 4m, 아래쪽 못의 깊이는 7m, 손을 담그면 금방이라도 푸른 물이 들 것 같은 연주담이다. 연주담 위에는 네모 반듯한 한 장의 바위가 돌다리를 놓은 듯 골짜기를 가로지르고 있는데, 연주폭포가 그 바위 위를 타고 넘는다.

계곡 경치는 못의 물이 맑아서 그것만으로도 경치가 좋지만, 주위 산세를 보면 바위 배경과 나무들이 조화를 잘 이루어서 기세차면서도 우아한 맛을 주는 그윽한 풍경을 이룬다. 연주담 앞의 봉우리를 보면 뾰족한 봉우리에 사람이 앉아 있는 듯한 바위가 있다. 금강산에서는 바윗돌 하나도 보는 사람의 나이와 직업과 취미에 따라, 보는 위치와 각도에 따라, 계절과 날씨와 시간에 따라 모두가 다르게 보인다. 이 바위는 독서가가 보면 책을 읽는 것처럼 보이고, 처녀가 볼 때는 화장하는 것 같고, 어머니가 볼 때는 아기를 달래는 것 같고, 화가가 볼 때는 그림을 그

옥류담

사진 홍순웅

리는 것 같은 바위이다. 올라가면서는 봉황, 토끼로 계속 변한다. 금강산의 수많은 기암 중에서도 가장 특이한 기암 중의 하나이다. 흔히는 봉황바위로 통한다.

연주담에서 조금만 가면, 세존봉 중턱에서 돌계단처럼 층층으로 된 한 장의 바위벽을 타고 내리는 긴 폭포가 나타난다. 외금강의 구룡동 구룡폭포와 성문동 십이폭포, 내금강의 구성동 옥영폭포와 함께 금강산 4대 폭포의 하나로 꼽히는 비봉(飛鳳)폭포이다. 사방이 오목하게 들어가서 돌개바람이 자주 이는데, 이때 물방울이 안개로 변하면서 뭉게뭉게 피어오르는 모양이 마치 봉황이 흰 날개를 펴고 노을노을 하늘로 날아오르는 것 같다 하여 붙여진 이름이다. 길이는 139m이다.

비봉폭포 밑에 있는 못이 봉황담(鳳凰潭)이다. 이곳에서 비봉폭포 오른쪽의 뾰족한 봉우리를 보면, 한 마리 봉황새가 앉아 있는 것 같은데, 연주담 앞에서 변신을 거듭하며 사람을 홀리던 봉황바위다. 이곳에서 천화대를 보면, 곰과 토끼가 마주앉아 있는 것 같은 바위가 있다.

봉황담 오른쪽으로 또 하나의 푸른 못이 있고, 그 위로 길이 20m의 누운 폭포가 비봉폭포와 90도를 이루며 기역(ㄱ)자 모양으로 꺾이며 비스듬히 걸려 있다. 수량이 많아 폭포수가 바위에 부딪치면서 거품을 일구고 튕기는 물방울이 사방을 휘뿌리는 모양이 봉황이 춤을 추는 듯하다는 무봉(舞鳳)폭포이다.

비봉폭포와 무봉폭포는 성격은 다르지만 백년 해로한 부부처럼 대조적으로 잘 어울린다.

비봉폭포 왼쪽 산능선으로 계절폭포가 드러나 있으며, 그 위로 하늘에 핀 꽃송이 같다는 천화대가 바라보인다. 천화대 줄기의 마루에는 이 아름다운 옥류동 절경에 취한 듯 옥류동을 굽어보는 부부바위가 있다.

3) 구룡동

비봉폭포 왼쪽으로 병풍처럼 둘러선 세존봉의 돌벼랑을 바라보면서 한참을 오르면 '무용교' 라는 줄다리에 이른다. 여기서부터 시작되는 좁고 긴 골짜기가 구룡동(九龍洞)이다. 무용교를 건너 몇 발자국 더 가면 오른편 골짜기에서 은실처럼 가늘고 곱게 흘러내리는 물줄기가 모습을 드러낸다. 이름도 고운 이 은사류(銀絲流)를 건너 올라가면 오른쪽 개울에 주렴폭포(珠簾瀑布)가 모습을 보인다. '주렴' 이란 이름은 구슬을 이어서 마치 발을 드리운 것 같다는 데서 연유한다. 폭포 길이는 10m, 아래 담소 깊이는 7m나 된다. 흰

구슬로 만든 발처럼 내리꽂히는 물줄기의 기세도 장하며, 또 그 아래 못도 맑고 깨끗하다. 그러나 워낙 이름난 구룡폭포(九龍瀑布) 아래라서 그런지 구룡동 안에서는 크게 쳐주지 않는다.

주렴폭포를 지나면 구룡연(九龍淵) 전망대인 구룡각이 나서면서 골짜기 안을

구룡동계곡

뒤흔들듯 물소리가 쩌렁쩌렁 울려온다. 설악산의 대승폭포, 개성 대흥산의 박연폭포와 함께 우리나라 3대 폭포이자 금강산 제일의 최대 폭포로 꼽히는 구룡폭포가 모습을 드러낸다.

폭포수는 상하 좌우 전체가 하나인 큰 통바위 위쪽에 말안장처럼 잘록 파인 벼랑목을 타고 넘으며, 옹근 비단폭을 드리운 듯 떨어진다. 수량이 많아 낙수 소리도 요란하고, 떨어지면서 중간의 바위턱에 부딪히면서 싸락눈 같은 물방울을 사정 없이 공중으로 날리는데, 그 모양이 마치 용이 춤을 추며 하늘로 오르는 듯하다.

수십 미터 되는 높은 벼랑 위에서 떨어지는 폭포수는 절구통같이 둥그렇게 뚫린 돌확으로 물방아 찧듯 첨벙 들어갔다가 다시 기세좋게 내리흐르는데, 이 돌확이 구룡연이다.

구룡폭포는 깎아지른 폭포벽의 높이가 100m 이상이고, 구룡연까지 이어지는 폭포의 길이는 82m, 장마철에 수량이 많을 때는 120m나 된다. 물의 양이 많을 때는 구룡각에 있어도 옷이 다 젖고 말을 주고받을 수가 없다. 폭포의 폭은 4m 정도이다.

깊이가 13m나 되어 간담을 서늘케 하는 구룡연에는 옛날 유점사에서 53불에게 쫓겨난 아홉 마리 용이 살았다는 전설이 있다.

구룡각은 1961년 지어졌으며, 폭포를 바라보는 전각이라는 의미에서 '관폭정(觀瀑亭)'이라고도 한다. 구룡각에서 바라보는 구룡폭포와 구룡연도 장관이지만, 골짜기 안이 활짝 트여 있어서 햇별도 잘 들고 밝다. 폭포 뒤쪽 너머로 보이는 봉우리가 구정봉이고, 앞쪽은 세존봉이 막고 있다.

구룡폭포 오른쪽 바위벽에는 '彌勒佛(미륵불)'이라는 세 글자가 두드러져 보인다. 1919년 해강(海岡) 김규진(金圭鎭;1868~1933)이 쓴 예서로, 높이 19m, 폭은 3.6m에 이르러, 우리나라 암각글씨 중 가장 큰 글씨로 알려져 있다. 마지막 불(佛)자의 내려그은 획의 길이는 13m로, 구룡연의 깊이를 의미한다고 한다. 글씨가 깊게 조각되어, 한 사람 정도 들어가 누울 만하다.

구룡연 너럭바위에는 "千丈白練 萬斛眞珠(천길 흰 비단 드리웠는가 만섬 진주알을 흩뿌렸는가)"라는 고운(孤雲) 최치원(崔致遠; 857~?)의 시구가 씌어 있다. 구룡폭에 부친 시와 그림은 무수히 많다.

포암(圃巖) 윤봉조(尹鳳朝;1680~1761)가 묘사한 구룡연 풍경이다.

산 위에서 내리는 물 귀신의 힘을 빌렸는가	飛來絶頂託神强
뭇 산들 굽어보며 세차게 흘러가네	俯視群山避鴈行
늪 속에서 잠든 용 일으켜 깨우더니	欲喚眠龍潭底起
반공에서 춤추며 승부를 겨루자네	半天翔舞鬪雄長
천길 만길 폭포수 내리는 곳 내 몰라라	千尺不分何處落
머리 들어 바라보니 하늘만 푸르르네	擧頭天色但蒼蒼
원근에서 보는 자태 다르기는 하여도	縱然遠近看殊態
그대로 삼엄하여 기세를 돋우네	猶自森嚴立勢長
바윗등에 다가서서 가까이 보지 마라	匍匐屋前狎視妨
우레 소리, 벼락불이 사람들을 놀래우리	逼人蓬霹閃生芒
너럭바위 새긴 필적 웅건하기 그지없어	蟠巖吉屈華陽筆
기이한 그 기운 오랜 세월 전해가리.	奇氣相看萬古長

구룡연으로 쫓겨온 아홉 마리 용이 살았다는 유점사는 현재 고성군 서면 백천교리에 그 절터가 남아 있다. 창건 시기는 정확히 알 수 없으나, 불교가 전래되기 이전인 신라 남해왕 원년(4)에 인도 53불의 도래로 세워진 것으로 전한다. 현재 사찰 전체가 소실되어 옛 모습을 찾아보기는 어렵지만 한국전쟁 이전만 해도 40여 동의 아름다운 옛 전각들이 장관을 이루었다고 한다. 신계사, 장안사, 표훈사와 더불어 금강산 4대 사찰로 꼽히는 중에도 역사가 가장 깊고 큰 사찰이다.

부처님이 세상에 머물고 있었을 때 부처님을 친견하지 못한 사람들이 안타까워하고 탄식하는 것을 들은 문수는 사람들에게 불상을 조성하도록 권하였다. 문수는 사람들이 조성한 불상 가운데 온전한 것 53개를 골라 종 안에 넣고 뚜껑을 덮어 바다에 띄우면서 축

구룡폭포 ▶

원하기를 "53불이 인연 있는 땅에 머물면 나도 그곳에 가서 설법하리라" 하였다. 용(龍)이 그 종을 월지국에 모셔갔으나 종이 이를 거부하여 바다에 다시 띄웠는데, 당도한 곳이 금강산 동쪽 바닷가였다. 이 53불을 금강산에 모시고자, 개잔령 가까이에서 잠시 쉬는데, 갑자기 종소리가 울리기에 그 자리에 절을 지은 것이 유점사라는 것이다. 원래 유점사가 들어설 자리는 아홉 마리 용이 살던 큰 못이었다. 그러나 용이 53불을 위해 자리를 내주지 않자, 서로 내기를 하여 승부를 냈다. 이 승부에서 용들이 이기지 못한 까닭에 터전을 구룡연으로 옮겼다고 한다. 53불로 통칭되는 유점사 금동불이 1912년 일제에 의해 학계에 보고되었으나 여러 차례의 도난 사건으로 현재 소재지를 알 길이 없다.

4) 상팔담

가물 때는 기묘하고 수량이 많을 때는 장쾌, 웅장하며, 바위와 물이 이토록 절묘하게 이루는 구성과 조화가 또 있을까 싶을 정도로 멋들어진 구룡폭포. 간담이 서늘할 정도로 두둑한 배짱마저 느껴지는 구룡폭포 뒤에는 무엇이 있을까. 상팔담(上八潭)이다. 상팔담은 구정봉으로 올라 '구룡대(九龍臺)' 라는 전망대에서 볼 수 있다.

구정봉으로 가려면 다시 은사류 부근의 연담교까지 내려간다. 여기서 구정봉으로 오르는 아찔한 경사면에 놓인 안전사다리 14개를 톺아오르면 구룡대에 이른다.

구룡대에서 보면, 삼각추처럼 생긴 바위산이 노루도 미끄러져 떨어질 듯 가파르게 정면에 버티어 섰고, 그 아래 산발치는 활처럼 굽은 좁은 골짜기인데, 골짜기 밑바닥에는 푸르고 맑은 물을 담은 크고작은 못 여덟 개가 마치 구슬을 꿰어놓은 듯 빙그르르 바위산을 휘돌며 보기 좋게 이어져 있다. 이 크고작은 못 여덟 개를 '팔담' 이라고 하며, 구룡동 윗골에 있다고 하여 '상팔담' 이라 부른다.

못 바닥이 다 드러날 듯 맑은 청옥색의 못과 계곡 양쪽의 바위산에 어우러진 소나무, 잣나무, 단풍나무 들이 뿌려놓은 색채와 형상의 조화가 돋보인다. 옛날 금강산 팔선녀들의 목욕터였다는 전설이 당연하다 싶을 만치 아름답다.

그러나 구룡대에서는 상팔담 가운데 맨 윗것이 보이지 않는다. 상팔담의 전체 모습과 사

상팔담을 내려다볼 수 있는 구룡대

방의 전망을 더 속시원히 내려다보려면 구룡대에서 구정봉을 향해 100m쯤 더 올라 비룡대에 닿아야 한다.

비룡대는 '턱걸이바위'라고 부를 정도로, 도저히 서거나 앉을 수 없을 만큼 아찔하여 겨우 턱만 내밀고 아래를 굽어볼 수 있을 뿐이다. 위험 부담이 있지만, 아무 두려움 없이 턱을 내밀고 아래를 굽어볼 수 있는 것은 한눈에 드러날 상팔담 전경이 있기 때문이다.

보이는 것은 상팔담의 전모뿐만 아니다. 구룡폭포와 구룡각도 한눈에 보이고, 서남쪽으로는 비로봉에서 내리는 아홉 소골의 굽이진 골짜기가 보이며, 남쪽으로는 자연 돌문인 비사문(毘沙門) 바위가, 동남쪽으로는 세존봉의 천화대와 칼날 같은 여러 산줄기들, 동쪽 아래로는 옥류동, 북쪽으로는 옥녀봉과 관음연봉이 다투어 보인다.

5) 아홉 소골과 비로봉

상팔담을 지나면 신계천의 가장 위쪽 계곡인 아홉 소골이다. 아홉 소골은 구룡연 구역에서 금강산의 주봉인 비로봉으로 오르기 위해 반드시 거쳐야 하는 길목이다. 험한 협곡의 지형상 일단 다시 구룡각으로 내려가 세존봉을 향해 오르다가 비사문을 만나면, 비사문에서 아홉 소골로 하여, 용마석(龍馬石)과 마의태자묘를 거쳐서 비로봉으로 오른다.

자연 돌문인 비사문의 '비사'는 불법(佛法)을 지키는 신인데, 이 돌문을 지나는 벼랑길이 매우 가파른 것을 빗대어 착한 일을 한 사람은 무사히 지날 수 있으나 악한 일을 한 사람은 무사치 못하다고 하였다. 문 위에 솟은 비사바위는 모를 죽인 장방형의 바위를 켜켜이 쌓은 듯하여 멀리서도 눈에 띄고, 여기서는 전망도 좋아 세존봉 연화대, 옥녀봉, 관음연봉, 옥류동, 그리고 멀리 동해 파도가 언뜻언뜻 눈에 들어오기도 한다.

비사문을 지나 아홉 소골로 하여 찾아가는 용마석은 높이 약 50m 되는 한 개의 큰 바윗

덩어리인데, 말이 서 있는 모습이다. 용마석 왼쪽에 장대석 같은 자연석을 켜켜로 쌓아 만든 무덤이 마의태자묘로 알려지고 있으며, 무덤 옆에 서 있는 비석에 '新羅麻衣太子陵(신라 마의태자릉)'이라 새겨져 있다. 무덤은 둘레가 약 10m, 높이 1.5m로 보통의 무덤보다 조금 크다. 여기서 곧장 오르면 비로봉이다.

신라 마지막 왕인 경순왕(재위 927~935)의 아들인 마의태자는 나라가 고려

▲ 비사문에서 본 옥녀봉
◀ 용마석

에 투항하려는데 "나라의 존망에는 반드시 천명(天命)이 있으니, 힘을 다하지 않고 가벼이 남에게 넘겨줄 수 없다" 하며 반대하였다. 그러나 부친인 경순왕이 무고한 백성을 더이상 죽일 수 없다며 고려에 투항하였다. 마의태자는 "나라의 존망은 하늘에 달려 있다 하였거늘 왕으로서 그 소임을 어찌 저버리려 하십니까" 하며 끝까지 싸울 것을 주장하였으나, 왕의 결심이 바뀌지 않자, 통곡하며 홀홀 금강산으로 떠나왔다. 마의태자는 금강산에 들어온 이후로 베옷에 초식을 하면서 일생을 마쳤다고 알려져 있다. '마의태자'라는 이름도 베옷을 입고 일생을 보냈다는 데서 유래한다. 용마석는 마의태자가 타고 다니던 용마가 돌로 변한 것이라고 한다.

마의태자가 죽기 직전 비로소 올랐다는 비로봉은 금강산의 중심부에 위치하여 일만이천 봉을 거느리는 금강산 주봉이다. 비로봉은 동남쪽은 모두 뼈만 남은 톱날 같은 암봉들이지만, 서북쪽은 이와는 대조적인 육산으로 부드러운 수림지대를 이루고 있다.

비로봉 정상 전망대에서는 금강산 전체의 수많은 봉우리와 계곡들, 그리고 동해바다까지 장쾌한 모습을 한눈에 바라볼 수 있다.

춘원(春園) 이광수(李光洙:1892~?)는 《금강산유기》에서 비로봉을 다음과 같이 예찬했다. "아아 아무리 하여도 비로봉의 절경을 글로 그릴 수는 없습니다. 아마 그림으로 그릴 수도 없을 것이외다. 몽상 외의 광경을 당하니 다만 경이와 탄미의 소리가 나올 뿐이라, 내 붓은 아직 이것을 그릴 공부가 차지 못하였습니다. 다만 볼 만하고 남에도 말할 만하지 아니하니 내가 할 말은, 비로봉 대자연을 사람아 묻지 마소. 눈도 미처 못 보거니 입이 능히 말할손가. 비로봉 알려 하옵거든 가보소서 하노라."

외금강에서 비로봉으로 오르는 길은 모두 네 코스이다. 동석동이나 발연동에서 집선봉과 채선봉 능선을 거쳐서 장군성으로 오르는 동쪽 코스가 하나, 유점사터에서 효운동과 내무재령을 거쳐서 장군성으로 오르는 동남쪽 코스 둘, 한하계 상류와 만상정에서 상등봉과 삼성암터를 거쳐서 용마석으로 오르는 동북쪽 코스가 셋, 그리고 신계사터에서 출발해 구룡연 구역을 지나 아홉 소골과 용마석으로 오르는 동쪽 코스가 대표적이다.

이 가운데 구룡연 구역 코스가 내금강 만폭동에서 은사다리 금사다리를 거쳐 비로고대로 오르는 남쪽 코스와 더불어 금강산의 대표적인 탐승길이 되고 있다. 단거리일 뿐만 아니라 등산로에 안전시설이 되어 있고, 도중 경치도 빼어나다. 내외금강을 연결하는 지름길이기도 하다.

원래 온정리에서 신계사터와 옥류동을 거쳐 구룡연까지 올랐다가 다시 그 길로 돌아가는 것이 왕복거리 16km, 8시간 정도가 걸린다. 구룡연에서 구룡대로 올라 상팔담까지 둘러보면 9시간 이상 걸린다.

그리고 구룡연에서 비사문, 아홉 소골을 거쳐서 비로봉으로 오를 경우는 비로봉에서 1박을 하게 되므로 1박 2일 코스가 된다. 일제 강점기에는 비로봉에서 내금강 쪽으로 바로 아래에 구미(久米)산장이 있어서 대개 여기서 하루를 묵었다고 한다. 구룡연에서 비로봉까지는 약 7km이며, 3시간 정도 걸리는데, 초반 구룡연에서 비사문까지의 500m 구간이 난코스로 이름난 험로인 것을 제외하고는 전체적으로 한적하고 약간 지루한 길이다.

비로봉에서 1박을 하게 되면, 이튿날은 내금강 만폭동을 따라 장안사터로 하산할 수 있다.

내금강

내금강은 남북으로 뻗은 금강산 주능선의 서남쪽 지역을 일컫는다. 천태만상 기암절벽이 이루는 산악미가 장관인 외금강 구역에 견주면 내금강은 여러 갈래 계곡의 물줄기가 빚어놓은 수많은 폭포와 못이 녹음, 기암절벽과 조화되어 깊숙하고 그윽하고 얌전하고 수려하고 밋밋하고 우아한 계곡미를 보여준다.

흔히 금강산을 말할 때 외금강을 남성적인 멋에 견주고, 내금강을 여성적인 풍경에 비유한다. 그러나 이것은 내외금강을 통틀어 말할 때 유효한 잣대이고, 내금강만을 본다면 내금강에도 우람하고 장대하고 활달한 경관이 적지않다 하겠다. 이는 외금강에도 아담하고 그윽한 곳이 적지않음과 마찬가지이다.

내금강에서는 내강리에서 만폭동을 지나 비로봉으로 오르는 만폭동 코스가 대표적이다. 산과 계곡, 나무와 돌이 어우러져 갖가지 계곡 절경을 빚어내는 것은 물론이고, 예부터 장안사 · 표훈사 · 정양사 · 마하연 등 금강산의 내로라하는 절집이 자리잡았으며, 지금도 금강산에서는 가장 많은 문화유적을 볼 수 있는 구역이다.

만폭동 구역을 지역적인 특징과 등산로에 따라, 내강리로부터 내금강 금강문에 이르기까지의 내강동, 장안동, 표훈동 일대와 금강문으로부터 상류 계곡 일대를 각각 '만천 구

내금강의 봄

내금강 만폭동 구역

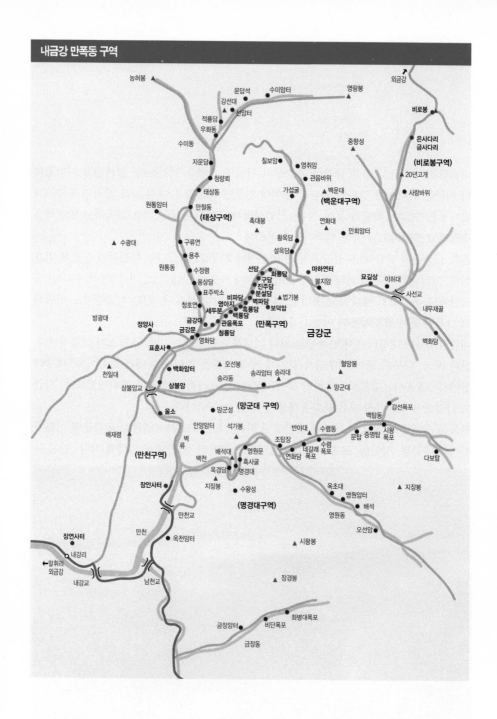

역'과 '만폭 구역'으로 나누어볼 수도 있다. 만천 구역이 금강산의 입구라면, 만폭 구역은 내금강의 계곡미가 본격적으로 펼쳐지는 본무대인 셈이다.

금강산 일만이천봉이 모두 모이는 비로봉에 이르려면 화룡담을 지나 마하연, 묘길상이 차례로 나서는 '백운대 구역'을 한번 더 거쳐야 한다. 비로봉에는 내금강의 부드럽고 유정한 자태와 외금강의 장대한 모습, 해금강의 아름다운 전경이 모두 모여든다. 과연 금강산 일만이천봉과 동해의 푸른 바다를 한눈에 바라볼 수 있는 금강산 최고의 전망대라 하겠다. 비로봉으로 오르는 길에는 금사다리 은사다리로 불리는 절경이 있으며, 꼭대기에는 비로고대라 하는 평탄한 땅이 넓게 펼쳐지는 것이 이채롭다.

만폭동 구역

1) 내강리

내금강 장안동(長安洞)의 수려한 산봉우리가 한눈에 안기며, 산골로서는 비교적 앞이 트여 있고, 잘 손질된 다랑이 논밭이 동금강천(만천 하류)에 발을 담근 전원 마을 내강리. 이곳은 내금강 만폭동 구역을 찾아드는 관문이자 중심지로, 내금강휴양소와 내금강 유원지관리소가 모두 여기에 모여 있다. 이곳에서 장안사 못미처 만천교까지의 약 1.5km 구간을 내강동(內剛洞)이라 한다.

마을의 서북쪽 낮은 언덕에, 뒤로는 삿갓봉이 솟아 있고 앞으로는 동금강천이 흘러가는 모습을 멋지게 바라볼 수 있는 장연사터가 눈에 띈다.

장연사터

장연사는 고려 공민왕 11년(1362)에 나옹대사가 담실대사를 시켜 창건한 것으로 알려져 있다. 영조 11년(1735), 헌종 9년(1843), 고종 11년(1874)에 중창했으며, 1923년에 불전 10칸과 승방 7칸을 건립하는 등 도량의 면모를 확대하였다는 기록이 있으나, 이후 언제 폐사되었는지는 모른다. 1874년에는 절 이름을 '흥룡암'이라 했다가 다시 1910년에 장연사로 바꾸었다고 한다. 절 이름은 근처에 '장연'이라는 못이 있어 유래된 것으로 추정된다.

현재 폐사지인 장연사터에는 논둑 위로 신계사터 3층석탑, 내금강 정양사 3층석탑과 더불어 금강산 3고탑으로 꼽히는 3층석탑만이 남아 길가에서도 훤히 마주 보인다.

장중한 균형미가 돋보이는 장연사터 3층석탑은, 지대석 위에 상하 기단부와 3층의 탑신부가 차례로 얹힌 형태이며, 상륜부도 있었을 터이나 현재 남아 있지 않다. 전체 높이 4.33m이다. 여러 개의 장대석을 짜맞춘 지대석 위에 놓인 상하 기단에는 기둥이 새겨져 있으며, 상층 기단 남쪽면에는 인왕상 2구가, 동쪽과 서쪽 면에는 각각 사천왕상 2구씩, 북쪽면에는 천부상 2구가 생동감 있게 조각되어 있다.

상층 기단 갑석 위에 1층 몸돌을 받기 위해 마련한 굄돌이 눈에 띈다. 납작하지만 허리가

장연사터 3층석탑

잘록한 독특한 형식이다.

3층으로 된 탑신부의 몸돌은 위로 올라가면서 차례로 줄어드는 비례가 알맞아 안정감 있게 보인다. 각 층 몸돌에는 우주가 가지런히 조각돼 있고, 층마다 일정한 간격으로 못자국 같은 흔적이 있다. 장식을 위한 것으로 보인다. 1층 몸돌 앞면에는 문짝도 조각돼 있다.

지붕돌 역시 몸돌처럼 통돌로 되어 있으며, 지붕돌층급받침이 각각 4단이다. 지붕돌과 낙수면 모두 얇은 편이나, 합각은 예리하다. 처마 밑선은 곧고, 윗선은 추녀끝에서 가볍게 들어올려 경쾌하게 느껴진다. 추녀에는 풍경을 달았던 듯

끝마다 흔적이 있다.

상륜부에는 보주만이 남아 있다. 탑에 보이는 능숙한 조각과 장식 수법에는 외부 장식에 치중했던 통일신라 말기 탑의 양식적 특징이 그대로 드러나 있다. 장연사터 3층석탑은 북한 국보 제44호이다.

2) 장안동

내강리를 지나 만천을 거슬러 오르면, 옛날에는 신선들이 사는 곳으로 향해간다는 뜻에서 '향선교(向仙橋)' 라 이름했던 만천교를 지난다. 여기서부터 장안사터를 지나 삼불암 (三佛岩)에 이르는 약 2km 구간을 '장안동' 이라고 한다. '장안(長安)' 이라는 말은 길이 편안하다는 뜻이다.

장안동 골짜기로 들어서면 만천을 가운데 두고 좌우로 전나무, 잣나무 숲이 우거져서 마치 끝없이 깊은 굴속을 뚫고 막연히 들어가는 것 같은 느낌을 준다.

장안사터

외금강의 유점사, 신계사, 내금강의 표훈사와 더불어 금강산 4대 고찰로 꼽히며, 그 중에서도 유점사 다음가는 대찰이었다고 전해오는 장안사의 옛 절터는 만천교를 건너 왼쪽 산 언덕에 자리잡았다.

신라 법흥왕(재위 514~540) 때 창건됐다는 설과 진흥왕 12년(551) 고구려의 승려 혜량이 신라에 귀화하면서 창건했다는 이야기가 전한다. 혜공왕 9년(773) 진표율사가 중수했고, 이후 화재를 만나 폐허로 남아 있다가 성종 1년(982), 충혜왕 복위 4년(1343)에

장안사터 입구의 만천계곡

고려인이었던 원나라 순제의 왕후 기씨의 후원으로 퇴락한 건물들을 다시 건립하였다. 당시 장안사 건물은 금강산뿐만 아니라 전국에서도 유례를 찾을 수 없을 만큼 지극한 정성과 솜씨를 담고 있었다고 한다. 기황후가 중창할 당시 전각이 70여 채에 이르렀고, 비로자나불을 비롯하여 53불, 1만 5000불을 봉안했다고 전하는데, 현존하지는 않는다. 장안사는 이후에도 조선 왕실의 보호와 지원을 받아 여러 차례 중수되면서 사세를 떨쳤다고 하나 한국전쟁 때 완전히 파괴되었다.

장안사는 입구에서부터 일주문, 운주문, 징검다리인 만천교가 있었고, 만천교를 건너면 '金剛山 長安寺(금강산 장안사)' 라는 현판이 걸려 있었던 만수정이 있었으며, 다시 2층 누각인 신선문을 통과하여, 정면에 대웅전이 마주하고 좌우로 각각 한 채의 건물이 대웅전 영역을 이루고 있었던 것으로 보인다. 대웅전 영역의 동쪽에 일정한 사이를 두고, 대웅전 영역과 더불어 장안사의 두 중심축을 이루었던 사성전(四聖殿) 영역이 배치돼 있었는데, 사성전 영역은 사성전을 중심으로 대웅전 구역의 배치와 비슷했으며, 앞에는 역시 2층 누각인 법왕문이 있었다고 한다. 그리고 이 두 구역 사이에는 두 채의 큰 건물과 작은 건물들이 있었다.

장안사 가람을 이루는 두 축의 중심 건물이었던 대웅전과 사성전은 모두 2층 건물로서, 모양과 짜임새에 있어 공통점이 있으면서도 각각 조선 전기와 후기의 건축술을 대표하는 서로 다른 시기적 특성을 보여준 독특한 건물이었던 것으로 알려져 있다.

이처럼 사찰 건축에서 두 개의 중심축을 정하고, 2층 건물 두 채를 중심에 놓고, 2층 누각 두 채를 각각 마주보게 짝지어놓은 것은 장안사에서만 볼 수 있는 독특한 형식이다. 특히 장안사는 숲속의 분지로 넓게 터를 잡아 누대에서 앞을 내다보는 전망이 장관 중의 장관이었다고 한다.

그러나 이러한 건물들은 모두 자취를 감추었고 지금은 주춧돌 몇 개와 비석과 부도 몇몇만이 남아 있다. 이들 부도 가운데는 팔각원당형의 '무경당(無竟堂) 영운탑(靈運塔)'이 북한 보물 제40호로 지정돼 있다.

부도의 기단부는 팔각 지대석 위에 상·중·하대석을 갖춘 연꽃 대좌형이다. 중대석은

장안사의 옛모습

장안사터

사진 이병훈

모서리마다 연주형(連珠形) 기둥이 장식돼 있고, 각 면마다 정방형에 가까운 내곽이 조각됐다. 그 중 한 면에 부도 이름과 창건 연대가 인조 20년(1642)임을 알 수 있는 '崇禎十五年四月日無竟堂靈運之塔(숭정 15년 4월 일 무경당 영운지탑)' 이라는 명문이 새겨져 있다.

몸돌은 둥글납작한 타원형이며, 그 위에 몸돌 높이만한 지붕돌을 얹고, 지붕돌 위에 다시 큼직한 상륜부를 얹었는데, 매우 위압적이다. 지붕돌의 처마끝 단면은 두툼하고 합각이 뚜렷하며 추녀끝은 들려 있는데, 지붕돌 윗면은 경사가 매우 심하고, 우동마루 등의 장식은 없다. 지대석 폭이 지붕돌에 이르는 높이와 같으며, 기단, 몸돌과 지붕돌, 상륜부가 각각 같은 크기로 구성되어 있는 등 부도를 구성하는 각 부의 비례가 조화로워, 안정감과 균형미가 돋보인다. 부도의 전체 높이는 4.02m이다.

예전에는 장안사에서 약 500m 아래쪽 골짜기 입구에 만천을 끼고 사하촌(寺下村)이 형성돼, 숙박시설과 매점 들이 있었다고 하나 지금은 흔적도 없다.

사진 이병훈

무경당 영운탑

장안사터에서는 만천 건너 맞은편에 우뚝 솟은 장경봉과 지장봉, 석가봉 등이 한눈에 안겨오는데, 특히 장경봉과 지장봉 사이에 있는 관음바위가 잘 보이며, 녹음 짙은 여름의 지장봉은 보기만 하여도 시원하다.

지장봉은 특히 나무와 꽃이 많은데, 이들 가운데서 눈에 띄는 것은 금강국수나무(북한 천연기념물 제232호)이다. 금강산에만 있어 금강국수라고 하는 이 나무는 높이 70cm 안팎의 활엽수이며, 7월 무렵 연분홍색의 작은 꽃이 핀다. 1917년 금강산에서 처음 발견되어 세상에 널리 알려졌다.

내강리에서 표훈사까지 주변에 퍼져 있는 전나무숲도 북한 천연기념물 제458호로 지정돼 있다. 장안사터를 떠나서 이 숲속으로 난 만천을 따라가면 약 200m 거리에 벽류(碧流)가 있다. 바닥에 청석이 깔려 있어 흐르는 물이 유달리 푸르게 보이므로 그렇게 부른다.

삼불암

벽류를 지나 오른쪽으로 굽이 돌면 '울소'라는 못에 이른다. 한자로는 '鳴淵(명연)'이라 하며, 못 옆 큰바위에 '鳴淵'이라는 글자가 새겨져 있다. '소리가 울린다' 또는 '우는' 못이라는 이름처럼 확실히 이곳 물소리는 여느 곳과 달리 평평 울린다.

동주(東洲) 이민구(李敏求;1589~1670)는 우렁찬 울소의 물소리를 다음과 같이 노래했다.

나에게 옥피리 있다 하여도	我有紫玉笛
구태여 명연에선 불지 않겠네	不敢淵上吹
검은 용 놀래어 잠에서 깨어나면	恰起驪龍睡
맑은 하늘 우레 울고 비를 쏟으리니	晴天雷雨垂

울소 옆에 길게 가로놓인 바위는 아버지의 시체바위, 소 앞에 나란히 놓인 바위 셋은 아버지의 시체 앞에 엎드려 우는 삼형제바위이다.

전설에 의하면, 장안사에는 나옹조사가, 표훈사에는 김동거사가 살고 있었다. 도가 높기로 이름난 나옹은 상좌 될 사람으로 김동을 염두에 두고 있었는데, 이를 눈치챈 김동이 하루빨리 나옹의 자리에 앉고 싶어했다. 나옹 또한 이런 김동의 욕심을 알아차리지 못할리 없어서, 어느 날 김동에게 내기를 제안했다. 불상 새기는 내기를 하여, 김동이 이기면 나옹이 지체 없이 김동에게 자리를 내주고, 김동이 지면 그럴 자격이 없는 것으로 알자는 것이었다. 김동은 나이가 많은 나옹을 자신이 문제없이 이길 줄 알고 혼쾌히 동의하였다. 이튿날, 나옹은 표훈동 입구에 있는 바위 중의 하나를 골라 앞면에 큰 불상 셋을 새겼고, 김동은 그 바위 뒷면에 보살상 60구를 새겼다. 그리고는 장안사와 표훈사의 여러 스님을 불러모아 품평을 하는데, 모두가 나옹의 살아 움직이는 듯 신비로운 삼불상에만 감탄하였다. 웃는 눈과 덩실한 코, 열릴듯 말듯한 입을 보면 마치 설법을 하는 듯하다는 것이었다. 그러나 김동의 보살상은 누가 보아도 졸작이었다. 내기에서 지고 보니, 김동은 나옹의 자리를 탐한 자신의 욕심에 가책을 느껴 그 자리에 있을 수가 없었다. 슬며시 빠져나와 울소에서 사랑하는 자식들의 모습을 한번 떠올리고 못 속으로 풍덩 뛰어들었다. 뒤늦게 소식을 듣고 쫓아온 아들 삼형제가 울소 옆에서 슬피 울다가 아버지의 뒤를 따랐다. 그날 밤 하늘에서 뇌성벽력이 울리고 폭우가 쏟아졌는데, 이후로 울소 옆에는 길게 누운 바위가 생겨났고, 또한 이 바위를 향해 엎드린 모습의 바위 셋이 물 위에 떠올랐다.

이때부터 사람들은 큰 바위를 김동의 '시체바위', 작은 세 바위를 그의 아들 '삼형제바위' 라 불렀고, 못은 삼형제의 울음 소리를 닮아 구슬픈 소리를 낸다 하여 '울소' 가 되었다고 한다.

울소 위의 좁은 개울목을 돌아 올라가면 삼불암교 건너 길 양쪽에 집채만한 삼각형의 바위 둘이 이마를 맞대듯 버티어 있다. 둘 중 더 큰 오른쪽 바위가 전설 속의 나옹이 새겼다는 삼불암이다.

삼불암 바위의 크기는 높이 8m, 너비 9m이며, 앞뒤옆 세 면에 불상이 새겨져 있다. 바위 앞면에는 석가불을 중심으로 좌우에 미륵불과 아미타불이, 바위의 왼쪽면에는 관음보살과 세지보살 입상, 뒷면에는 보살상 60여 구가 가지런히 조각돼 있다.

울소

사진 이병헌

앞면의 세 불상이 가장 크고 조각 솜씨도 뛰어난데, 세 불상의 크기와 표정, 세부 표현이 거의 같으나, 손 모양이 조금 다르다. 불상의 높이는 3.7m이고, 가슴 폭이 1.3m이며, 세 불상이 모두 시무외여원인을 하고 있으나, 중앙 본존불은 오른손을 어깨 위로 들어올렸고, 좌우 협시불은 오른쪽 허벅지 옆으로 내리고 있다.

머리에는 육계가 뚜렷하고, 육계 중앙에는 계주가 조각돼 있다. 얼굴은 양 볼이 부풀어올랐고, 눈꼬리는 길고 얇게 치켜올렸으며, 코는 다소 넓적하다. 인중은 짧고 입술은 굳게 다물었으며, 목 역시 짧고 삼도가 형식화되어 목도리같이 보인다.

세 불상의 가슴에는 '卍(만)' 자가 새겨져 있다. 중앙 본존불은 통견을 한 법의를 걸치고 있으며, 옷자락이 복부에서 V자로 흘러내리고, 좌우 협시불의 경우는 우견 편단을 한 법의를 걸쳤는데, 옷주름이 본존불과 조금 다르다. 삼존불은 모두 연화좌를 밟고 있다.

삼불암 뒤의 육십보살상

신체 비례로 볼 때 머리 부분이 조금 커진 느낌이 있으나, 높은돋을새김으로써 매끄러운 느낌을 잘 표현하고 있다. 바위 오른쪽 면에는 조선시대 문인 직암(直庵) 윤사국(尹師國 :1728~1809)이 쓴 '三佛岩(삼불암)' 이라는 글씨가 크게 새겨져 있다.

바위 왼쪽면의 불상 둘은 높이 2.3m로 삼존불보다 작고, 뒷면에는 보살상 60여 구가 길이 3.3m, 폭 1.7m 정도 크기의 방형으로 다듬어진 면에 가로 15줄, 세로 4줄로 나란히 새겨져 있다. 불상 60여 구의 조각은 본래 깊지가 않아서 풍상을 겪으며 희미해졌을 것으로도 생각되지만, 아무래도 앞면 삼존불의 조각 솜씨를 따르지는 못한다.

한편, 삼불암 맞은편에 서 있는 바위에는 작은 다락 건물을 올려 세웠던 흔적으로 보이는 기둥 자리가 남아 있는데, 바위에 '表訓洞天(표훈동천)' '長安寺地境處(장안사지경처)' 라는 글이 새겨져 있다. 한때 이 바위가 장안사와 표훈사의 경계를 표시하던 이정표였던 것으로 보여진다. 삼불암은 북한 보물 제41호로 지정돼 있다.

<table>
<tr><td>벼랑을 깎아내고　솜씨 있게 다듬어서</td><td>鑴崖慧劍費研磨</td></tr>
<tr><td>새겨놓은 세 부처　신통히도 다 같구나</td><td>現在三身面面同</td></tr>
<tr><td>산기슭에 지켜서서　무슨 도를 닦는 건가</td><td>屹立山阿修底法</td></tr>
<tr><td>짙은 안개 찬 바람에　갖은 고생 겪었어라.</td><td>只經霾雨與霜風</td></tr>
</table>

유재(游齋) 이현석(李玄錫)의 〈삼불암〉이라는 시구가 유장하다.

3) 표훈동

삼불암을 지나서 내금강 금강문까지의 만천 골짜기와 그 주변의 경치 좋은 일대가 표훈동(表訓洞)이다. 비교적 골 안이 넓은 데에 소나무와 잣나무가 숲을 이루며 청학대(靑鶴臺), 방광대(放光臺), 천일대(天一臺) 등을 인 봉우리들에 둘러싸여 아늑하다. 특히 지리적으로 내금강의 중심부라 할 수 있는 표훈사의 뒤쪽 등성이에서 바라보는 전망이 매우 좋다.

백화암터의 부도밭

백화암터

삼불암에서 표훈사로 올라가는 오른쪽 길목에 있는 백화암(白華庵)터는 원래 고려 후기에 '도산사'라는 절이 있던 자리라고 한다. 그러나 백화암이 언제 누구에 의해 창건되었는지는 알 수가 없다. 다만, 현재 절터에 부도 7기와 비 3기만이 부도밭을 이루어 남아 있다. 그 가운데 가장 눈길을 끄는 것은 인조 10년(1632)에 세워진 청허당(淸虛堂) 휴정(休靜; 1520~1604)대사의 부도비이다. 청허당 휴정은 임진왜란 때 승려 수천 명을 이끌고 의병과 함께 왜군을 물리쳤던 서산대사(西山大師)이다. 서산대사를 '백화도인(白華道人)'이라고도 부르는데, 서산대사가 이 절에 오래 머물렀기 때문이다. 대사가 열반에 든 뒤 사리를 나누어 묘향산 보현사와 이곳 백화암에 똑같이 안치하고 똑같은 비석을 세웠다. 서산대사비는 거북받침돌 위에 비석 몸돌과 이수가 차례로 얹힌 모습으로, 전체 높이가

5.41m, 대단히 큰 편이다.

방형의 지대석 위에 앉은 거북이는 얼굴 표정에 위엄이 있고, 등에는 육각의 등껍질무늬가 꽤 섬세하게 새겨져 있다. 전체적으로 균형이 잡혀 있고, 생동감도 느껴진다.

비석의 몸돌은 높이 2.76m, 폭 1m, 두께 0.42m이며, 비문은 높이 2000자 내외로 서산대사의 경력과 공적, 그의 법통에 대해 밝히고 있다. 글씨는 조선 중기의 4대 문장가의 한 사람인 월사(月沙) 이정구(李廷龜;1564~1635)가 썼다.

용머리의 조각은 정면에 여의주를 사이에 두고 용 두 마리가 머리를 맞대고 몸체는 구름 속에 엉키어 있는 모습이다. 이수 윗부분에는 탑의 상륜부를 연상케 하는 복발, 보개, 보주와 같은 장식이 솟아 있다. 백화암터 서산대사비는 북한 보물 제42호로 지정돼 있다.

이 부도밭에서 서산대사 부도와 비 외에 제월당(濟月堂) 부도, 취진당(醉眞堂) 부도, 편양당(鞭羊堂) 부도 및 부도비 등이 있다. 제월당, 취진당, 편양당 이들은 모두 서산대사 문하의 대표적인 승려들이다.

이들은 전체 높이 4m 안팎으로, 모두 연꽃대좌형 기단 위에 둥근 몸돌, 그리고 지붕돌을 차례로 얹은 조선시대 팔각원당형 부도의 가장 일반적인 모습을 갖추고 있으며, 구조가 당당하며 세련미도 느껴진다.

백화암터에는 서산대사, 사명당같이 임진왜란 때 승군을 일으킨 명승들의 진영을 모신 '수충영각(酬忠影閣)' 이라는 건물이 있었다고 하는데, 한국전쟁 때 불타 없어졌다.

백화암터는 비록 낮은 곳에 자리잡고 있으나, 주변에 전나무숲이 우거져 아늑하게 느껴지며 앞이 환히 트여 만천 구역의 계곡미와 뒤쪽으로 중향성(衆香城), 수미봉(須彌峰)의 기묘한 바위를 볼 수 있다. 부근에 꾀꼬리가 많다고 소문나 있다.

서산대사비

표훈사

백화암터를 지나 만천을 따르면 표훈사교(表訓寺橋)가 나온다. 이 다리 위에서 밑을 내려보면 개울물에 주변의 기암준봉들이 아름답게 비쳐지므로, 그림자를 물에 잠근 다리라는 뜻으로 '함영교(含影橋)'라 부르기도 했다. 삼불암에서 이곳 표훈사까지는 약 500m이다. 찻길이 여기까지 나 있다.

표훈사교를 건너서면 곧 표훈사가 마주 보인다. 청학대를 등에 지고 동쪽으로 돈도봉(頓道峰), 오선봉이 우뚝 서 있고, 서쪽으로는 '하늘 아래 첫째가도록 경치가 아름다운 곳'이라는 천일대가 높이 솟아 있음에도 지세가 매우 평정하며, 계곡을 끼고 숲이 자욱하다. 표훈사 앞 개울에는 물고기들이 많기로 소문이 자자하다.

표훈사는 금강산 4대 사찰 중 유일하게 살아남은 온전한 사찰이다.

신라 문무왕 10년(670)에 표훈선사가 창건한 것으로 알려져 있으나, 실은 신라 진평왕 20년(598)에 관륵, 융운 등이 창건하고, 문무왕 15년(675)에 표훈, 능인, 신림 등이 중창했다. 그 뒤 고려시대에 원나라 영종(재위 1320~23)이 시주하여 크게 중창했으며, 조선시대에는 태종 8년(1408), 세종 9년(1427), 세종 14년(1432)에 각각 명나라 사신이 방문하였다고 한다. 이후 역사는 전해지는 바가 없다.

표훈사는 건물 20여 채로 이루어졌다고 하나 한국전쟁 때 소실되었고, 현재 반야보전(般若寶殿)과 영산전(靈山殿)이 복원돼 있으며, 그 밖에 명부전, 칠성각, 어실각(御室閣), 능파루(凌波樓), 판도방(判道房) 등이 있다.

2층 누마루인 능파루를 통과하여 경내로 들어서면 정면에 중심 법당인 반야보전이 화려

표훈사 전경

하게 모습을 드러낸다. 반야보전은 정면 3칸, 측면 3칸의 겹처마 팔작지붕집이다. 법당의 화려함은 공포(栱包) 장식에서 두드러지게 나타난다. 법당 안은 천장 복판에 현란한 단청을 한 반자로 꾸몄으며, 불단 위에는 섬세하고 화려한 닫집을 드리우고 여러 가지 장식을 해놓았다. 법단에는 법기보살 장륙상을 모시고 있는데, 여느 불상처럼 법당 정면을 향하는 것이 아니라 동쪽의 법기봉(法起峰)을 향해 있는 것이 독특하다. 표훈사 동쪽에 가장 우뚝하게 솟은 봉우리가 법기봉이다.

예전에 표훈사는 역대 왕실과 깊은 인연이 있어서, 궁중에서 보내온 유물이 적지않았고, 또 멀리 원나라 황실에서 보내온 공예품, 유점사 창건 전설 속에 등장하는 53불을 담은 철탑, 한꺼번에 쌀 40말을 쪄낼 수 있는 500근짜리 큰 놋시루 등이 있었던 것으로 전해진다. 53불을 담은 철탑은 일제 강점기에 일본군에게 약탈당했고, 그 밖의 유물은 해방 때까지 전해왔다고 하는데, 어느 시기엔가 유실되고 말았다.

4) 정양사

표훈사에서 뒤쪽으로 800m쯤, 한낮에도 어둑신할 정도로 우거진 산길을 오르면, 방광대(放光臺) 허리에 자리잡은 정양사에 이른다. 개암나무, 전나무가 빽빽한 정양사 숲길은 개발의 이름으로 우리가 잃어가고 있는 '절 가는 길'의 훼손되지 않은 모습을 보여준다. 고려 태조(재위 918~943) 왕건이 금강산에 왔을 때 멀리 산 위에서 찬란한 빛이 사방으로 퍼지며 법기보살이 나타나는 것을 보고 엎드려 절을 했다고 하는데, 방광대는 그때 법기보살이 출현한 곳이다. 왕건이 절을 한 자리가 배점(拜岾, 배재령, 713m), 장안사터에서 정양사로 넘어오는 고개이다.

'금강산의 정맥(正脈)에 자리잡아 볕바른 곳'이라는 뜻의 '정양(正陽)'에서 이름이 나왔듯 정양사는 내금강의 40여 개 봉우리가 한눈에 보이는 전망이 특별히 좋은 곳이다. 정양사가 자리한 곳은 높이 800m 정도밖에는 안 되는 산중턱이지만, 동쪽이 탁 트여서 크고작은 봉우리들을 볼 수 있다. 높은 데로 올라갈수록 전망이 더 좋아지지만, 정양사 앞뜰만 해도 온갖 기묘하고 수려한 산들이 펼쳐진다.

정양사의 전망에 관해 설명한 《택리지》의 한 부분에 다음과 같은 찬사가 등장한다.

산 한복판에 정양사가 있고, 절 안에 헐성루(歇惺樓)가 있다. 가장 요긴한 곳에 위치하여 그 위에 올라앉으면 온 산의 참 모습과 참 정기를 볼 수 있다. 마치 구슬 굴 속에 앉은 듯, 맑은 기운이 상쾌하여 사람의 장위(腸胃) 속 티끌 먼지를 어느 틈에 씻어버렸는지 깨닫지 못한다.

정양사 내에서도 가장 전망 좋은 곳이 '헐성루'였는데, 헐성루에서는 내금강의 봉우리치고 어깨 너머로라도 고개를 내어놓지 않은 것이 없어, 금강산이 왜 생겼느냐면 헐성루라는 장관 하나를 만들기 위해서라고 해도 좋을 정도였다고 한다.

조선시대 금강산 그림 중 겸재의 〈금강전도〉를 비롯한 내금강 총람도는 거의 다 정양사 헐성루에서 본 경치이다.

헐성루에는 '지봉대(指峰臺)'라고 전망 장치가 있어서, 정양사의 명물로 이름이 높았는데, 헐성루와 더불어 한국전쟁 때 소실됐다. 지봉대는 헐성루에서 볼 수 있는 40여 개 봉우리의 이름을 새겨놓은 원추형 모형돌들로, 미리 고정시킨 줄을 당겨 방향을 잡고 바라보면, 누구나 봉우리의 이름을 쉽게 알아볼 수 있도록 만든 장치였다. 그래서인지 예로부터 정양사 헐성루에서 읊은 시들이 아주 많다.

예로부터 들어오던   풍악산 좋은 경치　　　昔聞楓嶽好
지팡이를 끌고서   오늘에야 찾아왔네　　　今日一筇來
헐성루에 올라앉아   사방을 바라보니　　　來坐歇樓上
만이천 봉우리가   차례로 나타나네.　　　萬峰次第開
(이진택, 〈정양사〉)

일만이천 봉우리   다 보고 나서　　　看盡千峰秀
만폭동 시내 따라   걸음 옮기네　　　踏來萬瀑流
인간 세상 그리움   버리지 못해　　　塵心猶未化
정양사 헐성루에   다시 올랐네.　　　更上正陽樓
(조덕린, 〈정양사 헐성루〉)

개골산의 그 모습   비 멎은 뒤에 드러나네　　　皆骨精神雨後生
기이한 멧부리들   명실공히 한결같네　　　奇巒箇箇副其名
이 산의 좋은 경치   등급을 매기라면　　　若令題品玆山勝
헐성루가 으뜸이라   서슴없이 이르리라.　　　歇惺當爲集大成
(김진규, 〈헐성루〉)

일만이천 봉우리마다 가을빛 짙었고나	萬二千峰色色秋
신선의 뼈일런가 부처의 머릴런가	神仙之骨佛之頭
금강산의 참 모습을 알고저 할 양이면	欲識金剛眞面目
노을 비낀 저녁에 헐성루에 오르게나.	夕陽須上歇惺樓

(한장석, 〈저녁에 헐성루에서〉)

정양사는 백제 무왕 1년(600)에 관륵과 음운이라는 스님이 창건하고, 신라 문무왕 1년 (661)에 원효가 중창했다. 그 뒤 고려 태조가 절을 중창했고, 충숙왕 13년(1326), 그리고 조선시대에 들어와서는 정조 15년(1791)에 중창됐다. 우리나라 여느 사찰이 그러했던 것처럼 한국전쟁 때 심하게 파괴되었다가 일부만이 복구돼 오늘날에 이르고 있다.

현재 정양사에는 절의 중심 건물인 반야전(般若殿)과 약사전(藥師殿)이 있으며, 약사전 앞에 신라 말에서 고려 초에 세워진 3층석탑과 6각석등이 남아 있다.

반야전은 정면 3칸 측면 3칸 규모의 팔작지붕집으로, 조선 초기의 양식을 보존하고 있다. 정양사에서 이채로운 건물은 약사전이다. 육각 평면에 삿갓처럼 생긴 육모지붕을 얹고 지붕 꼭대기 추녀마루가 모이는 정점에는 연꽃을 돋우어올렸다. 이 건물의 가장 특이한 점은 들보를 하나도 쓰지 않고 기둥 위 안팎으로 공포를 여러 겹 짜올려 천장을 대신한 점이다. 내부는 6각으로 된 천장 꼭대기까지 공포 부재로 꽉 들어차 있으며, 거기에 화려한 무늬와 단청이 어울려 마치 화사하게 피어오른 꽃송이를 보는 듯하다. 육각 평면이라는 건축적 기교와 장식을 능란하게 구사한 진귀한 건물이다. 내부에는 통일신라 때 만든 것으로 전하는 약사여래석불상이 있는데 마치 석굴암 불상을 축소해놓은 듯 단정한 느낌을 준다. 약사전에 안치되어 있지만 약합을 들고 있지 않는 수인을 보아 아미타여래나 석가모니불일 가능성을 배제할 수는 없는 듯하다. 삼엄한 숲길을 걸어올라 만난 퇴락한 옛 절에 아직도 사람을 기다리고 있는 듯 처연히 앉아 있는 불상을 마주하면 오르는 길의 피로가 확 풀린다.

한편, 정양사에는 세조 3년(1458) 경남 합천 해인사에 보관된 팔만대장경 한 부가 보관돼 있었다고도 한다.

장연사터, 신계사터 3층석탑과 더불어 금강산 3고탑의 하나로 불리는 정양사 3층석탑은 높이 3.97m이며, 2층 기단 위에 3층의 탑신부, 그리고 상륜부를 갖춘 일반형 석탑이다. 전체적인 균형미가 있고, 갑석 위에 3단의 굄돌 외에 두툼한 별도의 굄돌과 다시 2단의 굄돌을 돌출한 상층 기단의 갑석 장식이 독특하며, 지붕돌마다 몸돌 굄단을 갖춘 점 등이 돋보인다. 1층 몸돌 남쪽 면에 매우 세련된 문짝 조각이 있다. 현재 상륜부에는 노반석 위에 복발과 앙화석만이 남아 있다.

3층석탑 앞에 서 있는 석등 역시 약사전처럼 보기 드물게 육각형의 모양이다. 방형의 지대석 위에 연꽃이 조각된 육각형의 하대석을 놓은 다음 두 개의 원형 기둥돌을 차례로 얹고, 다시 연꽃 모양의 상대석을 놓았다. 기둥돌 아래위와 가운데에는 가락지 모양의 테두리를 둘러 단순한 둥근기둥에 변화를 주었다. 기둥돌 위에 올려진 화사석(火舍石)은 공

정양사 약사전 앞 3층석탑과 석등

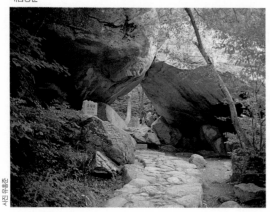

내금강문

(工)자 모양의 석재 6개로 이루어져 있으며, 그 위에는 육모로 된 지붕돌을 얹어놓았다. 지붕돌 위쪽은 납작한 공 모양의 석재 하나로 마무리돼 있다.

화사석 부분이 크고, 지붕돌을 제외하고 모든 부재가 육각형으로 되어 전체적으로 부드러운 인상을 주며, 높이 2.95m이다. 정양사 석등은 북한 보물 제43호이다.

5) 만폭동

정양사에서 다시 표훈사로 내려와 만천을 따라 동북쪽으로 100m쯤 오르면 큰 바위 둘이 서서 돌문을 이루고 있다. 돌문은 바닥 폭이 약 5m, 높이 2.5m, 길이가 4m 정도인데, 들어가면서 좁아져서 삼각형의 모양이 된다. 내금강 금강문이다. 문 앞 왼쪽 바위에 '金剛門(금강문)' 이라 새겨져 있으며, '원화문(元化門)' 이라고도 부른다.

금강문을 나서면 갑작스레 요란한 물소리가 들려오고 눈앞이 번쩍 열리는데, 여기서부터 화룡담(火龍潭)까지 약 1km 구간을 '만폭동(萬瀑洞)' 이라 부른다.

만폭동은 금강산에서 계곡미가 뛰어나기로 이름 높은 구역으로, 비록 그리 길지 않지만, 폭포가 아니면 못, 못이 아니면 폭포라 말할 수 있을 정도로 계곡이 온통 폭포와 못으로 가득 차 있다. 그 많은 폭포와 못들이 하나도 닮은 것이 없으며, 자기의 독특한 모양과 그에 걸맞은 전설이 깃들여 있다. '만폭' 이라는 이름도 폭포가 만 개나 될 정도로 많다는 뜻이다. 그러나 폭포로는 관음폭포 외엔 이렇다 할 규모를 갖춘 것이 적고, 못이 더 많고 좋다.

다음은 간옹(艮翁) 이헌경(李獻慶 ; 1719~91) 〈만폭동으로 들어가며〉 지은 시이다.

벼랑길 톺으노라 걸음 바쁜데	緣崖行苒苒
골짜기 몇천 개나 지나왔던고	過峽已千重
흰 돌은 사람 따라 우뚝 서 있고	白石隨人立
맑은 샘 하루종일 방아를 찧네	淸泉盡日舂
키 높은 삼나무엔 매가 깃들이고	杉高惟到鶻
늪에는 물이 얕아 용이 없다네	潭淺未棲龍
중들은 무슨 생각 품고 있기에	佛子何心性
봉우리를 깎아내어 집을 지었노	爲家每鑿峰
절벽을 톺아도 골짜기를 지나도	攀崖與越壑
절반은 중의 부축 받아왔노라	强半恃僧肩
골짜기 뭇 새들은 봄노래 부르고	谷鳥歌春色
산꽃들은 손님 맞아 웃음을 짓네	山花照客眠
높이 뜬다 세상 인연 끊지 못하리	高飛非絶世
천천히 걸어서도 하늘 올랐네	緩步已登天
내 홀로 저 멀리에 눈을 던지니	獨送無窮眼
일만이천 봉우리에 안개 걷히네.	千峰盡掃烟

금강문을 지나면 층암절벽이 좌우로 이어지고, 어지럽도록 겹겹이 싸인 바위 사이로 계곡을 따라 들어가는데, 왼쪽 원통골에서 흘러나오는 물과 만천이 만나는 합수목에 이르면, 두 물줄기를 양옆에 낀 산줄기가 뻗어내리다가 갑자기 멎어선 듯한 절벽을 이룬 금강대(金剛臺)가 앞을 가로막는다.

금강대 아래쪽에 자리잡은 만폭교 아래에는 길이 200m에 이르는 거대한 은빛

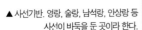

▲ 사선기반. 영랑, 술랑, 남석랑, 안상랑 등
　사선이 바둑을 둔 곳이라 한다.

▶ 만폭동 너럭바위에 새겨져 있는 양사언의 글
　'봉래풍악 원화동천'

너럭바위가 펼쳐지고 그 너럭바위에는 '萬瀑洞(만폭동)' '蓬萊楓嶽 元化洞天(봉래풍악 원화동천)'이라는 봉래 양사언의 글씨가 새겨져 있다. '봉래'는 금강산의 여름 이름, '풍악'은 금강산의 가을 이름이며, '원화동천'은 만폭동의 다른 이름으로 금강산의 으뜸가는 골짜기라는 뜻이다.

양사언은 조선 4대 명필로 꼽히는 이로, 금강산의 아름다운 자연에 도취되어 금강산에 오래 머물면서 많은 일화와 글씨 등을 남겼다. '봉래'라는 호를 가진 것도, '원화'라는 별호를 가진 것도 모두 금강산에서 받은 감동 때문이다.

그 밖에도 이 너럭바위에는 나옹조사의 필적으로 전하는 '天下第一名山(천하제일명산)'이란 글씨가 있으며, "천 개 바위는 아름다움을 경쟁하고 만 갈래의 계곡은 다투어 흐른다"는 뜻의 '千岩競秀 萬壑爭流(천암경수 만학쟁류)'라는 글씨, 또 옛날 삼신산의 신선들이 절경에 취해 세월을 잊고 바둑을 두었다는 자리에 새긴 바둑판 등이 있다. 이 바둑판은 신라의 영랑, 술랑, 남석랑, 안상랑 등 사선이 바둑을 둔 곳이라 하여, '사선기반(四仙碁盤)'이라 부르기도 하고, 봄 여름 가을 세 계절에만 이곳에서 바둑을 두었다고 하여 '삼산국(三山局)'이라고도 부른다.

금강대를 뒤로 하고 만천을 따라 계속 오르면 곧은 폭포, 누운 폭포, 크고작은 못 들이 잇따라 나타나며, 신선하고 요란한 물소리가 골짜기를 뒤흔든다.

'오선(五仙)'이라는 글씨가 새겨진 바위 옆에 푸른 물을 찰랑거리는 청룡담(靑龍潭), 24m 길이의 누운 폭포인 관음폭포와 그 물을 받아들이는 관음담(觀音潭), 보덕암(普德庵) 전설에 나오는 세두분(洗頭盆)과 수건바위, 희맑은 바위에 둘러싸여 넓적하게 자리 잡은 백룡담(白龍潭), 영아지(影娥池) 등을 차례로 지나면, 만폭동의 명장면이라 할 수 있는 만폭팔담(萬瀑八潭)이 모습을 드러낸다.

금강산 곳곳의 절경에는 옛사람이 남긴 글씨들이 많다. 그 중에서도 특히 만폭동에 많은 글씨가 쓰여졌는데, 이러한 사정을 백원(白源) 신석번(申碩蕃;1596~1675)은 〈만폭동〉이라는 시에서 다음과 같이 읊고 있다.

골 깊은 만폭동 찾아와 보니	萬瀑深深洞
써놓은 글 많지마는 잘 쓴 글 없네	從前善狀稀
내 왔대도 신통한 말 찾을 길 없어	我來無好語
이름 석 자 써놓고 돌아가노라.	惟寫姓名歸

만폭팔담과 보덕암

만폭팔담은 그 이름과 같이 연이어 꼬리를 무는 맑고 푸른 여덟 개의 못이며, 외금강의

흑룡담

상팔담과 견줄 만하다 해서 '내팔담(內八潭)'이라 부르기도 한다. 이 여덟 개의 못은 각자 나지막한 폭포를 걸치고 있다.

팔담은 푸르다 못해 검은빛이 감도는 흑룡담(黑龍潭)으로 시작된다. 바위를 푹 파고 물을 담아놓은 것 같으며, 물도 깊고 폭도 크다. 깊이가 7.5m에 이르고, 넓이가 427㎡이다. 주위의 수림이 울창하여 못 자체가 음산하고 두려운 데다 좁게 뚫린 계곡의 하늘에 구름이라도 끼면, 당장 물 속에서 불쑥 무엇이 솟아오를 듯하다. 바위에 '黑龍潭(흑룡담)'이라는 전서체 글씨가 새겨져 있다.

흑룡담으로 흘러드는 누운 폭포를 옆에 끼고 개울을 거슬러 40m쯤 올라가면 오른쪽 바위벼랑 쪽에 치우쳐 있는 자그마한 소가 있다. 생김이 비파 모양 같고, 내리치는 폭포 또한 비파 소리 같다는 비파담(琵琶潭)이다. 여기 바위에도 '琵琶潭(비파담)'이라는 글씨가 새겨졌으나 오랜 세월 비바람에 씻기어 그 흔적을 찾기 힘들다.

팔담의 세번째 못인 벽파담(碧波潭)으로 가는 도중에는 뒹군바위를 만난다. 바위가 일고여덟 번 구르고 바로섰다는 것인데, 그래서인지 반반한 바위면에 새겨진 이름 수십 개가 어떤 것은 바로, 어떤 것은 거꾸로, 모로 새겨진 것도 있다.

뒹군바위를 에돌아가면 맑고 푸른 물결이 찰랑이는 벽파담이다. 벽파담 둘레에는 너럭바위들이 쭉 깔려 있고, 못 위쪽은 낭떠러지이며, 오른쪽에는 산에서 뻗어내린 너럭바위가 비스듬히 누워 못에 발을 담그고 있다. 물은 낭떠러지에서 두 가닥으로 물방울을 튕기며 떨어져서는 비스듬히 누운 너럭바위에 퍼져내려 못에 담긴다. 그래서 못에는 늘상 물안개가 아물거린다.

벽파담을 지나 25m쯤 올라가면 개울가 왼쪽에 '지도바위' 또는 '만상암'이라고 부르는 큰 바위가 있다. 개울 쪽으로 쳐들린 비교적 넓적한 경사면에, 오목오목하고 도드라진 부분들이 이리저리 연결

사진 이태현

분설담

보덕암 ▶

되어 꼭 지도를 그려놓은 것 같다.

지도바위 오른쪽으로 삼복더위에도 눈보라를 날리고 찬바람이 뼈 속까지 파고든다는 분설폭포(噴雪瀑布)와 분설담(噴雪潭)이 있다. 바위에 '噴雪潭(분설담)'이란 글자가 새겨졌다. 물소리도 우렁차서 한 걸음을 사이에 두고 하는 말도 아득히 들린다.

분설담 앞 너럭바위에 서면 동북쪽으로 법기봉의 봉우리들이 높이 솟아 있고, 서북쪽으로는 대향로봉, 소향로봉이 법기봉과 마주 서 있으며, 골 안은 높은 울타리에 둘러싸인 듯하다.

분설담 맞은편의 깎아지른 듯 높이 솟은 법기봉 중턱에는 높이가 7.3m나 되는 구리기둥 하나에 의지하여 벼랑에 간신히 기댄 정면 1칸, 측면 1칸의 단칸집인 암자가 있다. 고구려 영류왕 10년(627)에 보덕화상이 수도하기 위해 자연굴을 이용해 지었다는 보덕암이다. 보덕암은 이어 고려 의종 10년(1156), 조선 중종 35년(1540), 순조 8년(1808) 중창됐으며, 한국전쟁 때 파괴되었다가 복구되어 오늘에 이른다.

분설담에서 법기봉 벼랑길 돌층계를 따라 오르면 보덕암 본전인 관음전이다. 관음전은 구리기둥 하나에 의지해 지은 단층집이면서도 바깥에서는 눈썹지붕 위에 팔작지붕, 맞배지붕, 우진각지붕을 차례로 배합하여 다층집으로 보이도록 설계되었다. 구리기둥은 나무 기둥에 19마디의 동판을 감은 것인데, 중종 6년(1511)에 설치된 것이고, 암자는 숙종 1년(1675)년에 고쳐 지은 것이다.

건물은 쇠줄로 칭칭 감겨 있으나, 바람이 불거나 네댓 명이 마룻바닥을 걸으면 울렁울렁 삐거덕거리는 것이 마치 살얼음 위를 밟는 것 같아 가슴이 서늘해진다. 그래도 몇백 년을 이렇게 바위에 기대어 있었던 것을 생각하면, 장하고 신통하다. 온통 자연이 빚어낸 절경 속에 사람의 손길이 닿은 보덕암은 주변의 자연 경치와 잘 조화되어 만폭동의 절경을 한층 돋우어준다.

건물 안의 절벽 바위에는 깊이가 5.3m, 폭이 1.6~2m, 높이가 1~2m 되는 자연굴이 있는데, 이것이 보덕각시의 전설이 깃들인 보덕굴이다.

옛날 한 청년이 젊어서 금강산에 들어와 공부를 하다가 싫증이 나서 잠깐 잠이 들었는데,

보덕암 위에서 내려다본 만폭동

꿈에 '보덕각시'라는 여인을 만나 사랑에 빠졌다. 여인에게 사랑을 간청하자, 여인은 만폭동에서 다시 만나자는 말을 남기고 어디론가 사라졌다. 꿈에서 깬 청년이 만폭동을 찾아왔다가, 개울가 벼랑 바위에 수건 하나가 걸려 있기에 살펴보니, 뜻밖에도 꿈에서 본 보덕각시가 못에서 머리를 감고 있었다. 반가워 이름을 부르자 보덕각시는 사라지고, 옆의 못에 보덕각시의 그림자만 비칠 뿐이었다.

총각이 갑작스레 일어난 일에 넋없이 서 있는데, 어디선가 파랑새가 나타나 골짜기를 따라 오르더니 법기봉 절벽에 보이는 바위굴 속으로 자취를 감추는 것이었다. 간신히 파랑새를 쫓아가보니, 바위굴에 파랑새는 없고 굴 가운데 불상이 놓여 있으며, 그 앞에 책이

구담. 왼쪽에 거북바위가 잘 보인다.

쌓여 있었다고 한다. 그제서야 총각은 자신을 이곳까지 이끌고 온 보덕각시가 관음보살이었음을 깨닫고, 그 동안 잡념에 사로잡혀 있던 자신을 뉘우치며 열심히 공부한 결과 이름 높은 스님이 되었고 한다.

만폭팔담에 이르기 직전, 보덕각시가 수건을 드리웠던 데가 수건바위, 보덕각시가 머리를 감았던 곳이 세두분, 그림자를 보였던 곳이 영아지, 그리고 보덕암 안쪽의 굴이 전설 속에 나오는 보덕굴이다.

다음은 명재(明齋) 윤증(尹拯;1629~1711)이 지은 〈보덕굴〉이라는 시다.

바위가에 외로이 버티고 선 구리기둥	銅柱孤撐斷石邊
그 위에 올라서면 하늘에 몸 닿으리	騰身斗覺近諸天
스님 하나 밤마다 으슥한 이 굴 찾거니	一僧夜夜參幽窟
인경 소리 맑은 속에 실안개 피어나네.	淸磬聲中細縷烟

한편, 보덕암 위쪽에는 만폭동의 경개를 굽어볼 수 있는 좋은 전망대가 있다. 이 자리에서는 나는가 하면 뛰는 듯 기묘한 바위들과 듬성듬성한 소나무숲을 다 드러내는 대향로봉과 소향로봉이 의좋게 나란히 앉아 있다.

분설담으로 다시 내려와 만천을 따라가면 만폭팔담 가운데 가장 기세가 좋다는 평을 듣는 진주담(眞珠潭)이 펼쳐진다. 벽파담, 분설담과 더불어 만폭팔담을 대표하는 못이다. 진주담으로 쏟아지는 폭포는 계곡을 가로지른 커다란 반석을 타고 넘으며 장쾌하게 떨어지는 진주폭포로, 높이 13m 정도이다. 쏟아지는 물은 네댓 층을 이룬 바위턱에 부딪쳐 넓고 깊은 못으로 와락 안기는데, 못의 깊이가 7.5m, 넓이는 412㎡이다. 진주담 오른쪽 바위에 '眞珠潭(진주담)' 이란 글자가 새겨져 있고, 옆의 너럭바위에는 '水簾(수렴)' 이라는 글씨가 있다.

진주담 위쪽에는 계곡 바닥에 돌확 하나가 크게 파여 흐르는 물을 받았다가 진주폭포로 넘겨보내는데, 진주담 위에 있는 못이라 하여 '윗소' 라 불리는 못이다.

윗소를 지나 오르면 계곡 양쪽에 솟은 봉우리들이 계곡 안쪽으로 좁아지면서 돌산이 울창한 나무숲으로 바꾸어가는데, 왼쪽으로 향로봉 경사면에 '法起菩薩 天下奇絶(법기보살 천하기절)' '釋迦牟尼佛(석가모니불)' 이라는 글씨가 나란히 새겨져 있다. '법기보살 천하기절' 은 해강 김규진의 글씨로, 역시 김규진이 쓴 구룡연의 '彌勒佛(미륵불)' 글씨 다음으로 큰 금강산의 글씨이다.

만폭팔담 가운데 여섯번째로 등장하는 구담(龜潭, 거북소)은 거북이처럼 생긴 바위가 머리를 쳐들고 물 가운데 앉아 있는 데서 이름이 유래하는데, 주변에 '龜潭(구담)' 이라는 글씨와 '天下第一名山(천하제일명산)' 이라는 글자가 새겨졌다. 흰 너럭바위를 씻으며 왼쪽으로 꺾여 흐르는 물길에도 거북 모양으로 팬 자그마한 확이 있다.

선담(船潭)은 구담에서 위쪽으로 50m쯤 떨어져 있으며, 못의 모양이 배와 같다 해서 이름지어졌다. 그러나 외금강 신계동의 선담보다는 규모가 작고 배를 닮았다는 못의 모양도 뚜렷하지 못하다.

만폭동의 끝, 화룡담(火龍潭)은 못의 깊이가 3.3m, 우거진 숲과 어울려 둥글면서도 깊은 못의 물빛이 짙푸른 비취색을 띠며, 만폭동치고는 은근하면서도 포근한 느낌이다. 왼쪽 길가에 '火龍潭(화룡담)' 이라는 글자를 새긴 둥글넓적한 바위가 좋은 전망대 역할을 한다.

이 바위에 올라서면 동북쪽으로 중향성이 멀리 보이고, 동쪽으로 월출봉, 혈망봉(穴望

峰), 법기봉이 마주 보이며, 남쪽으로 지나온 만폭동의 여러 못들이 층층 연이어 있는 것이 내려다보인다.

물이 부리는 재주란 재주는 다 모아놓은 듯, 만폭동을 화려하게 수놓은 만폭팔담을 보산(甫山) 유영하(柳榮河 ; 19세기)는 다음과 같이 노래했다.

첫 굽이는 흑룡담 바다굴과 잇닿았나	一曲黑龍海窟通
우레 섞인 소낙비에 푸른 하늘 뒤늪는 듯	滿山雷雨吼蒼穹
천년 세월 자다 깬 용 여의주를 잊어선가	千年睡起忘珠顆
부질없이 물에 나와 노을 속을 뒹군다네	却誤衝翻落照紅
둘째 굽이는 비파담 둥근 못을 이뤄	二曲澄流圓作池
허리와 배 잘록하니 비파 모양 분명쿠나	琵琶腰腹不參差
줄 튀기는 박자소리 못가에로 울려가나	抵彈大拍聲隨邊
울퉁불퉁 돌서슬은 안족¹⁾이 틀림없네.	石齒天然雁柱利
셋째 굽이는 분설담 걸린 물 은박 같거니	三曲懸泉雪箔如
사방으로 뿜는 가루 허공에서 떨어지네	四圍噴屑落空虛
서리친 밤 밝은 달은 임자가 따로 없고	霜天明月無人管
산기슭엔 작은 절만 외로이 서 있어라	只有巒頭小佛廬
넷째 굽이는 진주담 깊은 못물에 해 비쳐	四曲淵淵映日文
알알이 고운 진주 어지러이 흩어지네	眞珠箇箇落紛紜
저 구슬 모으면 천 섬은 실히 되리	憑君拾取應千斛
여인들의 숱진 머리 저 구슬로 단장하렴	須換靑樓美似雲
여섯 굽이는 벽하담 층층 사다리를 오르나봐	六曲層潭如踏梯
산길 울툭불툭하니 쪽빛 가마 소리만 소란해	籃輿呷軋路高低
출렁이는 저 못물 보기에도 가엾구나	最憐一種汎瀾水
연둣빛 저녁 연기 찬 기운이 어리었네	淡碧殘霞冷氣凄

---

1) 거문고나 가야금의 줄을 괴어놓는 받침.

일곱 굽이는 화룡담 검푸른 물빛인데	七曲潭光黝且蒼
화룡이 서려 있어 물에 붉은 기 어렸네	火龍盤窟色朱陽
그 누가 날 가물 때 저 용을 불러내어	憑誰旱歲呼渠起
단비 내리게 하여 마른 들 적시게 할꼬	頃刻甘霖遍入荒
여덟 굽이 선담이라 '산유화' 노래하니	八曲曼歌山有花
철따라 모래펄에 꽃이 피고 지네	花開花落自晴沙
파도 위에 솟아나온 관음보살 술법 좋아	如來普波多生了
빈 배 하나 던진 늪에 석양만 비끼었네.	抛擲空船潭日斜

6) 마하연터(백운동)

화룡담을 지나면서부터는 본격적으로 짙게 우거진 숲길이다. 여기서부터 내금강 비로봉 구역에 이르기 전 사선교(四仙橋)까지를 아우르는 일대가 백운대 구역이다. 백운대 구역은 설옥동(雪玉洞), 백운동(白雲洞), 화개동(花開洞), 내무재골(內霧在嶺谷) 등 여러 계곡과 산봉우리로 이루어졌는데, 계곡은 계곡대로, 산봉우리는 산봉우리대로 기암괴석을 이루고 있으며, 고갯마루마다 계곡미와 산악미를 다 같이 아울러 전망할 수 있는 맛이 독특하다. 그 가운데 가장 전망 좋은 곳이 백운대(白雲臺, 1105m)이다.

화룡담에서 계곡을 따라 500m쯤 올라가면 '마하연(摩訶衍)'이라는 암자터가 나온다. 마하연은 '대승(大乘)'이라는 뜻이다. 만폭동 윗골짜기가 동쪽으로 틀어지면서 846m 높이의 평평한 대지를 이룬 곳에 자리잡고 있는데, 뭇 봉우리들이 서로 다투어 한꺼번에 몰려들듯 다가서면서 솟았다가 이곳에서 뚝 멈추어버렸다. 마하연터는 마치 이런 준봉들

마하연의 옛모습

의 둥글넓적한 품속을 파고든 듯하다.

마하연터 뒤쪽에는 촛대봉(1145m), 앞쪽에는 혈망봉과 법기봉이 솟아 있으며, 왼쪽으로 중향성, 나한봉이 병풍처럼 둘러 있다. 중향성은 길게 내려뻗은 산줄기인데, '수많은 향불'이라는 이름처럼 수많은 향불에서 피어오른 연기가 실안개처럼 줄을 그으며 겹겹이 성벽을 둘러친 듯 절묘하다.

마하연은 신라 문무왕 16년(676) 의상이 경북 영주 부석사를 지은 뒤 창건한 것으로 당시에는 화엄십찰(華嚴十刹)에 드는 매우 이름난 절이었다. 방 53칸을 가진 기역(ㄱ)자형의 건물이 들어서 있을 정도로 규모가 큰 곳이었으나 지금은 절터만 남아 있다.

만폭동 끝이 나니　돌길이 꼬불꼬불　　萬瀑窮源石路縈

계수나무 꽃향기　중향성에 풍겨오네　桂花香動衆香城

마하연 옛 절에는　중들도 간 곳 없어　摩訶寺古無僧住

아침 저녁 흰 구름만　피었다 사라지네.　唯有白雲朝暮生

창계(滄溪) 임영(林泳:1649~1696)의 〈마하연〉에 등장하는 마하연 빈 절터의 풍경이
스산하다. 절터에 마하연 중건비와 공덕비가 서 있으며, 절터를 조금 더 올라가면 칠성각
이 있다. 칠성각은 원래 마하연의 부속 건물로서 아직도 옛모습 그대로이다. 칠성각에서
600m만 더 가면 만회암(萬灰庵)터가 있고, 만회암터에서 멀지 않은 곳에 설옥동을 향
해 아담하게 앉은 팔각정자가 있다. 예로부터 전망 좋기로 유명한 연화대(蓮花臺)이다.
마하연터와 만회암터, 연화대 일대는 원시림을 연상케 할 만큼 숲이 우거졌으며, 금강초
롱꽃이 많다. 금강초롱꽃은 7~8월경에만 피는 푸른 가지색의 초롱 모양의 송이꽃을 피
운다. 1909년 금강산에서 처음 발견되어, 천연기념물 제233호로 지정돼 있다.
금강초롱에는 사이좋은 오누이의 전설이 깃들여 있다. 옛날 비로봉 아래 부모를 잃은 오
누이가 다정하게 살고 있었다. 석공인 오빠는 바윗돌을 정교하게 다듬어 금강산을 천하
명승으로 만들리라 마음먹고 3년 기한으로 동생과 헤어져 깊은 금강산 속으로 들어갔다.
그러나 3년이 되어도 오빠가 오지 않자, 동생은 오빠를 찾아나섰다. 이산 저산 헤매는 사
이 밤이 되자 동생은 '초롱불이라도 있었으면……' 하고 울면서 걸음을 옮겼다. 그러자
신기하게도 동생의 눈물이 떨어지는 곳마다 초롱처럼 생긴 꽃이 피어나 길을 밝혀주었
다. 마침내 동생은 오빠를 찾았으나 오빠가 정신을 차리지 못하였다. 비로소 초롱꽃의 향
기를 맡고서야 정신을 차려 집으로 돌아올 수 있었다. 이후 오누이는 금강산을 찾는 사람
들을 위해 곳곳에 초롱꽃을 심어 가꾸었다고 한다.
마하연터는 전망이 좋을 뿐더러, 갈림길에 위치하여 좋은 휴식터가 된다. 마하연터에서
묘길상(妙吉祥)을 지나 비로봉 또는 내무재골로 가는 길이 있으며, 백운대로 가는 길,
설옥동과 영취봉을 거쳐서 수미암(須彌庵)터로 가는 길이 있다.

▶ 묘길상 입구 화개동

백운동은 마하연터에서 만회암터를 거쳐 백운대에 이르는 지역을 말하는데, 이곳에는 내금강산에서 가장 유명한 전망대인 백운대, 그리고 백운대와 마주 보는 중향성의 산세가 경승이다. 백운대가 없었다면, 중향성 그 높은 봉을 똑똑히 볼 수 없고, 또 중향성이 없었던들 백운대가 그토록 이름나지 못했을 것이라 한다.

7) 묘길상(화개동)

마하연터를 지나 만폭동 계곡의 상류인 사선교까지 약 2km 구간을 '화개동(花開洞)'이라 한다. 화개동은 탁 트인 넓은 골 안으로, 그다지 깊지 않은 맑은 못들이 누운 폭포와 어울려 잇따라 이어지고 주위엔 나무숲이 빽빽하며, 조용하고 수려하다.

불지암(佛智庵)터와 신라의 사선에 봉래 양사언을 끼워서 '오선(五仙)'이라 하였다 하는 오선암(五仙岩)을 지나 올라가다가, 낮고 평평한 언덕 뒤로 돌아가면 거대한 삼각형의 매끈한 암벽에 조각된 마애불상을 만나게 된다. 높이가 40m에 이르는 큰 바위 벽에 어마어마하게 크고 다부지게 조각된 마애불이다. 마애불의 높이는 무려 15m, 앉아 있는 상태의 두 무릎 사이도 9.4m나 된다. 불상을 새긴 바위 왼쪽에 직암 윤사국이 썼다고 하는 '妙吉祥(묘길상)'이라는 글자가 새겨져 있다.

묘길상은 지금으로부터 600여 년 전인 고려시대에 나옹조사가 원불로 조각했다고 전해 온다. 불상을 새긴 바위벽산은 다듬어진 벽면 주위로 단풍나무, 참나무, 박달나무, 물푸

사진 유홍준

묘길상 마애불

레나무 등 넓은잎나무들이 우거져 있어, 여름이면 녹색,
가을이면 울긋불긋 단풍의 꽃바다에 둘러싸인다.

마애불상은 얼굴 부분에서 입체감이 돋보이는데, 이마에
는 백호가 있고, 웃음을 머금은 입술의 표정이 미묘하다.
우리나라 마애불상 가운데 가장 크고 예술적으로도 잘 조
각된 불상이다. 부처의 손가락 하나가 보통 사람의 몸체
보다 굵으며 가부좌를 튼 두 다리의 높이는 사람의 키를
훨씬 넘고, 귀의 길이만도 1.5m, 손과 발의 길이가 각각
3m에 이를 정도로 조각이 크고 웅장하면서도 인체 비례
가 정확하다. 조각 기법에서도 얼굴 부분은 높은돋을새김
으로 하고 아래로 내려오면서는 점차 낮은돋을새김을 함
으로써 야외광선 조건을 비롯한 시각적 효과를 충분히 살
려냈다. 어느 모로 보나 고려시대를 대표하는 최고 최대
의 걸작이다. 그런데 이 불상은 아미타여래상으로 문수사
리보살을 의미하는 묘길상이 아니다. 이처럼 명칭에 혼란이 생긴 것은 윤사국이 부근에
있던 묘길상과 혼동하여 마애불 곁에 묘길상이라고 써놓는 바람에 일어난 것이다. 그러
나 이제는 할 수 없이 묘길상이 된 셈이다.

묘길상은 그 앞에 있는 높이 3.36m의 석등과 어울려 더 크게 보인다. 사실, 석등도 워낙
웅대한 묘길상 앞에 서 있어 비교가 되는 것이지 결코 작지는 않다. 사각 석등이며, 높은
등에 등불을 켜기 위한 계단도 갖추고 있다. 사각의 지대석 위에 기둥돌을 세우고 그 위
에 화사석과 지붕돌을 얹었다.

화사석은 타원형의 돌기둥 네 개로 이루어져 있는데, 돌기둥 아랫부분에 높고 두터운 가
락지 모양을 조각하여 안정돼 보이도록 하고 있다. 화사석 위의 지붕돌은 사모지붕이며,
꼭대기에는 큼직한 꽃봉우리 모양의 장식으로 마감되었다. 지붕돌 밑에는 3단의 지붕돌
층급받침을 갖추고 있다.

화사석이 크면서도 균형이 잘 잡힌 이 석등은 웅장한 묘길상과 금강산의 아름다움과 어울려 잘 어울리고 있다. 한편, 규모는 웅장하지만, 전체적으로 간소해지고, 소박한 멋도 풍겨나는 고려 석등이다. 묘길상은 북한 국보 제46호, 묘길상 앞 석등은 북한 국보 제47호로 지정돼 있다. 묘길상에서 1km 정도 더 올라가면 사선교 못미처 비로봉으로 오르는 길이 나선다.

8) 비로봉

금강산의 일만이천봉이 모두 이 비로봉의 발 아래 있다. 금강산의 주봉, 비로봉에 오르는 길은 여럿 있지만, 그 중에서도 외금강 구룡연 계곡 길과 내금강의 만폭동을 지나 백운대 구역으로 오르는 길이 가장 대표적이다.

묘길상을 지나 비로봉 구역으로 들어서면 계곡은 층층을 이루면서 높아지고 좌우로 울창한 숲과 높은 봉우리들이 다가서서 좁은 골목을 이룬다. '입사자협곡(立獅子峽谷)'이라 부르는 구간이다. 봉우리들에는 갖가지 모양을 한 바위들이 늘어서서 또 하나의 만물상을 떠올리게 하는데, 큼직한 바위들은 얼핏 사자, 사람 같기도 하며, 책 또는 붓을 닮기도 했는데, 올라가면서 볼 때와 되돌아서서 볼 때의 모습이 다르다.

이 기묘한 바위들을 둘러보며 한참 가면 '20년 고개'라는 등성이가 나타난다. 이곳에서는 어린애를 품어안은 어머니를 닮은 바위가 눈을 끈다. 사랑바위이다. 20년 고개와 사랑바위에는 옛날 금강산에서 살던 의좋은 한 부부가 자식이 없어서 20년 동안 이 고개를 오르내리며 금강산 산신에게 빈 끝에 옥동자를 얻었다는 전설이 깃들여 있다.

사랑바위를 지나면 큰바위 너덜지대가 나타난다. 어느새 계곡의 물과 숲은 자취를 감추고, 오직 집채 같은 바위들과 하늘만이 세상의 전부인 양, 바위들이 뾰족뾰족 송곳처럼 솟아올라 하늘과 맞닿은 진풍경이 펼쳐진다.

창끝을 묶어세운 듯한 이 돌무더기의 길이는 1km에 이르는데, 돌무더기 곁에 층층이 내려진 톱날 같은 바위줄기가 '은사다리 금사다리'이다. 톱날 같은 바위가 마치 까마득한 하늘에 닿아 있는 사다리같이 생겼다. 여기에 아침 해가 비치면 바위줄기가 영롱한 은빛

은사다리 금사다리

을 내고, 저녁 해가 비치면 찬란한 황금빛을 뿌린다고 하여 '은사다리 금사다리' 라는 이름이 붙게 되었다.

은사다리 금사다리는 구름의 조화에 따라 전체가 다 보이기도 하고 일부만 보이기도 하는데, 더러 보일 때는 구름다리나 허궁다리도 같다. 여기서 바라보는 내금강의 전경은 장쾌하기 이를 데 없다.

사선교에서 이곳까지는 대략 3km이다. 은사다리 금사다리를 지나 오르면 비로봉과 영랑봉이 잇닿은 등성이에 이른다. 이 등성이에 올라서면 산중에서 의외로 넓다란 방목지를 연상케 하는 평탄한 고원이 펼쳐지는데, '비로고대(毘盧高臺)'라고 불리는 융기 준평원 지대이다. 북쪽으로 느리게 비탈져내린 비로고대는 둘레가 4km 정도이다. 여기에는 갖가지 나무들이 얽혀 발을 들여놓을 틈도 없는데, 흙보다 돌이 많고 봉우리마다 깎아지른 암봉이 일쑤인 금강산, 그것도 가장 높은 등성이에서 이렇듯 흙에 뿌리내린 나무숲을 보는 것이 낯설기조차 하다.

크거나 작거나 나무라고 하면 모두 하늘로 향해 서 있기 마련이지만, 비로고대의 나무들은 눕거나 기거나 엎드리고 있다. 그래서 나무 이름에도 한결같이 '누운'이라는 말이 붙어 있다. 누운측백나무, 누운잣나무, 누운향나무, 누운소나무, 누운자작나무……. 구름도 쉬어간다는 비로봉이고 보니, 기후가 차고 바람이 세차 나무들이 모두 옆으로만 뻗는 것이다. 이 누운나무들의 키는 2m 정도이다.

또 누운나무들 사이에는 산진달래, 철쭉, 만병초 등이 어우러져 있으며, 솜다리, 곰취, 두메송이풀, 산쥐손이, 단풍취, 각시꽃 등 아한대성 고산식물이 섞여 산 아래에서는 볼 수 없는 특이한 경치를 이룬다.

비로고대에서 수백 길 아찔한 벼랑을 옆으로 끼고 조금 오르면 크고 둥글둥글한 바위가 모여 불쑥 높아진 곳에 이르게 된다. 여기가 더 오를 데 없는 금강산의 꼭대기 비로봉이다. 이들 둥글둥글한 바위 가운데에 배처럼 생기기도 한 조금 더 큰 바위 하나가 금강산 꼭대기 중의 꼭대기가 되는 '배바위'이다.

일만이천봉으로 불리는 수많은 봉우리와 멀리 동해바다까지, 비로봉에서 보는 금강산의 전모는 실로 장쾌하다. 비로봉에서 보는 금강산은 계절과 날씨, 시간에 따라 색다른 모습으로 나타나기에 어느 누구도 어느 한 경치를 그 모양 그대로 볼 수는 없다. 그야말로 살아 숨쉬는 대자연이라 하겠다.

내강동에서 만폭동과 화개동을 거쳐 비로봉까지는 약 15km이며, 9시간 가량 걸린다.

해금강

금강산의 절경을 말할 때는 금강산이 푸른 동해바다로 뻗은 해금강(海金剛)의 절경을 빼놓을 수 없다. 해금강은 외금강의 동쪽 해안 일대에 펼쳐진 명승 곧, 삼일포와 남강 하류에서 더 남쪽으로 영랑호, 감호, 화진포까지 그리고 북쪽으로 금란굴과 총석정 일대까지도 포함하는 남북 약 30km 구간을 말한다.

그러나 좁은 의미로, 삼일포에서 동해바다 쪽으로 약 4km 정도 떨어진 곳에 위치한 고성군 해금강리 앞 수원단으로부터 시작하여 남강 하구의 대봉섬을 거쳐 화진포에 이르는 약 6km 사이의 바다 명승지를 말하기도 한다.

잔잔한 호수와 끝없이 설레는 바다 위에 서 있는 돌기둥과 기암괴석들이 조화를 이룬 해금강은 비록 외금강과 내금강에 비해 규모는 작지만, 육지와 바다에 걸쳐 있어 서정미 넘치는 묘한 매력이 있다.

본래 '해금강' 이라는 이름이 따로 있었던 것이 아니나, 17세기 말에 들어서 해금강 풍경이 금강산과 같다는 것이 널리 알려지면서, '해금강' 이라는 이름도 생겨났고 이곳을 찾는 사람도 늘어났다. 그러나 이후로는 외려 "해금강을 보지 않고서는 금강의 미를 알지 못한다"는 말이 나올 정도가 됐다.

해금강

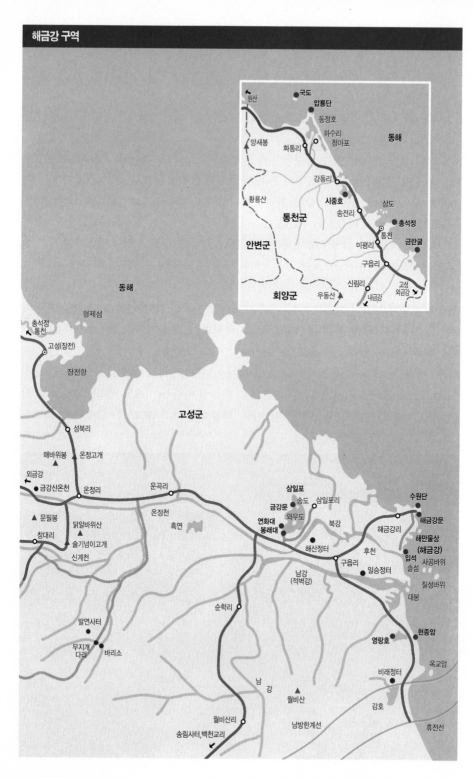

해금강 구역

1) 삼일포

외금강 온정리에서 동남쪽으로 12km 떨어진 지점에 자리한 삼일포(三日浦)는 예로부터 관동팔경(關東八景)의 하나로 이름났고, 호수 풍경으로서는 전국에서 으뜸으로 알려져왔다.

영조 때의 실학자 청담(淸潭) 이중환(李重煥;1690~1752)은 《택리지》에서 영동 지역의 바닷가 풍경을 이야기하면서, "삼일포와 경포대와 시중호의 세 호수가 호수와 산으로서는 첫째가는 경치"라고 했다. 또, 간성의 화담, 영랑호와 양양의 청초호도 거론하면서, "우리나라 팔도 중 모든 도에 다 호수가 있는 것은 아니나 오직 영동에 있는 이 여섯 호수만이 인간 세상에 있는 것이 아닌 듯하다"며, 그 중에서도 "고성의 삼일포는 맑고 묘하면서도 화려하고 그윽하며, 고요한 중에 명랑하다. 숙녀가 아름답게 단장한 것 같아서 사랑스럽고 공경할 만하다"고 했다.

신라 때의 사선인 영랑, 술랑, 남석랑, 안상랑이 이곳에 하루쯤 다니러 왔다가 호수 경치에 취해 사흘 동안 놀았다고 한다. '삼일포'라는 이름도 이들이 사흘 동안 놀고 갔다고 하여 생겨났다.

호수 둘레는 약 8km인데, 굴곡이 매우 심하고, 물의 깊이는 9~13m에 이른다. 호수의 북쪽과 서쪽은 멀리 외금강의 뭇 봉우리들이 에워싸고 있으며, 가까이에는 국지봉과 그로부터 뻗어내린 여러 작은 봉우리들이 둘러섰다. 남쪽과 동쪽으로도 월비산과 351고지, 구선봉(九仙峰, 187m)들이 내다보인다. 삼일포는 예로부터 서른여섯 개의 크고 작은 봉우리들에 둘러싸고 있으며 그 자태가 잔잔한 수면에 담기어 있다고 할 만큼 호수면이 맑고 고요하다.

호수 가운데는 소나무 우거진 와우도(臥牛島)와 사선정(四仙亭)이 있는 단서암(丹書岩), 무선대(舞仙臺) 등 몇 개의 큰 바위로 이루어진 작은 섬들이 놓여 있다.

예전에 신라의 사선이 놀았다는 사선정은 현재 복원되어 있으며, 단서암은 신라 사선의

삼일포 사선정

봉래대에서 바라본 삼일포 전경. 가운데 긴 섬이 와우도이다.

한 사람인 술랑이 세 자씩 두 줄로 써놓은 '述郞徒南石行(술랑도 남석행)'이라는 글자
가 붉은색을 낸다고 하는 바위인데, 호수의 물이 적을 때에 '남석' 두 글자만 간신히 보
인다. 15세기까지만 해도 글자가 모두 뚜렷했는데, 금강산에 찾아온 관리들이 으레 단서
암을 보려 하였고 탁본하려 하였기에 그 시중을 들기 귀찮고 힘들었던 이 고을 사람들이
단서암을 돌로 짓이겨 물 속에 처넣어서 훼손하였다고 전해온다. 단서암 정상에는 매향
비(埋香碑)를 세웠던 비석 자리가 있다. 이 매향비는 고려 충선왕 1년(1309)에 강릉존
무사 김천호라는 이가 삼일포에 향목을 묻은 것을 기념하여 세운 것이다.
 '매향'은 부처님에게 공양하기 위한 질 좋은 향을 만들기 위해 향나무를 바닷물이나 갯

벌에 오랫동안 묻어두는 고려 시기의 풍속이며, 매향비는 이런 일을 기록하고 미래의 복을 비는 기원문을 적었던 기념비이다. 매향은 아주 은밀하게 진행되는 것이 특징이어서 발견되는 비의 수가 많지는 않지만, 전국 여러 곳에서 발견되고 있다.

설봉(雪峰) 강백년(姜栢年 ; 1603~81)과 사류재(四留齋) 이정암(李廷馣 ; 1541~1600)의 시 〈삼일포〉에 각각 사선정, 단서암과 매향비가 등장한다.

사선정 이 자리에 그대와 나 둘이 와서	四仙亭畔二仙過
그들 사흘 즐긴 호수 하루에 다 구경했네	三日浦邊一日遊
우습고야 네 신선 사흘 놀던 그때의 일	却笑四仙三日會
이곳 풍경에 홀려서 너무 늦잡았으리	爲貪風景太遲留
뭇 봉우리, 맑은 호수 곳곳마다 기묘한데	疊岫澄江在在奇
산수 구경 못다하고 다리 먼저 힘빠졌네	淸遊未恰脚先疲
만약에 간 데마다 사흘씩 머문다면	若敎處處留三日
일만이천 봉우리를 언제 다 구경하리.	萬二千峰閱幾時
(강백년, 〈삼일포〉)	

금강산 한 줄기 푸른 물이 흐르는데	一脈金剛碧玉流
언제인가 돛배 한 척 바다에 떴었다네	蘭橈曾泛海天秋
매향비 있는 곳에 붉은 글씨 남아 있네	埋香碑畔丹書在
예가 바로 신선네들 옛날 놀던 자리라네.	此是群仙昔日遊
(이정암, 〈삼일포〉)	

삼일포는 기슭에 올라보면 바닷가의 호수로 보이고, 배를 타고 물 위에 앉아보면 깊은 산속의 호수로 보인다는 말이 있다. 삼일포 기슭에 삼일포의 전경이 한눈에 굽어보이는 장군대(將軍臺)가 있으며, 호수에서 바라보면 그 모양이 연꽃 같다는 연화대(蓮花臺) 같

삼일포 금강문

은 전망대가 있다. 연화대는 삼일포에서 가장 이름난 전망대이다.

그 중 가장 이름있는 역사적인 전망대는 봉래대이다. 봉래대는 장군대와 연화대 사이에 반도처럼 호수가로 나앉은 바위산으로서 호수의 전경을 한눈에 바라볼 수 있다. 16세기의 이름난 시인이며 명필인 봉래 양사언이 이곳에 와 공부하였다고 하여 후세 사람들이 '봉래대' 라고 불렀다.

봉래대는 아래로 밋밋이 내려깔린 넓적한 반석으로 되어 있는데 그 위는 100여 명이 함께 서서 삼일포의 절승을 굽어볼 수 있을 정도이다.

봉래대 아래에 양사언이 호수의 절경을 바라보면서 글 공부를 하였다는 굴이 있는데 이것이 봉래굴이다. 굴은 경사진 암반 위에 기역(ㄱ)자형의 큰 바위가 얹혀서 이루어진 것인데 깊지 않다. 봉래굴을 이룬 바위벽에는 양 봉래가 초서체로 활달하게 갈겨쓴 한 수의 7언절구가 새겨져 있다.

봉래대에서 돌계단을 내려와 보트장에 가면 호수를 유람하는 보트를 탈 수 있다. 둘이서 혹은 셋이서 보트를 저어 사선정, 단서암을 두루 보고 나서 북쪽 산기슭에 배를 대면 백사장 위로 솔밭이 나온다. 여기가 신라 말기의 절간인 몽천암(夢泉庵)이 있던 곳이다. 이 절은 숙종 10년(1684)년 영동 700리를 휩쓴 화재로 사라지고 지금은 몽천 샘물과 그 옆 바위벽에 새겨진 '夢泉(몽천)' 과 '香冽(향렬)' 네 글자만 남아 있다.

'몽천' 은 이 절을 지으려고 할 때 우물이 없어 근심하던 중이 꿈에서 본 백발노인이 가리켜준 데를 파서 얻은 샘물이라고 하여 붙여진 이름이다. 샘물맛은 여느 샘물과는 달리 향기롭고 몹시 차다고 하여 '향렬' 이라고 한 것이다.

몽천에서 산 언덕을 100m쯤 오르면 부채 모양의 바윗돌을 머리에 인 큰 바위가 나온다. 바위 이마에는 '石扇' (석선, 돌부채)이라고 쓰여 있는데 이 바위가 또 하나의 금강문이다. 이 문을 지나면 또 다른 절경이 나오기 때문에 금강문이라는 이름을 얻었는데 그 승경을 《금강산의 력사와 문화》에서는 다음과 같이 낭만적으로 묘사했다.

　금강문을 나서면 삼일포의 전혀 다른 풍경이 펼쳐지며 의좋게 서 있는 해금강의 작은 섬들이 금시

손에 잡힐 듯 눈앞에 다가선다. 계절섬으로 된 솔바위섬에는 백로떼들이 날아들어 호수의 경치를 더 없이 멋지게 하여준다. 남강 하류 바다기슭에 초병인 양 우뚝 솟아난 대봉이며 영랑호와 감호를 양 팔에 끼고 앉은 구선봉의 숭엄한 모습도 뽀얀 안개 속에서 우렷이 안겨온다.

구룡연의 바위들이 주로 널판자형(板狀)이고 만물상의 바위들이 기둥형(柱狀)이며 총석정의 바위들이 각추형(角錐形)이라고 한다면 삼일포의 바위들은 둥근형(環狀形)이라고 할 수 있다더니 그 말이 과연 비슷한 것 같다. 금강문의 바위들도 다 둥글둥글하다. 발 밑을 유심히 살펴보면 옛날 사람들이 새겨놓은 이름 글자들이 모두 거꾸로 되어 있는 길쭉한 바위를 발견할 수 있다. 이것이 바로 1944년에 금강문 뒤에 서 있다가 천둥 소리와 함께 굴러내리면서 조국 해방을 전해주었다는 유명한 '암파' (暗破, 어둠이 깨어진다) 전설이 서린 바위이다.

삼일포에서의 뱃놀이는 금강산 탐승의 더없이 평온하고 맑은 훌륭한 후식이 된다.

그 밖에 삼일포에서 그리 멀지 않은 고성군 구읍리에 적벽강(赤壁江)과 해산정(海山亭)터라는 명승지가 있다. 적벽강은 적벽산(赤壁山, 116m)의 깎아지른 듯한 절벽이 병풍처럼 늘어서 있는 적벽을 감돌아 흐르는 남강 하류를 말하며, 이름처럼 실제 붉지는 않고, 아침에 햇살을 받아 한차례 붉은 기운을 낸다.

해산정터에서는 일만이천봉 금강산과 해금강, 적벽강, 삼일포 등 동서남북의 사방 전망이 매우 시원스럽다. 해산정은 명종 22년(1567) 일대 명승지를 감상할 전망대로 지었으며, 관동십경의 하나로 꼽혀왔으나 이미 오래전에 황폐해져버렸으며 한국전쟁 이후에는 사람의 발길도 닿지 않아 지금은 무성한 풀 속에 주춧돌만 널려 있다.

2) 해금강

본래의 해금강은 삼일포에서 동해로 약 4km 되는 곳에 자리한 고성군 해금강리 수원단으로부터 남쪽으로 해만물상, 입석, 칠성바위를 거쳐서 남강 하구의 대봉섬에 이르는 남북 6km, 동서 2km 내 좁은 범위의 명승지를 말한다.

남강은 금강산 등줄기의 차일봉 동쪽 봉우리에서 발원하여 외금강 효운동 계곡을 거쳐서 유점사 앞을 지나 남쪽을 향해 흐르다가, 향로봉(香爐峰, 1293m)과 건봉산(乾鳳山, 910m) 줄기에 막혀 북쪽으로 돌아 흐르는 강이다.

말 그대로 바다의 금강산인 해금강은, 금강산 동쪽 자락의 연맥이 고성평야의 적벽강 밑으로 숨어들었다가 다시 동해바다 위로 솟아오른 금강산의 축소판이라 하겠다.

도암(陶菴) 이재(李縡;1680~1746)의 〈해금강〉에 금강산과 해금강의 정취가 잘 드러나 있다.

산속에 머물러도　더 바랄 것 없는데	住在山中足
무엇이 더 그리워　바다를 찾아왔나	浮來海上何
내 정녕 알겠노라　일만이천 봉우리들	須知萬千數
하나같이 주먹 같은　돌들로 이뤄졌음을	祗是一拳多
어제 높은 데서　굽어볼 때는	昔從高處望
산 모습 굽이치는　물결이러니	山勢似奔濤
이번에 바다 위에　다시 와보니	今來海上見
산 이루고 남은 돌　여기 버린 듯.	造化有遺糟

가뿐한 차림, 벗은 발로 자작자작 동해물에 발을 적시며 기암괴석의 기슭을 따라 걸어갈

해금강

뿐 해금강에서는 외금강이나 내금강처럼 험한 산길이나 고개를 넘을 필요가 없다. 그러나 작은 배를 타고 이리저리 저어가며 들여다볼 때에야 해금강의 자연미가 더 오묘하다.

수원단의 남쪽, 바다에 솟은 만물의 형상을 가진 기암괴석의 아름다운 경관을 일러 '해만물상(海萬物相)'이라 하는데, 기묘한 바위는 외금강과 내금강에도 수없이 많지만, 흰 모래와 기암과 푸른 바다는 오로지 해금강만이 가지는 자랑이다.

해만물상에는 모양과 형태에 따라 쥐바위, 고양이바위, 사자바위, 잉어바위, 지렁이바위, 얼굴바위, 부부바위, 동자바위, 노승바위, 서적바위, 누룩바위, 나한바위, 천왕바위 등으로 불리는 기암괴석들이 있다. 이 가운데 촛대바위와 두 개의 바위 기둥이 마주서서 마치 대문처럼 열려진 듯 보이는 금강문의 경치가 가장 유명하다. 해금강문이라고도 부른다.

한편, 해만물상은 물 위에만 있는 것이 아니다. 물 밑을 들여다보면 크고작은 봉우리들이 울룩불룩 솟아올라 낮은 언덕, 깊은 골짜기를 이루고 수많은 기암괴석들이 또 다른 형태의 만물상을 펼친다. 물 밑의 만물상이 물 위의 해만물상과 다른 점은 해조류가 이리저리 휘청휘청 춤을 추는 사이로 고기떼들이 유유히 미끄러지며 움직인다는 것이다. 때때로 나타나는 물개를 비롯하여 진귀한 어종이 많다.

해금강의 또 다른 명승은 장쾌한 해돋이다. 동틀 무렵 해금강의 백사장에 나서면, 끝없을 듯 펼쳐진 동해바다 위로 이글이글거리며 서서히 떠올라 하늘과 바다와 해만물상을 온통 붉게 물들이는 모습이 장관이다.

사진 이태호

해만물상을 벗어나면 바위 절벽에 '海金剛(해금강)' 이라 크게 새긴 글자가 보인다. 북쪽 금강문에서 시작하여 남쪽으로 내려오면 여기가 해만물상의 종점이 된다.

육지에서 뛰어오를 수 있을 것처럼 가까운 바닷가에 봉우리와 허리에 노송 몇 그루가 자라는 곱상한 입석에서 바다 쪽을 바라보면, 바위틈에 뿌리를 박고 자란 소나무숲이 멋진 솔섬과 사공바위, 부처바위, 칠성바위 같은 바위섬이 옹기종기 모여 있다.

바닷가에서 다시 남강 어귀로 시선을 돌리면 북쪽으로 해금강 일대의 전경이 한눈에 들

영랑호

어오는 대봉섬이다. 여기까지가 좁은 의미의 해금강이다.

대봉섬에서 더 남쪽으로 내려오면 영랑호(永郎湖)와 현종암(懸鐘巖)이다. 금강산 동쪽 해안에 있는 천연 호수 영랑호는 바다를 향해 트인 북동쪽 외에 나지막한 야산으로 둘러져 있고, 백사장과 소나무 숲과 호수가 어울린 경관이 매우 뛰어나다. 옛날 외국의 장수도 천하절경 이곳을 떠날 줄 모르다가 사흘 동안이나 호수가에서 울고서야 발길을 돌렸다고 하며, 신라 사선인 영랑에게서 이름을 빌려왔다.

적벽강에 놓인 다리를 건너 남쪽으로 약 4km 떨어진 지점에 영랑호가 위치하며, 영랑호에서 바닷가로 300m쯤 가면 옛날 53불이 종을 걸어놓고 도착을 알리는 종소리를 울렸다 하여 '현종암'이라 부르는 큰 바위기둥이 있다. 바위 앞면에 '南無阿彌陀佛(나무아미타불)'이라는 글씨가 있으며, 바다 쪽으로 배바위와 사공바위라는 이름난 바위섬이 있다.

영랑호에서 남쪽으로 더 가면 구선봉과 감호(鑑湖)가 있다. 구선봉 산꼭대기에는 노송 옆의 바위에 신선들이 놀았다는 바둑판이 새겨져 있다. 감호는 둘레가 3km인 원형의 큰 호수인데, 물이 깊지 않아 얕은 데는 건너갈 수 있을 정도이다. 복성스럽고 얌전한 처자에 비유될 정도로 고요하고 아늑한 분위기다. 감호 기슭에 봉래 양사언이 늘그막에 집을 짓고 살았다는 비래정(飛來亭) 터도 있다. 감호는 고성군 구읍리로부터 약 6km 떨어진 휴전선 남방한계선에 걸려 있다.

휴전선 너머 강원도 고성군 거진읍에 있는 화진포(花津浦)도 넓은 의미의 해금강 구역에 속하며, 모래톱에 의해 만 어구가 막혀 생긴 석호로 해수욕장이 발달해 있다. 오래전부터 경관이 아름다워, 해방 직후에는 김일성이, 한국전쟁 뒤에는 이승만과 이기붕 등이 별장을 짓기도 했다. 호수 주위의 해당화도 매우 아름답다.

3) 총석정

해금강이 있는 고성읍에서 북쪽으로 36km 떨어진 통천군 읍내에서 약 6km 떨어진 총석리의 바닷가 1km 구간에 펼쳐진 경치는 육각형의 돌기둥들이 다발로 묶여 바다에 꽂힌 듯 매우 독특하다. 이름하여 돌의 묶음 곧, '총석(叢石)'이다.

이 돌기둥들은 고운 천을 높이 들어 주름잡아놓은 것처럼 벌리어 서 있거나 특이한 각도로 서기도 또는 눕기도 하면서 바닷가 기슭 절벽을 이루었고, 또는 섬이 되기도 하였다. 바위 벼랑에는 바닷물의 침식작용으로 생긴 기묘한 동굴들도 있다. 본래 총석이라 불려야 하겠지만, 바닷가 벼랑에 '총석정(叢石亭)'이라는 정자가 세워진 뒤로부터 이 일대의 기암은 모두 '총석정'이라는 이름으로 불려왔다. 그런데 그 정자가 사라진 오늘에도 그냥 '총석정'이라 부르고 있다.

《택리지》의 표현을 빌리면, 총석정의 모습은 다음과 같다.

> 무릇 돌봉우리는 위는 날카로우나 밑둥은 두꺼운 것인데, 위와 아래가 똑같으니, 이것은 기둥이고 봉우리는 아니다. 밑에서 위에까지 목공이 칼로 다듬은 것 같으며, 기둥 위에는 늙은 소나무가 점점이 이어져 있다. 기둥 밑, 바다 물결 가운데도 수없는 작은 돌기둥이 혹은 섰고, 혹은 넘어져 파도와 더불어 씹히고 먹히고 하여 사람이 만든 것과 흡사하니, 조물주의 물건 만든 것이 지극히 기이하고 공교롭다 하겠다. 이것은 천하에 기이한 경치이고, 또 반드시 천하에 둘도 없을 것이다.

돌기둥들은 육각, 혹은 팔각, 사각, 오각으로, 모가 반듯하고 곧으며 미끈하다. 이렇듯 희한한 형태의 돌기둥 지형을 주상절리(柱狀節理)라고 하는데, 겉보기엔 균열이 있어 금

바다에서 바라본 총석정

방이라도 쓰러질 듯 아슬하게 보여도 땅 속은 단단한 덩어리 암반이기 때문에 오랜 세월을 버티고 서 있을 수 있다. 통천 해안의 암질이 다 그렇듯 총석정도 현무암이다. 총석정은 관동팔경의 하나이며, 북한 명승지 제13호로 지정돼 있다.

총석 가운데는 돌기둥 넷이 마치 사열하는 군인처럼 질서 있고 규율 있게 서 있는 사선봉(四仙峰)이 가장 빼어난 경치를 자랑한다. 사선봉의 네 돌기둥은 크고작은 것이 없이 15~20m 높이로 고르다. 전설처럼 어떤 힘있는 장수가 동해의 경치가 하도 좋아 이 바닷가 기슭에 돌정자를 지으려고 세워놓은 기둥 같다.

▲ 총석정의 사선봉

사선봉말고도 돌다리, 부부바위, 거북이바위 등이 눈여겨볼 만하다.

총석정의 경치는 바닷가 육지 언덕에서 볼 수도 있지만, 배를 타고 바다에서 보아야 제격이다. 옛날에는 사선봉을 발밑에 내려다볼 수 있는 가장 높은 해안 절벽에 총석정이 있었으나, 지금은 그 터만 남아 있다.

위에서 총석들을 내려다보면, 시커먼 큰 바위기둥 아래 하얗게 부서져나가는 모습이 아찔하고, 총석 아래에서 올려다보면, 총석들이 공중에 떠 있는 것 같아 아찔하다.

예로부터 관동팔경 중 으뜸으로 총석정을 꼽아왔고, 이 고장 사람들도 총석정의 지위를 높여 '통천금강' 이라 부른다.

사선정 부근의 해안 절벽에 5～7m 깊이의 바위굴이 있는데, 바다가 아주 잔잔해져야 바위투성이인 이 해안에 접근할 수 있다. 총석정에서 바다 쪽으로는 둘레가 200m밖에는 안 되는 바위섬인데도 석굴이 맞뚫려 있는 '천도'가 눈에 띈다.

금란굴(金蘭窟)은 총석정에서 해안을 따라 동남쪽으로 약 7km 내려오는 해안 절벽에 있는 천연 동굴이다. 천장 높이는 5∼7m, 폭은 3∼4m, 굴의 깊이는 15m이며, 굴속에는 돌기둥들이 줄지어 매달려 있다. 앞의 것들은 길고 붉은색을 내는데, 뒤의 돌기둥들은 짧고 푸른색을 내는 것이 기이하다. 고려 말의 시인 근재(謹齋) 안축(安軸;1287∼1348)이 굴 안의 돌기둥이 빛을 내는 것이 마치 스님이 입는 가사의 금란(위아래가 맞달린 옷)과 같다 하여 '금란굴'이라 불렸다고 전한다. 입구 천장의 바위틈에 거꾸로 자라고 있는 불로초라는 풀포기가 사철 푸르러 눈길을 끈다. 이곳 주민들은 이 불로초를 일러 '금란'이라 하였고, 금란이 있는 굴이라 '금란굴'이라 했다고도 한다.

총석정에서 북쪽으로 석호인 시중호(侍中湖)를 지나 원산으로 이어지는 해안도로는 해안 절경을 낀 드라이브 코스로 이름 높다. 예전에는 시중호 안에 '시중대(侍中臺)'가 있어 관동팔경의 하나로 꼽혔고, 겸재 정선이 이곳 풍광을 즐겨 그리곤 했다. '시중'이라는 이름은 조선 세조 때 사우당(四友堂) 한명회(韓明澮;1415∼87)가 강원도 관찰사로 있으면서, 이곳에서 연회를 베풀고 있을 때 마침 왕으로부터 우의정으로 임명되었다는 소식을 전해들었다는 데에서 유래되었다.

근래에 새로 지은 시중대가 있으며, 시중호는 해수욕장과 진흙 온천장으로 인기가 높다. 원산에서 금강산으로 가는 도중에 시중호휴게소가 있어 잠시 쉬어가기에 안성맞춤이다.

(한국문화유산답사회 총무)

원산 명사십리 해수욕장의 원경

3 금강산의 전설과 일화

금강산은 명산에 걸맞게 많은 전설과 일화를 낳았다. 북한에서는 이것을 모아 《금강산 일화집》(과학백과사전종합출판사, 1992)이라는 단행본으로 펴냈다. 그 중에는 바위와 계곡의 이름에 담긴 설화부터 각 사찰의 창건설화 그리고 진표율사·나옹선사·양사언·김병연 등 각 시대 명사들의 이야기도 있다. 금강산의 전설과 일화 중 짧은 이야기는 탐승 코스에 소개해두었고 여기서는 비교적 긴 이야기들로 금강산의 대표적 설화인 《나무꾼과 선녀》불교설화인 《울소의 내력》 그리고 《금강산에 온 김삿갓》을 소개한다.

삼불암

나무꾼과 선녀[*]

옛날에 금강산 어느 산골짜기에 나무꾼이 살고 있었습니다. 살림은 가난하였지만, 날마다 깊은 금강산 속에 들어가서 도끼로 나무를 베어다가, 마을에 갖다 파는 것을 즐겁게 생각하였습니다.

금강산은 참 아름답습니다. 그래서, 나무꾼은 나무를 베다가 몸이 피곤하면, 맑은 물과 흰 구름이 감도는 봉우리를 바라보고 다시 힘을 내어 나무를 베는 것이었습니다.

어느 날, 나무꾼은 바위에 걸터앉아서 피곤한 몸을 쉬고 있었습니다. 그때 별안간 어디서 사슴 한 마리가 헐레벌떡 뛰어와서,

"여보시오. 나를 좀 살려주십시오. 지금 저쪽에서 사냥꾼이 나를 잡으러 쫓아오고 있습니다. 제발 나를 좀 살려주십시오."

하며, 애걸을 하였습니다.

나무꾼은 곧 사슴을 나뭇짐 속에 감추어주었습니다. 그러자, 활을 든 사냥꾼이 곧 쫓아와서 물었습니다.

"여보시오. 여기 사슴이 한 마리 뛰어왔을 텐데 어디로 갔소?"

"예, 지금 바로 저 산골짜기로 뛰어갔습니다."

나무꾼이 이렇게 말하며, 나무숲이 우거진 골짜기를 가리키자, 사냥꾼은 더 묻지도 않고 그 쪽으로 달려가버렸습니다.

나뭇짐 속에 숨어서 간신히 살아난 사슴은, 나무꾼을 보고 수없이 절을 하며, 고맙다고 감사를 하였습니다.

그리고,

"오늘 밤 보름달이 떠오르거든, 이 위에 있는 연못으로 가보십시오. 선녀들이 목욕을 하고 있을 터이니, 벗어놓은 날개옷을 하나 감춰두시면, 선녀 하나가 하늘로 올라가지 못하고 당신과 함께 살게 될 것입니다. 아기를 셋 낳을 때까지는 날개옷을 주어서는 아니 됩니다."

---

[*] 1950년대 초등학교 3학년 국어교과서에서 전재.

하고 일러주고는 어디로인지 사라져버렸습니다.

그날 밤, 보름달이 둥실 떠오르자, 달빛도 아름다운 금강산 골짜기 연못에는, 예쁜 선녀들이 하늘 나라에서 내려와서 목욕을 하고 있었습니다. 나무꾼은 사슴이 시킨 대로 날개옷을 하나 몰래 감춰놓았습니다. 그런 줄도 모르고 선녀들은 밤 늦도록 노래를 하며 목욕을 하다가 날개옷을 입고 하나씩, 둘씩 하늘 나라로 올라가기 시작하였습니다.

"내 날개옷이 어디로 갔을까?"

선녀 하나가 별안간 어쩔 줄을 모르고 쩔쩔매기 시작하였습니다. 날개옷이 없어서 하늘 나라로 가지 못하게 된 것이었습니다.

나무꾼은 슬퍼하는 선녀와 함께 집으로 돌아왔습니다. 선녀도 처음에는 매우 슬퍼하였지만, 얼마 아니 가서, 아름다운 금강산 속에서 살게 된 것을 다행으로 생각하게 되었습니다. 그러나, 가끔 슬픈 낯으로,

"내 날개옷이 어디로 갔을까? 날개옷을 한 번 입어보았으면……."

하고, 한숨을 쉬었습니다.

나무꾼은 한숨을 쉬며 안타까워하는 선녀를 보고, 날개옷을 내다주고 싶었지만, 사슴이 당부하던 생각이 나서, 꾹 참아버렸습니다.

그러는 동안에, 어느덧 달이 가고 해가 바뀌어서 선녀는 예쁜 아기를 둘 낳았습니다. 나무꾼은 행복하게 살게 된 것입니다. 그래서, 나무꾼은 언제나 사슴을 생각하고 고맙게 여겼습니다.

보름달이 환하게 비추는 어느 날 밤, 나무꾼은 선녀와 아기를 데리고 달 구경을 하고 있다가, 선녀에게 사슴 이야기를 하였습니다. 그리고, 날개옷을 보여주며, 이것을 감춰두었기 때문에 이런 행복한 살림을 하게 되었다고 말하였습니다.

"아아, 내 날개옷!"

선녀는 날개옷을 몸에 두르자, 별안간 아기 둘을 품에 안고 훨훨 하늘 나라로 오르기 시작하였습니다. 어디선지 고운 음악 소리가 들려왔습니다.

보름달 밝은 빛을 받으며, 하늘로 올라가는 선녀! 그러나, 나무꾼은 그 뒤를 따라 올라갈 수도 없고 발을 동동 구르면서, 안타까워하였습니다.

아기와 선녀를 잃은 나무꾼은 나무를 벨 생각도 못하고, 한숨으로 날을 보냈습니다.

그리고, 생각하다 못해서 나무꾼은 사슴을 만나던 산골짜기로 다시 찾아갔습니다.

나무꾼의 슬픈 마음을 알았는지, 사슴이 나타나서 말했습니다.

"날개옷을 주지 말라고 당부한 것을 잊으셨습니다그려. 그러면, 마지막으로 내가 시키는

대로 하여보시오. 하늘 나라에서는 그 선녀가 날개옷을 잃어버린 다음부터는, 큰 두레박을 연못에 내려보내서 물을 길어올리게 되었습니다. 이 다음 보름달이 떠오르거든, 연못에 가서 기다리고 있다가 큰 두레박이 내려왔을 때, 그 속에 들어가서 하늘 나라로 올라가십시오."

나무꾼은 보름날이 오기를 기다려 연못으로 갔습니다. 밝은 달밤의 연못은 더 한층 맑고 고요하였습니다. 나무꾼은 금방이라도 선녀들이 목욕을 하러 내려오는 것처럼 느꼈습니다. 그러자, 구름 속에서 큰 두레박이 스르르 내려왔습니다. 나무꾼이 얼른 그 두레박에 올라탄 것은 물론입니다.

두레박은 다시 하늘 높이 올라가기 시작하였습니다. 나무꾼은 달빛에 비친 금강산의 아름다운 모양을 내려다보았습니다. 정말 묘하게 생긴 산입니다. 맑고 깨끗한 산입니다. 나무꾼은 금강산을 떠나는 것이 퍽 섭섭하였습니다. 그러나, 귀여운 아기와 선녀가 있는 하늘 나라로 올라가야 하였습니다.

하늘 나라로 올라간 나무꾼은 선녀와 다시 만났을 것입니다. 귀여운 아기도 만났을 것입니다. 일년 동안 언제나 꽃 피고 새가 지저귀는 하늘 나라에서 행복하게 살았을 것입니다. 그러나, 아름다운 금강산만은 잊지 못하였을 것입니다.*

---

* 이 전설은 금강산의 아름다운 경치를 두고 선녀들이 산다는 상상의 하늘세계에 비겨 지어낸 설화이다. 본래는 한하계 문주담이 이 전설의 고향이었지만 19세기 중엽 이후 문주담이 여러 차례의 큰물로 메워지고 또 구룡대에서 내려다보이는 상팔담의 아름다운 경치가 널리 알려지면서 어느덧 상팔담에 있는 이야기로 그 무대가 바뀌어지게 되었다.

또한 '천녀화장호' 대신 구룡대 바위 위에 있는 둥근 홈들이 '옥녀세두분'으로 불리게 되었다. 내용도 처음에는 나무꾼과 선녀가 다시 만난 다음 하늘세계에서 살게 된 것으로 그쳤던 것이 차츰 더 윤색되어 천하명승 금강산이 그리워 나무꾼과 선녀가 함께 다시 땅 위에 내려와서 오래오래 행복을 누리고 살았다는 내용으로 되었다.

그리고 남한의 동화책에는 나무꾼이 지상의 노모가 보고 싶어 천마를 타고 내려왔다가 어머니가 끓여준 팥죽을 쏟는 바람에 천마에서 떨어져 다시 올라가지 못했다는 얘기가 첨가되기도 했다.

그러나 전설은 어디까지나 천진스럽고 아련할 때 좋다는 의미에서 후대의 얘기들은 다 사족 같아 여기서는 옛 초등학교 본(本)을 소개한 것이다.(엮은이)

울소(鳴淵)의 내력[*]

장안사에 나옹(懶翁)조사가 살고 표훈사에는 김동(金同)거사가 살고 있었다.
나옹은 금강산에서 이름난 중이었고 모든 중들의 스승 뻘 되는 위치에 있었는데 나이가
들면서 차츰 제자들 가운데서 우두머리(상좌라고 함)로 될 사람에 대하여 걱정하게
되었다. 그는 아무모로 보나 표훈사에 있는 김동거사가 가장 알맞춤한 것 같아서 그를
상좌로 정하고 각별한 관심을 돌려 불교교리를 가르쳐주었다. 그런데 김동은 차츰
야심이 커져서 어떻게 하면 하루라도 빨리 자기 스승인 나옹조사를 금강산에서 내쫓고
자기가 그 자리에 앉을 수 있겠는가에 대해서만 골똘하였다.
나옹조사는 김동의 이 속내를 알아차렸다. 어느 하루, 김동을 부른 나옹은 내색을 하지
않고 다음과 같이 말했다.
"자네가 총명하고 지략이 깊기에 나는 자네를 나의 상좌로 삼은 것이네. 이제는 내
나이도 많아 조사의 자리를 자네에게 넘겨줄까 하네. 헌데 오늘 자네 재간을
시험해보아야 하겠네."
김동의 표정을 살피던 조사는 계속하였다.
"그것은 다름이 아니라 나와 부처새기기내기를 하자는 것이네. 자네가 이기면 나는
자리를 넘겨주고 금강산을 떠나겠네. 그러나 자네가 지면 그럴 자격이 없는 것으로
알아두게. 알겠나?"
김동은 스승의 이 제의에 동의하였다. 그는 이 노인과 경쟁하면 문제없이 이기리라고
확신하였던 것이다.
다음날 조각 경쟁이 벌어졌다. 나옹은 표훈동 입구에 서 있는 바위 앞면에 3구의 큰
부처를 새겼고, 김동은 그 바위 뒷면에 60구의 작은 부처를 새겼다. 다 새긴 날 그들은
장안사, 표훈사의 여러 중들과 함께 창작품을 검열하였다. 나옹조사의 3불은 나무랄 데
없는 걸작이어서 모든 중들의 한결같은 감탄을 자아냈다. 미륵과 석가, 아미타의 세
부처는 모두가 살아 있는 것 같고 웃는 눈과 덩실한 코, 열릴듯 말듯한 입을 보면 금시

* 북한 사회과학원 역사연구소 편, 《금강산의 력사와 문화》, 1984.

사람들에게 무엇인가 말하려는 것 같았다.

그런데 김동의 작품은 졸작일 뿐 아니라 60불 가운데 한 부처는 귀가 없었다.

"아니, 이 부처님은 귀가 없네그려. 귀 없는 부처님도 있는가?"

모두가 혀를 찼다.

내기에서 거사는 졌다. 지고 보니 스님의 자리를 탐낸 자기의 더러운 성품에 모진 가책을 느끼었다. 더욱이 스님이 자기의 야심을 알아차리고 이 경기를 조직하였다고 생각하니 더는 그 자리에 서 있을 수 없었다.

김동은 슬며시 빠져 나와 울소로 갔다. 형제암 위에 올라서니 발밑에서는 시퍼런 소가 감돌고 있었다. 그는 눈을 지그시 감고 사랑하는 자식들의 모습을 그려본 다음 울소에 뛰어들어 목숨을 끊었다.

뒤늦게야 이 소식을 듣고 달려온 그의 아들 삼형제는 못가에 엎드려 "아버지!" 하고 부르며 슬피 울다가 물에 뛰어 들어갔다. 이때 하늘에서 불시에 뇌성벽력이 울리고 폭우가 쏟아졌다.

날이 갠 후 울소에는 길게 누운 큰 바위가 생겨났고, 그 바위 쪽을 향해 엎드려 있는 세 바위가 물 위에 떠올랐다. 이때부터 사람들은 큰 바위는 김동의 '시체바위' 이며 작은 세 바위는 그의 아들 '삼형제바위' 라 하였고, 소에 떨어지는 폭포 소리는 삼형제의 울음 소리를 닮아 구슬픈 소리를 낸다고 하였다. 이리하여 '명연' 은 울린다는 '울소' 로서가 아니라 슬피 운다는 울소로 뜻이 바뀌었다.

《와유금강기》나《금강록》(국문본)도 이와 비슷한 줄거리의 전설을 전하고 있다. 삼불암과 울소를 결합시키고 나옹과 김동이 서로 재주를 겨루었다고 한 것은 이미 18세기의《유금강록》에 보이지만 여기서 김동에게 벌을 내린 것은 지공으로 되어 있다. 이 전설에서 주목되는 것은 어느 때부터인지 전설이 삼불암 및 주위의 자연바위와 결부되면서 불교 선전에 맞게 꾸며졌다는 것이다. 이 전설에서 나옹은 좋은 인물로 묘사되고 있으나《고려사》(권 133, 우왕 2년 4월)에는 그가 탐욕스러운 짓을 많이 하여 밀성군(오늘의 밀양)으로 귀양간 사실이 적혀 있다.

근세에 와서 이 전설은 또 변형되었다. 새로 나옹의 먼 동생 뻘이 된다는 나화라는 중이 부정 인물로 등장하고 김동거사는 양심적인 중으로 된다. 그리고 3불은 김동의 작품으로 되고 나화가 60불을 새긴 것으로 되는데 김동은 시간을 어긴 '죄' 로 하여 못에 빠져죽게 된다.

근세에 와서 개작된 전설에는 불교에 대한 백성들의 불신감이 좀더 짙게 반영되어 있다. 이와 관련하여 60나한상과 3불 조각자의 이름은 뒤바뀌어져 있다.*

---

* 이 전설을 선종과 교종의 다툼이 낳은 것으로 보는 견해도 있다. 마치 유점사에서 53불이 구룡을 구룡연으로 내쫓았다는 것이 불교가 토속신앙을 물리친 것으로 보는 견해와 일맥상통하는 전설의 해석이다.(엮은이)

금강산에 온 김삿갓[*]

김병연(金炳淵 ;1807~63)은 일생을 삿갓을 쓰고 방랑하였다 하여 이름보다 김삿갓
또는 김립(金笠)으로 세상에 알려진 이조 시기의 대표적인 풍자시인의 한 사람이다.
그는 자를 성심(性深), 호는 난고(蘭皐)라고 하였다.

그는 대대로 벼슬을 한 양반의 집안에서 태어났다. 그런데 병연이 6살 되던 해에
선천부사로 있던 할아버지 김익순이 홍경래 농민폭동군에 넘어간 '죄'로 사형당하자
그의 집안은 폐족(큰 죄를 짓고 죽어서 그 자손이 벼슬을 할 수 없게 하는 것) 처분을
당하였다. 그때 어린 그는 머슴꾼의 도움을 받아 형과 함께 황해도 곡산으로 피신해 가서
한동안 숨어 살다가 조정에서 '사사'(죄인을 용서하여주는 것)가 내리자 아버지에게로
가서 자랐다.

그는 19살 때에 장원급제하였으나 폐족당한 양반 가문이라 하여 인정을 받지 못하였다.
재능은 있으나 꽃피울 수 없는 불우한 처지에 놓였던 김병연은 22살 되던 해에 집을
뛰쳐나와 방랑생활을 시작하였다. 그는 그때부터 한평생 헌 삿갓을 쓰고 조선
팔도강산을 떠돌아다니면서 주로 양반 통치배들을 야유하는 풍자시들을 많이 썼다.
그는 24살 때에 단 한번 집에 들렀을 뿐 두 아들이 여러 번 찾아가 집으로 돌아가자고
간절히 청하였으나 끝내 응하지 않았다고 한다.

조소와 풍자의 불길로 든 것 없이 우쭐거리는 양반들과 썩어빠진 당대 사회를
무자비하게 단죄하던 불우한 시인 김삿갓은 57살을 일기로 전라도 동북에서
객사하였다.

그는 생전에 천하명승 금강산을 이웃집 다니듯 하면서 그 절승경개를 기발하고도
생동하게 묘사한 수많은 시를 지었다.

정처 없이 방랑의 길을 걸으며 거들먹거리는 양반들의 더러운 꼴과 굶주리고 헐벗은
농민들의 참상을 보면서 울분과 연민의 정으로 괴로워하다가도 금강산에 들어오면
만시름을 잊고 그 아름다움을 자유분방하게 노래한 김삿갓이었다.

---

[*] 《금강산 일화집》, 북한 과학백과사전종합출판사, 1992.

어느 날 외금강의 구룡연 계곡으로 들어가던 김삿갓은 그 절묘한 경치에 우뚝 걸음을 멈추고 선 자리에서 시 한 수를 읊었다.

푸른 길 구름 속으로 들어가니	綠青碧路入雲中
누마다 시인의 걸음 멈추게 하도다	樓使能詩客住節
날아내리는 눈 같은 폭포는 용의 조화요	龍造化含飛雪瀑
솟아오른 멧부리는 장검의 기상이라	劍精神削揷天峰
나무 위의 송악은 몇천 년을 묵었으며	仙禽白幾千年鶴
못가의 푸른 숲은 몇백 년을 자랐는고	澗樹青三百丈松
이내몸 봄기운에 몹시 피곤한데	僧不知吾春睡腦
승려는 사려 없이 요란스레 종을 울리누나	忽無心打日邊鍾

능파루에서 읊은 즉흥시 두 편

김삿갓이 내금강 만폭동으로 가려고 길을 떠난 날에 있은 일이다.

때는 무더운 여름철인지라 삿갓은 땀도 들이고 다리쉼도 할 생각으로 만폭동 초입에 자리잡은 표훈사 쪽으로 부지런히 걸음을 다그쳤다. 그가 표훈사 다리(함영교)에 들어서며 바라보니 능파루(표훈사의 부속 건물)에 갓 쓴 선비 여러 명이 모여 앉아 벅적 떠들어대고 있었다. 때마침 마주 오는 중에게 물어보니 글깨나 한다는 양반들이 둘러앉아 한창 글짓기내기를 하고 있다는 것이었다.

삿갓은 능파루에서 잠깐 쉬었다 가려고 작정했던 차에 그곳에서 양반나리들이 글짓는 내기를 한다는 소리를 듣자 부쩍 호기심이 동했다. 삿갓은 그들의 노는 꼴이 하도 가소롭고 역겨워 침을 탁 뱉고는 다락에서 내리며 즉흥시 한 수를 큰소리로 읊었다.

나는 청산이 좋아 들어가는데	我向青山去
녹수야 너는 어이하여 나오느냐	綠水爾何來

삿갓이 읊고 나서 길로 나서는데 의미심장한 그 시를 새겨들은 양반 하나가 그를 불러

세웠다.

"보아하니 길손도 시를 즐겨하는 것 같은데 우리와 같이 시짓기내기를 해보지 않겠소?"

삿갓은 그의 청에 못 이기는 척하고 되돌아서 다락 위에 올라 야유가 바글바글한 한마디를 남기고는 훌쩍 일어나 다락을 내렸다. 양반은 그가 사라지자 삿갓이 써놓은 글자들을 읽으며 음미해 나갔다.

| 소나무 소나무 잣나무 잣나무 바위 바위를 돌아서니 | 松松栢栢岩岩廻 |
| 산 산 물 물 가는 곳마다 신기하구나 | 山山水水處處奇 |

"야, 이야말로 걸작이로구나!"

김삿갓이 표훈사 능파루에서 금강산의 경치를 단 몇 마디의 글로 생동하게 특징지은 두 편의 즉흥시는 이때부터 세상에 널리 알려지게 되었다.

마하연에서의 글짓기내기

금강산 천지가 온통 단풍에 붉게 타던 어느 해 가을이었다. 김삿갓은 시를 잘 짓기로 굉장히 소문난 금강산의 한 중을 찾아갔다.

마하연의 암자에서 살고 있는 그 중으로 말하면 금강산에서 나서 자라 누구보다도 금강산에 대한 애착이 깊었고 시를 짓는 데서도 당대의 일류 문장가들과도 어깨를 견줄 만한 재능을 가지고 있었다.

"대사의 명성을 익히 듣고 한번 만나보고 싶었는데 오늘에야 비로소 소원이 성취되어 기쁘기 그지없소이다. 청컨대 많이 편달해주기 바라나이다."

"원 과찬의 말씀이오이다."

김삿갓의 인사말에 중은 겸손하게 대답하였다.

삿갓이 다시 입을 열었다.

"제가 듣건대 대사는 시를 잘하기로 이 금강산에서 당할 사람이 없다 하온데 외람되오나 대사와 함께 금강산에 대한 시짓기를 겨루는 것으로 한때를 즐기게 하여준다면 다시 없는 영광으로 생각하겠나이다."

그의 말에서 단순한 경쟁심에서 나온 청이 아니라는 것을 직감한 중은 두말 없이 글짓기내기에 응하였다. 그리하여 김삿갓과 금강산 중의 글짓기내기가 시작되었다. 내기는 금강산을 잘 아는 중이 먼저 전구를 떼면 삿갓이 대구를 다는 식으로 벌어졌다.

중   이른 아침 입석봉에 오르니 구름은 발 아래 생기고
　　朝登立石雲生足

삿갓 저녁에 황천강의 물을 마시니 달이 입술에 걸리더라
　　暮飮黃泉月掛唇

중   사람의 그림자는 물 속에 잠기어도 옷은 하나도 젖지 않았다
　　影浸綠水衣無濕

삿갓 꿈속에 청산을 오르내렸어도 다리는 하나도 아프지 않았네
　　夢踏靑山脚不苦

중   산 위의 돌은 천년이나 굴러야 땅에 닿을 듯하고
　　石轉千年方倒地

삿갓 산이 한 자만 더 높으면 손이 하늘에 닿을 듯하여라
　　峰高一尺敢摩天

중   가을 구름이 만 리에 뻗었으니 흰 고기비늘이 겹쌓인 것 같고
　　秋雲萬里魚鱗白

삿갓 천년 묵은 고목의 뻗친 가지는 사슴의 뿔이 높이 솟은 듯하구나
　　枯木千年鹿角高

중   청산을 돈을 주고 샀더니 구름은 공으로 얻고
　　靑山買得雲空得

삿갓 맑은 물가에 다다르니 고기는 저절로 모여드누나
　　白水臨來魚自來

중   절벽은 비록 위태롭게 솟아 있어도 그 위에서 꽃이 웃는 경치가 좋고
　　絶壁雖危花笑立

삿갓 양춘은 비록 아름다워도 새는 울며 떠나가니 비감이 생긴다
　　陽春最好鳥啼歸

중   물은 은절굿공이가 되어 절벽을 연방 내리찧고
　　水作銀杵舂絶壁

삿갓 구름은 옥으로 만든 자가 되어 청산을 재어간다
　　雲爲玉尺度靑山

중이 연해연방 불러대어도 삿갓이 거침없이 대답을 하는데 그것이 앞뒤가 꼭 맞을 뿐

아니라 그 뜻이 하도 깊어서 신기할 정도였다. 중은 마침내 글짓기내기를 더 이상 계속할 필요가 없다고 생각하면서 아끼던 마지막 구를 떼었다.

달이 희고 눈이 희니 천지가 다 희고
月白雪白天地白

삿갓이 제격 그 뜻을 알아차리고 끝을 맺었다.

산이 깊고 물이 깊으니 나그네 수심도 깊다
山深水深客愁深

중은 김삿갓의 마지막 구에 감동되어 입을 딱 벌렸다. 중이 김삿갓의 비상한 재주에 감복하여 말없이 그를 쳐다보는데 삿갓도 중을 마주보며 다음 구를 기다리다가 더 내지 않기에 한마디하였다.

"아니 왜 바라보기만 하시나이까. 이빨을 빼버리기엔 아직 이르지 않소이까?"

김삿갓이 빈정대며 웃으니, 중이 기쁨을 감추지 않고 물었다.

"그대는 누구인고?"

"김삿갓이올시다."

"오라 김삿갓! 소문에도 시에 귀신이라 하더니만 이제 보니 그대는 과연 시의 신선일세. 내 이 절에서 한평생을 지내면서 시 짓는 문객들을 수없이 맞고 보내왔어도 언제 한번 재미를 보지 못하였는데, 오늘 이렇게 그대를 만나니 정말 기쁘고 반갑기 짝이 없소그려."

중은 진정으로 말하였다.

그들 둘은 뜻깊은 상봉을 계기로 좋은 시벗이 되었는데, 김삿갓은 금강산을 찾을 때마다 그 중과 함께 지내면서 조국의 자연을 노래한 많은 시를 지었다.

또 한 차례의 글짓기내기

거처도, 노자도 없이 강산을 떠돌아다니는 김삿갓에게는 주막집에 들 몇 푼의 돈이 없어 발길 닿는 곳의 인가나 절간에 들어가 끼니를 청하는 때가 종종 있곤 하였다.

한번은 그가 금강산에 있는 어느 한 암자에 찾아가 저녁밥 한끼를 청한 일이 있었다. 그 암자의 중은 글을 좀 아는 중인지라 시 한 수를 지으면 주겠다고 하였다. 그 중은 찾아온 나그네가 당대의 유명한 시인 김삿갓인 줄은 꿈에도 몰랐다.

"예. 짓긴 하겠는데 한 가지 소청이 있습니다."

"무슨 청이오? 어서 말하오."

"나는 한자 풍월은 지을 줄 모르는데 국문 풍월로 지을까 하는데 일없겠는지요?"

"그럼 국문시라도 지어보시오."

중은 선선히 응하였다.

삿갓은 "운을 부르시오" 하였다. 중은 머리를 끄덕이며 "타" 하고 운을 떼었다.

삿갓은 길게 끄는 그 소리의 여운이 사라지기도 전에 "네면 기둥이 붉었타" 하고 운을 맞추었다.

중이 또 "타" 하니 삿갓은 "석양 나그네 시장타" 하였다. 보통이 아니로구나 생각하며 그 중이 다시 "타" 하니 삿갓은 대뜸 "너희 절 인심 고약타" 하였다.

그 중은 탄복한 나머지 한 운 "타" 자를 마저 불러보았자 나그네의 입에서 또 무슨 욕이 터져나올지 몰라 그만두고 한자운을 달아서 한자 풍월을 짓도록 하였다.

삿갓이 운을 떼는 족족 재치 있게 글귀를 맞추니 중은 두 손을 들었다고 하면서 "이거 참, 행색만 보고 무례하게 굴어 부끄럽소이다. 대체 뉘신지?" 하고 물었다.

삿갓은 그 중의 솔직함이 마음에 들어 너그럽게 웃으며 말하였다.

"내 머리에 얹은 것을 보고도 모르겠소?"

촛대를 들고 그의 모습을 자세히 살펴본 중은 깜짝 놀라며 이마를 쳤다. 자기와 글짓기내기를 한 상대자가 소문이 짜한 김삿갓인 줄 알아보았던 것이다.

중은 김삿갓을 며칠 동안 암자에 묵게 하면서 지성껏 잘 대접하였다.

4 금강산의 지지 地誌

조선시대의 대표적인 역사인문 지리서는 말할 것도 없이 《신증동국여지승람(新增東國輿地勝覽)》이다. 이 책은 성종 때(1481) 편찬된 《동국여지승람》을 중종 때(1530) 증보한 것으로 총 55권 25책이다. 이 책에는 각 고을의 연혁부터 산천·성곽·고적·사찰·인물·풍속·특산물·명승지 및 그곳을 읊은 명시(名詩) 등이 총망라되어 그 지역의 이해는 물론 답사의 기본서가 되어왔다.

근래의 문인들도 금강산 여행가방엔 이 책 하나만을 넣고갔다는 얘기가 곧잘 나올 정도이다. 여기서는 《신증동국여지승람》 중 금강산이 걸쳐 있는 회양도호부·고성군·통천군조에서 발췌하였다.

이중환의 《택리지》는 우리나라 지세의 대맥을 파악하는 데 가장 기본이 되는 지리서이기 때문에 그 중 금강산 부분만 역시 발췌하여 소개하였다.

신증 동국여지승람

회양도호부(淮陽都護府)*

산천(山川)

• 금강산(金剛山)

장양현(長楊縣)의 동쪽 30리에 있다. 부(府)와의 거리는 167리다. 산 이름이 다섯 있는데, 첫째 금강(金剛), 둘째 개골(皆骨), 셋째 열반(涅槃), 넷째 풍악(楓嶽), 다섯째 기달(怾怛)이니, 백두산의 남쪽 가지다. 회령부(會寧府)의 우라한현(亐羅漢峴)으로부터 갑산(甲山)에 이르러 동쪽은 두리산(頭里山)이 되고, 영흥(永興)의 서북쪽에서 검산(劍山)이 되었으며, 부의 서남쪽에서 분수령(分水嶺)이 된다. 서북쪽으로는 철령(鐵嶺)이 되며, 통천(通川)의 서남쪽에서 추지령(楸池嶺)이 되고, 장양의 동쪽, 고성(高城)의 서쪽에서 이 산이 되었다. 분수령으로부터 여기에 이르기까지는 무릇 830여 리다. 산은 무릇 일만이천봉이니, 바위가 우뚝하게 뼈처럼 서서 동쪽으로 창해를 굽어보며, 삼(杉)나무와 전(檜)나무가 하늘을 찌를 듯하여 바라보면 그림과 같다. 일출봉 · 월출봉 두 봉우리가 있어서 해와 달이 뜨는 것을 볼 수 있다. 내산과 외산에 모두 108곳의 절이 있는데, 표훈사 · 정양사 · 장안사 · 마하연 · 보덕굴 · 유점사가 가장 이름난 사찰이라고 한다.

신라 경순왕이 나라가 약하고 형세가 외롭다고 하여 국토를 들어서 고려에 항복하기를 모의하니 왕자가 말하기를, "나라의 존망은 반드시 천명(天命)이 있는 것입니다. 마땅히 충신 · 의사(義士)와 더불어 백성의 마음을 거두고 단합하여 스스로 굳게 지키다가 힘이 다한 뒤에 그칠 일이지, 어찌 천년의 사직으로써 하루 아침에 경솔하게 남에게 넘겨 줄 수 있겠습니까" 하였다. 왕이 말하기를, "외롭고 위태함이 이와 같으니 사세를 보전할 수 없는데, 죄 없는 백성들로 하여금 싸워 죽어서 간과 뇌수를 땅에 깔아버리게 하는 일을 나는 차마 볼 수 없다" 하고, 드디어 사자(使者)를 보내어 고려에 항복을 청하니, 왕

---

*《신증 동국여지승람(新增東國輿地勝覽)》 권47; 《신증 동국여지승람》 Ⅵ, 민족문화추진회, 1970.

자가 울부짖으며 임금을 하직하고, 곧 이 산으로 들어가 바위에 의지하여 방을 만들고 삼베옷 입고 풀을 먹으며 그 몸을 마쳤다고 한다.

최해(崔瀣)의 〈중(僧)을 보내는 서문〉에, "심산 궁곡(深山窮谷) 사람의 발자취가 드물게 이르는 곳에는 마땅히 이물(異物)이 있어서 여기에 모이기 마련인 것이다. 그런 까닭에 장도릉(張道陵)1)의 학(學)을 하는 자는 어느 산으로써 제 몇째 동천(洞天)이라고 하고, 이것은 아무개 진군(眞君)이 다스리는 것이라고 한다. 이에 도(道)를 사모하고 세상을 싫어하며 수련(修鍊)하여 곡식을 먹지 않는 자가 왕왕 그 가운데 깃들여 살면서 돌아오기를 잊는다. 나는 비록 그것이 사람의 정(情)에 가깝지 않음을 미워하나, 나와 너는 다름이 있는 것이므로, 또한 그들과 더불어 따지려고 하지 않는다.

하늘의 동쪽 끝에 바다를 갓(濱)하고 산이 있는데, 세상에서 부르는 이름은 풍악이나, 중의 무리는 금강산이라고 한다. 그 설(說)은 《화엄경(華嚴經)》에 근본을 둔 것이다. 《화엄경》에, '바다 동쪽 보살이 머무르던 곳의 이름을 금강산이라고 한다' 라는 글이 있다고 한다. 나는 일찍이 이 글을 읽은 일이 없기 때문에 과연 이 산인지 알지 못한다. 요사이 보덕암(普德菴) 중이 찬술한 〈금강산기(金剛山記)〉라는 것을 가지고 와서 나에게 보이는 자가 있었다. 읽어 보니 다 상도(常道)에 어그러지는 허탄한 이야기라 하나도 믿을 만한 것이 없었다. 그 가운데서 말하기를, '황금 불상 53구(軀)가 서역으로부터 바다에 떠서 한나라 평제(平帝) 원시(元始) 4년 갑자(甲子)년에 이 산에 이르렀고, 인하여 절을 세웠다' 하였다.

불법(佛法)이 처음 동쪽으로 흘러온 것은 후한(後漢)의 명제(明帝) 영평(永平) 8년 을축년이었고, 우리나라에 불법이 전해진 것은 또 양(梁)나라 무제(武帝) 대통(大通) 원년 정미년부터였으니, 이 해가 '후한(後漢) 명제 영평' 을축년보다 401년이라는 오랜 세월이 뒤떨어졌다. 만약 그 〈금강산기〉의 이야기를 믿는다면, 이것은 중국에서 깜깜하게 아직 부처 있음을 알지 못하던 62년 전에 우리나라 사람들은 이미 부처를 위하여 법당을 세웠다는 것이 되니, 그것이 가장 우스운 것이다. 다른 것도 이와 같다.

그렇다고 하나, 들으니 옛날에는 공(空)을 배우는 사람이 이 산속에 들어가서 부지런히 뜻과 행(行)에 힘써, 그 도(道)를 실증한 자가 이따금 있었다 한다. 대체로 처음에 이 산은 사람 사는 곳에서 수백 리가 되도록 멀리 떨어져 있을 뿐 아니라, 바위 봉우리가 벽처럼 서 있어 이르는 곳마다 다 천길 만길이어서 달아놓은 것 같은 벼랑과, 끊어진 구렁에 몸을 의지할 만한 암자도 움집도 없었으며, 채소나 과일을 심어서 먹을 만한 흙은 한 곳도 없었으니, 여기에 산다는 것은 구멍에 숨거나, 나무 위에 둥지를 짓고 사는 새와 짐

---

1) 중국 도교의 시조. 동한(東漢) 사람, 본 이름은 능(陵)이다. 강서(江西) 용호산(龍虎山)에
   들어가 연단(煉丹) · 부주(符呪)의 방술(方術)을 익혔는데, 그를 좇아 배우는 자가 매우
   많았다.

승과 함께 섞여서 거처하고, 풀뿌리 나무껍질로 주린 배를 채우지 않는다면 하루도 머무를 수 없었을 것이다. 부처의 법은 도를 닦게 하는 데는 반드시 수고스러움을 참고 괴로움을 견디는 일을 시험한 뒤라야 얻음이 있다고 한다. 그런 까닭에 그 스승인 석가모니는 설산(雪山)에서 6년의 고행을 쌓았던 것이다. 그렇다면 참고 이 법을 배워 부지런히 닦는 데 뜻이 있는 자는 산에 들어가지 아니하면 또한 할 수 없었던 것이다.

근래에는 그렇지 않다. 산중의 암자가 해마다 또 100개씩 불어나고 있다. 그 중의 큰 절로는 보덕사(報德寺) · 표훈사 · 장안사 등이 있는데, 그 절들은 다 관(官)에서 영조(營造)하고 수즙(修葺)하여, 전각은 하늘 형상으로 높고 둥그렇게 산골짜기에 가득하며, 금빛과 푸른빛의 단청은 빛나고 밝아서 사람의 눈을 부시게 한다. 상주(常住)하는 경비(經費) 같은 것에 이르러서는 재물을 맡은 고(庫)가 있고, 보(寶)를 맡은 관원이 있다. 성곽을 등진 좋은 밭은 주군(州郡)에 가득하고, 또 강릉 · 회양 두 도는 매년의 조곡(租穀)을 바로 관(官)에 들여다가 다 엄중히 산으로 수송한다. 비록 흉년을 만나더라도 감면(減免)되는 일이 없다. 매번 사자를 보내서 해마다 옷과 식량과 기름과 소금 등 자료를 지급하는데, 반드시 결핍됨이 없게 한다. 그 중들은 대체로 관에 예속하지 않는다. 백성이 도피하여 부역을 면하는 자 항상 수천 수만 명이 있어 편안히 앉아 먹이기를 기다린다. 그러나 한 사람도 설산에서처럼 부지런히 닦아 도를 얻은 자가 있었다는 것을 듣지 못하였다.

그 위에 더욱 심한 자가 있으니, 사람을 속여 유인하여 말하기를, '한번 이 산을 보면 죽어서 악도(惡道)[2]에 떨어지지 않는다' 하니, 위로는 공경으로부터 아래로는 사(士) · 서인(庶人)에 이르기까지 아내를 데리고 자식을 이끌고 다투어 가서 예배한다. 눈얼음으로 혹독하게 추운 때와 여름의 장마가 오래고 홍수가 넘쳐서 길이 막히게 된 때를 빼고는 유산(遊山)하는 무리가 길에 잇따르게 되었다. 또한 과부와 처녀를 따라가는 자가 있어 산속에 이틀씩 숙박하면서 추한 소문이 때때로 들리건만 사람들은 괴이쩍게 여길 줄 모른다. 혹은 근시(近侍)가 왕명을 받들고 역마(驛馬)를 달려 향(香)을 내리는 일이 1년 사계절에 끊이지 않으니, 관리들은 권세를 두려워하여 급히 달려가 명을 기다린다. 그 수요를 공급하는 비용이 자칫하면 만금(萬金)으로 계산하게 된다.

산 곁에 사는 백성들은 응접하는 일에 피곤하여 성내며 꾸짖어 말하기를, '산은 어째서 딴 고을에 있지 않았던가' 하는 자가 있기에 이르렀다. 슬프다, 사람들이 금강산을 사랑하는 것은 보살이 여기에 머무르기 때문이요, 보살을 존경하는 것은 능히 보이지 않는 고요한 가운데서 사람을 복되게 한다고 믿기 때문이다. 그 보이지 않는 데서 복되게 하는

---

2) 나쁜 일을 지은 죄로 장차 태어나 고통을 받을 악한 곳. 삼악도(三惡道) · 4악도 · 5악도 등이 있다.

일은 알 수가 없다. 그런데 머리를 깎은 자들이 이 산을 속여 팔아서 스스로 따뜻하고 배부르기를 도모하여, 백성들이 그 해를 입으니 더 무슨 말을 하겠는가. 이 까닭에 나는 사대부로서 산으로 놀러 다니는 자를 보면 비록 이것을 중지시킬 힘은 없으나 마음으로는 가만히 비루하게 여겼더니, 이제 불도(佛徒) 선지사(禪智師)가 이 산에 가게 되었으므로, 내가 평소 가슴속에 쌓아두고 토설(吐說)하지 않았던 것을 적어서 준다. 사(師)가 이미 중이 되었으면서도 왜 산에 들어가는 것이 이렇게 늦었는가. 산중에 만약 사람이 있거든 나를 위하여 말을 전하라. 마땅히 나의 말을 옳게 여기는 자가 있을 것이다" 하였다.

권근(權近)의 〈중을 보내는 시(詩)의 서문〉에, "금강산은 우리나라 동해 위에 있다. 그 지형의 아름다움이 천하에 높이 뛰어났다. 그런 까닭에 그 이름이 천하에 들린 것이다. 내가 어릴 때 일찍이 들으니 천하의 사람들이 와서 보기를 원하지 않는 이가 없으나, 그렇게 되지 못함을 한탄하여 그 그림을 걸어놓고 예배하는 자가 있었다고 하니, 그 사모함의 간절함이 이러하였다. 나는 다행하게도 이 나라에 나서, 이 산과의 거리는 수백 리도 못 되건만 벼슬에 얽매이고 세속의 명리에 분주하여, 일찍이 한 번도 가보지 못하였다. 그러나 표연히 떠나 멀리 가고 싶은 마음은 일찍이 가슴속에서 오락가락하지 않은 때가 없었다.

병자년 가을에 내가 중국에 들어가 천자를 친히 뵈었더니 황제가 친히 글제(題)를 내시어 시 20여 수를 짓게 하였다. 그 중의 하나가 금강산이라는 제목이었다. 이에 이 산의 이름이 과연 온 천하에 높아서 내가 어릴 때에 들은 것이 헛말이 아닌 것을 알았다. 평일에 한번 가보지 않은 것을 한탄하면서 하늘 같은 복으로 본국(鄕國)에 돌아갈 수 있게 된다면, 반드시 먼저 이 산에 가서 평소의 뜻을 이루겠다고 하였다. 이제 이미 돌아오게 되었으나 오히려 전일보다 더 얽매여져서 나의 뜻은 아직 이루지 못하고 있다.

하루는 중 나암(懶菴)이 소매 속에 시를 넣어 가지고 왔기에 열람하니, 금강산 유람 길 떠나는 것을 전송하는 작품이었다. 나는 나도 모르는 사이에 그 시책을 어루만지며 스스로 탄식하기를, '내 어찌하면 속루(俗累)를 털어버리고 구름의 종적을 따라 뾰죽하고 험한 데를 밟아서 높은 산정에 올라, 다리는 천길의 높은 곳을 밟고 눈은 천리의 먼 곳 끝까지 바라보며, 구질(丘垤, 작은 언덕)을 작게 여기고 티끌 세상을 좁게 여기며, 창해에 해가 목욕하는 것을 굽어보고, 천지의 넓고 큰 기운을 받아서, 동해에 뛰어들어 죽은 노련(魯連)[3]을 생각하며, 태산에 올라 천하를 작게 여기던 공자를 희망하면서, 넓고 큰 마음으로 스스로 만족할 수가 있을까. 그리하여 돌아가기를 잊어 나의 평생 가슴속에 쌓인 답답함을 시원히 씻어버릴 수 있을까' 하였으니, 아, 이 산을 보고 싶어하는 사람은 많다.

---

3) 노중련(魯仲連)을 말함. 전국시대 제(齊)나라 사람. 조(趙)·위(魏) 두 나라 왕에게 진(秦)을 높여 제(帝)를 일컬으려는 것을 반대하도록 하였다. "진나라가 함부로 제를 일컬으면, 연(連)은 동해(東海)에 뛰어들어 죽을 뿐이다"라는 유명한 말을 남겼다.

내가 보고 싶어한 것도 또한 오래다. 몇백 리 되지도 못하는 거리에서 수십 년이라는 긴 세월을 지내면서 아직 한 번도 눈으로 보지 못하였으니, 천하에서 보고 싶어도 보지 못한 사람이 몇 사람이겠는가. 그 보지 못한 사람들은 특히 한가하거나 바쁘거나, 멀고 가까움의 차이가 서로 같지 않아서 그런 것일까. 아마도 눈에 보이지 않는 운수(運數)가 있어서 속물은 선경을 밟을 수 없다는 것일까.

또 이미 본 자의 얻은 바가 다 같은 것인지, 그렇지 않은 것인지 알지 못하겠다. 스님이 얻는 바도 역시 여러 사람들과 같을 뿐일까. 혹은 후에나 내가 한번 올라가볼 수 있게 된다면, 내가 얻는 바는 어떠할는지 알지 못하겠다. 다만 내가 지금 보고 싶으나 볼 수 없음이 한스러울 뿐이다. 그런 까닭에 이 시책을 보고 더욱 느낌이 있는 것이다. 나암은 세족(世族)으로서, 비단옷을 버리고 누더기를 입었으나 얼굴이 청초하고 행실이 깨끗하니 나는 장차 '그와 더불어' 속세 밖의 벗으로 하려 한다" 하였다.

하륜(河崙)의 〈중(僧)을 보내는 시(詩)의 발문〉에, "풍악은 진실로 기이하고 뛰어나서 사랑할 만하다. 납의(衲衣, 중의 옷)를 입은 자들이 그 사이에 서식하고 있으니, 돌 계단이 천길이나 되어서 사람의 발자취가 드물게 이르기 때문에 마음이 경계와 더불어 고요할 수 있다. 그리하여 간혹 그 도(道)를 깨닫는 자가 있다. 그러나 그 산을 금강산이라고 일컫는 것은 장경(藏經)의 설을 빌린 것이다. 장경에 금강산을 말하기를, '동해 속의 8만 유순(八萬由旬)[4]의 곳에 일만이천의 담무갈(曇無竭, 보살의 이름)이 항상 그 가운데에 머무른다' 하였으니 풍악(楓嶽)을 말한 것은 아니다.

석가모니가 서방(西方)에서 나서 등정각(等正覺)[5]과 열반을 이룬 것은 중국의 주(周)나라 성왕(成王)과 때를 같이하였다. 주나라 때로부터 올라가서 반고씨(盤古氏) 이래로 하(夏)나라, 상(商)나라 시대에 이르기까지 성현의 많음과 교화(敎化)의 아름다움을 칭송할 만한 것이 한둘이 아니었다. 하우씨(夏禹氏)가 도산(塗山)에 모이니 옥과 비단 예물을 갖고 온 것이 만국(萬國)이나 되었으며, 무왕(武王)이 상나라를 치니 기약하지 않고 모인 자가 800나라나 되었다. 주 무왕이 이미 상나라를 쳐서 이기고는 기자(箕子)를 조선(朝鮮)에 봉하였다.

조선은 동해 가에 있어서 국토가 많고, 사물의 번성함이나 칭송할 만한 것이 또한 한둘이 아니었다. 석가모니는 말한 바가 많아 만 축(萬軸)에 이르는데 어찌 중국의 일에는 한마디도 언급한 것이 없고, 유독 동해 가운데에 있는 금강산의 이수(里數)와 담무갈의 수는 이렇게 자세하게 말하였단 말인가.

그 밖에 과거와 미래, 천당과 지옥의 설도 역시 다 매우 자세하게 설명하여 남기었는

4) 인도의 이수(里數)의 단위. 대유순(大由旬)은 80리, 중유순은 40리, 소유순은 40리.
5) 부처의 열 가지 칭호 중 하나로서, 평등한 정리(正理)를 깨달았다는 뜻이다.

가. 그러나 현재에 대한 이야기는 전연 생략하였다. 어째서 그는 사람들이 알지 못하는 것은 자세히 말하고, 사람들이 다 함께 아는 것은 언급하지 않았는가. 대체로 다 가설(假說)로 이야기하여서 사람으로 하여금 두려워하고 사모할 줄 알게 하여 선(善)을 향한 생각을 자라나게 하려는 것이다.

그렇다면 풍악을 일컬어 금강산이라고 하는 것은 가설 중의 가설인 것이다. 지금 상인(上人, 중의 존칭)이 가는 것은 그 풍악의 기이하고 뛰어난 경치를 사랑함인가, 그 금강이라는 가설을 사모함인가.

거짓된 설이 한번 나오니 온 세상 사람들이 그치지 않고 분주히 달려가기에 내가 변박(辨駁)하려 한 것이 오래다. 이제 상인이 시(詩)를 청하는 것을 인연삼아 이미 그 옛일을 생각하고, 산을 사랑하는 뜻을 제영(題詠)하고, 이어서 이 설을 쓴 것이니 상인은 참작할지어다. 만약, '모든 상(相)은 상(相)이 아니며, 진(眞)도 가(假)도 다 공(空)이다'라고 말한다면, 내가 감히 변론할 바가 아니다" 하였다.

이곡(李穀)의 시에, "하늘을 찌르는 구름빛이 신령한 광채를 놓으니, 천자가 해마다 향(香)을 내리네. 한번 바라보고 싶어하던 평생의 마음을 이미 마쳤으니, 반드시 깊은 곳에서 승상(繩床)에 앉아야 할 것은 없다" 하였다.

권근이 명나라 황제에게 바친 응제시(應製詩)에, "높고 높은 천만 봉이 눈처럼 희게 섰으니, 바다구름이 옥부용(玉芙蓉)을 열어 내놓았네. 신령한 빛이 출렁거리니 창해가 가깝고, 맑은 기운이 굼실굼실 조화(造化)가 모임이로다. 우뚝 높이 솟은 언덕과 봉우리는 조도(鳥道)에 임하고, 맑고도 그윽한 동학(洞壑)은 신선의 자취를 숨기었네. 동쪽으로 노닐어 문득 그 높은 정상에 올라, 홍몽(鴻濛)[6]을 굽어보며 한번 시원히 가슴을 씻어볼꼬" 하였다.

고려 전치유(田致儒)의 시에, "풀과 나무 조금 나서 벗겨진 머리의 터럭 같고, 연기와 놀이 반(半)만 걸혔으니 어깨 드러낸 가사(袈裟)와 같구나. 우뚝 높은 봉우리 뼈뿐이어서 홀로 외롭고 깨끗하다니, 응당 육산(肉山)들의 살찌고 크기만한 것을 웃으리라" 하였다.

안축(安軸)의 시에, "뼈만 솟은 봉우리들 창칼처럼 번쩍이고 재(齋)를 마친 중들 우두커니 앉았네. 어찌하여 산 아래 생민(生民, 백성)들은 귀인 행차 바라보며 이마를 찡그리는가" 하였다.

---

6) 천지가 아직 나누어지지 않은 상태. 즉 광대하고 뚜렷하지 않은 상태를 말한다.

• 단발령(斷髮嶺)

천마산(天磨山)에 있다. 부(府)와의 거리는 154리이다. 세상에서 말하기를, "속인이 이 재(嶺)에 올라 금강산을 본 자는 머리를 깎고 중이 되고자 한다" 하였다. 그런 까닭에 단발령이라고 이름한 것이다.

• 배점(拜岾)

금강산의 서쪽에 있다. 부와의 거리는 164리이다.

이곡의 〈동유기(東遊記)〉에, "지정(至正) 기축년 가을에 장차 금강산을 유람하려고 천마령을 넘어서 산 아래의 장양현에서 자고, 아침 일찍이 잠자리 위에서 식사를 한 뒤에 산에 오르니, 구름과 안개가 덮여 어두컴컴하다. 사람들이 말하기를 '풍악을 유람하는 이가 구름과 안개 때문에 보지 못하고 돌아가는 일이 허다하다' 하니, 같이 유람하려 하는 자들이 다 근심하는 빛으로 묵묵히 기도하고 있었다. 산에서 떨어지기 5리쯤 되는 곳에 이르니, 그늘진 구름이 차츰 엷어지면서 햇빛이 새 나오더니, 배점에 올랐을 때에는 하늘이 밝고 기운이 맑아서 산이 밝기가 다듬은 것 같았다. 이른바 일만이천봉을 낱낱이 셀 수 있을 것 같았다.

이 산에 들어오는 모든 사람은 반드시 이 고개를 경유한다. 고개에 오르면 산을 보게 되고, 산을 보면 자신도 깨닫지 못하는 사이에 이마를 조아리게 된다고 한다. 그런 까닭에 배점(拜岾, 절하는 고개)이라고 한다. 예전에는 집이 없고 돌을 포개어 대(臺)를 만들어서 휴식하는 데에 대비하였는데, 지정 정해년에 지금의 자정원사(資正院使) 강공(姜公) 금강이 천자의 명령을 받들고 와서 큰 종을 주조하여 고개 위에 종각을 짓고 걸어놓고 그 곁에 상전을 지어주고 종 치는 일을 주관하게 하였다. 우뚝 솟아 아름답게 채색한 집의 광채가 설산에 방사(放射)하니, 또한 산문(山門)의 한 장관이었다" 하였다.

• 금강대(金剛臺)

표훈사 북쪽에 있다. 석벽이 천길이나 되어서 사람이 오를 수가 없다. 두 마리의 검은 새가 있어서 그 위에 집을 짓고 있다. 그곳에 사는 중이 그것을 가리켜 현학(玄鶴)이라고 하였다.

• 만폭동(萬瀑洞)

금강산 가운데에 있다. 백 곳에서 흘러 나오는 샘물이 골짜기 속으로 쏟아지니, 그 형상이 한 가지가 아니다. 그런 까닭에 만폭동(萬瀑洞)이라고 이름한다. 골짜기 어귀에 봉우리가 있으니 오인봉(五人峰)이라고 한다. 사람이 말하기를, '푸른 학(靑鶴)이 그 모퉁이에 살고 있다' 한다. 깊고 큰 물이 하나 있으니 관음담(觀音潭)이라고 한다. 관음담 가의 돌벼랑은 푸른 이끼로 발이 미끄러워서 사람들은 다 칡덩굴을 잡아야만 지나갈 수 있으므로 그 이름을 수건애(手巾崖)라고 한다. 돌 중심에 방아 절구같이 움푹 파인 데가 있다. 세상에서 전하는 말에, '관음보살이 손수건을 씻은 못이라' 한다.

보덕굴(普德窟) 앞에 이르면 나는 여울(飛湍)이 돌에 얽혀와서 벼랑의 허공에 부딪치니, 나는 물방울은 눈처럼 흰 것이 급격하게 내뿜어서 맑은 날의 낮도 어두워지려 한다. 돌바닥은 물이 깊어서 푸른 쪽(藍)빛과 같다. 또 두어 걸음 가면 성난 폭포가 깎아지른 듯한 언덕을 날아 내려온다. 작은 것은 구슬을 뿜고, 큰 것은 눈(雪)을 흩날려 섞여내리는 것이 이루 다 셀 수 없는데, 주연(珠淵, 구슬 못)이라고 한다. 또 돌이 하나 있으니 형상은 거북이 못 가운데에 엎드린 것 같아, 구담(龜潭)이라고 한다. 또 한 못이 있는데, 깊이를 헤아릴 수 없으니, 화룡담(火龍潭)이라 하고, 그 위에는 봉우리가 있는데 사자암(獅子巖)이라고 한다.

• 수점(水岾)

금강산의 동쪽에 있다. 세상에서 이르기를 "사람이 소리내어 부르면 반드시 흐리고 비가 오는 까닭에 수점(물 고개)이라고 이름한 것이라" 한다. 동부(洞府)가 깊숙하다. 돌아가는 길은 점점 평탄하여져서 바위는 적고 흙이 많다. 수십 리를 가면 유점사에 도착한다.

• 망고봉(望高峰)

즉 금강산의 동쪽 봉우리다. 송라암(松蘿庵)으로부터 막혀 있는 벼랑을 지나가려면 벼랑이 돌난간과 같다. 쇠줄을 수직으로 드리우고 사람들은 그것을 붙잡고 올라간다. 세상에서 말하기를, "만약 떠들썩하게 지껄이면 갠 날에도 반드시 비가 온다" 한다.

성임(成任)의 시(詩)에, "바위를 사이에 두고 사람의 말소리가 산골에 요란하더니, 구름과 비가 잠깐 사이에 지척이 아득하구나. 아래로 두어 봉우리를 내려오자 하늘이 이미 개었으니, 어두워지고 밝아지는 것을 누가 다시 그 변화를 추측할 수 있으랴" 하였다.

• 만경봉(萬景峰)

즉 금강산의 서쪽 봉우리다. 또 백운대(白雲臺)·국망점(國望岾)이 있으니 다 금강산의 큰 봉우리이다.

• 비로봉(毘盧峰)

즉 금강산의 주봉(主峰)이다. 바위에 무늬가 있으니 오랫동안 산 기운과 안개가 아롱지게 섞이고 어리어 눈(雪)빛과 같다. 산 이름을 개골(皆骨)이라고 하는 것은 이 때문이다.

• 명담(鳴潭)

금강산에 있다. 세상에서 말하기를, "이무기(蛟)가 때때로 나와서 생물을 해친다" 한다.

불우(佛宇)

• 보현암(普賢菴)

금강산에 있다.

• 도산사(都山寺)

금강산에 있다.

이곡의 기(記)에, "우리나라의 산수가 천하에 이름이 높다. 그리고 금강산의 기절(奇絶)함은 또 그 중의 으뜸이 된다. 또 불경에 담무갈보살이 이 산에 머물렀다는 설이 있다고 하여, 세상에서는 드디어 인간 정토라고 일컫는다. 향(香)과 폐백을 내리는 천자의 사자가 길에 잇달았으며, 사방에서 사녀(士女)들이 천리를 멀다 하지 않고, 소와 말에 싣고 등으로 지고 머리로 이고 와서 부처와 중을 공양하는 자가 발을 서로 이었다. 산의 서북쪽에 재가 있어서 가로질러 끊어져 험하고 높아서 하늘에 올라가는 듯하다. 사람이 여기에 이르면 반드시 방황하며 쉰다. 땅이 이미 궁벽하여 사는 백성이 아주 적다. 혹 풍우를 만나면 노숙하는 데서 병들게 된다.

지원(至元) 기묘년에 쌍성총관(雙城摠管) 조후(趙侯)가 산의 중 계청(戒淸)과 의논하여 그 요충인 임도현(臨道縣)에 땅 수 경(數頃)을 사서 불사(佛寺)를 창건하고, 임금의 수(壽)를 비는 도량(道場)으로 하였다. 봄가을에 곡식을 배로 실어다가, 그곳에 출입하는 자에게 밥을 제공하고, 그 나머지를 산중의 여러 절에 나누어주어서 겨울과 여름의 식량에 충당하게 하여 해마다 준례로 삼았다. 그런 까닭에 도산(都山)이라고 이름을 붙인 것이다.

　후(侯)가 이 절을 처음 지을 때에 그 지경 안에 있는 중의 무리에게 명령하기를, '중이 되는 것을 나는 알고 있다. 위로 사은(四恩)[7]에 보답하고, 아래로 삼도(三塗)[8]를 구제하려고 하지 않았는가. 주리면 먹고 목마르면 마시며, 학문을 끊고 하는 일 없이(絶學無爲) 마음만 닦는 것이 상(上)이요, 부지런히 강설(講說)하고 열심히 교화하여 유도하는 자는 그 다음이요, 머리를 깎고는 집에서 살면서 부역을 도피하여 식산(殖産)을 영위하면 이것은 하등(下等)이다. 중으로서 하등이 되면 다만 부처의 죄인일 뿐 아니라 또한 국가의 노는 백성인 것이다. 네 이미 관에 부역하지 않고, 나의 일을 돕지도 않는 자는 처벌할 것이다' 하였다. 이에 여러 중들은 한쪽으로 부끄러워하고 한쪽으로 기뻐하면서 다투어 와서 기술과 사무를 맡았다. 도끼질하는 자는 도끼질하고, 톱질할 줄 아는 자는 톱질을 하며 나무를 자르고, 흙을 바르고 하였다. 후가 자기 집의 곡식을 실어다가 그들을 먹이며, 자기 집의 기와를 벗겨다가 덮었다. 백성의 힘을 빌리지 않고, 며칠이 못 되어서 완성하였다.

　공사를 이미 마치고는 사람을 보내어 그 일의 기(記)를 청하여왔기에, '나는 비록 조후를 알지는 못하나 그가 어질다는 것을 들은 지는 오래되었다. 대개 일을 하는 데는 마땅히 남에게 이롭고 편의하게 해야 할 것이다. 자기 자신을 위하여 복을 구하는 것은 하등이다. 저 임도현은 온 산의 요해(要害)이다. 그런 까닭에 이 절을 지어서 출입하는 자를 편리하게 하였다. 쌍성도 또한 한쪽의 요해지이다. 이런 마음으로 그 정사를 돌본다면 반드시 백성을 편리하게 하는 점이 많을 것이다.

　요사이 동남쪽 변방의 백성들이 그 경내에 흘러 들어가는 자가 있었는데, 후가 즉시 까닭을 지적하여 따지어 꾸짖고 거절하여 받지 않으면서 말하기를, 너희들은 항산(恒産)이 없으므로 인하여 항심(恒心)이 없는 것이다. 그런 까닭에 유리하여 떠돌아다니는 것이다. 사람이 항심이 없으면 어디를 간들 용납될 수 있겠느냐 하였다. 나는 여기에서 더욱 조후의 사람됨을 알게 되었으니, 감히 기(記)를 안 쓸 수 있겠는가' 하였다" 한다.

• 보덕굴(普德窟)

　만폭동 안에 있다. 관음각이 있다. 절벽을 파서 판자를 걸치고, 구리기둥을 밖에 세워서 작은 방 3칸을 그 위에 짓고, 쇠사슬로 묶어서 바윗돌에 못박아놓았는데, 공중에 떠 있어서 사람이 올라가면 흔들린다. 그 안에 부처를 모신 함을 안치하고 구슬과 옥으로 장식하였으며, 곁에 철망을 둘러서 손으로 만지지 못하게 하였다. 세상에서 전하는 말에,

---

7) 네 가지 은혜, 즉 부모·국왕·중생·삼보(三寶)의 은혜를 말한다.
8) 악인이 죽어서 간다는 세 괴로운 세계. 곧 지옥도(地獄道), 축생도(畜生道), 아귀도(餓鬼道).

"고려 안원왕 때 중 보덕(普德)이 창건하였다" 한다.

이제현(李齊賢)의 시에, "음산한 바람은 바위 굽이에서 나오고, 냇물은 깊어 더욱 푸르구나. 지팡이에 의지하여 층암의 꼭대기를 바라보니, 나는 듯한 처마가 구름과 나무 위에 얹혔구나" 하였다.

• 마하연(摩訶衍)

만폭동의 가장 깊은 곳에 있다.

이제현의 시에, "산중에 해는 중천에 떠 있건만 풀 끝의 이슬은 짚신을 적신다. 중들이 떠난 낡은 절엔 흰 구름만 뜰에 가득하구나" 하였다.

• 불지암(佛地菴)

만폭동에 있다.

성임의 시에, "손님이 와서 숙박하건만, 나와서 맞이하는 사람 없다. 산은 최상의 땅을 둘렀고 중은 대승(大乘)의 경을 외운다. 산골의 시냇물이 어느 때엔들 마르랴. 등불은 밤새도록 밝구나. 티끌 세상 속의 물거품 같은 꿈이 이 가운데에 향하니 깨는구나" 하였다.

• 송라암(松蘿庵)

만폭동에 있다. 두 암자가 마주보고 있으니 큰 송라암, 작은 송라암이라고 한다. 암자 아래에 옛 성(古城)이 있다. 사람들이 말하기를, "장양의 수령이 난을 피하여 여기로 들어갔다" 하고, 어떤 이는, "그 수령이 반란을 꾀하여 여기에 의거하였다" 한다. 어느 것이 옳은지 알 수 없다. 암자 동쪽에 큰 골짜기가 있으니, 백 갈래의 나는 샘(飛泉)이 쏟아져 내려와서 가지처럼 나뉘고 팔다리처럼 갈라진다. 아득히 멀어서 흰 무지개같이 보인다. 봉우리들은 높고 험하여 바윗돌들이 우뚝우뚝 솟았으니, 우뚝한 것은 칼과 같고 예리하기는 송곳 같다. 솟아오른 것은 손(手)과 같고, 나란히 된 것은 이(齒)와 같다. 굽은 것은 팔꿈치 같고 가로놓은 것은 팔과 같은데, 푸르름이 어지럽게 퍼져서 사이사이 나타나고 첩첩이 드러난다.

성임의 시에, "큰 송라암이 작은 송라암과 마주보며, 동쪽 우물 서쪽 대(臺)가 이렇게 좋은 곳은 세상에 많지 않다. 두 사람 선승(禪僧)이 서로 마주앉아서, 산빛의 푸르름이 가사에 떨어지는 것을 알지 못하네" 하였다.

• 장안사(長安寺)

표훈사 아래쪽에 있다. 법당과 불전과 불상은 다 중국의 기술자가 제작하였다.

이곡의 비문에, "착하신 천자가 즉위(龍飛)한 지 7년에 황후 기씨(奇氏)는 원비(元妃)로서 황자를 낳았다. 이미 황후가 되어 흥성지궁(興聖之宮)에 거처하게 되자 내시를 돌아보고 말하기를, '내가 전생의 인연으로 황제의 은혜를 입음이 이에 이르렀다. 이제 황제와 태자를 위하여 긴 명(永命)을 하늘에 빌고자 한다. 부처의 힘에 의탁하지 않으면 그 어찌 하리오' 하고, 무릇 복리(福利) 된다고 이르는 것은 거행하지 않는 것이 없었다.

그 즈음에 금강산 장안사가 가장 뛰어나게 좋다 함을 듣고, '복을 빌어 위에 보답하는 데는 이만한 곳이 없겠다' 하고 지정(至正) 3년에 내탕(內帑)의 저폐(楮幣) 천 정(錠)을 내주어 절을 중흥하는 자금으로 쓰게 하여, 영구히 중의 공양에 사용하게 하였다. 다음해에 또 이와 같이 하고, 또 다음해에도 같이 하였다. 그 무리 500명을 모아서 옷과 발우를 주고, 법회를 열어 낙성식을 올리게 하였다. 이에 궁관(宮官) 자정원사(資政院使) 신(臣) 용봉(龍鳳)에게 명령하여 전말을 돌에 새기게 하여 장래에 전하라 하며 드디어 신 곡(穀)에게 명령하여 비문을 짓게 하였다.

삼가 상고하건대, 금강산은 고려의 동쪽에 있어서 서울과의 거리는 500리이다. 이 산의 뛰어남은 홀로 천하에 이름이 있을 뿐만 아니라, 실로 불경에 실려 있다. 그 《화엄경》에 말하기를 '동북방의 바다 가운데에 금강산이 있으니, 담무갈보살이 일만이천의 보살들과 더불어 항상 반야심경을 설법하는 곳이다' 하였다. 옛날에는 우리나라 사람들이 아직 이것을 알지 못하고 신선의 산이라고 지칭하였다. 이에 신라 때부터 탑과 절을 증축하고 장식하게 되어 이제는 사찰이 언덕과 골짜기에 가득하다.

장안사가 그 기슭에 있어서 온 산의 도회처(都會處)가 된다. 대체로 신라 법흥왕 때 처음으로 세웠으며, 고려 성왕 때 중흥한 것이다. 아, 법흥왕으로부터 400여 년에 성왕이 능히 중수하였는데, 성왕으로부터 이제에 이르는 것이 또한 장차 400년이 되려 한다. 그런데 아직 능히 일으켜 중수하는 자가 없었다.

비구 굉변(宏卞)이 그 퇴폐한 것을 보고 그의 동지들과 더불어 이른바 담무갈보살에게 맹세하기를, '이 절을 새롭게 하지 못한다면, 이 산을 두고 맹세할 것입니다' 하고, 즉시 그 일을 나누어 맡아서, 널리 여러 사람을 모집하며, 산에 가서 재목을 채취하며, 사람들에게서 식량을 모으고, 임금을 주고 인부를 고용하여 돌을 다듬고 기와를 구워서 먼저 불전을 새롭게 하였으며, 빈관(賓館)과 승방도 차례로 대강 완성하였다. 비용이 오히려 부족하므로 또 탄식하여 말하기를, '석가세존께서 기원(祇園)⁹을 만드실 때에는 급고독

---

9) 기수급고독원(祇樹給孤獨園)의 준말. 기원정사(祇園精舍)가 있던 곳으로 석가모니가
   설법하던 곳이다.

장자(給孤獨長者)가 금을 땅에 폈으니, 지금이라고 어찌 그러할 사람이 없겠는가, 다만 만나지 못함이다' 하고 드디어 서쪽으로 중국의 서울에 유세를 떠났다. 일이 중국의 중궁에 알려지고, 또 고자정(高資政)이 주장하며 힘을 썼다. 그런 까닭에, 그 성취가 이와 같이 된 것이다.

그윽히 생각하건대, 불교가 때를 따라 융성하기도 하고 쇠미하기도 하였다. 예전에 우리 세조황제가 이것을 숭상하고 신앙하였으며, 역대의 황제도 서로 이어 받들어 빛나고 크게 하였다. 지금 황제께서 선왕의 뜻과 일을 계승하여 더욱 유의하시었다. 대체로 성인이 살리기 좋아하는 덕(德)과 살생하지 말라는 부처의 가르침은 동일한 인애(仁愛)이며, 동일한 자비인 것이니, 중궁이 보고 느낀 데에는 까닭이 있다. 또 옛날 덕을 천하에 베푼 자는 오제(五帝)와 삼왕(三王) 같은 이가 없고, 가르침을 후세에 드리운 자는 공자만한 이가 없으나, 지금에서 본다면, 오제 삼왕으로서 사당(廟)에서 향사를 받는 이는 거의 드물고, 공자는 비록 사당이 있다고 하나 예제(禮制)에 제한되어 제물을 바치는 것에 다 일정한 수량이 있고, 그 무리가 먹는 것이 겨우 충당될 뿐이다.

오직 부처님만은 그를 위한 궁전이 오랑캐의 나라에서나, 중국에서나 바둑돌처럼 퍼져 있고, 별처럼 벌여 있어서 불전과 섬돌의 장엄함과 단청의 장식이 왕자의 거처에 비교할 만하며, 향화(香火)와 옷과 음식 봉공(奉供)은 봉읍(封邑)에서 들어오는 것과 비교할 만하다. 이것은 그가 사람을 감동하게 함이 실로 깊고도 넓기 때문이니, 이 절이 흥왕하는 것은 당연하다.

칸수로 계산하면 120칸이 넘는다. 불전 · 경장(經藏) · 종루와 삼문(三門) · 승료(僧寮) · 객실과 주방과 욕실의 작은 부분에 이르기까지 다 그 구조의 아름다움을 더할 수 없게 하였다. 불상을 세우는데 비로자나(毘盧遮那)가 있고, 좌우에 노사나(盧舍那)요 석가모니 불상은 높게 가운데에 자리잡았다. 일만오천의 부처가 두루 둘러 옹위하여 정전(正殿)에 있고, 관음대사 · 천수(千手) · 천안(千眼)과 문수 · 보현 · 미륵 · 지장 등은 선실(禪室)에 있다. 아미타 · 53불 · 법기보살은 노사나를 옹위하여 해장궁(海藏宮)에 있는데 모두 지극히 장엄하게 꾸몄다. 장경은 모두 4부이니, 그 중 한 가지 은으로 쓴 것은 곧 황후가 하사한 것이다. 《화엄경》 3책과 《법화경(法華經)》 8권은 다 금자(金字)로 썼으며, 또한 지극히 아름답게 꾸몄다.

예부터 소유하고 있는 토지 같은 것에 있어서는 국법에 의거하여 결(結)로써 계산하면 1050결이나 된다. 함열(咸悅) · 인의현(仁義縣)에 있는 것이 각각 200결, 부령(扶寧) · 행주(幸州) · 백주(白州)에 각각 150결, 평주(平州) · 안산(安山)에 각각 100결씩 있으니, 즉 성왕이 희사한 것이다. 염분(鹽盆)은 통주(通州) 임도현(林道縣)에 있는 것이 1개소, 경저(京邸)에 있는 것으로는 개성부에 있는 것이 1구(區), 시장의 점포로서 남에게 세준 것이 30칸이다. 돈과 곡식과 집기의 수량은 모두 맡은 자가 있기 때문에 여기에는 쓰지 않는다.

태정(泰定) 연간으로부터 이 절을 중흥한 시주는 중정사(中政使) 이홀독첩목아(李忽篤帖木兒) 등 제씨인데 그 성명을 비음(碑陰)에 열기하였다. 명(銘)에 이르기를, '산이 뼈를 드러내니 뾰족하고 날카로우며, 높이 우뚝 솟아 이름이 금강이라네. 불경에 나타나는 바이며, 보살이 머물던 곳, 청량산(淸凉山)의 다음이라네. 연기와 구름을 불어 뿜으니 천지의 기운이 서리고 화합하여 신령한 광채를 내네. 새와 짐승은 길이 들고, 벌레와 뱀도 어질고, 풀과 나무도 향기나네. 승려의 높은 암자 공중에 가로질러 바위에 걸치어서 멀리 서로 바라보이네. 장안정사(長安精舍)는 산 아래에 있는 큰 도량이네. 일찍이 신라 때 창건하여서 여러 번 이루고 무너짐을 거듭하였음이여, 때는 한결같지 않았네. 하늘이 성신(聖神)을 내시니 세조의 손자 만방에 군림하셨네. 덕(德)은 살리기를 좋아하는 데에 흡족하여 모든 영성(靈性)을 품은 자를 포근히 적셔주는 부처를 사모하시네. 아, 현명하신 황후는 땅의 두터움만을 본받으시어 건(乾, 황제)의 덕을 받으시네. 불교에 귀의하여서 묘한 복을 취하여 우리의 황제를 봉축하네. 오직 이 복된 땅은 신선과 부처가 깊숙이 숨겨오던 곳, 어지러이 상서(祥瑞)를 낳았다네. 천자께 경사 있음이여, 하늘이 그 명(命)을 거듭하니 수(壽)하심이 가이 없겠네. 황태자가 탄생함이여, 길이 큰 기초를 굳혀 하늘과 더불어 장구하겠네' 하였으며 황후가 내신(內臣)에게 이르기를 '저 법신(法身)이 그 교화가 드러나셨다. 이미 그 궁전을 새롭게 하였으니 마땅히 그 공을 기록하여 잊지 않게 하라' 하셨네. 저 산 언덕 위에 높다랗게 비석이 있어 명문(銘文)을 새기었네" 하였다.

이곡의 시에, "새벽 안개 규보(跬步, 半步) 앞을 알아볼 수 없더니, 해가 높이 올라 맑고 밝으니 용과 하늘에 감사하네. 구름이 이어진 산은 서·남·북에 멀리 둘렀고, 눈처럼 희게 선 봉우리는 뾰족한 것이 일만이천이라네. 한번 보니 문득 참 면목을 알겠구나. 다생(多生)에서 아마 좋은 인연을 맺었으리. 밤에 다시 연대(蓮臺)에 자노라니, 냇물과 솔 바람 모두가 선(禪)을 말하네" 하였다.

• 표훈사(表訓寺)
만폭동 어귀에 있다. 세상에서 말하기를, "신라의 중 능인(能仁)·신림(神林)·표훈

(表訓) 등이 이 절을 처음 지었다" 한다. 옛 비(碑)에 원나라 황제가 태황태후(太皇太后)와 더불어 돈과 명주를 시주하였다는 글이 있다. 절 문의 오른쪽 돌에 원나라 사람 양재(梁載)가 찬술한 〈상주분량기(常住分粮記)〉가 새겨져 있다. 고려의 시중(侍中) 권한공(權漢功)이 쓴 글씨이다.

성임의 시에, "일천 바위 일만 구렁에 연기와 안개가 많으니, 한 갈피 굽이 꺾여 이름난 가람(伽藍)을 감추었구나. 높고 낮은 전당들은 소나무와 삼나무에 숨었는데, 구름 사이에 한 가닥 길이 시내의 남쪽으로 뚫렸네. 종래부터 나의 천성은 기이한 경치를 즐겨 보는데, 하물며 이제 내 몸엔 관복(官服)이 없네. 전단(栴檀)나무 수풀 아래에 가는 말을 멈추고, 기이한 경치를 하나하나 마음대로 찾노라. 밤은 깊고 등잔불 그림자는 선실에 비치는데, 죽창(竹窓)에서 끝없이 이어지는 중의 이야기를 듣네. 쇄연(洒然)히 나의 헛된 꿈에 취한 것을 깨워주고, 석연(釋然)하게 나의 평생의 부끄러움을 물리쳐주네. 지극한 맛은 본래 평범하지 않음을 귀하게 여기는 것이니, 시세(時世)를 따라 쓰고 단 것을 다투지 않는다네. 티끌 그물이 사람을 움켜잡아 움직일 때마다 붙은 것처럼 되었는데, 머리 가에 서리와 눈만이 공연히 더하였구나. 명산(名山)에 만약 와서 참배하지 않으면, 어느 곳에서 마음속의 불꽃을 풀 수 있었으랴. 천천히 거닐면서 두번 세번 깊이 탄식하노라니, 산새가 나를 도와 지저귀네" 하였다.

• 정양사(正陽寺)

표훈사 북쪽에 있다. 즉 이 산의 정맥(正脈)이다. 그런 까닭에 정양사라고 이름한 것이다. 지대가 높고 트여서 산의 안팎 여러 봉우리들이 하나하나 다 보인다. 세상에서 말하기를, "고려 태조가 이 산에 오르니 담무갈이 돌 위에 몸을 나타내어 광채를 방사하였다. 태조가 신료들을 거느리고 정례한 뒤에 이어 이 절을 창설하였다" 한다. 그런 까닭에 절 뒤의 언덕을 방광대(放光臺)라고 하고, 앞의 고개를 배점이라고 한다. 또 진헐대(眞歇臺)가 있다.

성임의 시에, "정양사는 지대가 트였고, 진헐대에는 가을이 개었구나. 구름과 산이 모두 눈앞에 있으니, 티끌 세상이 어찌 마음에 관계됨이 있으랴. 해가 비치니 병풍이 천 겹이로다. 공중에 벌여 선 것은 옥(玉)이 몇 무더기인가, 보기를 탐내어 갈 길을 잊고 지팡이에 의지하여 다시 배회하노라" 하였다.

고성군(高城郡)*

산천(山川)

• 삼일포(三日浦)

안축의 기문에, "삼일포가 고성 북쪽 7~8리에 있는데 밖으로는 중첩한 봉우리들이 둘러쌌으며 그 안에 36봉이 있다. 동학(洞壑)이 맑고 그윽하며 소나무와 돌이 기이하고 옛되다. 물 가운데 작은 섬이 있고, 푸른 돌이 평평하니 옛날 네 신선이 여기서 놀며 3일 간이나 돌아가지 않았다고 하여 이렇게 이름한 것이다. 물 남쪽에 또 작은 봉우리가 있고, 봉우리 위에 돌 감실(龕)이 있으며, 봉우리의 북쪽 벼랑 벽에 단서(丹書) 여섯 자가 있으니, '永郎徒南石行(영랑도남석행)'이라 하였다. 작은 섬에 옛날에는 정자가 없었는데 존무사(存撫使) 박공(朴公)이 그 위에 지으니 곧 사선정(四仙亭)이다" 하였다.

이달충(李達衷)의 시에, "모래길 길고 길어 멀리 영주(瀛洲)에 닿았고 구름산이 막막한데 가까이 병풍을 펼쳤네. 사선정 옆에 신선 글씨를 찾아보고, 삼일포 머리에서 해오라기 노는 물가로 내려가네" 하였다.

정추(鄭樞)의 시에, "한 호수의 좋은 경치 하늘이 만든 것이, 서른여섯 봉우리 가을에 다시 맑구나. 중류에서 배 띄워 가지 않으면, 남석(南石)의 분명한 글자 볼 수 있으리. 정자 앞에 비가 지나니 우는 모래(鳴沙) 메아리치고, 포구에 가을이 깊으니 낙엽 소리 들리네. 안상(安詳, 신선의 이름)의 그날 일 자세히 물으니, 신선이 역시 풍정(風情)이 많았네" 하였다.

채련(蔡璉)의 시에, "사선정 아래 물도 넓은데, 한 조각 작은 배가 늦은 바람을 희롱하네. 서른여섯 봉우리 여인의 머리쪽인 양 아름답기도 하니, 반드시 미인을 배에 실어야 풍류냐" 하였다.

이곡의 시에, "좋은 경치는 어이 집대성(集大成)이어야 하나, 이 호수는 저 백이(伯夷)의 맑음 같구나. 물은 하늘을 적시니 마음마저 맑게 하여 푸르고, 산은 가을 공중에 기대었으니 괄목할 만큼 밝구나. 구름 사이에서 붉은 절(節)의 그림자 보이는 듯, 때로 달 아래서 옥통소 소리 들린다네. 저 단서 깎였다가 도로 전과 같으니, 신선 자취 대해서 세상 물정 말하는 것이 부끄럽네" 하였다.

안축의 시에, "선경(仙境)이 동중(洞中)에 감추었는데, 유리 같은 물 출렁이네. 단란한 작은 봉래(蓬萊) 섬들, 물 위에 솟아 부용화 같구나. 높은 정자는 새가 날아갈 듯, 단

---

*《신증 동국여지승람》 권45;《신증 동국여지승람》 Ⅴ,민족문화추진회, 1970.

청은 영롱하기만 하구나. 난간에 의지하여 사면으로 눈을 돌리니, 서른여섯 기이한 봉우리일세. 돌부처 돌감실에 있는데, 먼 옛날부터 푸른 이끼 봉해 있네. 신선이 황학을 타고 다니는데, 산과 물 천만 겹이네. 동강난 비석은 모래톱에 묻혔고, 단서는 붓 자취 남겨 있네. 배를 타고서 맑은 풍채만 사모하나 그 모습은 만날 길이 없네. 곱디고운 물 속의 달이요, 낙락(落落)한 돌 위의 소나무이네. 슬프구나, 나의 몸 이제 늙어, 눈에 가득 수심 구름만 짙구나. 정자 위에 기이한 풍경 그림 같아서, 황홀히 속객이 삼청(三淸, 신선 있는 곳)에 들어간 것 같구나. 쌍쌍이 나는 흰 새는 연기에 섞여 고요하고, 육육(서른여섯)의 기이한 봉우리는 물에 비쳐 밝으네.

너도나도 비석의 전자 글씨 알기는 힘든데, 궁상(宮尙)의 옛 음률은 뱃노래로 변하였네. 돌 벽에 단서만이 남아 있으니, 선랑(仙郎)의 만고정(萬古情)이야 누가 있어 알겠나" 하였다.

김구용(金九容)의 시에, "물 가운데 정자는 고요하매 세상 생각 엷어지니, 구름 사이에서 신선 부를 듯. 다행히도 사군(使君, 원님)의 마음이 저 달 같으니, 난간을 의지하여 종일토록 돌아갈 줄 모르네. 서른여섯 봉에 가을비 개니, 한 구역의 선경이 맑기도 하구나. 날이 기운다고 쉽사리 배 돌리지 말 것이, 단풍나무 언덕, 소나무 물가에서 달 밝기를 기다리자꾸나" 하였다.

한상경(韓尙敬)의 시에, "한 구역의 좋은 경치 그림으로도 그리기 어려운 것이, 점점이 기이한 봉우리가 물에 비쳐 맑구나. 여섯 글자의 단서는 부서져 떨어졌지만, 네 신선의 놀던 자취는 지금도 분명하네. 화려한 정자에는 풍악 치는 모임이 상상되고, 절간에서는 아직도 범패(梵唄) 소리 들리누나. 더구나 신선 고장에서 모골(毛骨)이 상쾌하니, 세간의 무슨 일을 다시 마음에 두리" 하였다.

홍귀달(洪貴達)의 시에, "옛날에 삼일포 좋단 말 들었는데, 지금 사선정에 올라왔네. 물은 흰 은소반을 치고, 산은 푸른 옥병풍을 둘렀네. 하늘이 비었으니 채색 구름 일어나고, 돌이 늙었으니 가을빛 맑구나. 신선은 간 지 벌써 오랜데, 옛 정자엔 지금 기둥도 없구나. 그 당시 유희하던 곳, 구름 밖에서 풍악 소리요, 천년 지난 지금 우리들에게도 여섯 글자는 보기에 분명하네. 바람은 영랑호(永郎湖)에 불고, 달은 안상정(安詳汀)에 떴네. 외로운 술항아리로 배 댄 곳, 여기가 원래 봉래(蓬萊) 영주(瀛洲)라 한다네" 하였다.

● 십이폭포(十二瀑布)
고을 서쪽 65리에 있다. 불정대(佛頂臺)에 올라 멀리 바라보면, 푸른 언덕과 벽이 둘러서서 그림 병풍 같은 곳에, 나는 샘물이 내리쏟아져서 형상이 흰 무지개 같은 것이 무릇 열두 곳이기 때문에 이름한 것이다.

• 남강(南江)

고을 남쪽 3리에 있다. 금강산 수점(水岾)에서 나와, 동쪽으로 흘러서 구룡연(九龍淵)이 된다. 민간에 전해오는 말에, "옛날 아홉 용이 숨어 있는 못을 메우고 유점사를 지으니 용이 여기로 옮아왔기 때문에 그렇게 이름하였다" 한다. 동남쪽으로 흘러서는 주연(舟淵)이 되고, 또 남쪽으로 흘러서 흑연(黑淵)이 되며 돌아서 북쪽으로 흘러 전탄(箭灘)이 되고, 고을 성 남쪽에 이르러서 남강이 된다. 그리고 또 동쪽으로 흘러 고성포(高城浦)가 되고 바다로 들어간다.

불우(佛宇)

• 유점사(楡岾寺)

금강산 동쪽에 있는데 고을과의 거리는 60여 리이다. 절의 대전(大殿)을 능인(能仁, 釋迦)이라 한다.

민지(閔漬)의 기문에, "53불(佛)이 월지국(月氏國)으로부터 무쇠종을 타고 바다에 떠 와서 안창현(安昌縣) 포구에 대었다. 현재(縣宰, 원님) 노춘(盧偆)이 관속을 거느리고 가보니 다만 여러 작은 발자국이 진흙 위에 있는 것이 보이며, 나뭇가지가 모두 산 서쪽으로 쓰러지고 또 종을 달고 쉰 곳이 있었다. 산 아래 와서 부처가 쉰 곳을 게방(憩房)이라 하고, 또 소방(消房)이라 하기도 하는데 곧 지금의 경고(京庫)이며, 문수보살이 비구니의 몸으로 나타나니 그곳이 지금의 문수촌(文殊村)이다. 몇 리를 못 가서 바라보니, 한 여승이 돌에 걸터앉아 있으므로 부처가 있는 곳을 물었는데 지금의 이유암(尼遊岩) 혹은 이대(尼臺)라고 하는 곳이다.

또다시 앞으로 가니 흰 개가 꼬리를 흔들며 앞을 인도하였는데, 지금의 구령(狗嶺)이 그곳이다. 고개를 지나가서는 목이 말라서 땅을 파서 샘물을 얻었는데 지금의 노춘정(盧偆井)이 그 자리이다.

거기서 수백 보를 가니 개는 없어지고 노루가 나왔으며 또 수십 보를 가서는 노루도 보이지 않고 문득 종소리가 들리므로 기뻐서 나갔기 때문에 노루를 본 곳을 장항(獐項)이라 하고, 종소리를 들은 곳을 환희령(歡喜嶺)이라고 한다.

종소리를 듣고는 그 소리를 따라 동문(洞門)으로 들어가니 큰 못이 있고, 못 위에 느릅나무가 있는데 종을 나뭇가지에 걸고 여러 부처들이 못 언덕에 벌려 있으며 이상한 향기가 풍겼다. 춘이 관속들과 함께 나아가서 예하고 돌아와서 왕께 아뢴 다음, 절을 창건하고 모시며 그 이름을 유점사라 하였다" 한다. 지금 민지의 기문을 보면 극히 괴이하고 망령되어서 전하여 믿을 것이 못 되지만, 그 지명들이 모두 있으므로 그대로 여기에 붙여 둔다.

성화(成化) 병술년, 우리 세조왕이 이 절에 거둥하고, 중 학열(學悅)을 명하여 고쳐 지으니 거기서 산중의 거찰이 되었다. 절 앞에 시내를 걸터 다락을 지으니 산영루(山映樓)라 한다. 자석(磁石)이 여기서 많이 난다.

이색(李穡)의 시에, "유점사 안에 유수(楡樹)가 자랐는데 종이 서해에서 떠 오니 하늘이 아득하구나 불상 오십하고 또 세 몸이 바로 나무 아래를 정하여 천당(天堂)을 열었네. 시대와 문적을 상고하여 정말 믿기 어려우니, 일이 궤괴(詭怪)하고 황당하네. 축건(竺乾)[10]의 신통한 변화 이 세상에는 없는 것이, 먼 바다길에도 더구나 배질할 수 있었음에랴.

이 나라 사람들 젖먹이도 범패를 외우는 것이, 늙은이야 누가 서쪽 나라를 찾지 않을 건가. 세 번 이 산에 오르면 삼도(三塗)를 면한다는 이 말이 확실하여 금강과 같다네. 금강으로 파괴되지 않는 것은 내 본성 있는 것이요, 세계가 무너져도 산은 공중을 향하여 감추어지리" 하였다.

성임의 시에, "보배의 땅이 청정(清淨)하기도 한데, 이름난 절은 보통이 아니네. 가을 서리는 옥섬돌에 엉기고, 아침 해는 금차양에 비치누나. 임금님 친히 거둥하시니, 신기한 공 있어 많은 시설 갖췄네. 부엌이 한가하니 중은 차를 끓이고 누대가 높으니 객은 시를 읊누나. 풍경은 아침마다 변하는데, 수풀 멧부리는 가는 곳마다 기이하네. 속세에야 어찌 이것이 좋으랴. 좋은 경치를 깊이 알아야 할 것이라" 하였다.

고적(古蹟)

• 매향비(埋香碑)

삼일포 남쪽에 있다. 원나라 지대(至大) 2년 기유(충선왕 원년)에 강릉도 존무사 김천호(金天皓) 등이 절의 중 지여(志如)와 더불어 향나무를 해변 각 고을에 묻고서, 그 묻은 곳과 가지 수효를 적어서 단서 곁에 세웠다.

---

10) 축(竺)은 서역, 즉 지금의 인도. 따라서 축건(竺乾)은 서역 하늘이란 말로서, 서역 술법의 신이(神異)함이란 뜻이다.

누정(樓亭)

• 사선정(四仙亭)

서쪽으로 무선석(舞仙石)이 있는데, 암석이 기이하고 수려하다. 위에는 조그마한 비가 있는데 바로 삼일포의 단서비(丹書碑) 옆이다.

통천군(通川郡)*

산천(山川)

• 옹천(甕遷)

고을 남쪽 65리에 있다. 돌산이 바다로 들어갔는데 오솔길이 산 중턱을 둘렀으며, 말이 쌍으로 서서 다니지 못한다. 아래에는 바다의 파도가 솟구쳐서 흉용(洶湧)하니 거기에 가보면 몸이 어쩔하고 떨리며 발바닥이 시고 움직이지 않는다. 민간에서들 전해오는 말이, "옛날 왜구(倭寇)가 여기까지 들어왔는데 관군이 쳐서 모두 바다로 빠뜨려(淪) 넣으니 그래서 왜륜천(倭淪遷)이라 하였다" 한다.

안축의 시에, "높은 바위 바다에 임하여 절벽이 되니, 사닥다리 길이 공중에 걸려서 바라보매 아득해지네. 내려다보니 거센 물결 깊이를 알 수 없고, 쳐다보며 올라가니 위태로운 돌층계 미끄러워 발붙일 곳이 없네. 행인은 엉금엉금 두 손으로 기어오르고 여윈 말은 더듬더듬 네 발굽을 쭈그리네. 마부를 꾸짖는 왕공(王公)[11]도 오히려 두려워하고 조심하겠고, 날 줄 아는 한(漢)[12] 장사도 또한 엎어지고 자빠지리. 험한 길 어찌 정형구(井陘口)[13]에 비교할 것이랴, 요해지로는 함곡관(函谷關)[14]과 같은 것이리라. 들으니 도적의 군사떼 일찍이 이곳을 지났다는데, 용감한 장수의 탄환 한 알이 없는 것 괴이하도다" 하였다.

---

*《신증 동국여지승람》 권45;《신증 동국여지승람》 V, 민족문화추진회, 1970.

11) 한나라의 왕양(王陽)이라는 사람. 익주자사(益州刺史)가 되어 사천(四川)으로 가는 길에
　앙래현(仰崍縣) 구절판(九折坂)이라는 험한 길에서, "부모의 유체를 가지고 그까짓
　녹(祿)을 위하여 이런 험한 길을 갈 수 있느냐" 하고 돌아와서 벼슬을 사면하였다 한다.

12) 한나라 문제(文帝) 때 이광(李廣)이라는 사람이 우북평태수(右北平太守)로 흉노족과
　싸우는데 매우 날래고 용감하였으므로 흉노는 그를 비장군(飛將軍)이라고 별명지었다.

13) 태항산에 있는 고개 이름. 산서성(山西省)과 하북성(河北省) 교통의 중요한 길인데
　험하기로 유명한 곳이다.

14) 하남성(河南省)에서 섬서성(陝西省)으로 통하는 요새이다.

- 금란굴(金幱窟)[15]

고을 동쪽 12리에 있다.

안축의 서문에, "통주 남쪽 교외에 꼭대기 벗어진 봉우리가 둥그스럼한 것이 동쪽으로 큰 바다에 임했는데, 그 봉우리의 깎아지른 벼랑에 굴이 있으니 넓이가 7~8척은 되고 깊이 10여 보는 된다. 쳐다보면 양쪽 벽이 나직하게 합하였고, 내려다보면 물 깊이를 알 수 없는데, 굴이 원래 깊고, 물기가 젖어 있기 때문에 언제나 으슥하고 축축하며 바람이 일면 놀란 물결이 흉용하여 갈 수가 없다. 서로들 전해오는 말이, '이 굴은 원래 관음보살의 진신(眞身)이 항상 거처하는 곳이므로 사람이 지성으로 귀의하면 보살이 바윗돌에 나타나고 푸른 새가 날아오니 이래서 신령하게 여긴다' 한다.

내가 작은 배를 타고 굴에 도착했는데, 이날은 다행히도 풍랑이 고요하게 멎었다. 굴 안으로 깊이 들어가서 자세하게 그 형상을 보니 굴 구석에 석벽이 석 자쯤은 높고, 돌 무늬가 누렇고 아롱다롱하여 중들의 이른바 가사의 금란(金幱)과 같고 면목견비(面目肩臂)의 몸체 형상은 없다. 사람들이 이것을 보고서 관음보살의 진신이 돌 아래 나타났다고 하는 것이다. 또 돌이 높고 그 빛이 좀 푸른 것이 있는데 사람들이 이것을 연대(蓮臺)라고 한다. 아, 이것이 과연 관음보살의 진신인가. 돌 무늬가 부처의 의복 같다고 하여 존경한다고 하면 옳겠지만 이것을 가지고 관음보살의 진신이라고 한다면 나는 믿지 못하겠다. 내가 굴에 가는 날, 푸른 새가 있어 굴 안으로 날아들었는데 뱃사람이 말하기를, '이것은 바다새라' 한다. 이것이 과연 관음보살의 영험인가.

내가 이 굴을 구경하고서 벌써 이런 마음이 있었는데, 어찌 푸른 새가 나타나는 영험이 있겠는가. 만일 이 새가 과연 관음보살의 영험을 보이는 것이라면 나의 이 마음이 진정 관음보살에 합치하는 것이요, 세상 사람들이 돌 무늬를 관음보살이라고 하는 것은 혹(惑)한 것이다. 그래서 시를 짓기를, '바다 위 푸른 벼랑에 굴 구멍이 깊은데, 사람들 전하는 말이 여기 항상 관음보살 머문다고, 날아드는 새 날개의 푸른 깃이 비단 같고, 나왔다 숨었다 하는 바위 무늬는 빛이 금 같구나. 이것을 보고 모두들 참 성인 나타났다 하여 지금껏 헛되게 여러 어리석은 사람들 찾아오게 했네. 저 수월(水月觀音)의 장엄한 모습 뵈오려 한다면, 돌이켜서 밝고 밝은 자기 본심에 비쳐보소' 하였다" 한다.

이달충의 시에, "보살이 무엇하러 돌 사이에 머물러서 우리 세속 사람들로 고생스리 찾게 하는고. 구름·파도·연기·물결이 서로 방아찧듯 부딪치니, 소복(素服)과 화관(華冠)이 어찌 늙으리. 그는 적멸(寂滅)하여 형체의 나타남이 없을 알 것이, 어렴풋이 자신의 마음으로 볼 수 있음을 알겠네. 소리로 구하고 빛으로 본다는 것이 벌써 허망된

---

15) 금란굴의 표기는 혹 금란(金蘭) 또는 금란(金幱)으로도 쓰인다.

것이요, 눈이 부딪치면 도(道)가 있다니, 더욱 어려운 것이네" 하였다.

정추의 시에, "금란굴 찾으려고 배를 바다 어귀에 띄웠네. 넓은 물결 지축을 감싸는데 신물(神物)이 바윗돌을 보호한다네. 안개가 단청한 빛깔에 젖었고, 새기고 깎은 자리 천연으로 되었네. 연기 구름 속에 해오라기 내려오는 것 보니, 백의 관음(白衣觀音) 상 상되네" 하였다.

누정(樓亭)

• 총석정(叢石亭)

고을 북쪽 18리에 있다. 수십 개의 돌기둥이 바다 가운데 모여 섰는데 모두가 여섯 모이며 형상이 옥을 깎은 것 같은 것이 무릇 네 곳이다. 정자가 바닷가에 있어 총석(叢石)에 임하였기 때문에 그렇게 이름한 것이다. 민간에서들 전하기를, "신라 때의 술랑(述郎)·남랑(南郎)·영랑(永郎)·안상(安詳) 네 신선이 이곳에서 놀며 구경하였기 때문에 이름하여 사선봉(四仙峰)이라 한다" 하였다.

안축의 기문에, "정자가 통주(通州) 북쪽 20리쯤에 있는데 가로지른 봉우리가 뾰족하게 바다에 나온 것이 이것이다. 봉우리에 달린 벼랑을 따라 돌들이 즐비하게 서서 모난 기둥 같은데 돌의 둘레가 사방 각각 한 자쯤은 되며 높이는 5~6길은 된다. 방직(方直)하고 평정(平正)한 것이 먹줄 쳐서 깎아 세운 것 같으며 대소의 차이가 없다. 또 언덕에서 10여 척은 떨어진 곳에 돌 네 덩이가 물 가운데 떨어져 서 있는데 사선봉이라 한다.

모두 긴 돌로 몸체를 삼았고, 수십 가지를 합하여 한 봉우리가 되었다. 봉우리 위에는 난쟁이 소나무 한 그루가 있는데, 뿌리와 가지가 늙고 쭈그러져서 몇 해나 지났는지를 알지 못한다. 사선봉에서부터 좀 북쪽으로 가면 돌의 형상이 또 변하는데, 혹은 길고 혹은 짧으며 혹은 기울고 혹은 가로놓이며 혹은 쌓이고 혹은 흩어져서, 실로 모든 것이 기괴하고 이상하다. 이것은 사실 재주 있는 공인이 정으로 쪼아서 만든 것이 아니요, 대개 천지가 생긴 시초에 원기(元氣)가 모여 된 것으로서 그 타고난 형상에 공교한 것이 이렇게도 이상하니 괴이하다고 할 만한 일이며, 총석으로 이름한 것도 알맞은 것이다.

옛날 신라시대에, 네 신선이 항상 이 정자에서 놀았고 그 무리가 비석을 세워 사실을 기록하였는데, 돌은 아직 있지만 글자가 떨어져 나가 알지 못한다. 내가 작은 배를 타고 봉우리를 돌며 두루 구경하고서 말하기를, '이 돌의 기괴한 것은 실로 천하에 없는 일이요, 이 정자만이 가진 물건이라' 하였다. 혹자가 말하기를, '그대가 일찍이 천하를 두루 구경한 일이 없이 어찌 천하에 이런 돌이 없을 줄을 아는가' 하므로, 내가 대답하기를, '무릇 사방의 산경(山經) 지지(地志)를 기록하는 이가 천하의 물건을 다 찾아서 적었지만, 아직 이런 돌이 있다는 것을 듣지 못하였으며, 무릇 옛날의 기이한 병풍, 보배로운 장자(障子, 옛날 방을 막기 위하여 세운 것의 총칭)를 그리는 이가 천하의 물건을 다 그대로 옮겼지만 아직 돌이 이런 것이 있다는 것을 보지 못하였다. 여기에 의하면 내가 비록 아직 천하를 두루 구경하지는 못하였지만 역시 앉아서도 그것을 알 수 있다' 하니, 혹자도 그렇게 여겼다.

대개 이 정자에는 비록 만물이 모두 갖추어졌다 하지만 사실은 산수의 아름다움과 풍연어조(風烟魚鳥)의 경치는 동해 가에는 척지촌보(尺地寸步)라도 어데나 그렇지 않은 곳이 없으니, 어찌 이 정자만이 갖춘 것이랴마는 오직 돌의 기괴한 것만은 이 정자가 독차지한 것이다. 그런데 이 정자의 글을 기록한 이가 아직도 특별히 이 돌을 말함이 없고, 산수간의 여러 가지 경치와 함께 같이 말하니 내가 마음속으로 괴이하게 여긴다. 때문에 특별히 평가하여 이렇게 말하며 시를 짓기를, '일천 줄기의 괴상한 돌이 기이한 봉우리 이루었는데, 푸른 벼랑의 구름 안개는 수묵(水墨)이 짙구나. 물결이 바다에서 일어나니 눈ㆍ서리인 양 희게 넘치고, 신기(蜃氣)가 공중에 뜨니 누각이 중첩하네. 모호하게 글자 닮았으니 먼 옛날 비석인데, 굽고 구부리고 여윈 뿌리 서렸으니 어느 시절의 소나무인가. 낚시터 가의 도롱이 삿갓 쓴 첨지는 앉아 서로 읍하고, 달 아래 신선은 불러서 만날 것 같구나. 시름없이 바라보니 신선 무리들 벌써 비 흩어지듯 했는데, 속인들 구름처럼 따라다니는 것 보기 싫네. 어떻게 하면 정자 앞에서 갈매기 벗삼아 인간의 티끌 자취를 깨끗이 쓸어버릴꼬' 하였다' 한다.

김극기(金克己)의 시에, "구구하게 봉생(鳳笙)에 비길 것 없이, 기괴한 그 형상 정말 이름하기 어렵네. 처음엔 한(漢)나라 기둥[16]이 공중을 버티고 선 것인가 했더니, 다시 진(秦)나라 다리[17]가 바다에 걸친가 하네. 새기고 깎아낸 귀신의 공이 너무도 재주를 부린 것이, 보호 유지하는 신의 힘이 가만히 정기를 모았네. 물결 소리 어지럽게 부서져 북소리인 양 시끄러우니, 못 속의 용이 꿈에 몇 번이나 놀랐다.

동쪽으로 바다에 놀아 홍몽세계 찾으니, 일만 물상이 눈앞에 다가드네. 돌은 난세의 저(笙)를 묶어 푸른 바다에 임하였고, 소나무는 공작의 일산을 날리며 창공을 향하네. 큰 소리가 귀를 스치니 고래 입의 물결이요, 찬 기운이 살을 에듯 하니 학 날개의 바람이네. 아마도 나의 전신은 속사(俗士)가 아닌가봐, 맑은 이 놀이가 사선(四仙)과 같은 것이.

기이한 바위 바다에서 문득 떨기가 났으니, 여기서 정자가 돌로 하여 이름 얻은 것을

---

16) 한나라 광무제(光武帝) 때 월남지방을 정복하고 그곳에 구리로 기둥을 만들어 세워서 기념하였다 한다.

17) 섬서성과 사천성 사이를 통하는 검각산이 너무 험하여 진나라에서 사닥다리를 놓아 길을 내었다 한다.

알겠네. 은하수 가에서 끌고올 제면 박망(博望)을 따랐고, 산 위로 몰고가면 초평(初
平)[18]을 좇으리. 신기한 공이 동남쪽 하늘 헐린 것을 보충하기도 할 것이, 속세의 평으로
갑이다 을이다 할 수 있으랴. 신선 무리들 그 옛날 찾아 놀았다고 괴이히 여기지 말라, 그
윽하고 기이한 곳 찾는 것은 예나 이제나 마찬가지라네.

바다 위에 바람이 없으니 푸른 천을 간 것 같은데, 기이한 바위 물에 걸터서서 형세
더욱 기이하구나. 동쪽으로 해뜨는 것 보려고 몰아온 것인지, 북쪽으로 하늘 기울어진 것
보충할 때에 갈아 가지고 가지는 않았을까. 여산(廬山)의 삼량(三梁)을 무어라 기문지
었나, 촉(蜀)나라 냇가의 팔진(八陣)은 부질없이 그림 그렸네.[19] 어찌 여기 깊은 바다 위
에 묶음으로 서서 거마(車馬)로 탐승하여 날마다 잔치하며 즐기기만 하랴.

금란(金蘭) 옛 고을이 바다에 걸쳤는데, 웅장한 구경거리 이 세상 어디 다시 있으리.
칠성대(七星臺) 위에 큰 집을 지었는데, 난간 마루 구름을 의지하여 단청이 떴네. 정자
앞의 포기포기 몇 그루 돌은 기이한 형세로 우뚝 서서 공중을 버티었네. 누가 신령한 뿌
리가 깊은 땅을 찢어 아래로 일만 길 물결 속에 박힌 줄 알랴. 머리와 머리는 나란히 서서
자연 묶여 있고, 하나하나 깎아 만들었으니 누가 쪼고 갈았나. 층층한 벼랑을 끼고 서서
우뚝한 모습 자랑하고, 자라 머리에 울퉁불퉁 방장(方丈) 봉래(蓬萊) 능가했네. 놀란 물
결 타고 서서 공중으로 나는 듯, 붕새(鵬) 날개 엇비슷 저 하늘에 가로질렀네. 아마도 진
나라 황제 바다에 다리 놓아 가서, 새벽 해 처음 동쪽에 돋는 것을 보았던가. 아니라면 직
녀(織女)의 베틀 아래 돌이 멀리 한나라 사신 따라 성궁(星宮)에서 떨어졌으리.

처음에는 하느님이 주재한 것 없다 하였는데, 어쩌면 새기고 그리기를 저렇게도 기이
하게 하였는고. 재주 자랑했다 들여놓은 뒤에 깊이 해보(亥步) 밖에 감추었는데, 일만
형상의 괴이하고 특별함은 다함이 없네. 괵(虢)나라 사람 도기를 휘두른 것도 장자(張
子)의 붓솜씨도 용하다 할 것 없으니, 여기서 하늘의 조화가 다 뛰어난 것 알겠건만, 인
력으로는 형용하지 못하겠네. 몇 번이나 조정에서 법가(法駕, 임금의 수레)를 명하여,
대악(岱嶽, 태산)을 찾아 동쪽으로 태산에 올라 봉선(封禪)하였나. 금니(金泥) 옥검(玉
檢)으로 공덕을 기록하며, 보배 석함을 깎아 만들기 두번 세번이었지만, 가련하구나, 기
이한 재주는 소용되지 못하고, 부질없게도 양후(陽侯, 海神)의 소리지르고 성내며 아침
저녁 와서 공격함만 받게 되누나" 하였다.

신천(辛蕆)의 시에, "포기포기 푸르게 선 사선봉은 개어서 좋고 비와도 기이하며, 담
담하고 짙은 것 모두 좋아 삼면장천(三面長天)에 흰 물결이 닿았고, 일변낙조(一邊落
照)엔 푸른 산이 중첩하구나. 백로들 강가의 여뀌꽃에 서성거리고, 원숭이와 학은 바위

---

18) 황초평(黃初平)이라는 사람이 산중에서 양을 기르는데 뒤에 그 형이 가서 양을 찾았으나
    양이 없었다. 초평이 채찍으로 돌을 때리니 돌이 모두 양으로 변하였다.

19) 호북성(湖北省)에서 양자강 물길을 따라 사천으로 가면 어복포(魚復浦)라는 곳에
    돌무더기가 여덟이 있는데 세상에 전하기를 제갈량(諸葛亮)이 쌓은 팔진도(八陣圖)라 한다.

한쪽에서 푸른 소나무 어루만지네. 가을달 봄바람 예전대로 무지개 깃발, 새깃 일산(신선의 행차)은 지금 만나기 어렵네. 몇 해 동안이나 황폐하여 행객들 탄식했나, 몇 날 안가서 다시 지으니 사람들 기뻐 따랐네. 이끼 낀 비석 쓸고 지난 일 물으려 하니, 수묵의 희미한 자국 그 위에 보이네" 하였다.

이달충의 시에, "어둠을 더듬어 새벽에 군옥봉(群玉峰, 신선 있는 산)에 오르니, 아침 해 바다에 오르려는데 구름 비단 짙구나. 산호 늙은 나무에 가지잎 떨어지고, 지주(砥柱)²⁰⁾ 놀란 물결에 연기 이슬 겹겹이네. 세월은 현산(峴山) 머리 빗돌²¹⁾에 모호하고, 풍상은 아미산(蛾眉山) 소나무에 적력(寂歷)하구나. 창랑수(滄浪水) 맑아야 갓끈 씻는단 말²²⁾을 말 것이, 찬란한 데 나서 요순 만나지 못함을 노래하지 말거나. 늙은 중 일찍 와 혼자서 크게 부르짖었고, 신선은 이미 갔는데 나는 누구 따라 놀거나. 봉 머리에 좀 섰다가 문득 말에 오르니, 속세 인간이라 높은 자취 어이 따르리" 하였다.

이곡의 시에, "바닷가 어느 곳에 푸른 봉이 없으랴만, 여기 와서야 짙은 티끌 인연 모두 다 씻는 것이. 기이한 바위 높게 섰는데 옥묶음 나란히 서 있고, 옛 비(碑)가 부서져 떨어졌는데 이끼 봉(封)한 것이 겹겹이네. 꿇어서 신 받드는 일이야 어찌 황석공(黃石公)²³⁾을 섬김같이 하랴, 비결을 잡아야만 정말 적송자(赤松子)를 오게 한다네. 노동(盧仝)²⁴⁾은 부질없이 봉래산으로 가려 한 것이, 이 태백은 잘못 요대(瑤臺)에서 만나려 하네.²⁵⁾ 문득 놀라니 선경에 이미 왔는데, 더구나 좋은 선비 있어 서로 함께함이랴. 다른 날 서울 길에서 괴롭게 머리 돌리면, 바람 먼지 막막하여 인간 자취 희미하리오" 하였다.

정전(鄭悛)의 시에, "하늘과 땅이 만들어질 때에 돌이 봉우리 되니, 어둡고 희미하며 멀고 가까운 곳에 연기 안개 짙네. 하늘이 천 척(尺)으로 나직하니 붉은 벼랑이 섰고, 바람이 일어나니 일만 이랑 푸른 물결이 겹겹하구나. 이끼 낀 용(茸龍)이 깎여 떨어지니 풀 속의 비석이요, 생학(笙鶴)이 바위 가의 소나무에 나부끼네. 몸을 기울이고 오래 서

---

20) 황하(黃河) 물이 산간지대에서 평지로 나오는 곳에 용문(龍門)이란 곳이 있고 그곳 강 중에 서 있는 돌을 지주라 한다.

21) 현산은 호북성 양양(襄陽)에 있는 산인데, 예전 삼국시대 양호(羊祜)라는 사람이 그곳 총독으로 있을 때 그 현산에서 놀기를 좋아하였다. 그래서 그가 죽은 뒤에 현산 꼭대기에 그의 기념비를 세웠는데 그의 유덕을 생각하는 사람들이 그 비를 보고 눈물을 흘렸으므로 그 비 이름을 눈물짓는 비(墮淚碑)라고 부른다.

22) 옛사람의 노래에, "창랑의 물이 맑으면 나의 갓끈을 씻고 창랑의 물이 흐리면 나의 발을 씻는다(滄浪之水淸兮濯我纓 滄浪之水濁兮濯我足)" 하였는데, 그 창랑이라는 말은 세상에 비유한 것이니, 세상 형편 따라서 나의 처신을 가진다는 말이다.

23) 예전 신선으로서 한나라 장량(張良)의 스승.

24) 진(秦)나라 사람으로 진시황에게 건의하여 삼신산에서 불사약을 구하자고 하였으나 구하지 못하고 도망갔다.

25) 이 태백의 시에, "양귀비 같은 미인은 마땅히 선녀들이 있는 요대에서 만나지(會向瑤臺月下逢)"라는 시구가 있다.

서 세속을 벗어나려 생각하는데, 손꼽아보면 장한 구경 몇 번이나 만났나. 중이 있어 그 윽하고 오랜 일 좋아하여, 고적을 찾으며 서로 추궁하네. 우의(羽衣, 신선의 옷) 하늘하늘 어디로 갔나, 흰 구름 천년에 찾을 길이 없구나" 하였다.

성현(成俔)의 시에, "부용을 옥으로 깎아, 기이한 봉우리 만들어 만길이나 높이 선 곳에 구름 아지랑이 짙네. 긴 바람이 물결을 몰아 눈꽃이 치솟는데, 하늘을 흔드는 은집이 겹겹이 밀려오네. 푸른 벼랑 뚝 끊겼으니 그 아래 한량없이 깊고, 외로운 정자 얼른얼른 높은 소나무 의지했네. 봉래와 약수(弱水)가 까마득 멀기도 한데, 안기(安期)와 연문(羨門, 옛날 선인)을 만날 것도 같네. 어찌하면 풍이(馮夷, 물귀신)가 북을 치고 복비(宓妃, 물의 신)가 춤을 추어, 구름 깃발 깃 일산이 와서 서로 따르나. 천년 돌비에 거친 이끼 덮었으니, 사선이 왕래하던 그 자취 찾을 길 없네" 하였다.

채수(蔡壽)의 시에, "금자라 머리에 부용봉(芙蓉峰)을 이었는데, 괴이한 돌 깎아내고 안개구름 짙네. 망망(茫茫)한 네 신선은 물을 곳이 없고, 묘묘(渺渺)한 약수는 이천 겹이나 되네. 다만 보이는 것, 천년이나 글자 닳은 동강난 비석이 있고, 또한 만년이나 되어도 자라지 않는 외로운 소나무 있네. 지초(芝) 수레바퀴와 깃 일산(신선의 행차)은 다시 보지 못하는데, 교인(鮫人, 인어)과 만자(蠻子)²⁶⁾ 때로 만나네. 세상 티끌에는 어떤 자들이냐, 이내 몸 흰 갈매기와 서로 좇아 논다네. 기이한 구경 눈에 가득 저버릴 수 없으니, 호탕한 노래부르며 옛사람의 놀이 계속하려네" 하였다.

---

26) 상어사람(鮫人)이나 만자(蠻子)는 모두 남방의 열대에 있는 사람을 형용한 것이다.

택리지

산수(山水)*

산수는 어떻게 논할 것인가.

백두산은 여진(女眞)과 조선의 경계에 있어 온 나라의 눈썹처럼 되어 있다. 산 위에는 큰 못이 있는데 둘레가 80리이다. 그 못 물이 서쪽으로 흘러 압록강이 되고, 동쪽으로 흘러 두만강이 되었으며, 북쪽으로 흐른 것은 혼동강(混同江)[1]인데, 두만강과 압록강 안쪽이 곧 우리나라이다.

백두산에서 함흥까지는 주맥이 복판으로 내려왔다. 거기에서 동쪽 지맥은 두만강 안쪽으로 뻗어갔고, 서쪽 지맥은 압록강 남쪽으로 뻗어갔다. 함흥에서 산등성이가 동해 가로 바싹 치우쳐서 서쪽 지맥은 길게 700~800리나 뻗었으나, 동쪽 지맥은 100리가 못 된다.

큰 줄기 산맥이 끊어지지 않고 옆으로 뻗었으며, 남쪽으로 수천 리를 내려가 경상도 태백산까지 한 줄기의 영(嶺)으로 통해져 있다. 함경도와 강원도의 경계에서 철령(鐵嶺)이 되었는데, 이것이 북도(北道)로 통하는 한 길이다. 그 아래로 추지령(楸池嶺)·금강산(金剛山)·연수령(延壽嶺)·오색령(五色嶺)·설악산(雪岳山)·한계산(寒溪山)·오대산(五臺山)·대관령(大關嶺)·백봉령(白鳳嶺)이 되고 이어 태백산이 되었다. 모두 어지러운 산이고, 깊은 두메이며, 위태로운 봉우리와 겹쳐진 멧부리이다.

……

내가 본 바와 들은 바를 참고하면 금강산 일만이천봉은 순전히 돌봉우리·돌구렁·돌내(川)·돌폭포이다.

봉우리·멧부리·구렁·샘·못·폭포가 모두 돌이 맺혀서 된 것이다. 이 산의 딴 이름은 개골(皆骨)인데, 이것은 한치의 흙도 없는 까닭이다. 이에 만길 산꼭대기와 백길 못까지 온통 하나의 돌이니, 이것은 천하에 둘도 없는 것이다.

산 한복판에 정양사가 있고, 절 안에 헐성루가 있다. 가장 요긴한 곳에 위치하여 그

---

* 이중환(李重煥), 《택리지(擇里志)》 중 〈복거총론(卜居總論)〉.

1) 흑룡강(黑龍江)과 송화강(松花江)이 만주 길림성(吉林省) 동강현(同江縣) 북쪽에서 합류하는데 그 하류 지점이 혼동강이다.

위에 올라앉으면 온 산의 참 모습과 참 정기를 볼 수 있다. 마치 구슬 굴 속에 앉은 듯, 맑은 기운이 상쾌하여 사람의 장위(腸胃) 속 티끌 먼지를 어느 틈에 씻어버렸는지 깨닫지 못한다.

정양사 서편에 장안사와 표훈사가 있다. 이 절에는 원나라 때와 고려 때의 옛 자취가 많고, 또 궁중에서 하사한 값진 보물이 많다.

정양사 북쪽을 따라서 들어가면 만폭동이 되는데, 못이 아홉 곳이나 있어 경치가 훌륭하다. 구령 벽면에는 양사언(楊士彦)이 쓴 '蓬萊楓嶽 元化洞天(봉래풍악 원화동천)'이라는 여덟 개의 큰 글자가 있다. 글자의 획이 살아 움직이는 듯하다. 살아 있는 용과 범 같으며 날개가 돋쳐서 너울너울 날아가는 것 같다.

안쪽에는 마하연과 보덕굴이 허공에 매달려 있다. 그 지음새는 신의 조화와 귀(鬼)의 힘 같아 거의 사람의 생각으로는 미칠 바 아니다.

제일 위에 있는 중향성은 만길 봉우리 꼭대기에 위치하였다. 바닥이 모두 흰 돌이며 층계가 있어, 상과 탁자를 벌여놓은 것 같다. 그 위에 하나의 선돌이 놓여 있다. 불상 같으면서 눈썹과 눈이 없는데, 이것은 천작(天作)이다. 좌우 돌상 위에도 작은 석상들이 두 줄로 벌여 서 있는데, 또한 눈썹과 눈은 없다. 전해오는 말에 담무게(曇無偈)가 여기에 머물러 있었다 한다.

옆은 만길 골짜기이고, 오직 서북쪽에 있는 가느다란 길을 따라 들어가게 되는데, 만 봉우리가 하얗고, 물과 돌, 못과 골이 굽이굽이 기이하여 다 기록할 수 없다. 이름난 암자와 작은 집이 그 위에 섞여 있어, 거의 칠금산(七金山)[2]과 인조산(人鳥山)[3]의 제석 궁전(帝釋宮殿) 같으며 인간에 있는 것 같지 않다.

제일 꼭대기는 비로봉이다. 거센 바람이 바로 치솟아서 거기에 오르면, 비록 여름이라 하여도 오히려 추워서 솜옷을 입어야 한다. 산 서북편에 영원동(靈源洞)이 있어 따로 한 경계를 이루었다. 동편은 안물참(內水站)인데 곧 영 등성이이며, 등성이를 넘으면 곧 유점사이다. 절 동북쪽에는 구룡동(九龍洞) 큰 폭포가 있다. 높은 봉우리에서 물줄기가 날아내리므로 구멍이 파여서 커다란 돌확으로 된 것이 아홉 층이며, 층마다 용 하나가 지킨다고 한다. 산 벼랑과 물길이 모두 빛나고 조촐한 흰 돌이다. 다만 위태롭고 험하여 발을 붙일 수 없을 뿐 아니라, 삼엄하고 숙연하여 아무 소리도 들을 수 없다. 유점사에 고적이 가장 많은데 중의 말에는 불상 53구가 천축(天竺)에서 바다를 건너오므로, 지주 노춘(盧春)이 절을 세워 편케 모셨다 한다. 그러나 황당한 일이어서 말할 것이 못 된다. 하지만 지난 세대에 불탑과 불당을 숭봉하던 사람이 굉장하게 꾸몄던 것이다.

---

2) 수미산(須彌山) 주위를 둘러싼 일곱 겹의 금산(金山).

3) 서역(西域)의 월지국(月氏國)에 있는 산.

유점사 서쪽을 내산, 동쪽을 외산이라 한다. 예부터 뱀과 범이 없어 밤길을 거리낌 없이 다니니, 이것은 천하에 기이한 일이다. 당연히 나라 안에 제일가는 명산이 될 것이다. 고려에 태어나기를 원한다는 말이 어찌 헛말이랴. 불씨(佛氏)의 《화엄경》은 주(周)나라 소왕(昭王) 후기에 창작된 것이다. 이때는 서역(西域) 천축국이 중국과 통하지 않았던 때이다. 하물며 중국 너머에 있는 동이(東夷)와 어떻게 통했겠는가. 그러나 동북쪽 바다 복판에 금강산이 있다는 말이 이미 경문(經文)에 기재되어 있으니, 이것은 부처의 눈이 멀리 내다보고 기록한 것인가.

여기에서 남쪽은 설악산과 한계산이다. 또한 돌산·돌샘이며, 우뚝하게 뛰어나며 깊숙하게 싸늘하다. 겹쳐진 멧부리와 높은 숲이 하늘과 해를 가렸다. 한계산에는 만길이나 되는 큰 폭포가 있다. 옛날 임진(壬辰)년에 당(唐)나라 장수가 보고서 여산(盧山)폭포보다 훌륭하다 하였다.

5 금강산 기행문선

금강산에 관한 기행문은 미처 그 총량을 파악할 수 없을 정도로 많다. 북한 문예출판사에서 펴낸 《금강산 한시집》(1989)을 보면 약 300명의 문인들을 인용하고 있고 남한 민창문화사에서 간행한 정민 편 《한국역대산수유기취편》(1996)에는 41명의 51편이 수록되어 있다.

이외에도 명인묵객들의 글이 수없이 많은데 이에 대해서는 이 책 6장에 김혈조 교수의 상세한 해제를 겸한 논문이 실려 있어 좋은 참고가 될 줄로 믿는다.

여기서는 그 중 대표적인 글 여섯 편을 실었다. 정철의 《관동별곡》은 부연설명이 필요 없는 국문학의 고전이고, 김창협의 《동유기》는 금강산 기행문을 대표해온 명문이다. 이만부의 《금강산기》는 담담한 글 표현이 절묘하여 읽는 맛이 좋고 이상수의 《동행산수기》는 비유가 뛰어난 화려한 글이다. 근래의 기행문으로 정비석의 《산정무한》은 문학적 감수성이 돋보이는 낭만적 필치의 명문이다. 그리고 이사벨라 버드 비숍 여사의 《한국과 그 이웃나라들》에 실려 있는 〈금강산으로의 여정〉은 100년 전 외국인이 본 금강산으로, 많은 생각거리를 던져준다. 이 여섯 편의 기행문은 사실상 20세기 전반기까지의 금강산 기행문학의 진수라 할 것이다.

총석정 | 안민수

관동별곡(關東別曲)

정철(鄭澈 : 1536~1693)

조선 전기의 문인·정치가. 시조와 가사(歌辭)문학의 대가.
성품이 강정(剛正)하고 타협이 없어 사화당쟁(士禍黨爭)의 와중에
출세와 유배를 거듭 겪었다. 대표작으로《관동별곡》《사미인곡(思美人曲)》
《속미인곡(續美人曲)》등이 있다.《관동별곡》은
감탄사와 생략법, 대구법 등을 적절히 사용해 이전 시대의 정형시에서
산문으로 이행하는 데 징검다리 역할을 한 가사문학의 절정이다.

강호(江湖)에 병이 깊어 죽림(竹林)에 누웠더니
관동(關東) 팔백 리에 관찰사(方面)를 맡기시네
어와 성은(聖恩)이야 갈수록 망극하다

연추문(延秋門) 들이닥쳐 경회(慶會) 남문 바라보며
하직하고 물러나니 옥절(玉節)이 앞에 섰다

평구역(平邱驛) 말을 갈아 흑수(黑水)로 돌아드니
섬강은 어디메요 치악산이 여기로다
소양강 내린 물이 어디로 든단말꼬
서울 떠난 외로운 신하(孤臣去國) 백발도 흥성하다

동주(東州)에서 밤을 새고 북관정(北寬亭)에 오르니
삼각산 제일봉이 자칫하면 보이리라
궁예왕 대궐터에 오작(烏雀)이 지저귀니
천고(千古)의 흥망을 아느냐 모르느냐
회양(淮陽) 옛 이름 여기와 같을시고
급장유(汲長孺) 풍채를 다시 아니 보겠는가

영중(營中)이 무사하고 시절이 3월인데

화천 시내 길이 풍악으로 뻗어 있다
행장(行裝)을 다 떨치고 돌길에 막대 짚어
백천동 곁에 두고 만폭동 들어가니
은 같은 무지개 옥 같은 용의 꼬리
섯돌며 뿜는 소리 십 리에 잦았으니
들을 때는 우레더니 와서 보니 눈이로다

금강대 맨 위층에 선학(仙鶴)이 새끼치니
춘풍 피리 소리에 첫잠을 깨었는가
흰 옷(縞衣) 검은 치마(玄裳) 공중에 솟아 뜨니
서호(西湖) 옛 주인을 반겨서 넘노는 듯

소향로 대향로 눈 아래 굽어보며
정양사 진헐대(眞歇臺)에 다시 올라 앉으니
여산(廬山) 진면목이 여기서 다 보이도다
어와 조화옹(造化翁)이여 그 재간 놀랍도다
날거든 뛰지 말거나 섰거든 솟지 말거나
연꽃(芙蓉)을 꽂았는 듯 백옥을 묶었는 듯
동해(東溟)를 박차는 듯 북극을 괴었는 듯
높을시고 망고대(望高臺) 외롭구나 혈망봉(穴望峰)
하늘에 치밀어 무슨 일을 사뢰고자
천만 년 지나도록 굽힐 줄 모르느냐
어와 너로구나 너 같은 이 또 있는가

개심대(開心臺)에 다시 올라 중향성(衆香城) 바라보며
만이천봉을 역력(歷歷)히 헤려 하니
봉마다 맺혀 있고 끝마다 서린 기운
맑거든 흐리지 말거나 흐리거든 맑지 말거나
저 기운 흩어내어 큰인물 만들고자
모양(形容)도 끝이 없고 생김새(體勢)도 하 많아라

천지 생겨날 제 자연히 되었건만
이제와 보게 되니 유정(有情)도 유정하다

비로봉 꼭대기에 올라본 이 누구신고
동산, 태산이 어느 것이 높았던고
노(魯)나라 좁은 줄도 우리는 모르거든
넓고도 넓은 천하 어찌하여 적단 말꼬
어와 저 경계를 어이하면 알 것인고
오르지 못하거든 내려감이 이상하랴

원통골 가는 길로 사자봉을 찾아가니
그 앞의 너럭바위 화룡소(火龍沼)가 되었구나
천 년 묵은 늙은 용이 굽이굽이 서려 있어
밤낮으로 흘러내려 창해(滄海)에 이었으니
풍운을 언제 얻어 단비(三日雨)를 내리려나
음지비탈 시든 풀을 모조리 살려다오

마하연, 묘길상, 안문(雁門)재 넘어가서
외나무 썩은 다리 불정대(佛頂臺)에 올라보니
천길 높은 절벽 반공(半空)에 세워두고
은하수 큰 굽이를 마디마디 베어내어
실같이 풀어내어 베같이 걸었으니
도경(圖經) 열두 굽이 내 보기엔 여럿이라
이 태백 이제 있어 고쳐 의논 하게 되면
여산이 여기보다 낫단 말 못하리라

산중을 매양 보랴 동해로 가자꾸나
남여(籃輿)로 완보(緩步)하여 산영루에 올라가니
맑은 시내, 우는 멧새 이별을 한하는 듯
깃발을 떨치니 오색이 넘노는 듯

고각(鼓角)을 섞어 부니 해운(海雲)이 다 걷는 듯
명사(鳴沙) 길 익숙한 말이 취한 신선 비껴 싣고
바다를 곁에 두고 해당화숲 들어가니
백구(白鷗)야 날지 마라 네 벗인 줄 어찌 알랴

금란굴 돌아들어 총석정 올라가니
백옥루 남은 기둥 다만 넷이 서 있구나
장인바치 솜씨인가 귀신이 다듬었는가
구태여 여섯 면은 무엇을 뜻하는고

고성(高城)을 저만 두고 삼일포 찾아가니
새긴 글은 완연한데 네 신선 어데 갔는고
예서 사흘 머문 후에 어데 가 또 머물꼬
선유담(仙遊潭), 영랑호(永郎湖) 거기나 가 있는가
청간정(淸澗亭), 만경대(萬景臺) 몇 곳에 앉았던고

배꽃(梨花)은 벌써 지고 접동새 슬피 울 제
낙산(洛山) 동쪽으로 의상대에 올라앉아
일출을 보리라 한밤중에 일어나니
오색 구름 피어난 듯 여섯 용이 버티는 듯
바다를 떠날 제는 온 천하 요동치니
하늘 높이 치오르니 터럭을 헤리로다
아마도 떠도는 구름 근처에 머물세라
시선(詩仙)은 어데 가고 시구(詩句)만 남았느냐
천지간 장한 기별 자세히도 알겠구나

저녁볕 현산(峴山)의 철쭉꽃 밟아가며
우개(羽蓋) 수레가 경포로 내려가니
십 리 폭 넓은 비단 다리고 다시 다려
장송(長松)으로 울을 삼아 마음껏 펼쳤으니

물결도 잔잔하다 모래알을 헤리로다
외로운 배 닻줄 풀어 정자 위에 올라가니
강문교(江門橋) 너머 대양(大洋)이 거기로다
조용하다 이 기상 망망한 저 경계
이보다 갖춘 데가 또 어데 있단말꼬
홍장(紅粧)의 옛이야기 요란타 하리로다
강릉 대도호(大都護)의 풍속이 좋을시고
절효정문(節孝旌門)이 고을마다 서 있으니
비옥가봉(比屋可封)을 이제도 보겠도다

진주관 죽서루 오십천 내린 물이
태백산 그림자를 동해로 담아가니
차라리 한강의 목멱에 대이고저
벼슬살이 유한하고 풍경은 탐탁하여
회포도 하도 많고 객수(客愁)도 둘 데 없다
신선 배 띄워서 하늘(斗牛)로 향해갈까
신선을 찾으려 단혈(丹穴)에 머무를까

하늘 끝(天根)을 못다보아 망양정(望洋亭)에 올라가니
바다 밖은 하늘인데 하늘 밖은 무엇인고
가뜩이나 노한 고래 그 누가 놀랬길래
불거니 뿜거니 어지러이 구는지고
은산(銀山)을 꺾어내어 천지사방(六合) 내리는 듯
오월 장천(長天)에 백설은 무슨 일꼬

어느덧 밤이 들어 풍랑이 진정커늘
부상(扶桑) 가까이 명월을 기다리니
서광(瑞光) 천길이 보이는 듯 숨는구나
구슬발(珠簾) 다시 걷고 옥섬돌(玉階) 고쳐 쓸며
샛별(啓明星) 돋도록 바로앉아 바라보니

백련화 한 가지를 그 누가 보내신고
이처럼 좋은 세계 남들 모두 다 뵈고저
신선술(流霞酒) 가득 부어 달더러 묻는 말이
영웅은 어데 가며 네 신선 그 뉘던가
아무나 만나보아 옛 기별 묻자 하니
신선 사는 동해는 멀기도 하구나

솔뿌리(松根) 베고 누워 풋잠을 얼풋 드니
꿈에 한 사람이 날더러 이른 말이
그대를 내 모르랴 하늘(上界)의 진선(眞仙)이라
황정경(黃庭經) 한 자를 어찌하여 잘못 읽어
인간 세상에 내려와서 우리를 따르는고
잠깐 동안 가지 마오 이 술 한잔 먹어보오
북두성(北斗星)을 기울여 창해수 부어내어
저 먹고 날 먹이고 서너 잔 기울이니
봄바람(和風)이 솔솔 두 겨드랑 추켜든다
구만 리 장공(長空)에 자칫하면 날겠도다
이 술 가져다가 사해(四海)에 고루 나눠
억만 창생(蒼生)을 다 취케 만든 후에
그제야 다시 만나 또 한잔 하자꾸나
말 끝나자 학을 타고 하늘(九空)에 올라가니
공중 옥저 소리 어제던가 그제던가

나도 잠을 깨어 바다를 굽어보니
깊이를 모르거니 가인들 어찌 알리
명월이 천산만락(千山萬落)에 아니 비친 데 없구나.

동유기(東游記)*

김창협(金昌協 ; 1651~1708)

조선 후기의 유학자. 시와 문장이 뛰어나고 글씨를 잘 썼다.
아우 김창흡(金昌翕)의 시와 함께 진시(眞詩)·진문(眞文)의
새로운 사실주의 문학을 주창했다.
저서로 《농암집(農巖集)》이 있고, 〈동유기〉는
31일간의 유람 여정을 날짜별로
기록한 17세기의 대표적인 금강산 탐승기이다.

경성에서 회양까지

나는 아잇적부터 금강산 이야기를 들을 때마다 한번 유람하기가 원이었다. 그러나 들은바, 설경을 늘 동경하면서도 마치나 하늘 위에 있는 별세계인 듯 사람마다 갈 수 있는 데가 아닌 것만 싶었다.

신해년(1671년) 첫여름에 아우 자익(子益, 昌翕)이 필마 독행으로 떠나 내외 금강을 두루 보고 달포 만에 돌아왔다. 그가 구경한 이야기를 들은 나는 더욱 그 명승을 직접 한번 유람하지 않고는 견딜 수 없었으며 가는 것이 또 어려운 일도 아니었다.

그리하여 이 해 8월에 형님과 동행하기로 약속되어 이미 날을 잡고 손꼽아 기다리다가 형님 댁에 갔다. 뜻밖에 형님은 하루 전에 갑자기 병이 나서 혼자 가게 됨을 생각하니 자못 적적한 감이 없지 않았다. 그러나 이미 떠난 길이라 중지함도 우스워 드디어 11일 기축(己丑)에 어버이께 인사하고 떠났다. 나를 쫓아가는 사람은 김성률(金聲律), 이유굴(李有屈) 두 명이며 행장으로 다른 것은 없고 다만 당시선(唐詩選) 몇 권과 와유록(臥游錄) 한 권이 있을 뿐이다.

동으로 흥인문(興仁門, 서울의 동대문)을 나가니 하늘은 높고 바람은 맑은데 구릉과 들판이 고요하고 횡하여 내 마음 벌써 너울너울 산수간에 달리는 것이었다. 점심은 누원(樓院)에서 지어 먹고 축석령(祝石嶺)을 넘어가 잤다.

12일 경인(庚寅).

포천 장거리에서 조반 먹고 양문역(梁門驛)에 가서 점심참을 한 후 초경(初更, 오후 8시경)쯤 되어 풍전역(豊田驛)에 들어가 잤다. 여기는 철원 땅이다.

13일 신묘(辛卯).

---

* 김창협, 〈동유기(東游記)〉, 《농암집(農巖集)》 권23.

자리 조반을 먹고 떠나 김화 생창역(生昌驛)에 가서 점심참을 하였으며 금성읍에 가서 잤다. 현령 박후 빈(朴侯鑌)이 출영하여 술도 내고 노비의 방조도 있었다.

14일 임진(壬辰).

조반 후 떠나 창도역(昌道驛)에 가서 점심참을 하고 신안역(新安驛)에 가서 잤다. 여기는 회양 땅이다.

15일 계사(癸巳).

조반 후 떠나 낮에 읍내에 들어가니 아버지의 친우인 부사 임공 규(任公奎)께서 몹시 반가워하시며 술을 내어 노독도 풀어주시고 군재(郡齋)에서 자게 하여 다른 데로는 나가지 못하게 하였다. 때마침 보슬비 갓 개고 달빛이 유난히도 밝은데 임공은 나를 위하여 저 잘 부는 사람을 불러 한 곡조 불게 하니 그 소리 간드러져서 나는 황홀하였다.

16일 갑오(甲午).

부사의 아들 진원(鎭元)은 취병대(翠屏臺)의 풍경을 신이 나서 이야기하며 부에서 10리밖에 안 되니 가보자고 나를 추동하는 것이었다. 그래서 거기를 갔더니 수석이 심히 장엄하고도 아름다웠다. 두 산이 마주서서 꾸불꾸불 병풍처럼 뻗었는데 그 안은 다시 넓어져 하나의 큰 동천(洞天)을 이루었다. 시냇물은 북쪽에서 내리쏟아져 그 기세가 매우 장하다. 그 중류에는 어웅한 큰 바위가 있어 생김생김이 마치 기울여놓은 독과 같은데 물이 매양 여기 들어가서 콸콸콸 소리를 내면서 이 바위 안에서 수레바퀴 돌듯 빙그르 돌고야 다시 나오곤 한다. 바위 안을 들여다보면 물빛이 새파래서 그 밑을 알 수 없으니 속칭 용의 가마라고 한다. 시내 동쪽에는 푸른 절벽이 서고 소나무, 잣나무, 삼나무, 단풍나무 등이 그 위에 어우러져 아름답기 그림과 같다. 바위 위에 앉아 술을 한순 돌릴 적에 따라온 사람이 잣과 산포도를 따다가 내놓아 먹었다. 그리고는 또 시내에 그물을 던져 은빛 같은 물고기를 연해연방 잡아내니 그 역시 재미있었다. 온종일 놀다가 석양녘에야 돌아왔다.

내일은 꼭 입산할 작정인데 부사 임공은 굳이 만류하면서,

"금강산은 원래 부질없이 시일을 허비하면서 구석구석 찾아볼 필요는 없는 것이라네. 다만 정양사(正陽寺)나 천일대(天一臺)에만 오르면 온 산의 면모가 한눈에 들어오니 이랬으면 그만이지 무슨 수고롭게 총총히 서둘 것이 있겠는가?"

이렇게 말하고는 또,

"작년 가을 처음으로 입산하여 장안사에 갔으나 볼 것이 없었고 또 표훈사에 갔으나 역시 볼 것이 없데그려! 나는 중들한테 '그래 소위 금강산이란 게 그저 이럴 따름인가' 라

고 하였더니 중은 '아닙니다' 대답하고는 이내 남여에 나를 태워가지고 한 곳에 가서 내려놓았는데 거기가 곧 천일대였네. 문득 눈을 들어 쳐다보니 수없는 백옥봉이 아랫도리는 붉은 비단장막을 두르고 서서 그 말쑥하고도 현란한 차림으로 사람의 눈 정기를 빼앗지 않겠나! 나는 부지중 그 기이함에 놀라 부르짖었네. 그리하여 시도 이러저러하게 지었고 앞서 말한 것이 너무 경솔하였음을 뉘우치기도 하였다네"라고 하였다. 그는 또 말을 이어,

"망고대(望高臺)와 비로봉(毘盧峰)은 몹시 위험한 곳이니 구태여 모험하면서 갈 게야 있겠는가? 또 사람의 시력이란 한이 있어 설사 비로봉에 오른다 해도 실로 먼 데 것을 알아볼 수는 없을 것이니 다만 중의 손이 가리키는 대로 '저기는 어디, 저기는 무슨 산이라고 생각할 것뿐이 아니겠나? 그렇다면 반드시 비로봉까지 올라가서 중의 손가락질에 정신을 팔지 않아도 그만이 아니겠는가? 그러므로 나는 일찍이 생각하기를, 사람들이 당귀(當歸, 승검초)나물을 좋아하거나 비로봉을 오르는 것은 다 이름을 좋아하기 때문이라고 하네"라고 하였다. 임공은 아마 당귀나물도 좋아하지 않는 것 같다.

17일과 18일에도 부중(府中)에 그대로 머무르게 되었다. 아침 저녁 반찬이 모두 산중의 별미이며 또 떡도 있었는데 이는 기장쌀과 송이버섯과 잣으로 만든 것으로서 그 맛이 뛰어나게 좋았다.

회양에서 장안사까지

19일 정유(丁酉).
조반 후 회양을 떠나 추촌(楸村) 가서 잤다.
20일 무술(戊戌).
자리 조반 먹고 떠나 50리를 가서 묵희령(墨喜嶺)에 당도하였다. 영이 그리 가파르고 높진 않아도 휘휘 에돌아 오르기 때문에 거의 15리나 된다. 큰 나무 숲이 무성하여 하늘이 보이지 않으며 그 아래로 돌을 차면서 소리쳐 흐르는 시냇물이 길과 더불어 서로 굴곡을 같이하였으니 반나절 동안이나 물소리를 들으면서 길을 걸었다.

영을 넘자 눈빛 같은 봉우리들이 웅긋쭝긋 벌려 서 있는 것이 멀리 나타나니 이는 문 잖아도 금강임을 깨닫게 되어 문득 거기로 나의 심신이 훨훨 날아가는 듯하였다. 꾸불꾸불 10여 리를 내려가 길가 집에 들어가서 말을 한참 쉬게 하고는 다시 말을 타고 철이령(鐵伊嶺)을 넘어서 장안동(長安洞)으로 들어갔다. 냇물은 맑디맑고 층암 절벽은 기이하여 벌써 속계와는 절연히 다름을 느끼었다. 다시 10여 리쯤 갔을 때 길이 문득 열리니

여기서부터는 탄탄대로이다. 좌우에는 삼나무, 전나무 들이 곧추곧추 빼어나 줄지어 섰다. 장안사에서 중 사오 명이 남여를 가지고 두어 마장까지 나와서 기다리다가 나를 태워 절에 이르렀다. 절의 구조는 크고도 화려하여 금벽(金碧)이 찬란하였다. 부처 앞에는 오래된 동기(銅器) 몇 개가 있는데 거기에는 지정(至正) 연호가 새겨져 있으니 이는 원나라 순제(順帝)가 시주한 것이다. 절이 평지에 자리잡고 들어앉았으니 산이 사위를 둘러막아 보이는 것이 없다. 오직 동북의 몇 봉우리가 까마득히 솟아 있어 그 형상이 사람을 누르려는 듯하기에 그 이름을 물으니 지장봉, 관음봉, 보현봉이라 한다.

밤에 계수료(溪水寮)에서 잘 때 새벽에 쏴— 하는 새벽비 소리에 자다 말고 일어나 창을 여니 비가 아니라 시냇물 소리였으며 쳐다보니 두세 봉우리들이 다 구름에 싸였는데 구름이 가끔 봉우리들을 삼켰다가는 뱉곤 하여 묻혔다 나왔다 한다. 이 또한 하나의 기이한 광경이 아닌가!

장안사에서 표훈사까지

조반 후 극락암(極樂菴)에 올랐다. 장안사에서 서북으로 100보(步)쯤에 있다. 위치가 자못 높아 눈앞에 나타나는 멧부리들이 장안사에서 보던 것뿐이 아니다. 거기서 내려와 시내를 건너 동으로 지장암(地藏菴)을 거쳐 백천동(百川洞)으로 들어갔다. 역로가 모두 괴석과 고죽(苦竹)이며 등덩굴, 칡덩굴이 서로 얽혀 사람이 통행하기 어렵게 되어 있다. 그래서 남여에서 내려 지팡이를 짚고 더듬더듬 요리조리 에돌고 비틀거려 들어가는 것이었다.

마침 비온 뒤라 이끼는 젖고 돌은 미끄러워 더욱 걸을 수가 없어서 미끄러지고 자빠지고 하면서 간신히 걸어 들어갈 때 기이한 봉우리 번갈아 나와 사람의 얼굴에 부딪칠 듯, 땅에서 뽑힌 검극(劍戟)처럼 일어서니 아슬아슬하고 무섭기도 하다. 처음 봉우리가 나올 때 길이 막혔는가 생각하면 문득 다시 열리고 또 새로운 봉우리가 나와 막혔다가는 다시 열리곤 하니 대개 봉우리는 그 얼마가 번갈아 나왔으며 물은 그 얼마나 열렸다 닫혔다 하였는지 이루 셀 수 없거니와 시냇물이 돌고 꺾이고 비스듬히 흐르고 별스럽게 쏟아지는 그 변화 또한 이루 형상할 수 없다.

서너 마장 더 가서 한 못이 있으니 그 크기가 아마 몇 묘(畝, 한 묘는 30평)는 될 것 같다. 충충하게 고인 물이 맑고도 새파래서 거울과도 같이 사람의 모발까지 올올이 비쳐 준다. 못 곁에는 큰 너럭바위가 평평하고 넓게 깔려 사람이 수십 백 명이나 앉을 만하고 그 위에는 황폐된 성이 있으니 세상에서 전하기를 신라 왕자가 피해 있던 곳이라 한다.

거기에는 어웅한 문이 있어 숙이고야 들어가게 되었다.

여기를 지나니 환경이 더욱 그윽하다. 시내의 양 옆은 다 기이한 석벽, 끊어진 바위 언덕이다. 가끔 길마저 없어져 나뭇가지를 더위잡고 바위틈에 발을 붙이고야 지나가게 되니 이를 거듭하는 동안 그 위태함도 잊게 되었다. 이 위로 4~5마장만 더 가면 영원암 (靈源菴)이란 절이 있어 가장 그윽하다는 이야기를 들었기에 나는 거기 가서 자고 싶었으나 딸린 중들이 다 가기를 꺼리며 나도 심히 피곤하여 가지 못하였다. 시내를 버리고 북으로 꺾어 두어 마장 가니 현불암(顯佛菴)이 되었다. 절간은 비어 중이 없고 오직 고요함과 명랑함만이 스스로 넘쳐흐르고 있으니 그 그윽하고 먼 정취야말로 더욱 인간이 아닌 것만 같았다. 조금 앉았다가 암자의 오른편으로 오솔길을 걸어 영을 넘어서 북으로 가는 것이었다. 삼일암(三日菴)과 안양암(安養菴) 두 암자를 지났다. 삼일암은 관음봉 석굴 아래 있어서 더욱이나 정가로웠다.

조금 앞으로 나가서 한 큰 소가 있으니 이를 울연(鬱淵)이라고도 하고 명운담(鳴韻 潭)이라고도 한다. 소의 깊이가 얼마인지 침침하고 시꺼매서 가까이 구경하기는 무시무 시하다. 그 위에서 빠른 여울이 내리떨어지며 우레 소리와 함께 눈을 뿜으니 그 더욱 장 관이다. 그 왼편에는 높은 석벽이 있어 까마득히 천 길이나 되겠는데 그 뿌리를 소 밑에 꽂았다. 오직 오른편에 실오리 같은 길이 언덕에 붙어 나갔는데 언덕이 끼웃하기 때문에 장목을 붙여놓아 사람이 겨우 더듬어 나갈 수 있게 하였으니 여기를 지나는 자는 부들부 들 다리를 떨게 된다.

이로부터 길은 종시 시내를 좇아 올라가는데 맑은 시내에 돌조차 희다. 쭈뼛한 바위, 기이한 절벽이 이엄이엄 끝이 없다. 백화암(白華菴)에 이르니 역시 중은 없다. 암자 뒤 에는 휴정(休靜) 등 여러 명승들의 부도 및 비들이 있다. 비들은 월사(月沙, 이정구) 이 하 제공들의 글인데 그 중에는 정관재(靜觀齋)가 지은 의심(義諶)의 비도 있다. 그때 마 침 나는 동강(東岡)에 있어서 정관재가 이 글 지은 것을 보았다. 완연히 어제 일 같건만 공의 무덤 위의 풀이 벌써 두 해를 묵었구나! 지팡이를 세우고 이를 읽는 나, 애달픔을 어 이 금하리!

얼마 안 가서 표훈사(表訓寺)가 되었다. 건물의 장려함이 장안사와 견줄 만하다. 남 루(南樓)에 우리 백부님의 제명하신 것이 있으니 이는 계묘년 여름 평강(平康)군수로 재직중 여기 오셔서 쓰신 것이었다. 밤에 동료(東寮)에서 자는데 바로 베개 밑에서 나는 물소리가 우레 같아 꿈속에 황홀하게도 배를 급한 여울에 댄 듯 만학천봉 가운데 이 몸이 있는 줄을 알지 못하였다.

표훈사에서 정양사까지

22일 경자(庚子).

해돋이에 남여 타고 천일대에 오르니 여기는 곧 정양사의 앞산 기슭이다. 때마침 흰 구름이 나오더니 일만 계곡을 온통 메워 하나로 만들어놓는 것이었다. 그 움직이는 양이 가벼운 비단과도 같이 오락가락 말았다 폈다 하면서 잠시도 그대로 있지 않으며 모든 봉우리들이 다 그에 덮여 얼굴을 반만치 내놓기도 하고 혹은 머리만 보일락말락 하여 그 자태가 천태만상이니 눈이 어리고 마음이 팔려 오히려 산의 전모를 다 볼 적보다 더 한층 아름답다.

정양사에 들어가 헐성루(歇惺樓)에 앉아 벽을 보니 우리 증조할아버지(曾王考)이신 청음(淸陰, 김상헌) 선생의 절구 한 편이 있다. 선조 임인년(壬寅年, 1606) 고산찰방(高山察訪)으로 계실 때 선생의 중씨 장단군수와 함께 여기 탐승을 오셨다가 비에 막혀 묵으시면서 이 시를 남기셨는데 우리 백부께서 추후 이를 현판에 새겨 거셨다. 또 제명하신 것도 벽에 있어 필적이 아직도 완연하다.

팔각전(八角殿)을 구경하니 그 건축 양식이 심히 기이하다. 벽의 사면에는 다 불화가 걸려 있는데 채색은 좀 벗었으나 정채가 발발하여 살아 움직이는 것만 같다. 혹자는 이를 당나라 때 오도자(吳道子)의 그림이라고 하지만 그는 아니며 그렇다고 해서 신라 이후의 작품도 아니다.

이 절의 중으로 풍열(豊悅)이란 사람은 의심에게서 글을 배워 순박 성실하고 시문을 잘 안다. 나는 자익한테서 그의 이름을 익히 들었는데 지금 그와 일견에 구면과 같이 정다워서 산중의 풍경을 이것저것 이야기하였다.

오래 앉았노라니 아까 펼쳤던 흰 구름이 말갛게 걷혀 이른바 만이천봉이 낱낱이 드러나니 손바닥에 놓고 보는 보물과도 같아서 그 기이 영롱한 양상을 이루 다 기술할 수가 없다. 대체로 말한다면 그 결백하기론 옥인 듯, 그 기교하기론 아로새긴 듯 진토(塵土)에 묻힌 탁한 기운이라고는 도무지 없고 또 완패(頑悖)스러운 몰골도 전연 없다. 옛날 명나라 사람 오정간(吳廷簡)은 황산(黃山)을 보고 나서 "반생 동안 본 산들은 모두 흙더미, 돌무더기들이었다"라고 하였다더니 지금 내가 이 산을 보고 진실로 그런 실감을 가지게 되었다. 오직 나로서 아쉬운 것은 단풍이 아직 일러 회양부사 임공의 말씀대로 울긋불긋한 비단장막에 싸인 풍경을 보지 못하는 그것뿐이다.

석양에 다시 천일대에 올라가서 중향성(衆香城) 일대를 바라보니 저녁노을이 무르녹아 그 기이한 형상을 형용할 수 없었다. 밤에 누 안에 누워 피곤 끝에 잠이 사르르 들려다가 문득 창이 환해짐을 보고 선뜻 일어나 내다보니 달이 벌써 동천에 올랐다. 빨리 앞마루에 나앉아서 술병을 들어 혼자 따라 마시며 여러 중들을 돌아보니 모두 잠이 한창 깊었다. 오직 뭇 봉우리들이 난간 밖에 의젓이 서 있어 금시에 읍할 것도 같고 나를 반겨 무슨 말이 있을 것만 같다. 이 환경 이 밤은 내 평생에 아직 있어보지 못한 것으로 된다.

정양사에서 원통동을 거쳐 표훈사로 돌아옴

23일 신축(辛丑).

장차 개심대(開心臺)에 올라가보려 했더니 중이 길이 황폐되어 올라가지 못한다기에 할 수 없이 보현점(普賢岾)을 넘어서 묘덕암(妙德菴)과 천덕암(天德菴)을 들렀다. 묘덕암은 폐지된 지 오래되어 다만 빈터뿐이었다. 또 원통암(圓通菴)에 들렀다가 길을 에돌아서 동으로 시내를 따라 3마장쯤 가서 외나무다리를 건너갔다. 그리고는 또 에돌아서로 가니 바위가 평평하게 깔려 심히 널찍한데 물이 그 위를 흐르면서 쫙 펴져 굽이치는 양이 마치도 비단을 짜는 것 같으며 그 소리가 유난히도 맑게 울려 들을 만하다. 시내 남쪽에는 백천 길 절벽이 섰고 그 위에는 소나무, 전나무도 많거니와 등넝쿨 삼넝쿨이 나무를 타고 올라가서 서로 얼크러진 순을 너울너울 아래로 드리웠으며 시냇물은 질펀히 에돌아 그 절벽의 발굽을 스르르 스쳐 흘러간다. 그 흐름을 따라 앞으로 나가면 더욱더 기절(奇絶)한 바위, 장절(壯絶)한 석벽, 이상한 화초, 희귀한 나무들이 많아 걸음마다 새로운 정취를 자아내는 것이었다. 때마침 산바람이 쏴— 하고 불어와서 나뭇잎이 분분히 떨어지기에 곽경순(郭景純)의 이른바 "숲에는 안정된 가지가 없고 내에는 평온한 물결이 없구나(林無靜枝 川無停波)"라고 한 시구를 읊었더니 가을의 감회를 자아냄이 과연 실경과 방불하다.

7~8마장을 가서는 비로소 시내를 버리고 서쪽으로 들어 바로 영랑점(永郎岾) 아래에 이르니 진불암(眞佛菴)이라는 암자가 있는데 그 깊고 그윽하고도 묘하고 기이한 맛이 지나온 데와는 비할 바가 아니다. 앞에는 작은 봉우리 하나가 가장 가깝게 홀로 우뚝 빼어났다. 그 이름을 물으니 수미봉(須彌峰)이라 한다. 중의 말이 내산(內山)에서는 이 암자와 영원암이 가장 깊숙하므로 사람들이 잘 안 간다고 한다. 그리고 또 영랑점 위에서는 때때로 생황 소리, 저 소리가 은은히 들려온다고 한다. 그 말이 비록 허탄하기는 하지만 그 말을 들은 나는 흥겨워 훨훨 날아 신선이 될 것만 같다.

앉은 지도 오랬으니 다시 오던 길을 찾아 돌아와 또 원통암을 거쳐 향로봉 아래에 이르니 시내에 임하여 새로 지은 집이 있다. 흰 띠풀로 지붕을 이었으며 단청도 하지 않았

으니 나는 도리어 그 소박하고 조촐함이 사랑스러웠다. 이를 향로암이라 한다. 여기서부
터 내려가면서 맑은 못 달린 폭포의 절승한 곳을 허다히 보았으나 이루 다 기록할 수 없
다. 시냇물이 동구로 나가서는 이내 만폭동 하류와 합수된다. 중간에 큰 너럭바위가 있어
수백 사람이 앉을 만한데 여기에는 양 봉래가 쓴 ‘蓬萊楓嶽 元化洞天(봉래풍악 원화
동천)’이란 8대자가 새겨져 있다. 용이 뒤트는 듯 사자가 할퀴는 듯 글씨가 풍악의 기세
와 더불어 웅대함을 다투고 있다. 시내 왼편에는 푸른 벼랑이 우뚝 솟아 있어 이를 금강
대(金剛臺)라고 한다. 예전에는 청학의 집이 그 꼭대기에 있었다고 하였으나 지금은 볼
수 없다.

돌 위에 선인들의 제명이 많기에 이끼를 긁고 보고 나서 날이 어슬녘에 표훈사로 돌
아와 잤다.

만폭동에서 마하연까지

24일 임인(壬寅).

일찍감치 떠나서 만폭동으로 들어갔다. 몇 개의 못을 구경하고 왼편으로 벼랑길을 더
듬어 보덕굴(普德窟)을 찾아 오르는 것이었다. 얼쑹덜쑹한 돌층대로 수백 보를 올라가
서 돌층대가 끝난 데서부터 다시 돌계단 40층이 있어 이를 다 올라가서야 비로소 굴에
이르게 된다. 이 굴에다가 조그마한 암자를 지었으니 이를 보덕굴이라고 하는데 마치도
경쇠(磬ㅡ, 옥이나 돌로 만든 아악기의 일종)를 달아놓은 것 같다. 앞 기둥은 바위 밖에
나가 붙을 데가 없어서 수십 척 되는 구리기둥으로 이를 받치고 다시 두 줄의 쇠사슬로
얽었다. 그러므로 처음 그 위에 오르면 흔들거려 허공에 대롱대롱 떠 있는 것 같으니 어
지럽고 기가 질려 감히 아래를 굽어볼 수가 없다. 암자 북쪽에는 천연으로 된 대(臺)가
있어 역시 굴의 이름을 붙였는데 거기에 올라 대소 향로봉을 굽어보면 그 형상이 마치 어
린아이를 어루만지고 있는 것 같다.

좀 쉬고 나서 서북쪽으로 비틀비틀 내려가 다시 만폭동 시내의 한 못에 이르니 그 이
름을 진주담(眞珠潭)이라고 한다. 급한 계곡물이 달려오다가 바위 언덕의 턱을 받고 부
서져 수없는 구슬이 되어 못으로 떨어지기 때문에 그 이름을 얻은 것이다. 진주담 왼편에
는 바위가 처마처럼 비스듬히 내밀어 그 아래로 오륙 명이 들어앉을 수 있게 되었기에 두
다리를 뻗고 앉았더니 때때로 날려오는 진주 싸라기가 내 얼굴에 풍긴다.

또 수백 보를 올라가니 벽하담(碧霞潭)이란 못이 있다. 진주담보다도 더욱 기이하고
아름답다. 날아오르는 듯한 빠른 폭포가 길이 60∼70척쯤 되는 끊어진 바위 언덕으로 곧

바로 떨어지며 물보라를 사방으로 흩날려 골 안을 온통 안개와 눈 천지로 만들어놓는다. 못의 면적은 근 6~7묘, 물빛은 파랗고도 투명하기가 수정 같으며 또 그 곁에는 바위가 평평하고 넓게 깔려 마치 큰 잔치 좌석을 베푼 것 같다. 지팡일랑 세우고 거기에 도사려 앉아 휴대하였던 술을 꺼내 마시면서 쳐다보니 폭포, 굽어보니 못, 다시금 아껴 보며 해가 장차 늦어가는 줄을 깨닫지 못하였다.

또 한두 마장 올라가며 몇 개의 못을 구경하였다. 화룡연(火龍淵)이라는 못은 그 넓이와 길이가 벽하담보다 훨씬 크다. 물은 충충하고 검은 구름이 일고 있으니 혹시 무슨 음충맞은 짐승이 들어 있는가도 싶다. 크고 평탄한 바위가 못에 임하여 넓다란데 소나무, 전나무가 그 위를 덮었다. 거기에 아마 백 사람은 앉을 수 있을 것이다. 이른바 만폭동은 여기까지이다.

대개 이 만폭동은 온통 큰 반석으로 바닥이 되었는데 돌빛이 전부 희어 백옥과 같다. 시냇물은 비로봉으로부터 내려오는 것과 골짜기마다에서 내달리는 물줄기들이 서로 앞을 다투어 흘러내려 이 만폭동에 와서 다 모이는 것이다. 그리고 계곡의 돌은 우뚝한 놈, 뭉실한 놈, 삐죽한 놈, 민틋한 놈, 이런 놈, 저런 놈 등이 항렬을 떠나고 위치를 달리하여 복잡하게 놓여 있으니 이것이 물과 서로 싸우게 된 것이다. 물은 돌을 만나면 내닫기도 하고 뛰어오르기도 하며 받기도 차기도 치기도 밀기도 함으로써 별의별 조화를 다 부린 다음에야 비로소 노기를 진정하고 천천히 내려간다. 그리하여 잔잔한 내도 되고, 얕은 여울로도 되었다가 간간 달린 언덕, 끊긴 석벽을 만나게 되면 또 떨어져서 폭포가 되고 폭포 아래는 또 고여서 못이 되곤 한다. 폭포의 길이는 한두 길로부터 예닐곱 길이고, 못의 넓이는 두세 묘로부터 일여덟 묘이며, 그 못의 이름들은 구담(龜潭)·선담(船潭)·청룡담(靑龍潭)·흑룡담(黑龍潭)·응벽담(凝碧潭)·진주담·청유리담(靑琉璃潭)·황유리담·벽하담·화룡담 등인데 그 중에서 벽하담은 가장 기려(奇麗)하고 화룡담은 가장 웅대하다. 이상은 그 대략일 뿐, 그 세세한 기술을 나로서는 다 할 수 없다.

화룡담에서 한 마장쯤 올라가면 마하연이 된다. 등뒤에는 중향성이 있어 병풍을 친 듯하며 앞에는 혈망봉(穴望峰), 담무갈(曇無竭) 등 여러 봉우리들이 빙 둘러 역시 병풍을 친 듯하니 진실로 명가람이다. 뜰에는 삼나무, 전나무 등이 울창하다. 그 중에는 줄기 곧고 껍질 붉고 잎은 삼나무와 같은 것 한 그루가 있어서 옛날부터 전해오기를 계수나무라고 하지만 그것은 아니다.

식사 후에 뜨락으로 산보하면서 중향성의 뭇 봉들을 쳐다보니 다 무르녹은 은빛으로 얼른얼른 빛나고 있어서 눈이 부셔 바로 볼 수가 없다. 봉우리들의 자태도 두루 기이한데 낙조를 받아 더욱 기이하게 되었으니 정양사에서 보던 것들은 또 여기에 미칠 수 없다.

간성(杆城) 권 사군 세경(權使君世經)이 순찰사에게 문안하러 가던 길에 입산하였는데 우연히 나를 만나 촛불을 돋우고 유람하는 노정을 이야기하다가 이 산을 보고는 돌아가겠다는 나의 말을 듣고,

"여기까지 왔다가 동해를 보지 않고 그저 간다는 거야 될 말이오? 관동의 팔경을 다는 보지 못한다 할지라도 총석정과 삼일포 같은 데는 불과 수일이면 구경할 수 있지 않겠소? 탐승할 노비 같은 것은 내 마땅히 그대를 위하여 담당하리라."

하고 그는 개연히 나를 추동하는 것이었다. 나도 또한 그의 뜻을 받아 사양치 않았다.

마하연에서 유점사까지

25일 계묘(癸卯).

조반 후 권 사군과 함께 만회암(萬灰菴)에 올라갔다. 이 암자는 백운봉(白雲峰) 밑에 있어 마하연과의 거리가 100보도 안 되지만 환경이 매우 그윽하고 고요하다. 부처 앞에 놓여 있는 조그마한 향로에 향 피운 재가 아직도 또렷하니 중이 있다가 방금 나간 것같이 보이지만 아마도 사람이 없은 지는 오랜 것 같다.

조금 쉬어서 불지암(佛知菴)을 거쳐 안문점(雁門岾)에 이르렀다. 마하연에서 여기까지 15리쯤 된다. 지세는 자꾸 높아만 가서 오를수록 끝이 나지 않는다. 길에는 괴석들이 마구 내밀고 있어 보아가며 발을 내디뎌야 한다. 시냇물은 길을 따라 왼쪽에서 바른쪽에서 등넝쿨을 뚫고 내려오면서 무슨 그윽한 회포가 있는지 끊임없이 도란거려 객에게 하소연을 하건만 나는 지금 올라가기에 가빠서 그 아름다운 서정을 아는 체도 못하누나!

이윽고 영마루에 올랐다. 내산의 모든 봉우리들이 빠짐없이 한눈에 들어오니 그지없이 유쾌하다. 어떤 늙은 나무는 몇 춘추나 겪었는지 말라서 길게 누웠으니 그 모습 마치도 흰 용이 꿈틀거리는 것 같아서 바라보기에 더욱 기이하다. 이 영마루는 내산 외산의 분계선이 된다. 내산은 돌이 많고 흙이 적으며 외산은 흙이 많고 돌이 적다. 돌이 많으므로 희고 빼났으며 흙이 많으므로 힘차고 웅대하니 이것이 내, 외산의 다른 점이다.

외산의 중이 남여를 가지고 와서 기다리고 있었다. 꾸불꾸불 10여 리를 내려가서야 비로소 평지가 되었다. 시내 건너 북으로 두어 마장 가서는 은신대(隱身臺)에 오르는 것이었다. 비탈은 가파르고 길은 기울어져 디디기도, 더위잡기도 심히 어려웠다. 그러나 그대에 오르니 동해바다가 바로 발밑에 와서 있지 않은가! 대에서 북으로 바라보니 바로 맞은편에 천길 절벽이 깎아질려 그 기세 심히 웅대한데 거기에 쏟아지는 폭포가 있어 그

것이 어디로부터 오는지는 알 수 없지만 석벽 사이로 내리떨어진다. 그 폭포는 무릇 열두 층으로 되었고 그 밑에 계곡은 아득히 깊어 굽어보니 아렴풋만 할 뿐, 그 폭포가 떨어져 고인 데를 알 길이 없다. 선인들의 유람기를 보면 흔히 불정대(佛頂臺)에 올라 이 폭포를 보았으니 아직 못게라 여기서 보는 것보다 과연 그 어떠할까? 유점사에서 여기까지 10여 리, 단풍잎이 심히 번화하여 온 산에 붉게 무르녹고 있으니 이 또한 절승치 않은가! 아쉬워라 내산에서는 물든 단풍을 못 보았구나!

은신대에서 내려 5리를 가서 대적암(大寂菴)에 들렀다. 별반 절승한 것은 없지만 새로 지은 암자인지라 특히 정가롭다. 주지는 나백(懶白)이라고 하는데 얼굴 생김새가 헌걸차고 거동이 점잖으며 가르치는 도제가 수십 인이나 된다. 다과를 내어놓고 나를 맞기에 서로 이야기를 해보니 매우 재미있었다. 그 실내 정돈과 자리를 보아도 일 점의 진애가 없이 환하고 깨끗하며 불상도 정(精)하고 불경을 얹어놓은 선반들도 다 말쑥하다. 나는 이런 것이 모두 마음에 들어 자꾸만 유숙하고 싶었으나 행장을 벌써 유점사로 보냈으니 하는 수 없이 드디어 섭섭한 정을 남기고 작별하였다.

5리를 가니 유점사가 되었다. 나는 우선 산영루(山映樓)에 잠시 앉았다. 이 누가 옛날에는 시냇물을 타고 앉아 풍치가 심히 좋았는데 중의 무리들이 풍수쟁이의 말에 속아서 시냇물 줄기를 딴 데로 돌렸으므로 옛날의 멋을 다시 볼 수가 없으니 한스러운 일이다. 불전은 넓고 화려하여 장안사보다 훨씬 지난다. 불전 안에는 53불이 있는데 향나무를 새겨 천축(天竺)의 산 모양을 만들고 그 위에 앉혀놓았으며 뜰에는 13층 석탑이 있는데 그 돌빛은 순정한 청색인 데다가 그 제작수법이 자못 정교하다. 법희거사(法喜居士)의 기록을 보면 53불이 월지국에서 철종(鐵鍾)에 걸터앉아 바다에 떠서 왔다고 하였다. 법희란 자는 고려 때 문사(文士)였던 민지(閔漬)이다. 그가 기록한 이 절의 유래가 다 허탄 맹랑하여 믿을 것이 못 된다.

이 절은 내외산을 통하여 가장 크다. 불전 이외에 승료(僧寮), 선실(禪室), 누랑(樓廊), 주방, 욕실 등으로 에둘리고 굽이진 그 구조를 다 알기 어렵다. 이 절에 있는 중은 천 명이나 되지만 다 재물을 모아 가졌을 뿐 한 명도 더불어 담화할 만한 자가 없다. 지십(智什)이란 자가 꽤 이 산의 고사를 알고 있다. 밤에 원적료(圓寂寮)에서 잤다.

구연동에서 진견성암까지

26일 갑진(甲辰).

오늘은 만경대(萬景臺)에 올라갈 생각이다. 절에서 떠나 서북으로 시내를 좇아서 3

리쯤 가니 선담이라는 못이 있다. 거대한 바위로서 가운데가 두려빠져 그 형상이 배처럼 되었는데 횡으로는 20척 가량이고 종으로는 그 절반이다. 높이가 거의 한 길이나 되는 위에서 시냇물이 급히 쏟아져 이 배바위로 들어가 사위를 휘돌아서야 다시 배바위의 아랫입술로 떨어져 내려가서 작은 소를 이루고 있다. 몇 마장 더 올라가니 폭포로 된 것, 못으로 된 것들이 더 많으며 수석이 심히 웅장하고 맑아 만폭동과 거의 백중간은 되겠으나 다만 만폭동처럼 좌우에 비쳐주는 봉우리와 석벽이 적을 뿐이다.

선담을 지나서부터 길은 자꾸자꾸 올라가기만 한다. 이따금 가파른 천길 언덕을 올라갈 때에는 남여가 곧추 허공에 매달린 듯 몸을 스스로 가누기가 거의 불가능하였다. 자월암(紫月菴)에 이르니 지세가 까마득히 높아서 아래를 굽어본즉 천봉만학이 질룩질룩 높으락낮으락하여 바다 파도의 기복과도 같다. 이 또한 통쾌치 않은가?

조금 쉬어 만경대 가는 길로 접어들었다. 바야흐로 수백 보를 갔을 때 문득 안개가 자욱이 일어 앞을 분간할 수 없이 되었다. 아마도 비의 저해를 받을 것 같아서 남여를 돌려 자월암으로 회정하기를 재촉하였더니 좀 에돌아 서로 향하는 것이었다. 돌길을 구불구불 뱀의 걸음으로 빠져 나가기 두어 마장에 문득 두 암자가 나타났다. 약간 남으로 치우쳐 보이는 것을 구연암(九淵菴)이라 하고 약간 북으로 치우쳐 보이는 것을 진견성암(眞見性菴)이라 한다. 모두 구연동의 가장 깊은 곳에 있어 바위를 의지하고 계곡을 굽어보게 되었으니 맑고 그윽하여 일 점의 티끌이 없다. 여기 중 하나가 홀로 있는데 그의 이름은 관천(貫天)이라 한다. 가사 메고 나와서 정중하게 인사한다. 얼굴은 태고풍이고 뜻은 고요하여 한 점의 속된 티도 없다. 그가 나에게 묻기를,

"소승이 이 암자에 있은 지 몇십 년이 되었사오나 외인(外人)으로 여기 온 이는 도무지 없었사온데 손님은 어데서 오셨는지요"라고 하기에 나는 웃으며

"우연히 아름다운 풍경을 찾아 부지중 깊이 들어왔네그려!" 하고는 "금년에도 지나가는 객이 없던가" 하고 되짚어 물으니 중은,

"여름에 어떤 젊은 서생이 지났을 뿐 그 외에는 없었소이다"라고 한다. 서생이란 대개 자익(子益)을 이름인가 한다. 그 중은 나를 인도하여 암자의 좌편에 있는 작은 전망대에 올랐다. 굽어보니 앞으로 웅대한 바위가 누워 내려가 그다지 심한 벼랑은 아니었으나 그 길이는 몇백 길 되겠는지 그 복부로 폭포가 흘러 하얀 비단필을 끄는 듯이 내려가서 그 아래 깊은 시내에 잇닿았다. 시내에는 하얀 돌들이 듬성듬성 놓여 있고 수목은 울창하여 거기에 기이한 풍경이 응당 있으리라고 생각은 되지만 길이 끊겨져 내려가볼 수 없으니 한이 아닐 수 없다. 그래 다시 돌아와 앉아 중과 더불어 이야기하게 되었다.

"노장은 여기 오래 있으면서 날마다 하는 일이 무엇인고?"

"하는 것 없소이다. 다만 조석으로 향을 피우고 부처에게 예를 하거나 그러지 않으면 종일토록 벽을 대하고 도사려 앉았을 뿐입니다."

"노장도 역시 잠도 자고 밥도 먹겠지?"

"잠이라고는 다만 밤중에 옷 입은 채 1경(두 시간) 동안 졸고 나면 그만이옵고 먹는 거라곤 솔잎을 물에 탄 것 한 그릇뿐이옵니다."

이런 문답이 있었는데 그의 기색을 보아도 주리고 피곤한 티라고는 조금도 없다. 실내를 둘러보아야 다른 물건은 없고 오직 맑은 물 한 주전자와 솔잎 가루 한 주머니가 있을 뿐이다. 그의 계행(戒行)의 고난이야말로 게으름뱅이에 대한 일깨움으로 되기에는 족하다고 하겠으나 아까울손 그의 귀중한 노력을 딴 방향으로 돌렸기 때문에 그는 다만 한 개의 마른 나무나 죽은 재처럼 되었을 뿐이로구나!

해가 기울었다. 다시 길을 찾아 운수암(雲水菴) 옛 터를 거쳐서 선담의 바위 위에서 좀 쉬다가 어슬녘에 유점사에 돌아왔다. 절의 중이 두부를 해놓았기에 배불리 잘 먹었다.

임군 진원(任君鎭元)이 그의 족숙 모(族叔某)와 함께 내산에서 쫓아왔기에 그들과 같이 잤다.

이날 밤에 비가 오기 시작하더니 27일 을사(乙巳)에는 비가 더욱 심하여 종일 문을 닫고 들어앉았다. 중들과 더불어 향을 피워놓고 한담을 하는 것도 또한 낙이었다.

고성(高城)군수 홍우원(洪宇遠)도 순찰사에게 문안갔다가 오던 길에 여기 들러 잠깐 만나보았으나 담화는 못하였다.

만경대에 오르고 반야암 등 여러 암자를 봄

28일 병오(丙午).

이날에야 비가 비로소 개더니 날씨가 더욱 쌀쌀하여졌다.

동행이 모두 크게 유쾌하여 기어이 만경대에 올라가자고 하나 중들은 번갈아 나와서 같은 말로 하늘이 개기는 하였을지라도 바람이 심히 세차니 높은 데는 올라가지 말아야 한다는 것이었다. 중들의 말을 모두 일축해버리고 남여를 타고 억지로 떠나 다시 구연동으로 들어갔다. 시냇물이 비를 얻었으니 갑자기 창일하여 내닫는 물이 무서운 형세로 소리치며 계곡을 마냥 뒤집고 있다. 전에는 돌을 만나면 겸손히 피하였건만 지금은 능멸히 여겨 그 위를 훌훌 넘어 나간다. 전에는 거문고 소리, 비파 소리나 내던 시내들이 지금은 변하여 열 가지의 뇌고(雷鼓)를 울리고 있다. 귀에 들리는 것, 눈에 보이는 것들이 갑자기 다 기이하고 장엄하게 변하였으니 내 마음도 자연 우쭐거려 어제와는 딴판 다르다. 과연 사람의 마음이란 환경을 따라 변천함을 나는 여기서 더욱 체험하였다.

선담에 잠시 앉았노라니 바람이 심하여 추위를 이길 수 없기에 어서 술을 가져오라고 재촉하여 마셨으나 그래도 추위가 풀리지 않는다. 영은암(靈隱菴)에 갔더니 황폐 퇴락하여 거처하지 못하게 되었다. 여기를 지나서부터는 산세가 점점 가파르고 길이 또 미끄러워 남여를 메고 가는 중이 열 보에 한 번씩은 미끄러지므로 늙은 사람은 옆을 부축하고 젊은 사람은 뒤를 밀게 하여야만 전진할 수가 있었다. 또 6마장쯤 더 가서는 길이 더욱 험준하여 남여에서 내렸다. 도보로 다시 수백 보를 더듬어 올라 드디어 만경대 위에 도달하였다. 나는 대 위를 거닐며 사방을 두루 내다보았다. 서에서 북까지는 연봉이 앞을 가려 더는 시력을 달릴 수 없으며 남쪽으로는 수없는 뭇 산들이 불룩불룩 개미둑같이 보이며 동쪽으로는 망망한 바다가 끝이 없다. 비로봉은 아직 올라보지 못하였으나 이 또한 금강의 대관이 아니겠는가? 한참 앉았노라니 바람세가 더욱 세차져서 사람을 날려 떨어뜨릴 것만 같다. 우리들이 붙들고 이끌고 하여 서로 의지를 삼으나 그래도 안정이 되지 않는다. 그래서 글을 쓸 만한 바위를 선택하여 같이 유람온 사람들의 이름을 써서 새기게 하고는 내려왔다. 임군과 누구는 은신대로 향하였으나 나는 이미 보았기에 좇아가지 않고 회로에 반야암(般若菴), 명적암(明寂菴), 백련암(白蓮菴) 등 세 암자에 들렀다. 이는 다 유점사와 몇 마장밖에 안 된다.

유점사에 돌아오니 아직도 해가 서 발이나 남아 있다. 임군 등 두 사람은 은신대에서 돌아와 그 풍경을 크게 자랑하여 천하에 다시 없는 장관이라고 한다. 대개 비 뒤에 폭포가 더욱 커져서 12층이 하나로 내뻗을 것이니 그 기이함도 상상할 수 있다.

유점사에서 고성까지

29일 정미(丁未).

일찍 일어나 조반을 재촉해 먹고 임군 등 두 사람은 내산으로 도로 갔으며 나는 영동(嶺東)을 향하여 절에서 나왔다.

길은 시내를 좇아가는 것이었다. 시내는 굽이쳐 흐르면서 애절한 사설이 많고 누런 잎은 때때로 사람을 때리니 어찌 아니 처절하랴! 정 호음(鄭湖陰)의 절구와 정 송강(鄭松江)의 악부(樂府, 《관동별곡》)가 참으로 실감을 잘 그렸다고 생각된다. 두어 마장 가서는 시내는 버리고 왼편으로 산밭을 따라 나간다. 바위 길이 끊어져 위태로운 데는 간간 나무다리를 버티어놓았는데 디디면 우직우직하여 부러져 떨어질 것만 같았다. 길이 북으로 꺾여 나가다가 다시 시내를 만났다. 시내는 북으로부터 흘러 내려오니 여기서는 그 근원을 알 수 없다.

구령(狗嶺)에 올랐다. 이대(尼臺) 중대(中臺)에 이르니 안계가 자못 환히 열려 동해 바다가 바로 한 발자국 앞에 있는 것만 같다. 여기서부터는 영의 내리받이인데 길이 종시 이리 꿈틀 저리 꿈틀 구불구불 내려갔다. 남여 위에 앉았으니 점점 머리는 수그러지고 꽁무니는 높아진다. 뒤따라오는 자를 돌아보니 도리어 내 머리 위에 있구나! 이렇게 몇백 굽이의 굴곡을 거쳐서야 비로소 지상에 내려왔다. 시내가 있으나 걷고 건널 수가 있었다. 6~7리를 더 가서는 길이 좀 평탄하기에 비로소 남여를 버리고 말에 올랐다. 말과 말몰이꾼은 다 권 사군이 보낸 것이다.

두어 마장 더 가서 백천교(百川橋)에 이르니 돌다리가 장하게 놓여 있다. 예전에는 채색 누각이 그 위를 타고 앉아 있었는데 지금은 없다. 다리 아래 시냇물의 기세가 심히 장렬하여 돌과 더불어 서로 싸우다가 내려가 좀 평온하게 된 데 가서는 충충하게 고여 얼마나 깊은지 빛깔조차 까마니 그 밑을 볼 수가 없다. 대개 유점사에서 여기까지 수십 리 어간이 다 깊은 골짜기 속으로 나오게 되는 것이다. 산세가 서로 어긋어긋하고 수목이 서로 가려 그늘겼으니 한나절을 나오는 동안 하늘과 햇볕을 보지 못하다가 여기에 이르러서야 점차 앞이 열리기 시작한다. 좀더 몇 마장 나가니 휑한 평지가 되었다. 숙고촌(稤庫村)에 가서 점심참을 하면서야 비로소 마을과 논밭과 들의 작물들을 보게 되었다. 오곡이 지금 겨우 성숙되어 아직 수확이 끝나지 않았으니 이를 내다보며 농촌의 아름다운 풍경에 흐뭇함을 느꼈다.

15리를 더 가서 한 영에 올랐다. 머리 돌려 돌아보니 금강의 수없는 봉우리들이 거듭거듭 하늘 높이 쌓이고 쌓여 그 모습이 금시에라도 훌훌 솟구쳐서 뛰어 나올 것만 같다. 이 산을 산중에서 볼 때에는 다만 그 기발하게 빼어나고 깎아지른 그것이 다른 산과 특이하다고 생각하였을 따름이었으며 그 웅대한 전모에 이르러서는 오히려 다 알지 못하고 있었더니, 여기 나와서 보매 층첩한 멧부리, 첩첩한 봉우리들이 겹겹이 둘리고 싸여 마치 난공불락의 성벽과 성가퀴(女墻)가 거듭거듭 둘린 것과도 같다. 천하를 두루 보라, 이를 대적할 그 무엇이 있겠는가? 이것을 보고야 나는 소 장공(蘇長公, 東坡)이 일찍이 여산(廬山)에 사는 사람을 조롱하여,

여산의 참 면모를 그대들은 믿잖으니(不信廬山眞面目)
다만 늘 이 산중에 살고 있기 때문일세(只緣身在此山中)

라고 한 것이 헛말이 아님을 알았다. 석양녘에 고성읍으로 들어갔는데 조용하기가 촌락과 같다.

해산정(海山亭)에 올랐다. 이는 읍 뒤 조그마한 산등성이에 있어 앞으로는 남강(南江)에 임하였다. 동으로 바다를 내다보니 10리도 못 되게 가까워서 은빛 물결 눈빛 파도가 바로 눈앞에 출렁거리고 있다. 바다 가운데는 흰 돌 몇 개가 백옥인 양 우뚝 섰으니 이른바 칠성석(七星石)이란 이게 아닌가? 곁의 사람에게 물어도 아는 사람이 없다.

고성에서 통천까지

무신일(戊申).

새벽에 일어나 해뜨는 것을 보려고 나가 기다리고 있었다. 동쪽 하늘에 불그레한 기운이 희미하게 어려온다고 보았더니 어느덧 그 빛이 점점 환히 붉어지고 따라서 구름이 이 빛을 받아 오색의 문채를 이루되 진하게 담하게 색태(色態)를 달리하면서 경각간에 헤아릴 수 없는 변화를 일으킨다. 이윽고 해가 둥글둥글 바다 속에서 나오는 것이었다. 큰 구리쟁반과도 같이 비죽이 내밀다가 이내 또 주춤 들어가니 이는 바다 파도가 넘실거리기 때문인 것이다. 이렇게 날락들락하기 한참만에야 비로소 공중에 둥실 솟아올랐다. 바다 파도가 처음에는 붉고도 금빛같이 빛나더니 이때에 와서는 수은같이 넘실넘실 만리가 한 빛으로 되었다. 이를 보는 자가 모두 크게 환성을 올렸으며 나도 평생에 처음 보는 장관이었다.

아침 식사 후 삼일포에 갔다. 호수의 주위는 10여 리 가량이다. 호수 밖으로는 서른여섯 봉우리가 에둘려 있고 호수 가운데는 작은 섬이 있으며 섬에는 정자가 있으니 이를 사선정(四仙亭)이라고 한다. 사선이란 신라 때 사람들이라고 세상에서 전하고 있는데 그들은 일찍이 관동의 여러 명승을 두루 찾아다니며 놀다가 여기 와서는 돌아가기를 잊고 사흘 동안이나 놀았다고 한다. 그래서 호수를 삼일포라 하고 정자를 사선정이라 하였다고 한다. 호수 어귀에 자그마한 배가 있어 탈 수 있게 하였으니 대개 홍 군수가 금강산에서 나의 삼일포 유람이 있을 것을 알고 멀리 관리에게 명하여 배를 대어두고 기다림이 아닐까? 아마 권 사군이 이를 일렀으리라고도 생각된다. 노를 저어 중류에 들어가니 넘실거리는 파도 아득히 열려 가없는 바다에 둥실 뜬 기분과 다름 없다. 물이 매우 맑아서 마름 사이를 굽어보면 고기떼가 역력히 보여 셀 수도 있다. 호수 북쪽 물가 위에는 사자바위가 있다. 머리는 들썩하고 꽁무니는 나지막한 꼴이 쭈그리고 앉은 사자와 비슷하더니 바투 가서 다시 볼 땐 같지 않았다. 배를 옮겨 대고 사선정 남쪽 작은 바위 봉우리에 오르니 짤막한 갈(碣)이 있는데 마멸되어 글자가 없어졌다. 이를 세상에서 전하기를 미륵 매향비(彌勒埋香碑)라고 한다. 서쪽으로 돌 언덕을 돌아가니 단서(丹書)로 쓴 '述郎徒南石行(술랑도남석행)'이란 여섯 자가 새겨져 있다. 세상에서 이를 사선(四仙)의 행서(行書)라고 하는데 자획이 아직도 마멸되지 않았다. 다만 '도(徒)'와 '행(行)' 두 자만이 좀 흐려졌으나 자세히 보면 역시 알아볼 수 있다. 우리는 이를 보고 나서 붓에 먹을 찍어 그 하면에 제명을 하였다. 다시 천년 후에 우리의 제명을 보는 자도 또한 같은 때에 함께 나지 못한 탄식을 가짐이 오늘 우리의 심정과 같을는지도 모른다. 배를 다시 돌려 정자 아래 와서 대었다. 섬을 둘러싼 것은 다 괴석이다. 위에는 늙은 솔 몇 주가 있는데 솔들은 다 여위고 나지막하여 허공을 받들 기세는 없다 할지라도 바람이 올 때마다 맑고 그윽한 소리를 들려주니 이 또한 즐겁지 않은가! 술을 들고 그 아래 앉았으니 심신이 쇄락하여 도무지 가고 싶지 않건만 갈 길이 바빠서 마침내 사흘놀이를 할 수가 없으니 사선들의 웃음거리가 되지 않겠는가!

낮이 기울어서 양진역(養珍驛)에 이르렀다. 여기서 그만 유숙하려다가 해를 보니 아직 일러 말을 먹여가지고 다시 떠났다. 여기서 10리를 더 가서부터는 길이 종시 바다를 끼고 나간다. 밀려드는 파도가 휘몰아오르다가는 주춤거리곤 하여 마치 천병 만마가 앞을 다퉈 적을 치러 내달리는 것 같다. 파도의 여세가 능히 언덕 모래를 수십 보 밖에까지 차 던지니 사람과 말들이 이를 볼 적마다 놀라 물러서곤 한다. 길 옆에는 또 맑고 깊은 호수들도 많다. 혹은 두어 마장 가서, 혹은 10여 리를 가서도 호수를 보게 되는데, 백로·백구·오리 등 물새들이 드날고 있다. 고성에서 통천까지 다 그러하니 모두 바닷물이 넘쳐서 된 것이다.

옹천(甕遷)을 5리 앞두고 자면서 내일 새벽에 옹천 가서 해뜨는 광경을 보자고 약속하였더니 새벽에 비가 와서 일찍 떠나지 못하였다. 말을 타고 떠날 때에는 해가 벌써 바다에서 한 길이나 올랐다. 비가 갓 갠 까닭에 구름의 광채가 어제 볼 때보다도 더욱 기이하다. 이윽고 무지개가 웅대하게도 서북에서 일어나서 바다 위에 휘우듬히 꽂아가지고는 아침 햇빛과 더불어 화려함을 다투다가 한참만에야 사라졌다.

바위를 쪼아 길을 내어 겨우 말 한 필을 통하게 한 곳이 수백 보가 된다. 그 아래는 바다 파도가 받고 찧고 하여 그 소리 성낸 우레 같다. 말은 옹송그려 걸으니 떨어질까 겁냄이었다.

등로역(登路驛)에 가서 조반 먹고 조진역(朝珍驛)에 가서 점심참을 한 후 두어 마장 가니 문암(門巖)이 되었다. 문암이란 두 바위가 마주서서 사람이 그 사이로 왕래하니 마치 문과 같다는 것이다. 빛은 희고 형상은 자못 기이한데 기화 이초(奇花異草)가 그 위에 수를 놓았다. 여기서부터 두어 마장 어간은 기이한 바위들이 군데군데 포치되고 흰 모래는 눈 같으며 드나는 갈매기는 사람이 곁에 있어도 놀라지도 피하지도 않으니 그 얼마나 한가로운 정경인가! 고삐 놓고 말에 맡겨 이곳 저곳 바라보며 천천히 가면서 시를 읊으니 안마(鞍馬)의 피로함을 아주 잊어버렸다.

대개 60리쯤 갔을 때 솔숲 하나를 만났다. 10여 리까지 잇달려 나간 솔숲의 울창한 빛깔이 바다빛과 서로 얼려 더욱 아름답다. 솔은 대개 아직 어리다. 앞으로 이 솔이 커서 높이 허공에 솟아 모두 낙락장송이 된다면 어찌 서호 구리(西湖九里)에 비하랴!

석양녘에 통천에 이르니 군수 이후 제두(李侯齊杜)는 마침 서울 가고 없었다. 그의 아들 상휴 사행(相休士行)은 본래 나와 더불어 친한 사이이다. 몹시 반겨 술자리까지 베풀었다. 밤에는 청허당(淸虛堂)에서 그와 같이 잤다.

총석정을 보고 추지령을 넘어 서울에 돌아옴

경술일(庚戌). 비오다가 늦게 갬. 비가 개자 곧 말을 타고 떠났다. 동으로 15리를 나가 해상에 이르러 총석들을 구경하였다. 산줄기가 길게 구기 자루처럼 꺾여 바다로 뻗어 들어가서 둥그스름하게 솟은 곳에 이전에는 정자가 있었는데 지금은 없다. 앞에는 천연으로 된 큰 석주(石柱)처럼 생긴 바위 기둥 넷이 있어 띄엄띄엄 물 가운데 서 있다. 그 높이는 다 열 길 이상씩 되었는데 이를 사선봉(四仙峰)이라 한다. 이는 모두 수십 개의 작은 석주들이 한데 묶여 하나씩 이루어진 것인데 그 작은 석주들이 다 모나고 곧게 육면(六面, 육모)으로 되었다. 그 동쪽에 있는 총석들도 다 그와 같이 정연하여 먹줄 놓아 자귀로 깎아내고 톱으로 자른 듯하니 오직 사선봉만 그런 것이 아니다. 어찌 그뿐이랴! 총석정을 에두른 몇 리의 해면에 종으로 횡으로 눕고 넘어진 형태로 허다히 분포되어 있는 것들이 또한 그렇게 생기지 않은 것이 없다. 생각건대 그 흙 속에 묻혀 있는 것들은 또 그 얼마나 많을 것인가? 능히 파도로써 들추고 씻어내어 말끔 일으켜 세울 수가 있다면 몇 백 몇천의 총석이 될는지 알 수 없다. 자연의 기교가 그 어찌 이에 이른고? 어허 기이함도 기이하여라! 들건대 안변의 국도(國島)가 이와 같고도 더 기이하고 굉장하다 하니 조물주가 이 재주를 동해 일면에만 베풀어 그 승경을 집중함이었던가? 다른 데는 또 이런 것이 있다는 소문이 없으니 괴이치 않은가? 사선봉이라 이름한 것도 영랑(永郎) 등의 옛 자취가 있었음으로써이니 호수의 이름을 삼일(三日)로, 정자의 이름을 사선으로 함과 동일한 연유인 것이다. 동쪽 벼랑에 짤막한 갈이 있으나 글자가 마멸되어 읽을 수 없다. 이것도 영랑 그들이 세운 것일까?

이날은 하늘이 심히 맑다. 정자 위에 앉아 동으로 바라보니 시력의 끝까지 오직 바다 일 뿐, 다른 아무것도 내 가슴에 검불로 되어 걸릴 것이 없으니 나로 하여금 뱃전을 치며 봉래산을 찾을 생각을 가지게 한다.

해는 저물어가고 바람은 세차게 일어난다. 파도는 눈보라를 일으키며 뛰어올라 거의 총석의 절반이나 삼켰다가는 토하곤 한다. 쿵쾅 노호하는 그 형세 심히 무섭다. 오슬오슬 떨려 오래 있을 수 없다. 이번에 나는 금강산을 보고 반생 동안 보았다는 산들은 모두 흙 더미, 돌무더기였다고 하였더니 지금 또 여기 와서는 반생 동안 보았다는 물들은 다 도랑 물, 소발자국물이었구나 하였다. 만일 권 사군의 권고가 없었다면 이 장관을 그만 잃을 뻔하였다.

통천 군재(郡齋)에 돌아와서 밤에 사행과 더불어 술마시며 이별을 아꼈다.

신해일(辛亥)에 일찍 떠났다. 추지령을 넘을 때 오불꼬불 양의 창자처럼 된 돌길로 10리를 올라가서야 영마루인데 여기서부터는 회양 땅이다. 회양부까지 30리나 되건만 평평하여 다시 내려가게 되지 않았으니 세상 사람들의 말에 회양은 산등성이에 있다는 것이 과연 그럴 법도 하다.

회양부사 임공이 또 굳이 만류하며 가게 하지 않아 사흘을 부중에 묵었다.

을묘일(乙卯)에야 떠나서 기미일(己未)에 서울에 돌아왔다. 왕복 모두 31일이 걸렸다.

금강산기*

이만부(李萬敷 ; 1664~1732)

조선 후기의 학자. 정주학(程朱學)에 심취하였으며
실학파와의 교분도 유지하였다.
문장과 글씨에 뛰어났고, 저서로는 《식산문집(息山文集)》이 있다.
〈금강산기〉는 철학적·역사적 시각을 자연에 견주어
서술한 문장이 독특한 18세기의 탐승기이다.

통구(通溝)에서 동쪽으로 골짜기를 따라 들어서니 가파른 길에 돌이 많아 인마(人馬)가 다니기 어려웠다.

이 길을 따라 30리를 가니 한 잿마루에 오르게 되었는데 그 재에 단발령이란 이름이 붙어 있었고 그 산을 천마산(天磨山)이라 하였다. 산은 웅장하고 높이 하늘을 찌르듯 치솟아 있어 금강산을 병풍처럼 에워싸고 있는 산맥 가운데에서 서편의 산이 곧 이 산이라 하였다.

동쪽을 향해 금강산을 바라보니 눈길 머무는 곳마다 구슬 같은, 은 같은, 눈 같은, 얼음알 같은 봉우리가 층층이 쌓이고 겹겹이 치솟아 하늘에 닿은 듯하였고 그 하늘의 저 쪽에는 더 바라볼 동천(東天)이 없었다.

스님 혜밀(慧密)이 손으로 하나하나 "저것은 무슨 봉(峰)이며 저것은 무슨 영(嶺)이며 저것은 무슨 점(岾)이고 저곳은 무슨 동(洞)이라" 설명하기에 나는 창랑(滄浪)노인을 보고 말하기를,

"증점(曾點), 칠조개(漆雕開) 같은 사람이다. 이미 대체(大體)의 뜻은 다 보았다"라고 하였더니 창랑노인도 "그렇다"고 하였다.[1]

이에 혜밀이 말하기를,

"이곳은 늘 구름이 높은 산을 감싸안고 있어 이곳에 와서 금강산을 바라보는 사람은 이것을 몹시 아쉬워하였는데, 지금은 하늘과 땅이 맑게 개어 모두가 상투 같고 쪽 찐 머리 같은 산꼭대기가 남김없이 다 나타났으니 참으로 공(公)들이 이 산과 인연이 있음을 알게 되었다"라고 하였다.

단발령 위에는 세조대왕이 가마를 멈추었다는 단(壇)과 섬돌이 아직도 남아 있다. 이

---

* 이만부, 〈금강산기〉, 《지행록(地行錄)》; 《금강산기(金剛山記)》, 목란문화사, 1990.
1) 이 '증점' '칠조개'는 실로 교묘하게 뜻을 중복시킨 어휘다. 증점과 칠조개는 모두 공자의 제자인데, 증점은 이미 공자의 도에 그 대의는 다 보았다는 뜻이고, 칠조개는 전에는 옻칠을 한 듯 까맣게 모르던 세계가 열렸다는 뜻을 겸하고 있다.

단의 네 모서리에는 늙은 회(檜)나무가 말라죽어 있었는데 내가 전에 옛사람의 기록을 보니 신라가 부처를 지극히 숭상하던 때에 한 왕자가 이곳에 와서 금강산을 바라보고는 서원(誓願)을 세워 불문에 들었다고 하였는데 지금 어리석은 속설이 사실을 와전해서 감히 세조대왕의 성덕에 누를 끼치고 있으니 한탄할 일이었다.

단발령을 내려오는 길은 마치 땅이 꺼져내린 듯 가파르고 풀더미와 넝쿨에 가린 그늘로 도무지 햇빛을 볼 수 없었다. 단발령 밑에는 신원(新院)이라는 마을이 있었는데 곧 교주(交州) 장양(長楊) 땅이었다.

신원에서 큰 내(川)를 건너고 철이현(鐵耳峴)을 넘어 동쪽으로 10여 리를 가 다섯 번 내를 건너면 장연사(長延寺)의 옛 터가 있었는데 삼나무·회나무·소나무·잣나무 등이 길 양쪽으로 날개처럼 드리워져 있었다. 여기에서 다시 두 번 개울을 건너서니 장안사에 들게 되었다.

장안사는 큰 사찰이며 신라 법흥왕 때 창건되었고 그 후 원나라의 기황후(奇皇后)가 공인(工人)과 보시(布施)를 보내어 증수하였는데 이곡(李穀)이 그 사실을 기록하여놓았다.

절 앞에는 산영루(山映樓)가 버티고 있고 장경봉(長慶峰), 관음봉(觀音峰), 지장봉(地藏峰), 석가봉(釋迦峰) 등 수많은 봉우리들이 개울 건너 장안사에 조회(朝會)하고 있었으며, 큰 계곡의 물이 힘차게 부딪혀 돌을 밀어내며 서쪽으로 쏟아져내려 은은한 우레 소리가 골짜기에 가득하였다.

예전에는 석교(石橋)가 있었는데 그 높이가 50척이고 너비가 13척이나 되었으며, 양쪽 둑을 가로질러 산영루에 닿게 되어 그 다리 이름을 만천교(萬川橋), 혹은 문선교(問仙橋)라 하였으나 지금은 장마비에 떠내려가고, 큰 돌로 돌다리를 놓아 왕래하는 사람을 통하게 하고 있었다.

산영루에서 내려와 서쪽으로 몇십 발자국 걷지 않아 범종루(泛鐘樓)가 있었는데, 이 누 밑에 있는 문을 상수문(相隨門)이라 하였으며 서까래 처마밑 길로 이어져 있었다.

이 처마밑 길은 다시 문으로 이어지니 이것이 진여문(眞如門)이며, 계단을 통해 2층에 오르면 큰 전각이 있었는데 이곳이 대웅전이었다.

대웅전 동북에는 명부전이 있었고 명부전 동쪽에 나한전이 있었으며, 또 고승 굉변(宏辨)의 부도도 있었다.

〈추강기(秋江記)〉에 이르기를, "원나라 황제가 만든 무진등(無盡燈)과 목각경함(木刻經函) 및 복성(福成)이 만든 오왕불(五王佛), 오중불(五中佛) 등은 그 기법이 극히 정교하다'라고 하였으나, 지금은 다 없어지고 오직 중국에서 가져왔다는 철로(鐵爐)와 주등(珠燈)이 남아 있었는데 매우 기이하였다.

아우가 수춘(壽春, 춘천)에서 시사(試士, 과거를 주관)하고 우리 일행을 뒤따라와서 산에 들어왔기에 함께 탐승하게 되었다. 무릇 금강산을 유람하는 사람은 누구나 장안사에서 안장을 내려놓고 말을 그곳에 머물게 하며, 여기서 비로소 남여나 짚신, 혹은 지팡이를 가지고 길을 나서게 된다 하였다.

주지가 우리들이 길을 떠나려 하자 나막신과 지팡이를 가져다주었다. 동쪽으로는 내를 건너서 백천동에 드니 관음봉과 석가봉이 양편에서 하늘을 찌를 듯 솟아 서로 어루만지듯 닿아 있었다. 그 틈을 엿보아 지장봉의 험로를 무릅쓰고 앞으로 나아가 몇 번 길을 꺾어 도니 지장봉을 등에 업고 한 암자가 있었는데 그곳이 지장암이었다. 거기에서 다시 한 번 돌아들어 지장봉을 등뒤로 하고 서면 돌층계가 끊어진 곳에 마치 반석을 엎어놓은 듯한 곳이 있었으며 사방이 열 자 가량 되었는데 이 반석을 '업경대(業鏡臺)'라 부른다 하며, 그 옆으로 쨍하게 맑은 못이 있고 그 못의 동편으로 돌병풍이 가로쳐져 동구(洞口)를 막고 있었다.

그 돌병풍은 색깔이 약간 노르스름한데 매끄럽고 광택이 났으며, 앞뒤가 깎고 간 듯하며 네 끝이 아무 곳에도 기댄 곳이 없었으니 이름하여 '옥경대(玉鏡臺)'라고 하였다.

이 대에서 내려와 돌다리를 건너 남쪽으로 한 바퀴 굽이 돌면 동쪽으로 석문이 있는데 거기에 있는 못을 '황천담(黃泉潭)'이라 불렀으며 문은 '지옥문(地獄門)'이라 불렀는데 후세 사람들이 각각 '옥경담(玉鏡潭)' '극락문(極樂門)'으로 고쳤다 한다. 석문이 이어진 곳에 옛 성이 있었고, 문을 들어서니 금사굴(金沙窟)과 옛 궁터가 있었다. 전해지건대 신라의 말왕(末王, 경순왕)이 고려 태조에게 나라를 물려줄 때 왕자(마의태자)가 간했으나 듣지 아니하자 울면서 왕을 하직하고 금강산으로 들어와 세상을 마쳤다 하는데 이곳이 아마도 그곳이 아닐까 생각되었다.

크고작은 흰 돌이 수북이 쌓여 물을 가로막고 있어 물은 돌 틈으로 굽이치고 쏟아져 어지럽게 흐르고, 가파른 봉우리는 사나운 이빨처럼 삐쭉삐쭉 솟아올라 서로의 틈을 메워 조망을 가로막고 있어 한 발도 내디딜 곳이 없을 것처럼 보였다. 위험을 무릅쓰고 번개같이 몸을 피해가며 앞으로 나아가니 골짜기는 길수록 깊어만 갔다.

평릉(平陵)현감인 민정(閔珽)이라는 사람은 나의 아우인 지국(持國, 李萬維, 호는 恩庵)을 따라 이곳까지 왔다가 겁도 나고 무서워 돌아가버렸다. 우리들의 앞에서 창랑노인이 가는데 그 걸음걸이가 날듯 빨랐다. 나와 지국은 그 뒤를 따랐지만, 동에서 서로 다시 서에서 동으로 몇 굽이를 돌았는지 알 수 없었다.

지국이가 백족(白足, 스님)을 시켜 산(山) 과일을 따오게 하여 먹었고, 종자(從者, 하인)는 물밑에서 한 알의 해송(海松) 열매를 주워 쪼개니 알맹이가 나왔는데, 물에 담가보니 마치 옥종유(玉鐘乳)와 같았다.

영원동(靈源洞)은 석문에서 시작하여 미륵봉 아래에서 끝나며 미륵봉 밑에는 작은 암자가 있었는데 이름하여 '영원암'이라 하였다. 이 암자의 동편으로 백마봉(白馬峰)과 차일봉(遮日峰) 두 봉우리가 솟아 있었고 우두봉(牛頭峰), 마면봉(馬面峰) 등 두 봉우리는 올연히 서쪽을 지키고 있다.

또 남쪽에는 한 무더기의 봉우리들이 있는데 이 봉들은 시왕봉이란 이름이 붙어 있었으며, 그 중 작은 봉우리 네다섯 개가 마치 줄지어 큰 봉우리를 받들고 있는 듯한 것들이 있었는데 이 봉우리들에는 각각 동자봉(童子峰), 사자봉(使者峰), 판관봉(判官峰), 장군봉(將軍峰) 등의 이름이 붙어 있었다.

이 초록빛 봉우리들은 마치 여인의 머릿단처럼 다듬어져 숙연하도록 노란 금빛 절벽이 현란하게 눈이 부셔 오래오래 보고 있어도 도무지 싫지가 않았다. 이곳 지세는 깊고 아득하여 까마귀가 시끄럽게 우짖거나 날짐승이 날아다니는 일도 끊겨버려 적막한 곳이어서 굽어 우리가 지나온 곳을 되돌아보니 푸른 초록의 나무들만 자욱할 뿐 길은 끊긴 듯 보이지 아니하여 다시 되돌아가 인간세계의 사람이 되지 못할까 염려스럽기조차 하였다.

이곳에서 서쪽으로 10여 보를 올라가니 옥초대(玉焦臺)가 있었는데, 세 그루의 적송과 높은 돌무덤이 서늘한 그늘을 만들어 그곳에서 떠날 생각이 없었다. 깃털 같은 구름이 몽롱하게 덮여 있는 봉우리가 물에 비치어 거꾸로 선 경관들이 서로 아름다움을 자랑하고 사방의 봉우리들이 모여들어서는 한 곳에 합쳐져 느닷없는 하나의 자줏빛, 초록빛 세계를 이루었으며, 또 서편으로 난 갈림길을 들어서니 작은 동구가 있었는데 이곳을 현불동(現佛洞)이라 불렀으며 칡, 담쟁이덩굴 사이로 현불암이 있었다.

이 암자보다 더 서편에 백탑동이 있었으며, 동(洞) 안에 촉암(矗巖)이 있었는데 바위들이 스스로 층계를 이루었기 때문에 백탑동이란 이름이 붙게 되었다고 한다.

장안사의 북쪽 산에는 극락암이 있었다. 그곳을 나와 서쪽으로 약 100발자국 올라가니 만폭동의 물이 백천(百川)의 물과 합류되었는데 이곳에 예전에는 깊은 못이 있어 그 깊이를 잴 수가 없었다고 하나 홍수로 다 묻히고 지금은 급류가 되었다고 한다.

이곳에서 바위층계를 지나려면 나무로 잔교(棧橋)를 만들어 길을 이었는데 여기서 다시 수십 보를 가면 산 끝머리가 굽이돌며 장안사 쪽을 가로막고 있으며 그곳에 큰 바위 6~7개가 개울가에 띄엄띄엄 떨어져 서 있었으며 또 질펀히 펼쳐진 바위가 산기슭을 이루고 있었다. 이 산의 끝은 툭 불거져 나와 물 속에 꽂혀 있어 물의 끝까지 뻗었고, 이로 인하여 물이 곤두서서 굽이치는 곳마다 낭랑한 소리를 내며 아래로 떨어져내렸다.

그 아래로는 큰 물웅덩이가 이루어져 물이 소용돌이치며 새파랗게 뒤엉켜 있었는데 이곳을 명연(鳴淵)이라고 부른다 하며 이 높은 전면에 마치 채 피지 않은 부용꽃과 같은 작은 봉우리와 마주보고 있어 그 봉우리의 그림자가 물 속에 거꾸로 비치고 있었다.

이곳에서 곧바로 올라가 미륵암, 안양암(安養庵) 등 두 암자를 지나니 금동사(金同寺)라는 옛 절터가 있었다. 거기서 다시 돌아 동쪽으로 가서 청련암(靑蓮庵), 신림암(神林庵), 천친암(天親庵), 선정암(禪定庵) 등 네 암자를 지나면 협로와 마주선 입암(立巖)이 있는데 그 표면은 대패로 깎은 듯 매끄럽고 끝은 날카롭게 솟아 있었으며, 전면에 삼불이 새겨져 있었고 옆으로 또 한 부처가 조각되어 있었으며 후면에는 53불이 조각되어 있었다. 이 바위를 이름하여 삼불암(三佛巖)이라고 하였다.

산중 고사(山中古事)에 이르기를,

김동(金同)이라는 사람은 신라 때 사람인데, 재산이 수만 석이나 되는 큰 부자였으며 또한 인연(因緣), 업계(業界)의 교(敎, 불교)를 좋아하였는데 인도의 승 지공(指空)이라는 사람이 김동이를 소승(小乘)이라고 물리치자 김동이 이에 불복하였더니, 이윽고 큰 우레와 함께 비가 쏟아져내려 김동과 김동의 절과 김동의 재물이 함께 깊은 못 속으로 들어가버렸으며 그 못을 울연(鬱淵)이라고 이름지었다고 한다.

또 일설에는 삼불은 지공이 새긴 것인데 53불이 나타나 하룻밤 사이에 동시에 부처상을 새겨서 일을 마치자 그 우열을 가려보려 했으나, 지공이 이긴 까닭에 삼불암이라고 이름짓게 되었다고도 한다.

이 삼불암을 지나서 소나무, 회나무 사이로 백화암(白華庵)이 있었는데 뒤로는 뭇 봉우리가 화살촉처럼 삐죽삐죽 솟아났으며 어떤 것은 온 산이 다 알몸으로 나타나 보이고, 어떤 것은 반만 나타나 보이기도 하면서 서로 삼키고 토해내며 아름다운 자태를 뽐내며 아양떨듯 하여 교묘하고 기이한 조망을 취하고 있었으니 참으로 이제 점입가경(漸入佳境)이라 할 만하였다.

무릇 무슨 일이든 중도에 그만두는 사람은 보는 것이 없다. 본 바가 없으면 맛이 없고 맛이 없으면 게을러진다. 그러기에 조금이라도 그 본 바가 나날이 새로워진다면 비록 그만두려고 한들 어찌 그만둘 수가 있겠는가?

이곳은 서편으로 배점(拜岾, 절 고개)과 마주보고 있다.

예전 기록에 이르기를,

"산에 들어온 사람이 이 고개에 올라 봉우리의 모습이 빼어난 것을 보면 저도 모르게 이마를 조아려 절을 하게 되는 까닭에 배점이라고 부른다"고 한다. 무릇 금강산에 들어오는 길은 두 길이 있다. 하나는 도녕(道寧)에서 단발령을 경유하여 철이(鐵耳)로 들어오는 길이고, 다른 하나는 교주에서 화천으로, 다시 배점을 경유해서 들어오는 길이라고 한다.

암자를 돌아 나오면 뒤에 청허(淸虛), 허백(虛白), 풍담(楓潭), 편양(鞭羊) 등 네 스님의 부도와 비기(碑記)가 있는데 네 선사는 모두 불교의 종사(宗師)들이다.

백화암에서 돈도암(頓道庵)을 지나 100여 보를 가니 표훈사가 있었다.

이 절이 창건된 연대는 장안사와 동시대라 하며 신라 때 승 능인(能仁), 신림(神林), 표훈(表訓) 등이 모연(募緣)해서 지었다고 한다.

절의 양편 산록은 동서에서 절을 안고 있었는데 동편의 산은 석산(石山)이고 서편의 산은 토산(土山)이며 절은 그 중앙에 있고 이곳이 만폭동의 동구에 해당되었다.

만폭동의 동구는 징검다리와 교량으로 사람의 통행을 가능케 하고 있었는데 그 다리는 함영교(含暎橋)라 부르며 다리머리에 한 누각이 있어 곧 능파루(凌波樓)라고 불렀다. 누각의 문을 들어서면 반야당(般若堂)이 있고 그 뒤에 사성전(四聖殿)이 있었으며, 그 안에 담무갈불(曇無竭佛)을 세워놓았다. 이 담무갈불은 금강산의 주불(主佛)이라고 하였다.

사성전 뒤편에 다시 자음전(慈陰殿)이 있고 또 서편에는 해장전(海藏殿)이 있어 경(經)을 소장하고 있었다.

옛 기록에 이르기를,

"이곳에 석각(石刻)이 있었는데 원나라 사람 양재(梁載)가 지은 글이며, 절의 재산과 나누어오는 양곡(糧穀, 도조)을 기록하였으며 고려의 시중이었던 권한공(權漢功)이 쓴 것"이라고 하는데 지금은 마멸되어 알 수가 없었다.

이곳 주지가 나에게 나옹(懶翁, 고려 말 선종의 고승이자 무학대사의 스승)스님의 발우(鉢盂)와 가사를 보여주었는데 바리는 청동바리였고 얇기가 종잇장과 같았으며, 가볍기는 깃털 같은 것이 맑고 빛이 나서 조그마한 흠집도 없었다. 가사는 한 벌은 굵은 올의 검은색 무명가사였고 다른 한 벌은 금실로 옷깃을 수놓은 비단가사였다.[2]

사성전 뒤에는 쌀 열 섬은 밥할 만한 큰 놋시루와 흰 맷돌이 있었는데 모두 예전 물건

---

2) 금란(金襴)가사는 원나라 황제 순종(順宗)으로부터 하사받은 것.

들이었다.

창랑노인이 말하기를,

"이 산은 하늘과 땅이 처음 갈라졌을 때는 아마도 흙이 있었으리라 생각되는데, 몇만 년을 비가 씻어내려 이렇게 큰 뼈다귀가 나타나게 되었을 것이다"라고 하기에 내가 말하기를 "천지 조화의 청수한 기운은 갈무리하려 해도 할 수 없는 것이 있으니 저 백이(伯夷), 숙제(叔齊)의 청백함을 보지 아니하였습니까"라고 하였다.

표훈사를 나와서 북으로 높고 웅장한 산을 올라 삼장암(三藏庵), 기기암(奇奇庵) 등 두 암자를 지나면 채 10리를 못 가서 정양사(正陽寺)가 있다. 이 절은 서북쪽에 치우쳐 있으면서도 정동남으로 면해 있기에 정양사라 부른다고 하였다.

이 절은 험하고 구불구불하며 영명하고도 겹겹이 싸인 산에 자리잡아 멀리 높고 우뚝하게 하늘에 치솟아 있었으며, 절 앞에는 헐성루(歇惺樓)가 자리잡고 그 밑 까마득한 곳은 노을이 감싸서 타는 듯 아름답고 무릎 밑이 훤하게 탁 터진 것이 새로운 별천지를 이루고 있었다.

절 뒤편에는 작은 전각이 있었는데 역시 담무갈불을 모셔놓았고, 또 육면각(六面閣)이 따로 있었는데 기둥이 여덟 개이며 서까래도 여덟 개로 그 건축의 제도가 매우 기묘하였다. 이곳에는 약사불(藥師佛)의 석불을 모시고 있었다. 뜰에는 석탑과 석화대(石火臺)가 있었고 서편으로 옛 헐성루의 터전이 있었으며 그 위에 진헐대(眞歇臺)가 있었다. 몇 발 위 높은 곳에 올라가 바라보니 서너 개의 누가 보였다.

다시 서쪽으로 천일대(天逸臺)에 오르니 열 길이 넘는 높이였으며 굽어보니 이미 진헐대는 우뚝한 산 그림자에 숨어버리고 이 천일대만이 홀로 솟아 있었다.

앞을 바라보니 만이천봉과 마주하여 산맥은 아득하고 구불구불 이어졌는데 날카롭게 치솟고 돌올(突兀)히 하늘로 날아오르는 듯하여 무섭고 놀랍고 기쁘고 사랑스러우며 공경할 만하고 두려워할 만하여 내장까지 상쾌하게 물에 잠긴 듯하였다.

그 가운데 분벽(粉壁)한 듯 동북쪽을 막고 서서 하늘을 찌를 듯 정교하게 깎아 세운 듯한 봉우리 위에는 많고 작은 바위들이 놓여 있어 자잘하게 부서질 듯하면서도 교묘하게 사물의 형상을 이루고 있는 것이 바로 중향성(衆香城)이었다.

이 중향성의 동쪽 위로는 큰 산마루가 웅장하게 버티고 특출하게 빼어나서 엄숙하고도 신이(神異)하고 살아 있는 듯 생생한 기운을 업고 있는 것이 비로봉이었다.

그 동쪽으로 약간 떨어진 곳에 두 갈래로 갈라진 곳에 깎아 만든 듯 날카롭게 솟아 나란히 자리잡고 있는 것이 일출봉과 월출봉이었다.

남쪽으로 멀리 달려 빼어나게 솟아올라 단아하면서 곧아 교만하게까지 느껴지는 것이 혈망봉이었다.

그 앞으로 문득 날개치듯 아름답고 장건한 모습을 한 것은 망고대(望高臺)였다.

이 언저리에 흩어져 있는 봉우리로는 미륵봉(彌勒峰), 달마봉(達摩峰), 백마봉(白馬峰), 차일봉(遮日峰), 시왕제봉(十王諸峰), 우두봉(牛頭峰), 마면봉(馬面峰), 지장봉(地藏峰), 관음봉(觀音峰), 석가봉(釋迦峰), 장경봉(長慶峰) 등이 밖을 에워 맴돌았고 윤필봉(潤筆峰), 사자봉(獅子峰), 승상봉(僧床峰), 석응봉(石鷹峰), 돈도봉(頓道峰), 오현봉(五賢峰) 등이 가운데에 빽빽하게 자리하고 있었다. 가섭봉(迦葉峰), 청학대(靑鶴臺), 금강대(金剛臺), 대향로봉(大香爐峰), 소향로봉(小香爐峰)이 안으로 불쑥불쑥 솟아올랐고 나머지 다른 봉우리들도 힘겨운 거북처럼 엎드려 있어 이루 다 가려낼 수조차 없었다.

오직 보이는 것은 분연히 성난 듯 달려가 높이높이 솟구치다가 형세가 합치면서 웅대한 세력을 펼치고 위태롭게 높이 솟은 바위들의 장엄하고도 괴이한 모습만 보일 뿐이었다.

비로봉의 허리 아래는 단풍으로 속옷을 입고 돌 벽은 흠뻑 서리에 젖어 담뿍 붉은 연지를 바른 듯하였는데, 그 사이사이로 고송(古松)이 솟아나 울룩불룩 응어리지고 구렁이처럼 굽어 푸른 송침(松針)이 수북이 엉켰으며 오래된 등넝쿨이 무더기째 튀어올라 서로 얽히고 설켜 자줏빛, 노란빛이 찬연히 어리어 마치 오색 비단이 엉킨 듯하였고 그 위에는 하얀 바위가 서로 마주보고 엎드려 맑고 희게 빛나는 것이 마치 눈이 햇빛에 비친 듯 눈이 부셨다.

그 바위들은 모두 살을 도려내고 가죽을 벗겨 맑고 투명한 뼈만 서 있었다. 갑자기 떠돌던 구름이 크게 회오리쳐 돌면서 바위에 부딪혀 하늘로 날려 올랐다가 다시 바위를 덮어씌우니 비로봉의 정수리 쪽으로 갑자기 서풍이 세차게 일어나며 은은한 소리가 생겨났다.

이때 구름 속에 가렸던 햇빛이 구름을 밀며 찬란하게 서쪽으로 기울면서 산정(山頂)을 되비치자 멀리 가까이 줄이어 선 산봉우리들이 영롱한 한 덩어리의 옥이 되는 듯하였다.

이 장엄한 광경을 보고 지국은 기뻐 말하기를,

"예전 형산(衡山)에 구름이 열리던 광경이 이와 같았을까"라고 하였다.

그곳에서 다시 북으로 올라가니 그 위에 웅호봉(熊虎峰)이 있었는데 이 산만이 홀로 토산이었다. 그러나 산은 웅연하고 장중하게 솟았으며 그 아래 개심암(開心庵), 안심암(安心庵), 양심암(養心庵), 돈도암(頓道庵) 등 네 암자가 있었는데 어떤 것은 형태가 남아 있었고 어떤 것은 폐허가 되었다.

고사에 이르기를, 이곳은 신라 법흥왕의 세 아들인 개심태자, 안심태자, 양심태자와 딸인 돈도부인이 이 산에 들어와 네 암자에서 수련한 곳이라고 한다.

표훈사로 돌아와서 동쪽으로 올라가 외나무다리를 지나니 솔, 잣나무 숲으로 들어가게 되었는데, 그곳에는 두 개의 돌로 다듬은 꼽추가 서로 목을 비비꼬고 길을 가로막고 있었으며 길은 그 공간을 뚫고 나 있어 허리를 구부려야 들어갈 수 있었다.

이곳을 금강문이라 이름하였다.

문을 들어가 얼마 가지 아니하여 홀연히 눈앞이 환하게 밝아지고 발놀림이 가벼워지며 가슴이 더욱 상쾌해지더니 나도 모르게 만폭동에 들어서 있었다. 활촉처럼 생긴 무리지은 봉우리들로 에워싸인 영롱한 세계 안에 넓고 긴 반석들이 면연히 이어져 기이하고 깨끗하고 윤기 있는 매끄러운 물은 바위들의 이지러진 틈 사이로 굽이치며 쏟아지다가 하늘로 치솟고, 웅덩이를 이루며 갈라졌다가는 합쳐지고 합쳐졌다가 또 갈라지면서 요란한 소리가 진동하며 무더기로 콸콸 쏟아지는 것이 마치 그 세력을 뽐내는 듯하였고 서로 장엄함을 다투는 듯하였다.

이곳에서 조금 더 북으로 가니 바위에 봉래(蓬萊) 양사언(楊士彦)이 큰 글자로 쓴 '蓬萊楓嶽 元化洞天(봉래풍악 원화동천)'이란 여덟 자가 새겨져 있었는데 그 필치가 몹시 괴위(怪偉)하였으며 혹은 누워 있고 혹은 서 있는 돌의 앞, 뒤, 위, 아래 할 것 없이 사람의 이름을 써서 새겨놓거나 아직 새기지 않고 쓰기만 한 것들이 헤아릴 수 없이 많았고, 왕왕 아첨하고 사악하고 흉악한 역적의 이름도 대인군자의 이름과 더불어 가지런히 함께 새겨져 있어 이를 미워하는 사람이 있기에 내가 말하기를,

"아무 손상될 것이 없다. 선악을 다 함께 쓰는 것은 춘추필법의 가르침이다"라고 하였다.

나의 족증조(族曾祖)이신 대사간공(大司諫公)과 부윤공(府尹公) 등 두 분과 나의 선자(先子, 돌아가신 아버지)의 이름도 그 동편에 새겨져 있었다.

창랑노인은 부윤공의 손자이기에 부윤공의 휘자(諱字) 아래에 이름을 제서코자 하였으나 쓸 만한 틈이 없어 끝내 쓰지 못하였다.

바위의 둘레에도 여덟 자의 글자가 있는 누워 있는 바위가 있었는데, 우리들은 지팡이를 멈추고 바람을 마주하여 쉬었다. 그 바위 맞은편에 또 한 바위가 있었는데 창랑노인

이 말하기를,

"저 바위에는 새길 수 있다"라고 하고 돌 사이를 뛰어넘어 그곳으로 가 세 사람의 이름을 써놓았다.

나는 고문체로 '萬川洞(만천동)'이라 써서 함께 새겨놓았다. 거기에서 위를 우러러보니 바로 청학대였다. 그러나 학의 둥지는 없었다.

선배 노숙(老宿, 식견이 노성한 사람)은 말하기를,

"예전에는 큰 새가 있어서 저 대 위로부터 날아 나와 구름 속에 들어갔다가 돌아오곤 하였는데 지금은 그 새가 다시 오지 않은 지가 오래되었다"라고 하였다.

추강(秋江) 남효온(南孝溫)도 일찍이 검은 새가 이곳에 둥지를 치고 있는 것을 보고 그것이 학이 아님을 가려냈다고 한다. 그러나 그 누가 알랴! 과연 그 검은 새(玄鳥)가 학인지 아닌지를…….

팔자석(八字石)에서 동구는 두 갈래로 나누어지는데, 왼편 골짜기가 곧 원통동(圓通洞)이다. 여기서 진불암(眞佛庵), 능인암(能仁庵)을 지나면 원통암이 있고 암자를 나서면 사자봉 아래 사자암이 있었다. 또 서쪽으로 들어서면 수미동(須彌洞)이 있으며 이곳에 수미암과 수미탑이 있었다.

또 북쪽으로 나서면 웅호봉의 아래인데, 이 길은 영랑점(永朗岾)에서 막혀버렸다. 이곳까지가 아마 30리는 될 것이다. 팔자암 오른편은 곧 만폭동으로 오르게 되고 만폭동에는 여덟 개의 못이 있는데 그 첫번째가 청룡담이며 반석 위에 움푹 파인 쟁반 모양의 홈이 있었다.

그곳을 세두분(洗頭盆)이라 하였으며 거기에는 물건을 놓았던 흔적이 있는데 이 바위를 식건암(拭巾巖)이라 부른다 한다.

두번째 못은 흑룡담이라 하는데 반석 위에 눌림돌이 있었으며 못 입구는 모가 나고 가느다란 흰 실 모양의 선을 두른 갓 모양의 붉은 무늬가 둥그렇게 그 테두리를 이루고 있어 이곳을 채운대(綵雲臺)라 불렀다.

세번째 못은 비파담이라 하여 오현봉에 의해 곧바로 눌려 덮인 칼로 벤 듯한 절벽이 서 있었다. 절벽 위는 조금 편편해서 마치 아기를 밴 여인의 배처럼 된 곳에 굴이 있었는데 이곳을 보덕굴(普德窟)이라 하였다.

절벽 밑에는 하나의 구리기둥이 서 있었고, 이 기둥에는 열아홉 개의 마디를 만들어서 굴과 높이를 같이 하였으며 벽에 바싹 붙여서 지은 작은 오막집이 굴 앞을 덮어내리고 있었다.

구리기둥을 타고 쇠사슬로 이 오막집에 갈퀴를 매어 바위에 놓고 대들보 서까래 위에는 돌비늘을 포개놓은 덮개를 한 작은 절에 선방(禪房)을 꾸며놓고 있었는데 이곳을 보덕암이라 불렀다.

이 암자 북쪽으로는 사방 한 자 가량의 돌층계가 있었는데 그곳을 보덕대라 불렀다. 이 돌사다리를 따라 엉금엉금 기어올라가니 머리카락 하나가 들어갈 만한 사이를 두고 그 밖은 천길이나 되는 낭떠러지가 되어 설 땅이 없었으며 눈이 어지럽고 혼이 떨려 차마 되돌아볼 수가 없었다.

절 안에 들어가 문을 열어보니 입정(入定)[3]한 스님이 겨우 막 입정에서 깨어나고 있었으며 구름이 실오리처럼 난간과 살창 사이를 날고 있었다.

목숨을 걸고 쇠사슬을 잡고 기어올라 굴집에 들어가니 굴집이 흔들흔들하고 삐거덕 퉁탕 하는 소리가 울렸다.

발길을 돌려 내려오니 옷과 망건이 축축히 안개에 젖어 있었다.

네번째 못은 벽하담(碧霞潭)이라 하였다.

이곳의 물은 더욱 검푸르게 깊어지고 소용돌이치며 솟구쳐올라 두려운 생각이 들었다.

옛 기록에 이르기를,

"중국의 사신인 정동(鄭同)이라는 사람이 이곳에 유람왔다가 이 못에 이르니 그의 수하인 한 사람이 맹세하기를 '이곳이야말로 진정 부처님의 경계다. 원컨대 죽어서 조선 사람이 되어 길이 부처님의 세계를 보련다' 라고 하고 마침내 물에 몸을 던져 죽었다"고 하며, 근년에도 당시 이곳의 군수였던 이모가 이곳에서 발에 돌이 걸려 넘어지면서 못 속에 빠진 것을 따라온 사람들과 스님들이 구출하였다고 하였다.

다섯번째의 못은 진주담이라고 하였다.

이곳에 있는 반석은 네모 반듯하고 분칠을 한 듯 티끌만한 흠집 하나 없었으며 열 사람은 족히 그 위에 앉을 만하였는데 이 바위를 백운대(白雲臺)라 불렀다.

이 바위 맞은편에는 층층이 쌓인 바위 위로 폭포가 떨어져 물방울이 날아올라 돌을 치고 다시 떨어져 흐르는 모습이 마치 깨끗한 몇만 알의 구슬을 한꺼번에 내리붓는 듯한 것이 많은 못 가운데에서 가장 아름다운 곳이었다.

여섯번째와 일곱번째의 못은 각각 구담(龜潭)과 선담(船潭)이라 불렸는데 이것은 각기 그 생긴 모양을 따라 붙여진 이름이라 하였다.

---

3) 마음을 냉정히 통일시켜 삼매에 들어감.

여덟번째의 못은 와룡담(臥龍潭)이라고 하였으며 사자봉이 바로 그 위편에 솟아 있었다. 사자봉 아래에는 석사자(石獅子)가 있었는데 마치 목털이 사납게 곤두서 있는 성난 모습처럼 보였다. 이 사자석 북쪽이 곧 원통으로 내려가는 길이었다.

사자봉을 지나니 풀서리가 자욱하였다. 몇 리를 더 가니 마하연(摩訶衍)이 있었는데 이곳은 신라의 의상대사가 처음 창건한 곳이며 불경 속의 말을 따서 암자의 이름을 지었다 한다. 《대론(大論)》에 이르기를 마하(摩訶)란 말은 '크다, 많다, 훌륭하다' 라는 뜻이며 연(衍)은 대승(大乘), 즉 수레를 뜻하기에 마하연은 곧 대승이란 뜻이며 세간이건 세간을 벗어난 탈속의 세계이건 모든 법을 포섭하여 이 대승심(大乘心)에 귀의케 하려는 것이다.

암자는 12폭의 금빛 비단으로 천장의 판자를 덮었으며 양 봉래가 소나무를 태워 그 숯검정으로 글씨를 써놓았다고 하였다.

암자의 마루 앞은 혈망봉인데 그 구멍이 노출되어 있고 양 어깨에는 돌로 새긴 담무갈 부처가 마치 가부좌한 것처럼 앉아 있었다. 이곳을 행각(行脚)하는 스님은 반드시 손을 모아 이 부처에게 절하며 축원을 하고 이곳을 지난다고 하였다.

암자 뒤에는 가섭봉이 있고 그곳에 나란히 중향성이 있어 마치 옥으로 만든 병풍이 둘러쳐진 것과 흡사하였다.

서북으로 들어서면 가섭동으로 들어가는데 큰 구렁 사이를 외나무다리로 연결해놓았다. 이 다리를 건너 중백운암(中白雲庵)에 도달하게 되는데, 옛 기록에 의하면 암자의 뜰에는 지공초(指空草)와 계수나무가 있었다고 하나 지금은 없었다.

여기서 동쪽으로 오르면 석파륜(石波淪)과 석정(石鼎)이 있다. 개울 옆 돌층계 길로 단풍이 짙어 길을 사이에 두고 좌우로 마치 붉은 비단막을 친 것처럼 화려하여 옆에서 걷는 사람을 보니 얼굴 가득 붉은 물이 든 것이 마치 술에 취한 사람 같았다.

지나는 길마다 청절(淸絶)한 기운이 뼈 속까지 사무치고 한번 단풍 숲 속에 들어오니 영문 모를 화사한 기상이 생겨나니 이 모두 한때의 현상일 뿐……

이렇게 얼마를 더 가니 큰 절벽이 깎아세운 듯 서 있고 그곳에 미륵상이 새겨져 있었다. 절벽이 끝난 곳에는 미륵대(彌勒臺)라 새겨져 있었다. 그곳에서 조금 동쪽으로 큰 반석이 있어 이씨대(李氏臺), 허씨대(許氏臺)라 하는 두 대를 이루고 있었고 푸서리가 수북하고 아름답게 쌓인 곳에 묘길상암(妙吉祥庵)의 옛 터라는 곳이 있어 주춧돌과 섬돌이 가지런히 심어져 있었다. 길상(吉祥)이라는 말은 불교에서 이른바 길상승덕(吉祥勝德)의 모습을 일컫는 것이라 한다.

마배암(馬背巖)을 지나서 내수점(內水岾) 고개에 올랐다. 이 고개는 내금강과 외금강의 경계를 이루는 곳에 있었다.

이 고개에 서면 서쪽으로 총총히 푸른 봉우리와 삐죽삐죽한 석봉 사이로 입을 딱 벌린 듯 훤하게 트인 만폭동이 굽어 보이고, 북으로는 눈덮인 비로봉이 하늘을 감싸안은 듯한 모습이 보이고, 동으로는 수많은 산봉우리가 빽빽이 서 있는 곳에 자줏빛 기운이 알맞게 섞인 편편한 골짜기를 내려다보게 된다.

고개를 내려와서 동쪽으로 가니 산은 더욱 깊어지고 골은 더욱 길어져서 높은 언덕과 우거진 숲이 많고 담쟁이덩굴의 두터운 그늘이 음습한 기운에 싸여 있고, 서로 어울려서 골짜기를 가득 채운 측백나무가 마치 한 뿌리에서 자란 것 같고, 어떤 것은 저절로 가로누워 산길을 가로막고 있었으며 표피와 잎이 모두 벗겨지고 떨어져 나간 것이 마치 한 마리의 말이 달려가는 듯 보였다.

몸을 굽혀 그 나무 밑을 빠져 나와 다시 10여 리를 더 가 길을 돌려 동쪽으로 올라서니 산세는 더욱 가팔라져 마치 절벽 끝을 걷는 듯하였다. 〈봉선기(封禪記)〉에 이르기를 "뒤따라오는 사람은 앞에 가는 사람의 짚신 바닥을 보고 앞에 가는 사람은 뒷사람의 정수리를 본다"고 묘사하였으니 그 말이 참으로 맞는 말이었다.

절벽을 다 오르자 길은 막히고 단으로 묶어놓은 듯한 바위들이 앞을 가로막았다. 손으로 바위를 잡고 기어 올라가니 그 위에 사방이 몇 자씩 되는 바위들이 사면에 깔려 있어 마치 대들보 위에서 아래 세계를 굽어 내려다보는 듯하였으며 바위에 기대어 멀리까지도 바라볼 수 있었다. 이곳을 이름하여 은선대(隱仙臺)라고 하는데, 남쪽으로 만경대와 대치하고 있으며 북쪽을 돌아보니 열두 개의 폭포가 흰 비단이 흩어지며 드리운 듯하였으며 동쪽은 오직 겹겹의 물이 하늘에 닿아 밥솥에 뜸들듯 뭉게뭉게 서리고 막히고 그늘진 곳은 귀신이 사는 듯 커다란 그림자를 이루어 나도 모르게 정수리가 쭈뼛하였다.

이 대에서 내려와 옛 길을 따라 상견성암(上見性庵), 하견성암(下見性庵) 등 두 암자를 지나니 땅이 제법 넓게 트였는데 이곳에 유점사(楡岾寺)가 있었다.

지나온 길을 헤아려보니 표훈사에서 수점 고개를 오르는 데까지 족히 30리는 되었을 것이며 수점에서 유점사에 이르기까지가 10여 리는 되었을 터였다.

묵헌(默軒) 민지(閔漬)는 기록하기를,

"신라 남해왕 원년에 쇠로 만든 종이 바다에 떠내려와서 고성 경계에 머물게 되었는데, 그 종 안에 53불이 갈무리되어 있었다 한다. 현관(縣官)인 노춘(盧椿)이라는 사람이 백성들을 불러 가마에 싣고 산중으로 모셔와 마침내 유점사를 창건하여 이 53불을 숭봉

(崇奉)하게 되었다고 한다.

민지는 고려 때 사람으로 글(文)에 능하였으며 허탄한 것을 좋아하여 귀신과 상간(相姦)한 이상한 사적 등을 많이 서술하여 이미 선배들로부터 그의 거짓이 판명된 사람이었다.

우리 조(朝)의 고사에 이르기를,

"세조대왕 때에 유점사를 중건하여 그 모습이 더욱 웅장하고 아름다워졌으며 큰 종을 주조하여 거기에 효령대군(孝寧大君)이 도움 준 사실과 아울러 의정부의 여러 대신들이 도운 사실을 새겼는데 종에 새긴 글은 김수온(金守溫)이 지었고 글씨는 정난종(鄭蘭宗)이 썼다고 한다.

그 후 세 번 재난을 겪는 동안 종은 반은 불에 녹았으며 예전 고적(古蹟)도 인멸된 것이 많다고 한다.

이 절의 제일 큰 집을 능인보전(能仁寶殿)이라 부르는데 명나라의 호과급사중(戶科給事中)이었던 상주조(商周祚)란 사람의 글씨라고 한다.

불전 안에는 박달나무로 가산(假山)을 만들고 가산 안에 53개의 굴을 만들어서 53불을 그 안에 안치하였는데 모두가 담무갈불이며 금신(金身)이다.

이 능인보전의 동편에 응진전(應眞殿, 나한전)이 있고, 다시 용반전(龍般殿)이 모셔져 있어서 여기가 국복(國福)을 비는 곳이라 한다. 그 아래 작은 각(閣)이 있었는데 노춘의 초상이 안치되어 있었고, 또 육면각에는 약사불상이 있었는데 하나같이 남향이었다.

불전의 서편에도 서산대사(西山大師), 청련대사(靑蓮大師), 보운대사(普雲大師) 등 세 대사의 사리탑이 안장되어 있었고 남쪽으로 진여문(眞如門)을 나서면 그 밑으로 몇 개의 층계가 있었고 그곳에서 활로 한번 쏘면 닿을 만한 곳에 큰 시냇물이 있었으며 그 시냇물 위에 산영루(山影樓)라는 누각이 세워져 있었는데 무지개 모양의 돌다리로 절과 이어져 있었으며 그 밑으로 온 골짜기의 물이 흐르고 있었다.

그 누는 극히 그윽하고 화창(和暢)하여 고금의 시인들의 제영(題詠)이 많고 누 앞 남산에는 손가락으로 가리킬 만한 지점에 명적암(明寂庵), 성륜암(性淪庵), 득도암(得道庵) 등 세 암자가 있었다.

그 절에는 지공대사의 금자경(金字經)과 구섭경(具葉經)을 금갑(金匣)에 저장하고 있었으며 인목왕후(仁穆王后) 및 정명공주(貞明公主)가 손수 그리고 비단에 수놓은 경전 장식 각 1투(套)와 앵무배(鸚鵡盃), 호박잔(琥珀盞), 수정호(水晶壺), 유리항

(琉璃缸), 유리반(盤) 등이 보관되고 있었는데 모두가 기이한 보물들이며 쇠로 만든 화로는 그 모양이 지극히 고풍스러웠고 유기로 만든 징은 크기가 표훈사의 것보다 더 컸으며 예전부터 유전(流傳)되어 절에서 갈무리하고 있는 것이라 하였다.

그 산에 사는 사람과 산을 이야기하여보니 무릇 이곳 금강산은 내금강은 모두가 가파른 봉우리가 천길이나 땅에서 치솟아올라 그 암석들이 기괴하여 온갖 모습이 다 갖추어졌고 외산(외금강)은 산의 기세가 힘차게 달리며 하늘로 치솟아 겹겹이 겹쳐지고 뭉치고 쌓여서 웅장한 것이 특징이라고 하니 이것이 내금강과 외금강을 구별하는 기준이 된다고 하였다.

멀리서 바라보는 데는 비로봉·망고대·천일대의 모습이 장쾌하고 수석으로는 만폭동, 구룡폭포가 가장 절승이라고 하였다. 그러나 비로봉은 오르는 길이 끊어졌고, 오르는 데 위험이 뒤따라 아주 건각이 아니고는 오르기 어려웠으며 구룡폭포는 더욱 깊고 험하여 유각(遊脚)하는 승려들도 그 안에 들어가는 사람이 거의 없었으니 한스럽고 슬픈 일이 아닐 수 없었다.

아! 내가 금강을 유람함에 젊고 기운찰 때를 놓치고 저 영표(嶺表, 영남)에 유락(流落)하여 질병과 근심, 걱정에 싸여 홀홀히 세월을 보내고 나이 많고 병쇠하여 촌야에 엎드려 묻혀 지내니 그 마음속의 불만의 덩어리를 풀 길이 없다가 지금에야 마침내 천리 길을 안개와 이슬을 뚫고 새벽의 찬 이슬에 목욕하며 나의 정취를 물 흐르고 산이 솟아 있는 이곳에 내쳐 천하의 장관을 마음껏 다 누리게 되니 신기(神氣)는 청왕(淸旺)하고 가슴속이 확 트일 것 같구나. 이것이 이른바,

"하늘이 나에게 내려주신 복이 적은 것이 아니며 이는 사람의 힘으로 미치는 바가 아님"을 알게 되었다.

금강산을 끝까지 구석구석 다 탐궁(探窮)하지 못한 한에 이르러서는 옛사람도 이미 나보다 앞서 이런 한을 얻었을 것이다.

집으로 돌아와 초가집에 누우니 꿈속에서도 내 혼이 날아 금강동천(金剛洞天) 속으로 들어가는 듯하였다. 비록 그렇다고 하더라도 산과 물을 보는 데에 나름대로 하나의 도(道)가 있으니 즉 산수를 보는 것은 좋으나 그 산수의 노예(종)가 되어서는 안 된다는 것이다.

동행산수기(東行山水記)*

이상수(李象秀 ; 1820~82)

조선 말기의 학자. 문장으로 이름이 높았고 학문에 있어
문리(文理)의 중요성을 강조하였다. 임오군란시 개화에 반대하고
실학(實學)과 실사(實事)에 힘쓸 것을 주장하는 상소를 올렸다.
저서로 《어당집(峿堂集)》이 있다. 〈동행산수기〉는 금강산의 절경들을
섬세하고도 화려한 수사로 형상화한 19세기의 대표적 탐승기이다.

김화현을 지나서부터는 산세가 점점 기이하여 어떤 것은 꽃이 봉오리진 것 같기도 하
고 어떤 것은 처녀가 머리를 갓 빗은 것 같기도 하다. 퍼지는 아침 햇발에 영롱한 산들이
돌아가는 구름 안개에 숨을락 나올락 한다. 금성에 이르러서는 더욱 아름다워 산들이 봉
우리지지 않은 것이 없다. 뽑아 세운 비녀봉인가, 널려 나온 죽순인가, 토실토실한 살결
과 고운 곡선미에 말쑥한 자태를 차리고 저마다 나서는 것이었다. 만일 황 대치(黃大
癡), 왕 숙명(王叔明)[1]이 붓을 들어 채색을 베푼다 해도 매우 힘들 것이다. 옛날에 황대
치나 왕숙명이 홍원현(洪原縣)을 지나다가 미봉(眉峰)을 그렸는데 얼른 모사하고 대강
점을 툭툭 찍었을 뿐, 먹을 금인 양 아꼈건만 그 그림이 어찌나 잘되었던지 사람들이 보
고 멍하니 정신이 팔렸다고 한다.

해월정(海月亭)에 이르러서는 풍경에 도취되어 그 지방이 요새(關塞)임도 잊었으
며 원로(遠路)의 피로도 깨닫지 못하였다.

창도역(昌道驛)에서 동으로 갈수록 계곡이 더욱 깊어진다. 산꽃들이 난만히 피어 원
근 언덕을 덮었으며 맑은 시내는 그 아래로 감돌아 흐르는데 아침 햇발이 동에 비치니 봉
우리마다 그림자를 거꾸로 늘여 산 밖으로 얼룩얼룩 선을 둘렀다. 이를 본 우리는 손뼉쳐
감탄할 뿐 입빠른 자도 능히 그 실경을 형용할 수가 없었다. 길 가는 자는 시내와 더불어
서로 시작과 끝을 함께하게 된다. 옆에 끼고 가던 시내를 건너서는 등을 지고 가게 되어
한참 동안 보이지 않다가 문득 소나기 쏟아지는 듯 요란한 소리 들리게 되면 시내를 또
만나곤 하여 사람의 정신을 쇄락케 한다.

산수가 제 스스로 이름날 수는 없다. 사람이 이를 보고 느낌으로써 아름다움을 찬탄
하는 것이다. 또 풍경을 묘사하면서 말이 많아야만 이름나는 것도 아니다.

---

* 이상수, 《어당집(峿堂集)》 권13; 김찬순 역, 《기행문 선집》(1), 조선문학예술총동맹출판사, 1964.
1) 황공망과 왕몽, 모두 원나라의 유명한 화가.

철이령을 넘으면서

금강산 구경은 단발령에서 시작된다. 고개 이름을 단발령이라 함은 무슨 뜻인가? 드높은 가을 맑은 날에 저녁 볕이 동으로 비치고 있을 때 저 멀리 하얗게 솟아오른 금강의 풍모를 바라보게 되면 마음이 스스로 흔들리고 정신이 자꾸만 황홀하여 결국 머리를 깎고 중이 된다는 것이다.

때는 3월 29일, 떠오르는 산 노을이 연기인 양 보얀데 아침 햇살이 반영되어 다만 까만 빛으로 보일 뿐이지만 바라볼수록 한없이 그윽하였다. 아직도 40리 밖에 있어 그 탈속한 모습이 아마도 사람을 가까이하지 않을 것만 같았다. 다시 앞으로 20리를 더 가니 철이령(鐵彝嶺)이 되었다. 여기서 비로소 금강의 풍모를 뚜렷이 볼 수 있다.

봉우리마다 하얗게 눈이 내린 듯한데 그 바위들의 생김생김은 마치도 늙은 신선들이 수백 수천 집단을 이루어 구슬관에 흰 의상으로 어깨를 견주어 벌려 서서 서로 읍하고 있는 것도 같아 진실로 장엄하다. 어느 누구든 이를 보고는 부지중 허리 굽히고 마음이 겸손해질 것이다. 만일에 여기서 마음의 감동이 없는 자는 보는 바가 출중해서가 아니라 반드시 그의 가슴속이 옻칠한 듯이 캄캄한 때문일 것이다.

방봉소(方鳳韶) 경(卿)은 이렇게 시 한 수를 읊었다.

김화 북산(金華北山) 세 동천(洞天)을
청춘부터 별렀더니
어언간 백발 되어
지금에야 보단 말가.

나도 아잇적부터 벼르고 있었건만 머리털이 또한 희어가는 지금에야 오지 않았는가.

장안사를 찾아서

장안사는 배점(拜岾) 아래 있다. 아직 채 이르기 전 뭇 봉우리들이 모여 서서 객을 맞아주는 것이었다. 나는 눈 정신이 그 산 이마에 팔리어 손에 든 지팡이도 발에 신은 신발마저 잊고 걷는 줄도 모르게 문득 절에 이르렀다. 누각에 오르니 앞장서서 눈앞에 나서는 봉우리 넷이 있다. 석가봉(釋迦峰)이 가장 뚜렷하여 웅장한 자세로 이웃을 내려다보고 있으며 지장(地藏)·관음(觀音)·장경봉(長慶峰) 등은 기발함을 다투고 재주를 자랑하며 서로 남을 가리고 훼방하는 것이었다.

근세에 어떤 미친 작자가 금강산은 산이 되다 말았다고 악평한 자도 있었다. 그 작자는 뭇 사람들이야 무슨 말을 하랴 하고 터무니없는 말로 중상을 하여 그 뜻이 세상 사람을 반대하기에만 힘쓴 것이므로 응당 혀를 뽑는 지옥에 넣어야 할 것이다. 전해 들은 내용이 실상을 지나치거나 기대를 너무 가져서 처음 바라볼 때에 마음이 만족하지 못하여 끝내 헐뜯는 말을 하게 되었는가. 그렇지 않으면 과장해서 또 사실과는 다르게 말한 것인가. 과유불급(過猶不及)이라 하리로다. 명산은 명사(名士)와 같아서 스스로 그 정평에 있는 것이니 쓸데없는 사실로 그를 허물 수도 없는 것이다.

비홍교(飛虹橋) 아래로 쏟아지는 물은 만폭동의 계류(溪流)로서 군데군데 돌을 받고 부서져 마치 백천 더미 눈을 일으키는 듯 쏴쏴 소리쳐 달려가고 있다.

한강의 세 근원 중에서 이것이 그 하나가 된다.

장안사에서 동으로 명경대에

장안사에서 동으로 가면 영원동, 백탑동을 보게 되고 북으로 가면 표훈사, 만폭동을 거쳐 마하연에 이르게 된다. 우리는 동쪽 구경을 먼저 하기로 하고 석가, 지장봉 사이로 들어갔다. 시내가 비로소 장해지고 바위가 비로소 웅대 기괴하다. 지장봉을 지나서 한번 꺾어 돌자 문득 놀라 감탄하였다. 큰 돌이 하늘을 찌르고 일어났으니 그 높이 무려 500~600척! 누런 빛깔이 얼럭얼럭 무늬를 놓아 고기비늘을 이루었고 까맣게 솟은 모양은 달 아놓은 듯 같았다. 이것이 이른바 명경대이다. 그 등을 보면 거인이 금갑옷을 입은 듯한데 머리를 저으기 숙이고 있는 양이 금시에 떨어질 것만 같아 아슬아슬하다. 여럿이 모두 손을 들어 크게 떠들었다. 그 아래는 물이 깊이 고여 있어 울금색(鬱金色)처럼 노랗고도 새말갛고 그 옆에 있는 것은 거북바위라 한다. 여기는 일찍이 신라 경순왕의 아들 마의태자가 은거했던 곳으로서 석성(石城)의 여장(女墻)이 수십 곳 남아 있으니 이를 수왕성(首王城)이라 한다. 마의태자는 나라 망함이 원통하여 입산하였으니 어찌 그가 명산을 사랑하여 왔겠는가? 그러고 보면 이 돌들이 모두 그의 비분강개하던 유적으로서 천고의 한을 지닌 것이 아닐 수 없다.

석가봉을 쳐다보니 아슬한 구름 쇠잔한 눈(雪)을 이고 파란 하늘에 솟아 있다. 아 — 이상도 하여라! 장안사에서 보던 풍경은 아직도 티끌이 끼여 있어서 그를 보는 자의 흥중에도 세속의 잡념이 그냥 일고 있었다. 그 잡념의 티끌을 털어버릴래야 될 수 없는 것이 아니었던가? 그러나 여기서는 씻은 듯이 그런 속된 티가 하나도 없으니 그 호를 명경(明鏡, 밝은 거울)이라고 한 것이 과연 옳지 않은가.

영원동을 찾아서

명경대를 지나니 산도 더욱 기이하고 봉도 더욱 많으며 물도 더욱 맑고 빨리 달린다. 대개 10리쯤 가서 길이 갈리는데 오른편으로 들어가면 영원암(靈源庵)이 되고 왼편으로 가면 백탑동이 된다. 길이 험해지기 시작하여 시내를 들락날락하기도 하며 흩어진 돌을 딛고 오르내리기도 한다. 혹은 몸을 모로 석벽에 붙어 돌다가 발밑의 바위가 어웅하게 빠진 데 가서는 묶어놓은 통나무를 딛고 건너가기도 하며 낙엽이 깊은 데 가서는 발을 내딛기가 불안하여 서슴기도 한다.

얼마 만에 수렴동(水簾洞)에 당도했다. 폭포들이 마치 구슬로 만든 발을 드리운 듯이 흐른다 하여 수렴동이라 하는데 구슬을 흩뿌리기도 하고 비단필을 펼치기도 하며 얼씬얼씬 내달리니 사람의 눈동자도 이를 따라 내려간다. 그러다가 눈을 돌렸더니 곁에 있는 바위들이 다 빙빙 돌아 배를 탄 것 같았다. 여기 와서 이 풍경을 보고야 뉘 능히 정신 팔려 손으로 가리키고 입으로 찬탄하며 두고 가기 아쉬워하지 않을 수 있으랴! 아마 없을 것이다.

망군대(望軍臺)에 오르려면 여기서 길을 잡아 북으로 가야 한다. 북으로 바라보아 까마득히 홀로 뛰어나서 기세가 호걸스러운 것이 바로 그것이다. 우리는 수렴폭포에서 다시 걸었다. 이윽고 석공의 공사가 크게 벌어진 듯하였다. 제품이 야단스럽게 흩어져 나오니 두 눈과 한 혀끝으로는 능히 그것을 형상할 수 없다. 모두 바위를 층층이 포개올린 것으로서 서적을 쌓아 집채만치 된 것, 상자를 어긋어긋 층지어 올려놓은 것, 곱게 다듬어 층층대를 만들다가 중지한 것 등 다양한 걸작들이 수없이 나왔다. 그리고 여기저기 웅장하게 날아 솟아 저마다 먼저 하늘에 오르려는 듯한 것들은 그 이름을 모두 탑이라 하였다. 다보탑(多寶塔), 여래탑(如來塔), 증명탑(證明塔) 등등이라고 안내하는 중에게서 들었다. 어떤 것은 서로 가까워 친밀한 것 같고 어떤 것은 서로 등져 버성긴 것 같다. 외로 돌고 바로 돌며 곁으로 엿보기도, 옆으로 살피기도 할 즈음에 탑 속에서 우레 소리 우렁거리며 샘물이 눈가루를 뿜으면서 끊임없이 나오는 것을 발견하였다. 걸음을 옮겨 음향을 바꿔 듣기도 하고 눈을 돌려 다시 보기도 하면서 너무도 신기하여 얼른 떠날 수가 없었다. 조금 가다가 다시 돌아보았을 때에는 벌써 어느덧 형태를 바꾸어 어느 것이 그것인지 알아낼 수가 없었다. 모든 봉우리가 온통 돌로 몸이 되어 한치의 흙도 붙지 않았건만 이따금 다복솔은 어떻게 났는지 가련하게도 나면서부터 이내 늙어 앙바틈하게 바라지고는 자랄 수가 없어서 뿌리가 바위틈을 뚫고 들어가기만 좋아한다. 그러나 봉우리들이 흔히 벗어진 데다가 이런 솔들이 나 있어 멋들어지게 되었다.

나는 산중에서 다른 아무것도 소일거리가 없지만 가느다란 시내를 보아도 커다란 바위를 만나도 흔연히 반겨 심심풀이를 하게 된다. 물끄러미 보고 잠잠히 생각하다가는 환상에 잠겨 스스로 즐긴다. 잔 것을 크게, 굵은 것을 기이하게 나의 사고를 한없이 발전시켜 나간다. 한 옴큼 물에서도 내닫는 여울, 성낸 폭포로 되어 꿈틀거리고 용솟음치는 것을 찾으며 한 주먹 돌에서도 준엄하고 우람하여 백 가지 형상으로 변하는 것을 생각한다. 대개 물건의 형태는 한정이 있지만 사고의 발전은 끝이 없으니 불현듯 나의 천박하고 고루함에 불만을 느끼게 되었다. 이렇게 생각함으로써 나의 하루의 낙을 삼는 것이다. 내가 지금 보는 바는 비록 지극히 크고 심히 기이하지만 한 옴큼, 한 주먹으로부터 시작하여 발전된 것이고 다른 것이 있음은 아니다. 이렇게 생각하고 보면 원래 다 전날 나의 심중에도 그런 법칙을 가지고 있는 바이니 이것이 어찌 나로 하여금 놀라게 하거나 엄숙히 생각케 할 무엇이 있겠는가? 그러나 무릇 물체가 커서 쌓이게 되면 그 변화가 또한 무궁하여 사람의 의표에 나가는 것이니 하물며 자기 의량은 심히 작은데 갑자기 큰 것을 만나면 어찌 벅차 허둥거리지 않을 수 있으랴.

백탑동을 잘못 찾고

백탑동은 금강산에서는 매우 장한 구경거리인데 워낙 계곡이 깊고 험하여 찾기가 쉽지 않으니 흔히는 중한테 속는다는 말을 오래전부터 들었다. 어떤 사람의 유람기에 "백탑동을 갔더니 돌에 '百塔洞天(백탑동천)'이라고 새겼더라"는 것을 나는 보았었다. 그래서 그것을 목표로 찾아가면 행여나 틀림없으리라 생각하였다.

영원동에서 한참 가다가 중이 백탑동에 왔다고 나에게 고하는 것이었다. 산 아래 바둑돌을 첩첩이 쌓아올린 모양으로 된 수십 개의 높은 바위더미가 서 있는데 빛은 희고 몸은 둥그래서 마치 부잣집 노적더미와도 같이 자못 기이하였다. 그러나 아마도 내가 기대하던 백탑이 아닌 것만 같았다. 또 글자 새긴 것도 없으니 아마도 중에게 속은 것이 아닐까 싶어 이를 뒤로 하고 다시 걸렸다. 이윽고 폭포가 뿜어 떨어지는 데에 당도하였는데 위에는 얼음이 하얗고 뱃속은 비어 파란 유리빛을 띤 데서 물이 콸콸 목메어 떨어진다. 바로 이 물을 건너서는 길이 끊겼다. 숲이 엉클어져 침침하여 땅도 잘 보이지 않는다. 오직 측백나무가 수없이 서로 엉켜 푸르러 있어 거친 바람과 흩뿌리는 비를 겪으면서 스스로 늙어왔을 뿐, 세상에 모진 자귀와 도끼가 있는 줄을 모른다. 딸린 사람을 시켜 물가에서 밥을 짓게 하고는 갓 벗고 웃옷 벗고 나섰다. 원치 않는 자는 남아 있게 하고 나는 마구 시내 복판으로 돌을 밟으며 건넜다. 몹시도 험한 데다, 머리와 눈도 발을 위하여, 손도 발을 위하여 총동원이다. 항상 발 뒤축으로 짚어보고야 비로소 관절을 펴곤 하니 마치 옛날 포정(疱丁)[2]이 소를 잡을 때 항상 뼈틈을 잘 찾아 칼을 써 나갔듯이 나도 반드시 바위의 빈틈을 찾아 붙어 나가는 데서 바야흐로 무사함을 얻게 된다. 돌이 발 붙일 여유를 주지 않으면 언덕을 뚫아 나가곤 하는데 이때 썩은 나무가 하얗게 서 있는 것을 의지 삼다가는 봉변을 한다. 언덕이 다하면 다시 시내로 들어간다. 이렇게 한참을 갔더니 아까 본 노적더미보다도 다섯 배나 될 만큼 크고 높고 기이한 돌이 우뚝 나타나며 우리를 맞아주는 것이었다. 나는 찬탄을 금치 못하여 백탑동이 이것이냐고 급히 물었다. 그러나 그 발등에 새긴 것을 보니 '다보탑'이라 하였다. 백탑을 찾다가 다보탑을 보는구나! 앞으로 만날 것이 행여나 그것일까 하면서 이를 또 버리고 다시 더 갔더니 다보탑과 형제간 되는 돌들이 계속 나와 동에서 서에서 서로 우열을 겨루고 섰다. 여기로부터 길은 더욱 가시덤불이요, 쌓인 눈도 많으며 평생에 밟혀본 일 없는 옛 이끼는 깊어 복숭아뼈를 묻는다. 감긴 등년출, 엉킨 칡덩굴을 뚫고 늘어진 나뭇가지를 헤치면서 들어갔다. 여기는 아마도 개산(開山) 이래 사람의 그림자라고는 겪어보지 못한 것 같다. 이윽고 물 근원마저 끊어지려 하는데 얻은 것은 없었다. 여럿이 모두 시장과 피로도 느끼게 되었다. 드디어 도로 아까 본 형제간 된다고 하던 그 돌과 다보탑 있는 데로 내려왔는데 층진 폭포가 있어 무서워서 내려갈 수가 없었다. 나는 버선을 벗고 쫓아온 사람들에게 의지하여 발 뒤축을 서로 쫓아서 산골 원숭이가 팔을 잇달아 잡고 내려가듯이 겨우 내려갔으니 아까 올 때에는 그렇게 어려운 줄은 몰랐던 것이었다.

이미 지어놓은 밥을 먹고는 돌아가기를 재촉하였다. 바둑돌 쌓은 것 같다고 한 데를 지나서 조금 더 갔을 때 문득 돌 위에서 '백탑동천(百塔洞天)'이라 새긴 큰 글자를 발견하였다. 여럿이 서로 보며 크게 웃었다. 아까 이를 보았다면 반드시 더 올라가지도 않았을 것이고 그 위험한 양을 겪지도 않았을 것이다. 그러나 다보탑의 기이한 모습을 보았으니 얻은 바가 또한 고생을 갚고도 남음이 있지 않은가? 그런데 바둑돌 쌓은 듯한 그것이 진실로 백탑이라면 이미 너무도 빈약하지 않은가 하였더니 나중 알고 보니 과연 백탑을 잘못 찾은 것이었다.

얼마 지나 추사(秋史, 김정희) 시랑(侍郎)을 뵈었더니 시랑은 "금강을 구경했다니 백탑을 보았는가"고 물으셨다. 나는 그 경과를 들어 대답했더니 "그 새긴 글자가 사람을 곧잘 속이는 것이라네. 그것을 믿고 백탑을 찾아서야 되겠는가? 나도 소싯적에 여기 와서 백탑을 애써 찾다가 마침내 백탑을 찾았는데 정말 탑으로 생겨 수미탑(須彌塔) 같은 것이 온 골 안에 가득 차 있어서 백으로 셀 수 있데그려! 그래서 백탑이라고 한 것이니 진

---

2) 중국 전국시대 장자(莊子)의 글에 나온 말인데, 포정은 소 잡는 사람.

실로 그 기이하고 장한 광경이야말로 형상할 수 없는 것이라네. 지금 그대가 보았다는 백탑 따위야 어데 거기다 댈 법이나 하겠는가? 또 여래탑, 증명탑 같은 것은 억지로 이름지은 것이지 어데 탑 같던가? 다보탑도 그게 무슨 수고값이 된단 말인가" 하고 말씀하셨다.

이를 들은 나는 망연히 탄식하였다. 대개 인간의 길도 갈래가 많아 그 심오한 데는 보통 사람이 바로 찾아들기가 어려운 것이니 대개 일을 좋아하는 자들이 함부로 이름을 붙여 무슨 장한 것이나 본 듯이 꾸미기 때문에 뒷사람을 그릇침이 적지않은 것이다. 또 뒷사람은 덮어놓고 그대로 의심치 않고 좇아 다음에서 다음으로 서로 전하고 받고 하는 것이 예사가 아닌가? 바로 '백탑동천'의 예가 그것이다. 그러나 내 어찌 다시 이를 찾아 이번의 실패를 회복하지 않으랴. 담무갈(曇無竭)에게 맹세하노라.

영원동에서의 하룻밤

영원동의 절경은 이미 백탑동을 찾던 행정에서 그 절반턱은 구경하였거니와 그 복잡한 변화가 들어갈수록 더욱 무궁하다. 폭포는 성낸 듯, 못은 기쁜 듯, 여울은 슬픈 듯 서로 의존함으로써 물의 형태가 여러 번 변하며, 거만하고도 점잔빼는 것은 부귀에 가깝고 웅장하고도 엄숙한 것은 용맹에 가깝고 공교하고도 묘한 것은 재주에 가깝고 깎아지른 듯하고 날선 것은 각박에 가까워 제각기 우수한 점을 보임으로써 돌의 모습이 여러 번 변하니 이를 구경하는 사람의 정취도 또한 따라서 변천한다. 어찌 그뿐이랴! 뭇 봉우리들이 혹은 날고 혹은 춤추고 혹은 일어나고 혹은 엎드렸다. 그래 나는 그것들을 멀리서 바라보며 다만 그 신기함을 느낄 뿐이었더니 급기야 가까이 와서 미륵봉을 보게 될 때 무의식중 소리를 치며 놀라지 않을 수 없었다. 아롱아롱한 청색, 얼럭얼럭한 백색으로 옷을 입은 그것이 하늘에 닿아 끝간 데를 알 수 없으니 우러러보다가 기가 차서 말 수밖에 없었다. 거룩하여라, 조화(造化)의 힘이여! 한 개의 돌이 어떻게 이다지도 크단 말인고! 이것을 만들어낼 때 누가 이 공사를 담당했으며 대장간은 어데 베풀어놓고 몇 춘추나 걸려서 준공이 되었던고? 가만히 아득한 초창기를 생각해도 그를 생각해낼 수가 없구나!

오늘은 암자에 들어 자기로 하였다. 암자 남쪽으로 우뚝 솟아 웅긋쭝긋 벌려 선 것은 시왕(十王)·판관(判官)·사자(使者)·동자(童子))·죄인봉(罪人峰) 등이라 한다. 모두 그럴듯이 생긴 까닭으로 이름지은 것이다. 돌의 기이함은 일반인데 혹은 미륵도 되고 혹은 죄인도 되었으니 또한 처지가 같지 못한 무엇이 있었던가? 사람들이 제멋대로 사설을 붙여 영예도 모욕도 씌워놓았구나! 세상에는 이런 법이 많지만 학문과 도덕이 높은 이는 그것을 구차스레 피하려고는 하지 않는 것이다. 그러나 '도천(盜泉)'이라는 이름이 붙은 샘이나 '사호(邪蒿)'라는 이름이 붙은 쑥에 대해서는 자체 수양에 뜻을 둔 사람은 또한 반드시 이를 싫어한다.

밤 들어서 오직 바람과 시내의 음향만이 들려올 뿐, 기타의 모든 소리는 공허로 돌아갔다. 나는 옷을 거두잡고 나가 걸었다. 그윽하고 고요하고 맑고도 휑하여 이는 인간 세계가 아닌 것 같았다. 유자후(柳子厚)의 이른바 깨끗한 곳이란 바로 여기를 말하는 것이리라. 나는 탄식하였다. 천생 감성(感性)의 작용이 옅은 사람은 산수와 더불어 서로 호흡하지 못한다고. 이 산수에 친근한 지 이미 여러 날 되어 거의 점차로 이와 더불어 정이 익어가고 있건만 속된 잡념의 뿌리가 이를 많이 가로막는다. 신령한 집이 얼핏 보여 겨우 뜰 안에까지 건너가다가는 그만 머뭇머뭇 한번 읍(揖)하고 물러났으니 심하구나 나의 속됨이여!

장안사에서 북서쪽으로 표훈사에

이미 장안사에서의 동쪽 구경은 우선 하였으니 계류를 거슬러 북으로 올라간다.

명연(鳴淵)이란 못에는 집채 같은 큰 바위가 가로 세로 서 있다. 언덕에 붙여 사다리 길(棧道)을 만들었는데 그 아래는 성난 물이 짓찧어 소리가 우렁차고도 그윽하다. 명연에서 북으로 좀 가면 삼불암(三佛巖)이 있으니 전면에는 불상 셋을 새기고 후면에는 작은 불상 60을 새겼다. 삼불암에서 북으로 더 가면 백화암(白華庵)이 있다. 거기에는 신라의 지공(指空), 고려의 나옹(懶翁), 본조(本朝)의 무학(無學), 청허(淸虛), 송운(松雲) 등 다섯 고승의 초상이 있고 또 청허 휴정(淸虛休靜), 편양 언기(鞭羊彦機), 허백 명조(虛白明照), 풍담 의심(楓潭義諶) 등의 비도 있다. 여기서 북으로 바라보면 산들이 하얗게 보여 만 떨기 흰 연꽃 봉오리가 하늘에서 내려온 듯 정신이 황홀하니 이것이 중향성(衆香城)과 수미봉(須彌峰)이다.

백화암 서쪽에는 표훈사가 있다. 표훈사에는 까만 강철 화로와 작은 철부도(鐵浮圖)가 있으니 이는 원나라 물건이며 또 불화로 된 옛날 병풍이 있는데 이전 사람의 기록을 보면 이것도 원나라 그림인가 한다. 그리고 70말들이 큰 놋시루가 있는데 이것은 궁중에서 하사한 것이며 또 왕이 송운에게 하사한 금룡보자(金龍補子)가 있고, 조목왜선(雕木倭扇, 일본제 부채)이 있는데 삭아서 만질 수도 없게 되었다. 절에 들어가는 다리는 나무로 가설하였는데 기록에는 돌로 놓았다고 쓰여 있고 이름은 함영교(含影橋)라 하였으며 누각은 지금 능파(凌波)라 하지만 기록에는 산영루(山映樓)로 있다. 그리고 기록에는 원나라 황제가 돈과 비단을 보낸 사실을 돌에 새겼다 하였으나 지금은 그 돌이 없으며 또 기록에 있는 원나라 영종(英宗)의 사시비(捨施碑)도 지금은 없다. 전자는 양재(梁載)가 지은 것이고 후자는 고려 권한공(權漢功)이 쓴 것이다. 또 나옹의 가사 세 벌, 나옹의 동파라(銅叵羅), 나옹의 청사리(靑舍利)가 있다고 기록에 쓰여 있기에 중에게 물었더니 중은 그걸 찾는다고 부산만 부리고 있었다.

정양사 헐성루에서

정양사가 금강산에 있음이 마치 궁실에 대청이 있음과 같다. 장하여라, 그 산들의 생김생김이여! 겹겹이 서로 굴곡이 복잡하여 도무지 그 갈피를 찾을 길 없더니 여기에서는 눈앞에 가로 쫙 벌려 한 폭의 병풍을 이루니 정양사 헐성루의 전망이 곧 그것이다. 우리 금강산이 다른 산수보다 뛰어나 천하의 절경이라 함에 누가 감히 이의를 달 수 없는 것은 오직 금강산만이 가진 그 풍모 때문이니 이는 마땅히 멀리 보아야 하고 너무 근접해서는 그 참된 면모를 알기 어렵다. 헐성루에서 이를 보면 안계(眼界)에 전개된 모든 것이 옥과 같이 맑고 희어 문득 사람의 혼을 불러 깨운다. 어찌 그뿐이랴, 시내의 변화를 보라. 물보라 눈 날리듯 새벽 유리 흩뿌리고 쏟아져 흐르는 소리에 밤이 밝는다. 바닷물은 자라 등처럼 치솟고 구름은 뭉게뭉게 엉기어 일어난다. 이는 우리나라에서뿐 아니라 천하에 이름난 산에서도 또한 없을 것이다.

중국에서는 한(漢) 시대로부터 문인들이 중국의 명산을 톺아 한치만한 별다른 곳이 있어도 놓치지 않고 이를 기술하였으니 그들이 좋다는 데를 손꼽아 셀 수 있다. 원중랑(袁中郎)은 소릉산(昭陵山)을 보고 온 벽이 흰 돌로 되어 비늘처럼 돋은 것이 옥도 같고 눈도 같은데 이끼와 꽃이 이를 수놓았으며 또 그것이 층층이 봉우리를 이루었다고 크게 환호하면서 "이는 황대치(黃大癡)의 〈아미춘설도(峨眉春雪圖)〉를 보는 듯하다"고 찬탄하였다. 그는 우연히 한구석을 보고도 그렇게 자랑하였는데 그로 하여금 만일 우리 금강산을 보게 했더라면 응당 미쳐 날뛰었을 것이다. 우리 금강산이 중국에서는 겨우 〈도목서산기(都穆西山記)〉에 쓰여 있을 뿐인데 그 면모를 다 기록하지도 못하였지만 그 나라 사람들이 손뼉치며 이야기들을 하고 있다. 그 글이 금강의 절경을 많이 빠뜨린 것이 유감이다. 지역이 멀어서 중국의 작가들이 이를 능히 알아 쓰지 못하였으며 또 중국 작가들로서는 한 번도 이 명승을 구경 못함이 하나의 불행이 아닐 수 없다.

여담이 너무 길어졌다. 금강의 봉우리 이름을 중의 입과 손가락을 빌려 듣게 되니 잘못이 매우 많다. 그러나 보통 중으로서는 그럴 것이지만 늙은 중이 친절히도 일부러 나와서 나에게 가르쳐주는데 그는 입산 이래 세상에 나가지 않은 지 이미 50년이며 불경의 조예와 계행(戒行)이 높아 그의 말은 믿음직하다. 진사 이 구당(李矩堂)은 가장 산을 잘 보는 분으로서 금강산을 두루 살펴 산의 생김과 경치의 여하를 잘 알았다. 그는 모든 봉우리의 주맥과 지맥 및 그 기복 등을 서술하여 손금을 보듯 상세하다. 다만 그가 비로봉과 망군대에는 올라보지 못하여 내외금강을 갖추 서술 못한 결함이 있다.

부기(附記)

장안사의 동서 누각을 위시하여 이름과 시를 새긴 것이 매우 많더니 헐성루에 이르러서는 그것이 더욱 심하여 대들보, 마룻대, 서까래, 인중방(引中枋), 처마, 기둥—어데든지 조금도 빈틈 없이 새겨놓았다. 그러나 고금의 허다한 문인들이 오고 가고 하였건만 특출한 작품이 새겨져 있는 것을 들을 수도 볼 수도 없음은 웬일인가? 아마도 여느 산과 속된 돌만 보던 눈으로 갑자기 절경을 만나니 황홀하여 그 읊을 바를 모르게 된 때문인가 한다. 붓을 움직인다 해도 실경에 맞출 수 없는 데야 뉘라서 자신의 부족을 느끼지 않으랴? 읊어볼 감흥에 격동되어 그 소리를 높여보려 해도 그 재주가 너무도 부족하니 시편을 완성하기가 진실로 어려울 것은 당연하다. 왕계중(王季重)의 〈영원기(靈源記)〉에는 "돌아오는 길에 왕께 한 상소문을 초하여 올리고 싶다고 했는데, 폐하께 원하옵건대 신(臣)으로 하여금 발마(撥馬, 역마)를 타고 천하를 돌게 하시되 신에게 먹 만 섬을 내리시고 또 달 같은 도끼를 더 주시와 명승지를 지나다가 쓸 만한 시문만 남겨두고 나머지 제명은 모조리 도끼로 패고 먹으로 뭉개버린 후 찬 샘물로 3일간씩 씻어 산천의 치욕을 온통 풀어주게 하시옵소서"라고 쓰여 있다.

표훈사에서 북서로 수미암에

기이한 돌 구경은 백천동과 영원동에서 다한 줄로 알았더니 표훈사로부터 금강문(金剛門)을 뚫고 나가 청학대(青鶴臺)를 바라보았을 때 또다시 놀라지 않을 수 없었다. 파란 하늘을 등에 지고 대지에 서려 앉아 호탕하게도 천태만상을 마음대로 부려서 변화가 끝없으니 괴상하고도 거룩하고 웅장하고도 기묘하여 그 비상한 형태가 유람하는 사람으로 하여금 넋을 잃고 입을 딱 벌리고 멍하니 섰을 수밖에 없게 한다. 오현봉(五賢峰), 돈도봉(頓道峰), 대향로(大香爐), 소향로, 학소봉(鶴巢峰) 등 모든 봉들이 다 어깨를 나란히 하여 잇달아 서서 서로 보며 이마를 쑥쑥 내밀어 남의 아래가 되기를 즐겨하지 않는다. 이것을 한참 보던 나는 담은 커지는 듯해도 몸은 점점 작아지는 것만 같았다. 그 아래는 만폭동의 수정 같은 계류가 소리쳐 흐르고 있다. 여기서 북으로는 마하연 가는 길이고 서로는 수미탑까지 가는 길이다.

먼저 서로 수미탑부터 보려고 좀 올라갔더니 청호연(青壺淵)과 용곡담(龍曲潭)의 기이한 풍경이 번갈아 나오는데 이는 아홉 개의 못의 일부가 된다. 여기 내원통암(內圓通庵)이라는 절이 있는데 청학봉이 고개를 들어 아는 체하고 있다. 남동으로 망군대와 혈망봉을 바라보니 아득하게 보일락말락하여 이마와 상투를 저으기 드러내고 옆으로는 다만 어깨와 등이 반쯤 보일 뿐, 숨어 서서 멀리 우리를 흘겨보고 있다. 그 절묘함이 진실로 날아 움직이는 듯하였다. 여기 와서는 장안사에서 아름답게 본 석가, 관음, 장경봉 같은 것은 모두 집안에서도 볼 수 있는 한 개 책상머리의 물건이었구나 하였다. 또 그 길로 장봉(獐峰)을 지나서는 만절담(萬折潭), 태상동(太上洞), 청랭뢰(淸冷瀬), 자운담(紫雲潭), 우화동(羽化洞), 적룡담(赤龍潭), 강선대(降仙臺) 등으로 먼저 본 두 개소의 못과 아울러 구류(九留)라는 계류를 보게 되는데 이를 수미팔담(須彌八潭)이라고도 한다. 수목이 하늘을 가렸으니 날아가는 듯한 봉우리, 기괴한 바위가 얼른 나왔다가 도로 숨곤 하여 기이한 귀신이 사람을 희롱하는가도 싶었다. 팔담들은 그 고인 물이 깊고도 맑아서 한 점의 티끌조차 찾아낼 수 없이 파랗게 투명하니 그 실경을 무어라 형언할 수 없다.

지금 만일 더위에 무거운 짐을 지고 길에 시달린 사람이 가다가 무성한 나무와 맑은 시내를 만난다면 누구든지 시원하고 반가워 차마 놓고 그저 가지는 못할 것이다. 지금 세상에서 복잡한 일에 시달린 사람도 그윽한 숲, 청정한 땅에 수석이 아름다운 데를 가게 되면 또한 시원하고 좋아서 차마 놓고 가지 못할 것이니, 이 두 개의 경우가 무슨 다름이 있으랴! 《시전(詩傳)》에도 "뉘 능히 뜨거운 것을 쥐고야 찬물로 헹굴 생각을 아니하랴"라고 하지 않았는가? 이는 천하 사람의 공통된 심정인 것이다. 그러나 욕심이 심한 자는 딴판 다르니 석공은 돌을 보면 때려서 계단이나 주추를 만들 생각만 하며, 목공은 나무를 보면 베어서 그릇을 만들 생각만 하여 품은 바가 다만 자기의 이익을 생각할 뿐이다. 만일에 저 의관을 차린 부귀한 사람이 절경을 만나게 되면 또 반드시 기생을 이끌고 살진 고기를 굽고 음악을 베풀고 또는 앞잡이를 놓아 서슬 좋게 호령쳐 길을 물리며 떠들어댈 것이니 이러고야 이른바 시원하고 좋은 그 즐거움이 어찌 능히 길 수 있겠는가?

팔담 구경이 끝나자 여러 사람이 모두 저것 보라고 소리친다. 시내 끝진 북쪽에 돌이 쌓여 올라간 것이 있으니 빛은 하얗고 어데 의지한 데도 없이 땅에서 뽑혀 우뚝 섰는데 높이가 백 길 가량은 된다. 거기서 진액이 녹아 흐르는 듯 달린 폭포가 그 발밑을 씻고 있다. 명경대보다도 장하고 다보탑보다도 기이하니 이것이 곧 수미탑이다. 그리고 그 동쪽에 섰는 봉우리는 옥으로 만든 검이 하늘에서 떨어진 듯 아래는 날카롭다. 또 파란 시내를 사이에 둔 남쪽에는 자연히 이루어진 돌층대가 있는데 먹줄을 치고 갈아놓은 듯이 각도가 바르고 곧으며 그 밑은 휑하니 넘어져가는 빈집같이 되었으며 또 그 뒤에는 자연히 이루어진 돌성이 두어 마당 된다. 이것이 다 탑을 위한 보위로 된 셈이다. 시내를 건너가서 돌층계 꼭대기에 올라 굽어보니 아래는 펑퍼짐하고 위로는 빨라진 것이 북으로 조금 비스듬하며 또 그 위에 높다란 조각 바위가 상투처럼 되었는데 거기에 외로운 솔이 멋들어지게 붙어 있다. 문득 남쪽으로 돌성의 잔등을 보니 어떤 노승이 검은 장삼을 입고 도사려 앉았기에 나는 막 몸을 굽혀 희사(喜捨)를 하려다가 어떻게 중이 저기에 이르렀는가 하도 이상하여 자세히 살펴보았더니 그는 곧 돌이었다. 여럿이 다 웃었다. 잣나무로 그 몸을 가렸으니 살펴볼수록 더욱 방불한 까닭이었다. 또 가끔 비단필이 석벽에 걸린 것도 보게 되니 이는 곧 하얀 이끼옷을 입고 죽은 고목이 사람을 속이는 것이었다.

표훈사에서 북으로 만폭동 팔담을 보고

헌걸차고도 그윽하며 상쾌하고도 명랑하며 웅장하고도 준수하며 수려하고도 기이한 것을 보려거든 반드시 만폭동 팔담에서 찾아야 할 것이다. 마하연과 수미탑에서 내리는 물이 학소대(鶴巢臺) 아래서 모인다. 오현봉은 동으로 숙이고 청학봉은 서로 날고 대소 향로봉이 또한 그 날개를 펴 기상이 가장 웅대하며 만학의 물소리 요란하여 사람을 황홀케 한다. 제아무리 야비한 사나이, 까다로운 선비라도 여기 와서는 오장 육부가 말끔 씻겨 깨끗해질 것만 같았다.

양 봉래(楊蓬萊)는 초서의 성인이다. 너럭바위에 새겨 남긴 그의 글씨, 호방하고도 굳세고 변화가 많아 용이 차고 범이 날뛰는 듯 이 산수와 더불어 기세를 다투고 있다. 신선의 바둑판과 머리 감던 세두분(洗頭盆)을 지나 팔담을 차례로 보아 올라갔다. 청룡담(靑龍潭), 흑룡담(黑龍潭), 벽하담(碧霞潭), 비파담(琵琶潭), 분설담(噴雪潭), 진주담(眞珠潭), 구선담(龜船潭), 화룡담(火龍潭) 등 모두 아홉 개의 못인데 그 이름을 새긴 것은 팔담으로 여덟이다. 마땅히 이름이 있어야 할 것으로서 이름없는 것이 아직도 많은데 여덟으로 한정해놓았으니, 심하여라 사람들은 죽은 옛 법으로 된 숫자에 매달리기를 좋아하누나! 전 사람의 기록을 상고해보아도 또한 서로 같고 다름이 있다. 관음담(觀音潭), 응벽담(凝碧潭)은 옛날엔 있었으되 지금은 없고 분설담, 진주담은 지금은 있어도 옛날에는 없었으니 또한 무슨 고정불변이 있겠는가?

다니기 어려운 데는 장목을 묶어놓아 통행케 하였다. 빗도는 데는 잔도를 만들고 날아가는 듯이 걸터놓은 것은 다리로 되었다. 길은 오불꼬불 연방 잇닿아 올라간다. 기이한 봉우리는 자꾸 일어나고 흰 물결이 다투어 달리니 쳐다보면서 정신 팔고 굽어보면서 반하지 않을 수 없어 발은 더듬더듬 삼가 디디면서도 눈은 두루두루 보기에 바쁘다.

물은 본래 그러해야 하겠다는 의식이 없지만 그 모든 변화가 다 돌을 만난 때문이다. 돌이 가로 세로 울퉁불퉁 뻗내어 물한테 굳이 맞설 적마다 곧 중대한 정세를 조성하게 되어 서로 더불어 힘으로 싸워 지려고 하지 않으니 드디어 백 가지 기변을 일으키면서 가는 것이다. 급히 떨어지는 데를 만나면 노하여 폭포가 되었다가 우묵 편편한 데로 가서는 깊고 넓게 고여 말갛게 되어 쉬기도 하는 것이다. 그러나 이렇게 겨우 국면을 수습하고 나면 앞으로 또다시 새 싸움이 벌어져서 시내는 문득 털이 꺼칠해지고 잎도 돋쳐 성낸 형세를 짓는다. 이때 벌려 선 멧부리들은 몸을 솟구쳐 그 승부를 내려다보고 있다. 대개 진주(眞珠)를 흩뿌리는 진주담이 가장 우월하고 눈을 뿜는 분설담이 다음으로 된다. 진주담에는 우재(尤齋) 선생의 글이 새겨져 있다. 벽하담의 돌은 크기가 노적더미 같은데 어느해 큰물에 밀려 수십 보나 나가 넘어져 있다. 거기 새긴 성명들이 엎어진 것으로 보아도 이를 알 수 있다.

만폭동이 대개 이상과 같으니 그래서 헌걸차고도 그윽하며 상쾌하고도 명랑하며 웅장하고도 준수하며 수려하고도 기이하다는 것이다.

또 기교와 괴이를 좋아하는 옛사람의 유적으로서 보덕암(普德庵)이 있으니 진주담에서 바라보면 호수가의 제비가 석벽에 집을 지은 듯이 대롱대롱 달려 있는 것이 곧 그것이다. 진주담을 건너 동으로 바위의 층대길을 나선형으로 휘휘 돌아 올라가서야 암자에 이르게 되며 작은 문을 통하여 돌계단을 바로 내려가면 방장실(方丈室, 주지의 방)이 굴어귀에 있다. 도리는 철(鐵)을 이용하여 석벽에 붙이고 기둥은 따로 없으며 쇠줄로 좌우 석벽에 매달아 떨어지지 않게 하였으니 바람이 불면 흔들리는 듯하다. 밖으로는 오직 한 개의 기둥이 이를 받들고 있는데 이 기둥은 동(銅)으로써 마디진 참대처럼 만들어 절벽에 외롭게 꽂았으니 바위 벼랑에 학의 다리가 붙은 듯 꼿꼿이 공중에 서 있다. 마루판자에 구멍을 내어 굽어보게 하였으니 아질아질 무서워라 과연 기발한 일이 아니겠는가?

부기

옛날 사람들은 우연히 감흥의 충동을 받을 때 혹 어떤 일을 창시하는 수도 있지만 그리 깊은 의의는 없는 것이다. 그러나 후세 사람들이 그 알맹이는 없이 자꾸 그 그림자만 본뜨니 식자들이 드디어 그것을 싫어하는 것이다. 한 창려(韓昌黎)는 숭산(嵩山)에서,

소 동파(蘇東坡)는 선유(仙游)에서 제명(題名)한 바 있었다. 그러나 그들이 물론 구경한 산천마다 다 제명한 것은 아니다.

금강산의 제명은 장안사에 들어가는 동구의 문간에서부터 시작되어 명경대에 가서 버썩 늘고 만폭동에서는 극성을 떨어 주먹만한 돌이라도 모두 빈틈을 남긴 것이 적다. 마치 번화한 시장에나 들어간 것 같아서 친한 사람이 바로 팔꿈치 뒤에 있어도 알 수 없는 것과 비슷하니 명현들은 일찍이 이런 일을 하지 않았다.

표굉도(表宏道)는 말하기를 "형법 가운데 산림에 숨어들어 나무를 베고 돌을 때리는 것은 다 일정한 형벌을 가한다는 조항이 있는데 속된 선비가 명산을 더럽힘에도 불구하고 법이 이를 금치 않음은 웬일인가? 청산(靑山) 백석(白石)이 무슨 죄가 있기에 까닭 없이 그 얼굴에 자자(刺字)를 가하고 그 살을 째놓으니 아— 또한 어질지 못한 일이로구나" 하였다. 내가 생각하기에는 이런 것이 있는데도 명산을 보면 공경(公卿)의 문하에서도 한마디 풍자나 얘기하는 사람이 없으니 외롭고 한심스러움을 알 만하나, 특별히 곳곳마다 나오는 것이 못마땅하다. 환산(皖山)에 삼조탑(三租塔)이 있는데 해마다 큰 홍수가 지면 탑 중의 더러운 것은 다 씻어 내려가는데 용수(龍水)가 탑을 씻는다 얘기하고 물이 불어나서 큰 돌이 함께 모래 속에 묻히는데 홀로 황산곡(黃山谷, 중국 송나라 때 서예가)이 써놓은 석우(石牛)만이 우뚝하게 남아 있고, 이효광(李孝光)의 〈안암기(雁岩記)〉에 벽간(壁間)에 성명자가 한자 한자씩 여우, 이리, 담비가 물어 뜯어가는 바가 되었는데 여이간(呂夷簡), 초백강(焦伯强), 유기지(劉器之), 왕구령(王龜齡) 같은 사람은 산골짜기에 남아서 지금까지도 생기가 있으니 선비들의 그 이름이 없어지지 않는 것이 그 연유가 있는가 보다. 돌에다 자기 이름을 의탁하려 하여 크고 깊게 새겨 산중의 돌로써 영원한 자기 기록을 삼으려 한들 무슨 소용이 있단 말인가? 심지어 앞서 새긴 사람의 성명을 깎아내고 자기 성명을 새겨놓은 일도 있으니, 이는 남의 무덤을 허물고 자기 시신을 묻는 것과 같기에 식자는 선량치 못한 짓임을 알고 미워하는 것이다. 혹은 바로 남의 이름을 덮어 눌러 열 자나 넘는 글자를 새기기도 하고 또는 남이 새긴 작은 글자를 쓸어버리거나 남의 글자의 점과 획을 손질하여 이지러뜨리고 부서뜨리는 짓들도 있으니, 그 또한 차마 할 수 있단 말인가!

중향성을 보고

주초(朱草)가 숲 속에서 나지만 반드시 땅의 기운이 모여 되는 것이고 옥이 산에서 나지만 반드시 산의 정기가 맺혀 되는 것이다. 하물며 중향성 같은 기이한 연봉이야 어찌 금강의 정기가 모여 나타난 것이 아니겠는가? 마하연에 이르러서야 비로소 지금까지 보아온 것은 다만 문간이었을 뿐, 이제사 처음으로 당오(堂奧)[3]에 들어섰다는 것을 알게 되었다. 마하연에서 북으로 만회암(萬灰庵)이라는 암자가 있다. 그윽하고 멀어 심히 유벽(幽僻)한 곳이다. 여기서 더 올라가서 두 줄 쇠사슬에 몸이 달려 날카로운 영(嶺)에 타 올랐다. 이는 수백 보 긴 담같이 일어난 석벽인 것이니 바로 백운대(白雲臺)가 이것이다. 사면으로 전망이 매우 좋은 곳이다. 동으로 안문(雁門), 일출봉, 월출봉을 가리키고 서로 향로봉을 손짓하고 남으로 혈망봉을 내다보고 북으로 가섭봉을 바라보다가 중향성을 봄에 미쳐서는 무릎을 치며 감탄하였다. 대저 조물주는 이렇게도 신기로운 재주 부리기를 좋아하였던가! 멀리서 이를 바라보니 아침은 아니건만 돋아오는 아침 해의 영롱한 광선이 여기에만 빛나고 있는 듯하며 가까이서 이를 살필 땐 바위 봉우리들이 마치도 껍질 벗은 하얀 마늘쪽을 책상 위에 죽 늘어세운 것도 같다. 그리고 그런 바위들이 층대층대 삐죽삐죽 모여 서 있어 한치의 흙과 한자의 나무도 없다. 산꼭대기로부터 깊은 골에 이르기까지 온통 그것이다.

맑은 가을 달 밝을 때 침상을 이끌고 그 안에 들어가 자다가 새벽녘에 문득 깨면 별빛은 반득이고 사위는 청정하여 몸이 은하(銀河)에 이르러 견우 장부(牽牛丈夫)의 맑고 깨끗한 생활이 이와 어떤가를 묻고 싶으리라. 이때 우의(羽衣)를 입고 저(笙)를 불면서 그 꼭대기에 오르면 아마도 채색구름이 나를 옹위하여갈 것만 같았다.

대개 일만이천봉을 큰 금광이라고 한다면 중향성은 그 노다지라 하리로다. 그러나 금강산을 말한 자 이를 언급 못하였으니 괴이하구나!

백운대 산기슭 밑에 묘길상이 있다. 이는 절벽을 깎고 도사려 앉은 불상을 새긴 것인데 두 무릎의 거리가 6장(六丈, 60척 정도)이 넘는다. 여기서부터가 외금강으로 가는 길이다.

유점사 서쪽 은선대를 보고

모두 4일간의 내산(內山) 구경에서 대개 그 절경만은 찾았지만 내금강을 떠나면서 오직 비로봉과 망군대를 못 가본 것이 유감이다. 금강산에 처음 오기 때문에 지리를 알지 못하니 마치 비루한 천민이 큰 벼슬 하는 재상가 집을 알지 못하는 것과 같다. 가끔 길이 어긋나서 지나가서는 이를 한하게 되었다. 그러나 귀는 물소리에 배불렀고 눈은 돌 자태에 흐뭇했고 발은 오르기에 단련되고 혀는 평가에 피로했으며 또 마음은 그 정채에 팔렸다가 지금 내산을 떠나게 되니 현기가 비로소 걷힌 것도 같고 연극이 막 끝난 듯도 하건

---

3) 마루와 방의 깊숙한 곳.

마는 찬탄은 얼른 끊이지 못한다.

안문령을 지나서부터 돌이 비로소 검고 물이 비로소 흐른다. 웅장하고 용맹스럽기는 내산을 능가하지만 정채가 문득 변하므로 기분이 침울해져 머리만 긁적거리며 걸을 뿐이었더니 은선대(隱仙臺)에 올라서는 또다시 크게 기뻤다. 중향성의 장관은 다시 그 둘이 없으리라고 하였더니 또다시 그에 필적할 수 있는 절경을 여기서 보게 된 것이다. 등(藤)과 산마(山麻) 넝쿨이 다투어 뻗을 때 그 선후를 쉽사리 분간하기 어려운 것처럼 은선대의 십이층폭포와 중향성의 우열을 또한 쉽게 가려낼 수가 없는 것이다.

유점사의 전설

금강산에는 전설이 허다한데 유점사에 대한 것이 제일 엉뚱하다. 〈유점사 구지(舊志)〉에 쓰여 있기를 "부처가 세상을 떠난 후 문수대사(文殊大士)가 금으로 53개의 불상을 부어 종(鐘) 속에 넣어서 바다에 띄웠다. 그것이 월지국(月氏國)에 이르렀을 때 국왕 혁치(赫熾)가 이를 받들었더니 그 궁전에 문득 화재가 일어났다. 왕이 두려워하여 이를 다시 바다에 띄우니 여러 나라를 지나서 금강산 동쪽 안창현(安昌縣) 포구에 닿았다. 고성태수 노춘(盧偆)이 이 소식을 듣고 달려가보니 그 종이 이미 상륙하여 어딘지 스스로 가버렸다. 노춘은 이를 찾던 끝에 종이 쉬고 간 자리를 발견하였다. 이때 문수대사는 여승으로 변하여 노춘에게 길을 가르쳐주고 또 흰 개가 어디선지 와서 앞을 인도하였으며 노춘은 가다가 목이 심히 말라 땅을 헤쳤더니 샘이 나왔다. 또 어디선지 노루가 나와서 앞을 인도하였는데 문득 종소리를 듣고 기뻐하며 앞으로 앞으로 찾아갔다. 지금 게방(憩房)이니, 문수촌(文殊村)이니, 이유암(尼游巖)이니, 구령(狗嶺)이니, 노춘정(盧偆井)이니, 장항(獐項)이니, 환희령(歡喜嶺)이니 하는 지명들이 다 그곳이었다. 노춘은 마침내 종을 찾아왔는데 거기에는 큰 못이 있고 종은 느릅나무에 걸려 있었으며 53불은 못 위에 벌려 있었다. 이 사실을 왕께 고하였더니 왕이 가서 본 후 그곳에 절을 짓고 유점사라고 하였는데 때는 신라 남해왕(南解王) 원년 갑자(甲子)였다"라고 하였다.

생각건대 남해왕 때 영동(嶺東)과 서라벌(徐羅伐)은 전연 교섭이 없었는데 어찌 일찍이 신라에 속하였겠는가? 또 신라에는 불교가 눌지왕 때 고구려로부터 처음 들어왔으니 이는 남해왕보다 17대 후였다. 이 말을 꾸민 자는 졸렬하기 또한 심하다. 또 거기에 쓰여 있기를 "중이 잿물로 불상을 먹 감기려 했더니 큰 우레와 비가 내리며 불상이 다 들보 위에 올라갔는데 그 중 세 불상은 공중으로 올라가고 중은 죽었다. 그래서 지금 오직 30여 불상만이 있는 것이다"라고 하였다.

그리고 법당에 뱀이 얼크러지고 용이 서린 것 같은 큰 나무등걸이 두어 칸 차 있는 것을 느릅나무 뿌리라 하며 거기에 깃들이고 있는 숱한 작은 금불(金佛)은 서역에서 온 것이라고 한다.

또 중들이 말하기를 "못에 아홉 마리 용이 있어서 부처에게 자리 사양하기를 좋아하지 않았다. 그래서 부처가 신(神)의 불로써 못의 물을 끓였더니 용이 도망하여 절 서쪽에 가서 돌을 뚫고 들어가 폭포물을 받으면서 살던 데가 4~5군데 되는데 이를 효운동(曉雲洞)이라"고 한다. 또 말하기를 "용이 옛 처소를 잃고 여기에 머무른 것을 부처가 또 쫓았더니 마침내 구룡연(九龍淵)으로 들어갔다"고 한다. 그리고 또 절에 샘이 있는데 중의 말이 "절을 지을 때 까마귀가 땅을 쪼아 나온 것이라" 하며 또 무연실(無煙室)이란 방이 있는데 중의 말이 "그 방에는 불을 때도 연기가 나지 않는다"고 한다. 모두 이런 것뿐이다.

무릇 명산은 중이 반드시 끌어붙이고 과장하여 기이하게 이야기를 꾸밈으로써 그것을 신비화시킨다. 내금강의 중향성 같은 것은 중의 말이 "미륵이 강생하니 담무갈이 2000보살과 더불어 반야회(般若會)를 베풀고 숱한 향불을 피웠다. 그러므로 앞에는 크고작은 향로를 무수히 벌려놓았고 아래는 그 재가 떨어진 만회암(萬灰庵)이 있다"고 한다.

또 정양사에 대해서는 "고려 태조가 담무갈의 방광(放光)을 보고 세운 것이므로 거기에 방광대가 있다"고 한다.

또 삼불암(三佛巖)에 대해서는 "김동거사(金同居士)가 부처를 받들고 처자를 거느리고 산중에 살면서 나옹(懶翁)과 더불어 도술을 다투다가 나옹이 이미 묘길상을 불지암(佛地庵)에 새기니 거사는 철장(鐵杖)으로 이것을 때려 뉘려다가 못하여 60불상을 백화암(白華庵) 아래 새기고 그 곁에 자기 부부의 상(像)을 만들었다. 이를 본 나옹이 그 전면에 삼불을 조각하여 그를 제압한 것이 그것이라"고 한다.

명연이라는 것은 중의 말이 "우레가 김동거사의 집을 쳐 깨쳐서 못을 만든 것이 그것이라"고 한다.

화룡담(火龍潭) 위에 사자암(獅子巖)이 있고 그 발밑에 작은 바위가 있어 법기봉(法起峰)을 대했으며 그 봉에는 작은 돌구멍이 있는데 중의 말이 "사자가 벼랑에서 떨어질 지경이 되어 용더러 그 위태로운 발밑을 받쳐달라고 애걸한 까닭에 용이 법기봉의 돌을 뽑아서 사자를 고여준 것이라"고 한다.

무릇 이런 전설들이 수두룩한데 이를 믿는다면 어리석은 할머니가 될 것이고 이를 다툰다면 답답한 선비가 될 것이며 그리고 애초에 전한 자는 일 좋아하는 자이고 기록한 자는 괴담가가 될 것이다.

신계사에서 서쪽으로 구룡연에

신계사에서 서로 법정암(法鼎巖)을 지나니 시내와 돌의 아름다움이 백천동과 영원동을 보는 듯하다. 신계사에서 올라가면서 남서쪽을 바라보면 산이 하늘에 닿아 끝을 모르겠기에 비로봉인가 하여 중에게 물었더니 아니라고 한다. 외금강의 산들은 대개 이름 없는 것이 많지만 여기에 이르러서는 뭇 봉우리들이 더욱 빼어나고 아름답다. 비로봉이 아니라고 한 이름없는 산으로부터 봉우리들이 난새(鸞)가 날아드는 듯 학이 춤추며 내리는 듯하니 이는 일찍이 있어보지 못한 새로운 경지로서 다시금 찬탄하지 않고는 견딜 수 없었다.

봉우리들이 모두 지장, 관음봉(장안사 앞에 있는)에 비할 바가 아니건만 다 이름이 없다. 외금강의 산세는 웅대하게 서리고 멀리 둘려 내용이 더욱 깊고 복잡하니 대개 내금강을 능가하고 있건마는 사람의 발자국이 가고 이름이 붙게 된 것은 다만 두셋을 셀 뿐이다. 혹은 말하리라, 기이한 절승이 있다면 자연 드러날 것이지 지금까지 묻혀 있을 리가 있느냐고. 아니다, 중국의 안암(雁岩)이 송(宋) 시대 상부(祥符) 연간에야 비로소 알려졌는데 그것도 옥청 소응궁(玉淸昭應宮)을 지을 때 벌목하는 사람에 의하여 발견된 것으로서 일찍이 사영운(謝靈運)이 죽간(竹澗)을 두루 살펴 백석령(白石嶺)까지 갔을 적에 거의 미칠 뻔하고도 몰랐던 것이었다. 원(元) 시대 차산(次山) 유자후(柳子厚)는 영주(永州) 산수를 매우 사랑했건만 담암(澹巖)의 풍경을 보지 못하였으니 묻힘과 드러남이 또한 때가 있는가 한다. 또 산수가 이름나는 것은 흔히 행세하는 사람에게 달려 있지 않을 수 없었으니, 서울서 구경온 양반들이 내금강에서 이미 피로한 까닭에 영을 넘어 외금강에 와서는 얼치기로 지나버리고 만다. 내금강의 파륜(波倫)이니 석응(石鷹)이니 하는 것은 실로 조각돌에 불과한 것이지 무슨 봉우리 축에 들겠는가? 그러나 구룡폭으로 가는 계곡에 거듭 전개되는 물의 변화를 이름짓자면 어찌 또한 팔담에만 그치랴! 그러므로 외금강에 아직도 드러나지 못한 절경이 얼마든지 있으리라고 나는 말할 수 있다.

옥류동(玉流洞)에 다다르니 맑은 광채는 사람의 눈을 빼앗고 기이한 폭포는 진주담을 아우로 삼는 것이다. 또 가면 앙지대(仰止臺)가 되고 더 가면 금강문이 되는데 캄캄한 구멍 속을 뚫어 숨을 죽이고 나가는 것이다. 석벽에 꽂아놓은 쇠말뚝은 담이 약한 사람의 겁을 붙들어주며 혹은 사다리를 놓아 높낮은 석벽에 오르내릴 수 있게도 하였다. 네 발 걸음으로 오르기도 하고 혹은 엉덩이를 바위에 걸쳐 얼음지치기로 내리기도 하는 등

갖은 짓을 다할 줄 알아야만 하는 것이다.

또 운금폭(雲錦瀑), 금은폭(金銀瀑)을 구경하면서 올라가면 비봉폭(飛鳳瀑)이 된다. 천길 절벽이 아득히 푸른 하늘에 닿았는데 거기서 달려내리는 물이 유난히도 가늘다가 절벽이 문득 안으로 욱여든 데를 만나 내리던 물이 의지를 잃고 갈래갈래 만 오리의 비단실로 되어 안으로 감길락말락할 적에 가벼운 바람이 옆에서 흔드니 구슬 안개가 자욱이 날아 흩어진다. 그 기묘함을 형용할 말이 없구나!

다시 올라가면 무봉폭(舞鳳瀑)이 되고 더 가면 구성대(九成臺)가 된다. 여기서 바라보면 마주선 두 봉우리 사이에 말안장처럼 된 질룩바위에서 물이 굼실굼실 넘어 나와 내리쏟는 것을 보게 된다. 높이가 아마 500척은 되겠는데 그 밑의 검푸른 소에 물이 사뭇 짓찧어 급한 우레 소리 지축을 울리니 이것이 곧 구룡연이다. 여기에 우재(尤齋) 선생의 초서를 새긴 것이 있다. 밑에 깔린 반석의 형세가 안으로 끼웃한 데다가 방금 새로 내린 비에 젖어 있어 심히 미끄러우니 한번 미끄러져 소에 떨어지면 감히 누구도 구할 재주가 없을 것이다. 나는 무서워서 감히 다가서지 못하였다.

우리나라에서 큰 폭포로 셋을 치는데 대흥(大興)에 박연(朴淵)폭포, 설악(雪嶽)에 대승(大乘)폭포 및 구룡폭포가 그것이다. 대승폭포는 내가 아직 가보지 못하였으나 박연폭포는 계류를 따라 내려와야 보게 되는 것이고 이 구룡폭포는 계류를 거슬러 올라가서 보는 것이다. 그리고 박연은 몸집이 크고 구룡은 키가 높으니 이것이 다른 점이다. 기이하고 장엄함을 말한다면 마땅히 백중지간(伯仲之間)이라 하리로다.

신계사에서 서북으로 만물초를 보고

만물초(萬物草)란 만물을 초잡는다는 뜻이다. 조화옹(造化翁)이 처음으로 만물을 만들 때 여기에서 초잡았다는 것이다. 문인이 글을 짓고 필객이 글씨를 쓸 때 혹시 잘못이 있을까 삼가서 초잡는 것은 보통이다. 여기에 먼저 만물을 초잡았다니 조물자(造物者)도 또한 잘못이 있을까 염려하여 이 구구한 노릇을 하였던가?

혹 어찌 그렇지 않겠는가. 시험해서 만물의 생성을 볼진대, 색(色)에 속한 것은 그 빛이 서로 변함이 없고, 맛에 속한 것은 그 맛이 혹 서로 침범함이 없으며, 천성에 속한 것은 그 속성이 서로 어지럽힘이 없고, 형상에 속한 것은 그 형상이 혹 서로 넘보는 것이 없으니, 그 빛과 맛과 형상과 천성 됨이 만고(萬古)를 지나도 일정해서 옮겨 바뀌지 않는다. 이것이 맨 처음에 반드시 여러 번 초를 고친 다음에 정했기 때문에 능히 그러하다. 어찌 잠깐 변해서 가히 오래 가겠는가? 고로 《주역》에 "하늘이 초매(草昧)를 만든다 하였다." 듣는 사람이 웃어 가로되 색미형성(色味形性)이 본래부터 정함이 있거니와 유독 그렇지 않음이 있겠는가? 조물자가 진실로 일찍이 초매시대를 만든 다음에 정한즉 수십 가지에 나지 않고 술(術)이 마쳐지며 그 서로 범하게 됨을 이루 다 셀 수 없을 것이다. 어찌 능히 사람의 형상과 모양과 성정(性情)으로 하여금 한번 서로 범하지 않게 하는가? 그 정하지 못함에 연유됨이라. 고로 사람으로 하여금 의혹되어 송사(訟事)가 많게 하리니 이것은 조물자가 일찍이 정한 것이 없고 우연히 그같이 된 것에 틀림이 없다.

온정령(溫井嶺)으로 가다가 한 외로운 주점이 있는데 여기서 길을 잡아들었다. 바위가 날카롭고 가파르기 혹심하다. 올라갈수록 기괴한 봉우리와 놀란 바위가 무리로 사람에게 대든다. 경쾌한 놈은 날듯 하고 뾰죽한 놈은 꺾일 듯하고 빽빽이 선 놈들은 서로 친밀한 듯하고 성기게 선 놈들은 서로 피하는 듯하고 살진 놈은 둔한 것 같고 여원 놈은 민첩한 것 같은 등 그 천태만상을 이루 다 형언할 수 없다. 만일에 섣불리 이러러저러하다고 몇 마디를 지껄이다가는 백천 형태를 놓칠 것이니 차라리 부질없는 말을 그만둘 수밖에 없다. 이것이 구만물초(舊萬物草)의 개관이다.

이로부터 길이 더욱 험준하고 봉우리가 더욱 많으며 빛깔과 광택은 중향성이나 은선대와 비슷하면서도 그 다양하고 호방함은 그보다 훨씬 앞선다. 바위너설이 너무도 복잡하여 머리를 숙이고 기어오르다가 쳐다보면 깎아지른 바위가 사람의 얼굴을 노리며 일어서곤 한다. 앞의 사람이 발을 잘못 놓아 까딱하여 돌멩이가 잘 굴러떨어져 그것이 뒷사람의 정강이를 짓부술 적마다 서로 꾸짖는다. 모두가 기어오르기에 가쁘므로 붙잡을 것을 찾기에 마음이 쏠려 오직 난국을 벗어나기에만 골몰하니 모든 멧부리들이 다 나를 버리고 가는 줄도 모르게 된다. 안내하는 중이 바위들을 가리키며 노인이니, 매니, 개니, 사자다, 범이다, 말, 소, 신선, 옥녀, 난새, 학, 죽순, 꽃봉오리, 무엇무엇 하며 비슷이 주워대지만 나도 눈을 가졌으니 구태여 그 입을 빌릴 것이야 무엇이랴!

나는 사자의 목덜미를 타고 앉아 한잔 마심으로써 숨을 돌리고 혼을 진정한 다음 중에게 다 왔는가 물었더니 아니라 한다. 극락문(極樂門)을 바라보니 하늘 중턱에 있어 바늘 구멍처럼 반짝였다. 거기에 당도했다. 석벽에서 마음을 못 놓았다. 발을 제겨디디며 석벽의 허리를 돌아서 극락문에 미쳤는데 그것은 겨우 배밀이로 나가게 되었으니 살진 사람은 나갈 수 없을 것이다. 이를 빠져 나오니 고기가 통발을 벗은 듯이 시원하였다. 굽어보니 독안같이 되고는 바위들이 얼쑹얼쑹 비늘같이 붙었다. 그러나 보이는 바가 아직도 외부인 것 같았다. 다시 작은 영을 넘어 석벽 사이를 엉덩걸음으로 내려가니 신선이 머리 감던 데라는 세면대야처럼 오목히 파인 세두분(洗頭盆)이 있고 신선의 바둑판이 있으며 또 바위들이 얼쑹얼쑹한데 여기는 보이는 것이 천상(天上) 같았다. 이것이 이른 바 신만물(新萬物)이다. 구름과 안개가 날아서 오락가락하며 문득 모였다가는 헤지고 헤졌다가는 모이고 하더니 이따금 두어 방울 비를 뿌리기도 한다. 모두들 큰 풍우를 만나게 되면 죽음이 있을 뿐이라고 서둘러 감히 오래 머물지 못하고 달려 극락문을 나왔더니 마침내 비는 오지 않고 마는 것이었다. 명산이 속객을 싫어하여 오래 더럽히지 못하게 함인가? 금강산 구경은 아쉬운 대로 이것으로 마감하였다.

고성에서 서쪽으로 외금강을 바라보며

금강에도 단점이라고 할 것이 있다. 가까이에서는 온화하고 부드러운 맛이 없고 멀리에서는 예쁘게 애교를 부리지 못한다. 그야 그럴 수밖에! 돌로써 몸을 삼았으니 전혀 굳세고 엄숙할 것이 아닌가? 또 그 산의 됨됨으로 보아 지엽이 무성한 점으로는 도봉(道峰)과 삼각산(三角山)만 못하니 다만 한 떨기 꽃이 환하게 빼어난 것과 같다. 그러나 다시 보라, 유점사에서 나와서 동으로 갈 적에는 금강이 숨어서 보이지 않다가 고성읍을 15리 앞두고는 완연히 다시 나타나 그 산속을 바라보면 빛나기 진기한 그릇을 베푼 것 같고 늘어놓기 특이한 서적을 배열한 것 같다. 또 멧부리 첩첩하고 바위들 줄룩줄룩하여 잇달아 나간 그 변화 기복도 끝없거니와 금기둥이 하늘에 다투어 솟았고 옥련화가 허공에 난만히 피었다. 무리로 빼어나고 떨기로 서서 영채는 눈을 찌르고 빛깔은 향기를 풍긴다. 여기에 또 흰 구름 오고 가며 점점이 수를 놓으니 다시 어데서 이를 보랴! 헐성루 내원통에서도 이런 전망은 없었다. 나는 미친 듯 부르짖고 어깨춤이 절로 나와 터럭 끝까지 너울거렸다. 산 구경도 주밀해야 하는 것이니 바투 가서는 그의 골격과 생김을 볼 것이고 멀리서는 그의 풍모와 정기의 흐름을 볼 것이다. 그리고 앞면, 뒷면, 외로, 바로의 정취와 자태가 다 같지 않으니 고상한 눈, 찬찬한 마음으로 이모저모 깊은 감상이 있어야 할 것이다. 그리고도 오히려 부족함을 생각하여 이미 보고 나서라도 다시금 그 아름다운 곳은 그 알맹이를 내 것으로 만들고야 말 것이니 그래야만 마침내 그 보고 느낀 바가 뱃속 밑까지 스며들어 귀중한 그것을 잃지 않을 것이다. 맹자가 말씀하시기를 "대인(大人)을 볼 때는 자세하게 볼 것이지 그 키 큰 것만 볼 것은 아니라" 했는데, 금강을 유람하고 여기를 무심히 지나치고 마는 자는 벌써 금강을 잃었다고 하리로다.

고성에서 동으로 해금강에

동해 속에 여덟 금강이 있는데 만일 부처 한 분이 세상에 나오게 되면 바다는 곧 티끌을 날리는 육지로 되고 금강이 연꽃으로 되어 솟아오른다고 한다. 하나의 금강은 이미 솟았지만 그 외 일곱은 아직도 물 속에 있어서 미륵의 강생(降生)을 기다리고 있다고 한다. 이는 불가에서 하는 말이다. 내야 어찌 그런 말을 캘 거야 있겠는가. 나는 나대로 볼 뿐이다.

이날, 바람이 걷고 물결이 자기에 어선을 타고 술을 싣고 칠성봉(七星峰)을 찾아간다. 소금이 널렸는 듯 눈이 쌓였는 듯 하얀 사장은 점점 물러가고 있다. 뱃전을 짚고 굽어보니 군데군데 바위들이 일어서 물을 흔들어 비단무늬를 놓고 있다. 새말간 물의 영채가 새파랗게 살아 천줄 만줄 얼씬거리니 눈이 어려서 바로 볼 수가 없구나! 여기저기서 물결을 뚫고 우뚝우뚝 나선 외로운 봉우리들이 사람을 맞을 때 절하고 보낼 때 읍한다. 이는 마치 기이한 짐승과 이상한 괴물이 다투어 나와서 자기 재주를 부리는 듯도 하다. 이윽고 언덕은 꺾어 돌고 물결은 받고 차더니 복잡한 바위들이 떨기로 일어난다. 해가 빙그르르 돌아가니 주춤거리는 놈, 우줄거리는 놈, 저마다 내미는 고사리 주먹, 죽순뿔들 별의별 것을 다 보겠는데 작달막하고 머리를 가지런히 한 것들은 나한(羅漢)이라 하고 도사려 앉은 것은 세존(世尊)이라 하고 거룩하고 장대한 것은 천왕(天王)이라 하고 독살스럽게도 성이 나서 당장에 할퀴려는 놈은 야차(夜叉)라고 한다. 여기에 파도가 밀려들다가는 문득 채워 불끈 솟아오르니 그 기세 용감하여 덮칠 듯도 하건마는 그만 부서져 하얗게 가루가 된다.

하늘의 신기한 기운이 동으로 모여들어 만이천봉에서 그 기운을 크게 열어놓고 바다에 다다라 남은 것마저 베풀었으니 그 기교함이 진실로 이와 같다. 만일 물 밑에서 쳐다본다면 이 바위들은 아마도 또 하나의 금강의 절정일 것이니 후세에 가서 이것이 드러나게 되면 유람객들이 또한 사다리를 놓고 쇠줄을 달아 오르내릴 것이건만 오늘의 나는 배로 스치며 지나가니 또한 크게 기이함이 아니겠는가?

고성에서 북으로 삼일호에

고성군 북쪽에 호수가 있어 그 주위가 수십 리인데, 경치가 아담하고 수려하다. 송림은 바닷빛을 띠고 섰으며 둘린 산은 서른여섯 봉이니 이를 삼일호(三日湖)라 한다.

호수 복판에 자그마한 돌섬이 품(品)자 모양으로 벌려 있고 그 위에는 정자가 있어 그림을 보는 듯하니 이를 사선정(四仙亭)이라 한다. 옛날에 영랑(永郞), 술랑(述郞), 안상(安詳), 남석행(南石行) 등 네 사람이 여기서 사흘을 놀았다 하여 호수와 정자의 이름을 그렇게 지은 것이다.

호수의 북쪽 언덕 몽천암(夢泉庵)이라는 암자 아래 매두었던 배에 나를 싣고 중은 노를 저어 호수 한가운데에 들어가 돌섬에 배를 대주어 우리는 사선정에서 술을 마시게 되었다. 나는 부질없이 탄식하였다. 옛날 저 네 사람은 원래 다 신라의 화랑(花郎)으로 귀하게 지내던 사람들이었다. 당시 나라 정세의 글러짐을 보고 서로 같이 비단옷을 벗어 던지고 스스로 산수간에 방랑하였으니 그들의 고상한 기풍과 탁월한 뜻이 능히 세속의 더러운 기반을 매미 허물벗듯 하였다고 하여 그를 사모하는 이들이 많았다. 그래서 그를 신선이라 일컬은 것이니 어찌 참으로 우의(羽衣)를 입고 학을 타고 구름 위에 살고 하늘로 다닌다는 그런 신선이겠는가? 그들을 위하여 돌비를 새겨 세움은 그들로서는 합당치 않은 일일 것이나 그 이름이 이미 돌에 붙었구나! 선비로서 세상에 이름나기를 요구하는 자는 그 이름이 어떻게 서게 되는 바를 돌이켜 생각하여 자기의 지조를 높일 따름이어야 한다.

사선의 단서(四仙丹書)를 새긴 돌이 있었는데 물 속에 잠겨 볼 수 없다고 하며 정자에는 누운 비가 있는데 홍귀달(洪貴達)의 글이다.

이윽고 저녁볕이 갓 넘고 살랑 바람이 물주름을 잡는데 예쁜 초승달 갸웃하고 조각 안개 외로이 뜨니 나는 하염없이 애달파 오랫동안 머뭇거리며 능히 떠날 수가 없었다.

〈立海北行記〉는 생략)

통천 북쪽 총석정을 보고

산이 팔을 펴서 바다로 뻗어 들어간 그 위에 정자가 있다. 멀리서 바라볼 때 바위들이 우뚝우뚝 바닷가에 늘어서 있어 마치 큰 숲을 보는 것 같더니 가까이 와서 본즉 돌들이 모두 깎아서 모(稜)를 지은 듯이 혹은 여섯 모, 혹은 네모로 무덤길의 돌기둥 같은 것도 있고 다듬다가 만 것 같은 것도 있다. 올라가자 나는 놀라지 않을 수 없었으니 돌들이 서로 그 유(類)를 좇아서 군데군데 모여 떨기를 이루었다. 짧은 놈, 긴 놈, 살진 놈, 여윈 놈들이 끼리끼리 함께 붙어 있는 모양은 손가락을 모아 붙인 것도 같고 어깨를 서로 견준 것도 같다. 그것이 몇백 몇천인지를 모르겠으나 어느 것 하나 먹줄을 치고 깎아내지 않은 것이라고는 할 수 없으리만치 되었다. 만일 갈라서 떼어놓는다면 모두가 여섯 모 아니면 네모일 것이다. 때로는 책을 엮은 편간(編簡) 같고, 혹은 말뚝 같아서 밖에서 이를 보고 글을 쓰려면 100질이나 되는 책을 나란히 묶어놓은 것 같다.

북에서 시작하여 언덕을 따라 남으로 나가며 작은 둑들이 수십 개 되는데 이마는 높고 꽁무니는 낮아 다 오를 수가 있다. 이것은 마치 양반들이 조회에 나가 몸을 숙였다 들었다 하면서 홍려창(鴻臚唱)⁴⁾을 들을 때 서로 눈치를 보아가며 동작을 남보다 먼저도 나중도 하지 않으려는 자세로도 보인다.

둑 앞에는 총석들이 물 속에 누워 있다. 어떤 것은 물 밖으로 머리를 널름거리고 어떤 것은 몸을 끌어당겨 꿇어앉으려 하고 어떤 것은 마침내 앉을 것도 같아서 그 형상은 모두 난쟁이 모양으로 작은데 정자 아래 가서는 문득 벌컥 일어나 서 있는 총석들이 있다. 그 것은 맏이, 둘째, 셋째, 막내, 이렇게 4형제로 볼 수 있어 허리 부피는 순차로 차감되어 있지만 키는 서로 같으니 이를 사선봉(四仙峰)이라고 한다. 이것들은 먹줄 놓고 깎은 듯한 그 모양이 더욱 엄정하여 빳빳하고 곧고 바르게 모를 지었다. 옆에 잘다랗게 여럿이 덧붙은 돌은 끝이 층져 생(笙)을 벌려 세운 것 같다. 배를 저어 그 허리를 돌아가고 있는데 흰 물결이 뛰어올라 바로 그 사선봉의 이마를 넘으려다가 이기지 못하고 물러나면서 별안간 서리를 날리고 눈더미를 무너뜨리곤 한다. 이렇게 종일 찧고 받고 아우성치건만 총석은 만고가 지나도록 항상 새롭구나!

천도를 보고

총석정에서 멀리 북으로 바다 가운데 솟아오른 산을 보았는데 가서 보니 이 또한 하나의 총석이었다. 그러나 이는 총석정의 모양과는 다른 모습을 보여주고 있다. 마치도 수없는 구렁이가 서로 엉켜 꿈틀거리는 모양인데 몸뚱이에는 또한 수없는 굴들이 다닥다닥 다투어 붙고 있다. 그리고 그 허리에는 어웅하게 수문처럼 큰 구멍이 뚫려 있으니 이것이 뚫린 섬이란 뜻으로 천도(穿島)라고 부르게 되었다. 배를 저어 밖으로 돌 때 창구멍을 내다보는 것 같았는데 배를 돌려 구멍 안으로 들어가서 천장을 쳐다보니 휘우듬하고 아슬아슬한 데다가 거기에 나타나 있는 기기괴괴한 형태를 한두 가지로 형상할 수 없었다. 배 안이 모두 우아― 하고 떠들어대는 것이었다. 여러 가지 해조류 등이 물결을 따라 너울너울 춤추는 것도 장관이다. 여기서 다시 나와 배를 돌리니 아득한 바다와 가없는 하늘을 마음껏 볼 수 있었다. 바람에 나부끼는 듯 물결에 넘노는 배가 허공을 향해 하늘로 들어가고 있는 듯 아득하게도 새벽 오리가 외로이 떠가는 듯 내 마음 부질없이 망연하여 장차 저 옛날 사람의 이른바 해돋는 곳이라던 부상(扶桑)으로 한껏 가보고도 싶었으나 그 끝간 데를 모르겠구나! 천지의 거룩함을 다시금 느끼고 인간의 협애함을 거듭 느껴 흐린 꿈이 환하게 깨는 듯 크게 살기를 외친다.

---

4) 조회 때 대신을 불러 인도하는 소리.

금강산으로의 여정[*]

이사벨라 버드 비숍(1831~1904)

영국의 작가이자 지리학자. 평생 세계 곳곳을 찾아다니며 연구를 하였고
저서로는 1894년부터 4차례, 11개월에 걸쳐 한국을 방문하여
최상층의 왕실로부터 최하층의 빈민에 이르기까지 답사하고 쓴
《한국과 그 이웃나라들》이 있다. 그 중에 금강산의 인상과 사찰들을
섬세하게 묘사해놓았는데 이국인의 시각을 볼 수 있어 흥미롭다.

금강산으로 가는 길

교통의 불편이 가장 심한 곳 중의 하나인 서울에서 원산까지의 길을 걸으며 사방고리
에서 출발하여 이틀을 보내고 서낭당에 도착, 그곳에서 '다이아몬드 마운틴(Diamond
Mountain)'이라 알려진 금강산 방향으로 접어들었다. 이 길의 초입은 백합이 카펫처럼
깔려 있는 숲이 우거진 계곡을 통과하여 추파령(해발 396m)으로 가는 좁은 길이었다.
추파령의 정상에는 상당히 넓은 종교적 영지(靈地) 같은 것이 있었다. 거기에는 조악하
게 그려진 중국의 장군인 듯이 보이는 사람들의 그림이 있고 그 앞에 낡은 신발, 헝겊 조
각, 그리고 극소량의 쌀이 바쳐져 있었다. 헝겊 조각이 걸린 다양한 나무들과 길가의 돌
무더기에서처럼 마부들은 거기서도 절을 하고 침을 뱉었는데 이 모두가 관습적으로 악
령을 막기 위해 행하는 것이었다.……

길을 따라 이어진 비에 젖은 논들에는 두 이랑마다 두 줄씩 옥수수가 심어져 있었다.
그리고 논 속에는 아주 아름답고 생기찬 개구리들이 폴짝폴짝 뛰며 개골개골 울어댔는
데 그 개구리들은 푸른 껍질 위에 검은 점이 박혀 있었으며 다리와 몸통 아래는 심홍색이
었다. 이들은 하얗고 붉은 우아한 따오기의 먹이가 된다.

두번째 대로에서 내리막길로 접어들면 금산강[1]으로 가는 길이다. 금산강은 '방평'[2]
이란 마을로 가는 비옥한 농업지대의 강인데 방평에서는 거기서부터 33리 떨어진 북쪽
에서 채광되고 제련된 철로 말먹이를 끓일 때 쓰는 아주 거친 모양의 큰 쇠솥을 만들고
있다.

방평에 도착한 이후 이틀간 연이어 끔찍한 비바람이 몰아닥쳤다. 두번째 날의 비바람
은 우리가 바로 협곡의 꼭대기에 있을 때 불어닥쳤는데 짧은 순간에 집중적으로 우리를

---

[*] 이사벨라 버드 비숍 지음 · 이인화 옮김, 《한국과 그 이웃나라들》, 살림, 1994. 이 글은 그 중에서
〈금강산으로의 여정〉과 〈금강산의 여러 사원들〉을 발췌하여 실은 것이다.

1) 금성천(金城川)의 별칭.

2) 강원도 김화군 원동면 방평리.

강타하여 나무들을 성냥개비처럼 부러뜨리고 조랑말들을 거의 날려버릴 뻔한 엄청난 폭풍우였다. 그리고 이어 쥐죽은 듯한 고요가 찾아왔다.

깎아지른 듯 치솟은 회색 산봉우리에 의해 둘로 쪼개진, 부드러운 푸른빛의 하늘에 구름이 마치 강가의 제방과 같은 모양으로 붉게 빛나며 덩어리를 이루고 있었다. 산의 개울들은 우루루 소리를 지르며, 부딪히며, 방울방울 부서지며, 물거품을 일으키며 흘러내렸다. 조용한 숲은 더욱 청신해진 녹음의 생기와 빗물에 흠뻑젖려진 희고 노란 꽃잎들로 눈을 즐겁게 했고 그들이 풍기는 짙은 향기는 저녁의 대기를 살찌우고 있었다.

이 같은 순간들, 그리고 또 다른 몇몇 순간들에서 나는 한국이라는 나라가 한번 그 나라를 본 사람이면 영원히 잊을 수 없는 고유한 아름다움들을 가지고 있음을 알았다. 그 아름다움들은 봄이나 가을에, 그리고 우리가 관습적인 가치판단을 벗어날 때만 찾을 수 있는 것들이다. 비록 그 마을이 더럽고 누추할지라도 무성한 숲 가운데, 혹은 부드러운 초원 위에 혹은 물방울 부서지는 시냇가에 모여 있는 깊숙이 처마를 단 갈색 지붕들을 보노라면 그것이 주변의 풍경과 조화를 이루면서 자연에 색깔과 생기를 더하고 있음을 알 것이다. 그리고 예의 그 기묘한 흰 옷을 입고 신중하게 걷는 남자들과 무리지어 걸으며 걸음마다 활기가 넘치는 아낙네들은 한번 본 이방인이 결코 이 땅을 떠나고 싶지 않게 만드는 정경이 아닐 수 없다.……

우리가 '마릿개(Mari-Gei)'[3]라는 마을에 도착했을 때는 번갯불이 번쩍거리고 어두워 있었다. 우리는 그 다음날 오르기로 한 '단발령(Tanpa-Ryung)'에서 약 3.2km쯤 떨어진 그 마을에서 밤을 묵어가고 싶었다. 그런데 마을사람들은 우리를 마을에 들일 수도 없고 들이지도 않겠다는 것이었다. 그들은 마을에 지금 쌀도 콩도 다 떨어져 길손들을 받을 수 없다는 이유를 내세웠다. 하기야 늦은 봄이었으니 그럴 법도 한 일이었다. 그러나 한국에서는 만약 어떤 마을이 나그네를 재워줄 수 없을 때는 반드시 다른 휴식처를 제공해야 한다는 것을 국법으로 정해놓고 있었다.

……

장안사

금강산의 서쪽 경계선인 단발령(해발 402m)을 넘기에는 아주 화창한 날씨였다. 영국 영사 캠벨 씨는 단발령을 넘어본 몇 안 되는 유럽인 가운데 한 사람이다. 그는 그의 글에서 단발령을 넘는 길은 짐 실은 말이 통과할 수 없을 정도여서 짐꾼을 고용하지 않으면 안 되었다고 말했다. 그러나 그 길이라는 것이, 물론 둥근 돌과 모난 돌과 경사가 완만한

---

3) 김화군 동구면 통화리의 마을.

바윗돌과 매끄럽게 주름진 엉킨 나무뿌리들로 가득 찬 시냇물의 물 마른 하상(河床)과 다를 바 없는 것이기는 해도, 나는 계속 말을 타고 갔으며 나의 조랑말은 그 바위길로 짐을 지고 가는 것을 대수롭지 않게 여기는 듯했다. 산비탈에는 뒤틀린 소나무들 사이사이로 산재된 떡갈나무, 밤나무, 사시나무, 여러 종류의 단풍나무, 엷은 분홍색의 진달래, 노란 미나리아재비 등과 바닥이 이끼로 뒤덮인 계곡에는 벚꽃과 백합이 피어 있었다.

사당(祠堂)에서 정상을 올려다보면 가슴이 사무치도록 아름다운 광경이 펼쳐진다. 굽이굽이 이어진 숲의 물결, 시냇물의 아스라한 반짝임, 구릉의 완만한 선들, 그 뒤로 해발 1829m가 넘는 금강산에서 가장 높은 산봉우리가 솟아 있었다. 아, 나는 그 아름다움, 그 장관을 붓끝으로 표현할 자신이 없다.

진정 약속의 땅(A fair land of promise)인저!

진정코!

이곳은 이 산의 무수한 산사 중 한 곳에 일생을 묻으려고 금강산을 찾는 사람들에겐 우리 식으로 말해 하나의 '루비콘 강'이다. 이 봉우리의 이름부터가 한국 불교사 초창기의 유서 깊은 전설이 담긴 머리카락을 자른다는 뜻의 '단발'인 것이다. 산사에서의 수도 생활을 선택한 사람들은 여기서 자신이 기혼자임을 표시하는 상투나 미혼임을 표시하는 댕기를 자름으로써 세상 버림을 표현한다.

단발령 동쪽 기슭은 숲과 다양하고 진귀한 양치류 식물들의 군락을 통과하는 지그재그로 이어진 좁은 비탈길의 연속이었다. 오르막과 내리막이 반복되는 길, 물살이 휘몰아치는 깊은 여울, 메밀을 재배하고 있는 층계식 밭이 있는 계곡의 마을들, 갈라진 틈서리마다 소나무와 감나무의 작은 숲이 생긴 거대한 회색 바위들이 하루종일 이어졌다. 물이 조랑말의 등까지 차오르는, 물살이 센 여울과 싸우면서 늦은 오후에야 우리는 골짜기로 접어들어 승려들이 만들어놓은 넓고 평탄한 잘 닦인 도로를 만났다. 그 길은 요란한 소리를 내는 시냇물을 굽어보며 전나무와 소나무의 멋진 숲을 가로지르고 있었다.

저녁 무렵에 '빛을 향해 열린 고개'라는 뜻을 가진 고개[4]에 다다랐다. 벌어진 나뭇가지들 사이로 노을에 붉게 물든 화강암 암벽과 봉우리가 보이고 있었다. 붉게 물든 나무들, 짙어가는 석양이 침엽수의 푸른 그림자를 비추고 있었다. 그 아래 시끄럽게 재잘거리는 급류에는 부서지는 물방울들의 반짝임이 있었다. 소나무의 싱그러운 향기를 담은 이슬이 무겁게 떨어졌다. 계곡이 점점 좁아지고 침엽수의 푸른 그림자가 길어짐에 따라 경치는 점점 더할 나위 없이 아름다워졌다.

승려들이 길을 닦기는 했으나 다리까지 마련하지는 않아서 건너기 어려운 개울들이

---

4) 회양군 내금강면 정양동(正陽洞).

도처에 있었다. 개울을 건널 때 마부들은 외나무 다리를 밟고 일찌감치 건너가버리고 조랑말들은 오로지 혼자의 힘으로 분투해야 했다. 깊은 물에 들어서자 나는 물의 온도가 거의 얼음에 가깝다는 것을 알았다. 가장 혹독한 개울을 건너자마자 금강산의 서쪽에 위치한 오래된 고찰 장안사가 처음 보이기 시작했다. 심하게 커브를 그린 지붕을 가진 엄청난 규모의 종교적 건축물들이, 골짜기의 가장 좁은 협곡 중의 한 곳, 키 작은 풀들이 촘촘히 자라난 고원에 밀집해 있었다. 그곳은 1년중 4개월이 눈 때문에 외부로부터 단절되는, 불교도들에게 평화로운 피난처를 제공하는 산들이 주위를 에워싼 곳이었다.

절 정문 앞의 시내를 건너 한국에서 왕실 수호(鎭護王法)를 상징하는 '붉은 화살의 문' 이란 뜻의 높이 솟은 홍살문 아래를 통과하자 우리는 어느새 장안사 경내로 들어와 있었다. 장안사에는 종교적 드라마들의 무대를 이루는 크고작은 건물들, 종각(鐘閣)과 비각(碑閣), 참배객들의 조랑말을 위한 마구간, 방들, 승려들의 숙소, 승려들을 위한 요사채(식당), 절의 하인들과 신참 승려들을 위한 숙소, 큰 부엌, 넓은 접객실, 여승방 등이 있었다. 이러한 것들 외에도 절름발이, 귀머거리, 장님, 불구자, 그리고 과부, 고아, 극빈자 등 괴로운 사람들을 받아들여서 돌보는 숙소가 따로 있었다. 이들 식객들은 100여 명에 달했는데 절로부터 잘 대접받고 있는 것으로 보였다.

승려들, 절의 불목하니들, 승려의 길을 걸으려 하는 동승들 사이에 100~120명 가량 되어 보이는 비구니들이 있었다. 이 비구니들은 소녀로부터 87세에 이르는 노파까지 모든 연령층을 포괄하고 있었다. 이 많은 수의 사람들은 산 아래 있는 사원 토지의 임대료와 생산품들, 그리고 절을 찾는 신도들의 헌금, 그리고 일종의 종교적 수행으로 멀리 서울의 4대문까지 탁발(托鉢)을 다니는 승려들이 모아온 시주쌀로 부양되고 있었다. 얼마 전까지만 해도 승려들이 4대문 안에 들어선다는 것은 곧 죽음을 의미했으나 민비의 포고령에 의해 최근에는 점점 출입이 자유로워지고 있다.

장안사의 첫 인상은 숲 속에 자리한 규모의 엄청남이었다. 그런데 그 숲 속에는 널빤지의 각재와 판재들이 꼿꼿한 소나무와 지표로부터 5.2m도 넘는 커다란 솔즈베리 전나무 아래 쌓여 있었다. 40명의 목수들이 거기서 톱질을 하고 먹줄을 치고 망치질을 하고 있었으며 40명 혹은 50명쯤 되는 노동자들이 커다란 통나무들을 거친 장단의 노랫소리에 맞춰 끌어당기고 있었다. 한국인들의 종교적 열정을 증명하기라도 하는 듯 이 거대한 사원의 보수공사는 거의 절을 새로 짓는 것과 맞먹는 대역사(大役事)처럼 느껴졌다.

금강산의 아름다움을 더하며 금강산에 종교적인, 인간적인 분위기를 더해주는 55개의 사원과 암자들 가운데, 장안사는 3대 대찰(大刹)의 하나이며, 그리고 의심할 바 없이 가장 오래된 고찰(古刹)이다. 한국의 역사 기록들을 인용한 캠벨 씨의 고증 논문에 의하면 장안사는 신라왕 법흥(法興)의 통치기인 515년, 진표(眞表)라는 승려에 의해 창건되었다고 한다. 신라는 한국 역사에서 가장 중요한 고대 왕국으로 후일 고려에 통합되었다.

장안사의 가장 큰 본전은 원(元)나라 시대 중국 불교사원 양식의 영향을 받은 것 같은 고색창연하고도 운치 있는 건물이다. 무거운 기와를 얹은 14.6m 높이의 직사각형 지붕과 화려하게 채색된 거대한 기둥에 떠받쳐진 굴곡 깊은 처마를 가지고 있다. 정교하게 얽혀진 지붕은 그 내부에서 섬세하게 조각되고 화려하게 채색된 거대한 대들보에 의해 지탱되고 있다. 채광창의 역할을 겸하여 법당 안에 '희미한 신성의 빛(dim religious light)'을 조성하는 정문의 문틀은 대담한 솜씨의 격자 세공품으로 화려한 금색으로 채색되어 있었다.

실제 불당들의 지붕은 반경 91cm 정도 되는 통나무 기둥이 떠받치고 있었고 골판 천장은 갖가지 색상과 금빛의 복잡다단한 모양새로 치장되어 있었다. 힌두 양식임이 분명한 외양을 갖춘 불상이 형언할 수 없는 정관(靜觀)의 표정으로 대단히 정교한 그물코 모양의 목재 차양 아래 놓여 있었다. 그 앞에는 제단이 놓여 있어 놋향로와 불경, 그리고 정기적으로 시주가 올려지는 뭇 망자들의 이름이 적힌 목록이 얹어져 있다. 불당 주위에는 상당히 고급스런 능라로 짠, 먼지 낀 여러 개의 깃발들이 걸려 있었다.

사성전(四聖殿)에는 각기 다른 자세로 묵상하거나 정관하고 있는 세 부처를 모셔놓았다. 또 거기에는 부처와 그 행자들을 비단금실로 놀라우리만큼 훌륭하게 수놓은 그림이 하나 걸려 있는데 승려들이 주장하기를 14세기 작품이라고 한다. 측벽을 따라서 수없이 많은 요괴들과 동물 그림이 그려져 있었다. 승려들은 이를 두고 '열 판관들의 사원' (冥府殿, temple of the ten judges)이라 했다. 이곳은 사람들이 자주 들락거리는 탓에 향내와 촛불로 온통 자욱했지만 지옥에서의 고통을 상세히 그려놓은, 각 판관들 뒤쪽에 걸린 그림들은 그나마 꽤 볼 만한 것이었다. 그것들은 상상을 초월하리만치 공포스러운 것이었고, 지옥 예술에 있어 악마적인 천재들의 전시품과도 같아서, 저 주산(舟山) 정해 (定海)[5]에 있는 관음사의 지옥화를 떠올리게 할 만한 것이었다.

성전과 일반 객실 외에도 관광차 장안사를 오르는 관리들이 이용할 수 있도록 지어놓은 한국정부의 상징 표시가 새겨진 관사도 있었다.

나는 묵을 만한 곳을 찾기가 힘들었지만 결국 한 친절한 고승(高僧)이 자신의 거처를 내주었다. 불행히도 그곳은 식객들이 쓰는 부엌 옆이어서 방 밑으로 아궁이의 열기가 그대로 흘러 들어와 나는 섭씨 33.5도의 온도에 거의 타죽을 지경이었다. 상상을 할 수

---

5) 중국 절강성(浙江省) 북동부 항주만(杭州灣) 밖 동중국해에 있는 400여 개의 섬들로 이루어진
   주산(舟山) 군도의 중심 도시.

없는 그 위험성을 아무리 호소해도 소용이 없어서, 나는 문과 열린 창문 옆에서 꼬박 밤을 새워야만 했다. 그 방에 갖춰진 가구라면 불단과 선반 위에 얹힌 관음상 정도였다. 또한 책이 몇 권 있었는데 내가 아는 바로는 불교 고전이었으나 나중에 내가 묵은 방에 있었던 것과 마찬가지로 그리 두껍지는 않았으며, 결코 성스러움을 일깨워주는 것과는 거리가 먼 그림들이 잔뜩 그려진 책들이었다. 옆 방은 마찬가지로 뜨거웠고, 공기가 통할 만한 조그만 틈새도 없이 닫혀진 채로 서른 명의 객들이 밤새 이리저리 뒤척거리고 있었다.

이곳에서 밤 아홉 시는 한밤중이다. 새벽 네 시가 되면 승려들이 기침하여 종을 치는데, 둥둥 종이 울리고 나면 도무지 알아들을 수 없는 염불 소리가 들린다. 명랑한 모습이다가도 금방 생기 없는 모습으로 나타나는 예비승려들은 영리하고 날렵한 열 살에서 열세 살에 이르는 장안사의 많은 고아 소년들이다. 그들은 아직은 수행자이지만 언젠가는 정식 승려가 될 사람들이다.

천국에서 이틀을 보낸 듯한 장안사의 아름다움에 대해 조금은 아껴서 적는 것은 양보의 미덕이라 해야겠다. 저 나지막하고 푸른, 반달 모양의 고원을 뒤로 남기고 물러서는 언덕은 흡사 군대의 조용한 퇴각처럼 느껴진다. 뒤쪽으로나 옆쪽으로나 거지반 수풀 옷을 입은 암벽이 성처럼 둘러싸고 있고, 앞쪽으로는 건널 만한 다리도 없는 급류다. 분홍빛이 도는 거대한 화강암 바위 사이를 급류가 시원스럽게 천둥 소리를 내면서, 주저하며 알짱거리는 모든 것을 몰아내며 달린다. 새벽의 장밋빛 속에서나 해질녘의 황혼빛 속에서나 긴 한낮의 희미하게 빛나는 금속성의 푸른빛 속에서나, 한결같이 이 산맥에서 가장 높은 봉우리 중의 하나인 왼쪽 봉우리의 저 거대한 암벽은 끝없는 감탄을 자아낸다. 수직으로 솟은 거대한 갈비뼈 모양의 저 위용은 파이프 오르간의 발음부(發音部) 파이프 기둥에 비유될 만한 터인데, 이런 파이프 오르간의 형상은 이 산맥에서 드문 것이 아니다.

골짜기와 암붕(岩棚)의 중간쯤에 미쳐서는 환상적인 침엽수림과 철쭉이 뿌리를 내리고 있고 더 아래로 가면 짙푸른 숲에 뒤덮여 모든 형상들이 묘연해진다.

한국 불교의 현실―유점사 가는 길

내가 앞서 여기를 다녀간 혼 커즌(Hon G. W. Curzon) 씨와 캠벨(Campball) 씨들이 질러갔던 유점사(동쪽 사면의 첫번째 절)와는 다른 등산로를 택해 가자고 제의했기 때문에 조랑말과 짐은 장안사에 그냥 두고 떠났다. 구경에 열중하고 있던 마부가 얼마만큼의 거리까지 나를 수행해주었다. 비길 데 없는 날씨에, 보약이나 다름없는 공기를 마시며 닷

새 동안 화려한 금강산 나들이를 하기에는, 산맥을 가로질러 해발고도 1285m의 산 아래서부터 보기보다 1088m인 안문재(雁門嶺) 부근에 위치한 유점사를 택하는 게 나을 것 같았다.

필수품을 운반할 두 명의 짐꾼과 남여를 끌 가마꾼 둘을 데리고 여행을 하는 동안 내내 여러 승려들이 도와준 덕분에, 표훈사와 장량사의 암자에 이르는 첫 단계를 지날 수 있었고 다음 단계는 대략 841m 높이의 지점까지 가는 것이었다.

여기서 내려다보이는 한국 제일의 장관은 '일만이천봉'을 품에 안고 있었다. 확실히 일본에서, 심지어는 중국에서도 이토록 아름답고 장엄한 광경을 단 한번도 보지 못했다. 대협곡을 가로질러 장안사 계곡의 천둥 소리를 통과하고 보니 호랑이가 어슬렁거리고 다닐 만한 무한한 녹색의 원시림 위로 정상을 향해 산줄기가 솟아 있어 각각의 누런 화강암 암벽 등성이가 모두 산꼭대기인 양 보였다.

오월의 저물녘에 매료되는 순간, 수만의 꽃나무와 덩굴들, 그리고 봉오리를 여는 꽃망울, 겹겹의 양치식물들이 내쉬는 향긋한 숨결들이, 천국의 향내가 찬 이슬에, 젖은 공기 속에 피어오르고 있었다. 고요함이 피부에 다가왔고, 실상은 봉우리의 개수가 일만 이천 개가 아니라 일천이백 개라는 사실을 토대로 해볼 때 드러나는 한국인들의 과장에도 전혀 저항감이 느껴지지 않았다. 은회색으로 바래져가는 저 누런 화강암의 암벽들은, 차고 단단한 강철의 초록빛으로 낮게 드리워진 화려한 수풀 위에 군림하듯 솟아 있었다. 그리하여 태양이 가라앉을 즈음에는 보랏빛에서 붉은빛으로 변해가고, 땅거미가 질 무렵에 미광을 돋우어내더니 결국 빛나던 산등성이들은, 하나씩 하나씩 꺼져가는 등불처럼 사라져서 산은 온통 잿빛 죽음의 색조를 머금었다.

표훈사는 폭포의 오른쪽 기슭에 낭만적인 모습으로 자리잡고 있는데, 다리를 건너가서 지붕을 얹은 대문 몇 개를 지나게 되어 있다. 이 절은 신축된 것으로 세공, 조각, 도금, 단청 들로 꾸며진 것이고, 이런 장식은 승려들의 솜씨이다.

'신심의 사원'이라는 의미의 현판은 훌륭한 솜씨의 대담한 목각품으로, 그 중심 모티프는 모란이었다. 석재나 타일로 되어 있지 않은 건축의 세부는 꼼꼼히 새겨서 청, 흑, 백, 녹, 금박으로 장식해두었다. 그것은 원시적인 것일지언정 적어도 원시적인 미려함이었다. 또한 '심판의 사원'이라고 하여 은밀한 지옥의 상징들로 가득한 곳이 있었는데, 그 중 한 장면은 사람들이 내세에서 겪게 될 운명이 적힌 책을 여는 광경이었다.

표훈사의 열다섯 승려들은 퍽 친절한 사람들이었고 그다지 궁핍해 보이지 않았다. 그 중 한 사람이 솥처럼 생긴 방을 내게 양보해주었으나 그로서는 끊임없이 방안을 기웃거리며 들여다보는 것으로 대가를 챙긴 셈이었다. 건물에 걸린 풍경과 범종은 내가 거의 들어보지 못한 톤으로 울리는 은은한 멜로디를 냈다. 새벽 네 시만 되면 온갖 모양새에 갖가지 소리를 내는 종들이 '자, 기도하는 것이 잠자는 것보다 낫잖아!' 하고 요란스럽게 외쳐대었다. 그것은 순일한 아침의 싱그러움 위에서 요동치는 소음에 가까운 것이었다. 새벽의 승려들은 의복을 정제한 채 썩 유쾌해 보였고, 뭔가 가장된 구석이 있는 이 절의 금욕주의를 깨뜨려버릴 기세였다.

이 절의 규율은 우유나 달걀조차 허락하지 않는 엄격한 채식주의를 지키는 것이었고, 어디에서도 가금이나 가축을 기르고 있지 않았다. 나는 주인들의 편견을 다치게 하지 않으려고 차나 밥, 꿀물, 잣, 그리고 잣과 꿀을 잘 버무린 요기거리로 식사를 때웠다. 이런 단맛나는 음식으로 가볍게 아침을 든 후에 주지 대리가 자신의 할머니를 만나게 해주었는데, 여든에 접어든 퍽이나 다정다감한 이 여인은 13년 전에 서울을 떠나 고요한 축복 속에 영면하기 위해 이 경내에 집을 지었다고 한다. 거기서 가벼운 점심을 먹었고, 손님 대접이 융숭한 이 여인은 내게 굳이 고급 꿀 한 병과 잣 한 자루를 건네주었다. 잣나무에 열리는 잣은 이 산맥의 어디에서나 충분히 거둘 수 있는 것이어서, 승려들에게는 영양을 보충해주는 중요한 먹거리이면서 사치품으로 대량 수출되는 것이기도 하다. 잣은 맛이 풍부하고 기름기가 많으며, 껍질을 벗기는 즉시 맛이 변한다. 꿀도 또한 이 지역에서 생산되는 것이다. 대개 바위에 난 홈 속에다 두 개씩 들여놓은 벌통은, 나무판이나 돌덩어리 위에다 올려 진흙으로 덮개를 씌운 움푹 파인 통나무였다. 친절한 부인과 일곱 승려들과 작별을 나눈 다음 주지 대리는 나에게 올라갈 방향을 지시해주었는데 거기에는 길이 나 있지 않았다. 떠날 때 그는 내게 부채를 선물로 주었다.

한국인들에게 금강산 유람은 여행자로서의 확고부동한 명성을 제공해준다. 그래서 많은 서울 사람들은 이 풍류 어린 명예를 거머쥐려고 젊은 때부터 벼르고 또 벼른다. 비단 사찰을 순례하는 사람들뿐 아니라, 그러니까 불교도나 탁발승이 아니라, 대부분의 한국사람들에게도 금강산은 잘 알려져 있다. 누대에 걸쳐 한국의 시인들은 그 빼어난 아름다움을 경탄해 마지않았다.

북청에서부터 남쪽으로 동해에 가깝게 뻗어내린 널찍한 한반도의 등뼈는 점점 부드러워지다가 돌연 금강산에 이르게 된다. 톱니 같기도 하고 삐죽삐죽하기도 하여 감히 근접해볼 수도 없는 산정들이 길게 늘어서 있고, 굉장한 원시림을 품고 있는 산. 금강산은 길이 51.5km, 폭 35.4km에 이르는 범위에 걸쳐 있어 위도 39도의 강원도 지방에 끝자락이 닿아 있다. 일본에서와 마찬가지로 이 천혜의 자연 속에서도 최고의 부지를 소유하고 있는 불교는 일찍이 6세기의 그 낭만적인 현실 도피주의와 끈끈히 잇닿아 있다. 이 나라 민·관 모두의 의식(儀式)으로 천년 동안 이어오는 그 시대의 유습은 주로 이 산의 후미진 구석구석에서 찾아볼 수 있다. 지금에 와서는 비록 불심이 쇠하고 불교가 존폐의 위기에 처해 있고 경멸의 대상이 되고 있다손 치더라도, 여전히 많은 신자들을 끌어들이고 있다. 수많은 관광객들과 소위 순례자들은 사찰에 모여들어, 한국사람들이 즐겁게 둘러보는 일이나 관광, 호기심을 끄는 일에 빠져 있는 것 등등을 지칭할 때 쓰는 말인 구경(Ku Kyong)을 하는 데 열중한다.

내가 알기로는, 금강산 등산 코스는 두 종류가 있다. 유독 물살이 급한 계곡을 따라서 가다가 안문재에서 분수령을 넘어 주요 사찰들이 위치한 곳이나 그 부근으로 가는 코스가 있고, 좀 완만하고 보는 재미가 덜한 기(旣)조사 코스가 또 하나 있다. 이 두 코스 모두 장안사에서 출발해야 한다. 마흔두 개의 절은 대략 400명 정도의 비구와 50명 정도의 비구니들의 본거지인데 무명이나 삼베옷을 짜 입는 것이 이들의 종교적인 고행에 덧붙여진다. 행자들은 거의 1000명을 헤아린다. 네 개의 주요 사찰 중에서 둘은 산 동쪽에, 나머지 둘은 서쪽에 위치하고 있는 이들 사찰에 300명 이상의 승려들이 모여 있다. 높은 지위에 있는 고승들을 빼고는 누구나 바가지를 들고 전국을 돌아다니며 탁발을 하는데, 단 하나 그들의 의상에서 눈에 띄는 특징은 무척 독특한 모양의 모자를 쓰고 염주를 걸고 있다는 것이다. 그들이 이집 저집에서 염불을 하면 음식이나 숙박, 얼마간의 돈이나 곡식을 내주지 않는 사람은 거의 없다.

사원은 '주지'들이 관장하는데 이들은 사찰건립의 공에 따라 정해진 1등급이나 2등급의 특수계층이다. 총섭(總攝)[6]과 선통(宣統)은 명목상으로는 매년 선출하나 실제로는 별다른 문제를 일으키지 않았을 경우 수년간 유임한다. 서울의 법요첩(法要牒)에 의해 홍살문을 갖는 것이 허락된 이들 절은 총섭을 뽑아 확정짓는 일이 아니면 정부 당국의 간섭에서 상당히 자유로운 듯하다. 하나의 확고한 신앙으로써 불교를 믿는 사람은 거의 없는데도 불당을 증축하거나 재건하는 경우에 대부분의 비용은 서울이나 남부 지방에서 거둬들여진다.

승려의 수를 유지하는 방법에 대해 밀러 씨를 통해 물어보았더니 고아나 가난 때문에 어린 나이에 부모들이 절에다 바친 아이들이 대부분이라는 것이었다. 아이들은 승려들에 의해 얼마간의 교육과 수련을 받게 된다. 아마도 이런 아이들 중에서 속세의 근심과 갈등을 잊고 정말 탈속과 정진의 종교생활에 들어가는 사람은 얼마 되지 않을 것이다. 장안사에서 내게 자신의 방을 양보해준 창백하고 상냥한 젊은 승려가 이런 유형에 드는 사

---

6) 본사(本寺) 주지급에 대해 조정에서 임명하는 승직. 1911년 총독부 사찰령이 발표되면서 주지라는 명칭으로 통일되었다.

람이었다. 유점사로 나를 데려다준 두 사람 중 한 사람은 여행하는 도중 염주알 열 개를 하나하나 돌려가며 거의 종일토록 '나무아미타불'을 중얼거리곤 했다. 밀러 씨가 그게 무슨 뜻이냐고 물으니 "방금 한 말 말이지요? 그건 아무 뜻도 없는 말이긴 하지만 자꾸자꾸 소리내어 외면 극락이 가까워지지요" 하고 대답했다. 그리고 나서 그는 밀러 씨에게 염주를 건네주고 그 신비로운 음절들을 가르쳐주면서 이렇게 말하는 것이었다. "이제 말을 하면서 염주를 하나씩 잡아보십시오. 그러면 극락에 가게 될 것입니다." 젊은 승려들 중에 몇몇은 신실해 보였다. 또 몇몇 사람들에게 절은 형벌이나 채무의 도피처가 되기도 한다. 평화로운 무위도식을 바라는 사람들이 있는가 하면, 그저 금강산 유람을 왔다가 매료되어 머리를 깎는 사람들도 적지않았다.

이러한 산에 마지막 후퇴지를 마련한 소멸해가는 불교는 중국 불교가 도교의 반신 (半神)적인 영웅들 밑에서 질식당하고 있는 것과 마찬가지로 악마숭배로 얼룩져 있었다. 문도(門徒)[7]와 같은 일본의 거대한 종교개혁을 특징짓는 현세에서의 정의 실현에 대한 높은 포부와 열망 같은 것은 알려진 바가 없었다.

한국의 승려들은 무척 무식하고 미신적이었다. 불교의 역사나 교의에 대해서, 불교의식의 취지에 대해서는 전혀 무지한 채로 대부분의 승려들이 그저 '몇 마디 음절들' 만을 '공덕'을 쌓느라고 끊임없이 반복하고 있었다. 예불은 그들 스스로도 무슨 뜻인지 모르는 산스크리트어 혹은 티벳어 몇 마디 말을 중얼거리거나 큰소리로 뱉어내는 것일 뿐이었다. 대부분의 승려들에 대한 내 인상은 그들의 종교적인 수행이 그들 스스로에게 별 의미가 없는 것이며 극소수를 제외하고는 신앙도 갖고 있지 않다는 것이다.

한국인들은 이런 현상을 일반적으로 불교의 전체적인 타락에다 그 원인을 돌린다. 이 많은 산사들 중의 어디에서든 타락의 실재를 깨닫지 못한다는 것이 불가능하다. 그러나 낭만적이고 고립무원한 환경 속에 묻혀 있는 그들 삶의 질서나 정적, 평화로운 은신처를 구하는 노인과 황폐한 자들에 대한 자비심, 그리고 무엇보다 정중하고 후한 대접은 나로 하여금 그들에게 대단한 매력이 풍겨져 나온다는 사실을 인정하게 했다. 나는 그들의 결함보다는 미덕을 기억하고 싶다. 아름다움을 존중하는 그들에게 나는 진정으로 공감할 수 있었고, 또한 절 경관의 빼어난 아름다움과 사원에 꾸며진 장식 등, 자연과 잘 어우러진 종교예술에도 마찬가지로 공감했다.

장안사에서 유점사로 가는 17.7km 가량의 길은 주로 두 줄기의 거대한 계곡의 울퉁불퉁한 바닥이다. 이 길을 따라가면 낭만적인 경관 속에 위치하고 있는 세 개의 큰 사찰인 표훈사와 마할리안사(마하연), 유점사가 나온다. 둘에서 다섯 사람 정도의 수행자들

---

7) 일본에서 진종교단을 신봉하는 농민집단을 말한다. 진종은, 봉건영주에게 기생하여 귀족영주가
　되어가던 구불교를 비판하고 지방 농촌의 문도들을 포섭하면서 교세를 펴 나간 교단이다.

을 거느린 여러 작은 암자들, 특히 관음보살에게 헌납된 보덕암은 특히 더할 수 없이 아름다웠다. 이 환상적인 사원은 30m 높이의 절벽 위에 돌출된 건축물이었다. 기둥 하나가 사원의 중심을 떠받치고 있었고, 잎사귀가 울긋불긋해진 미나리아재비와 담쟁이가 꽃을 피운 채 그 둘레를 무성하게 감아 올라가고 있었다.

장안사에서 멀리 떨어진 이 길로는 네발 동물들이 다닐 수 없었다. 그래서 나의 하인은 두 개의 긴 막대기 사이에 가벼운 자리를 깔고 동아줄을 매듭지어 발 둘 데를 만들고 등나무 줄기로 등받이를 해서 남여를 만들었다. 가볍게 짐을 진 짐꾼과 남여를 메는 가마꾼들이 쓸 만한 사람들이긴 했지만 정작 남여를 탈 주인은 거지반 걸어서 가야만 했다.

장안사 위에서 합류한 계곡 줄기는 여기저기로 뻗어 올라가 표훈사쯤에 가서 조그마한 틈바구니처럼 좁혀들고 안문재 기슭에 가면 다시 뻗어내린다. 확실히 이 17.7km의 아름다움은 이 세상의 어디에서도 찾아낼 수가 없을 것이다. 장엄한 절벽들, 솟아오른 산악과 산림, 그리고 희미하게 빛나는 잿빛 산정, 층층이 뿌리내린 소나무와 단풍나무가 푸른 하늘에 맞닿아 한 줄기 실낱처럼 좁혀든다. 12.2~15.2m 높이의 분홍빛 화강암 바윗덩이, 산정 위에 솟은 소나무와 양치식물, 틈틈이 얼굴을 내민 산나리들이 악 소리를 자아낸다. 그 둘레에 맑은 물이 맴돌듯 흐르다가 미끄러져 내려가 분홍빛 화강암이 잠긴 분홍빛 여울로 모여들고 그리하여 에메랄드의 푸른빛보다 더 찬란한 다이아몬드처럼 빛난다.

수정 같은 물줄기가 모여드는 물거품 이는 여울 위로 다양한 형태로 솟아오른 바위 암벽들이 있다. 순례자들이 힘들게 작업하여 깎아 중국 양식으로 장식한 바위 표면은 겨우 발을 디딜 수 있을 뿐 여전히 미끄럽고 가파르다. 각오를 단단히 한 등산객들은 승려들이 구멍을 뚫어 못과 레일을 박은 홈을 이용해서 통과하게 된다. 이런 암벽길에는 불상이 양각된 바윗돌도 있고 바위틈에 자그마한 불당이 꾸며져 있는 곳도 있다. 어느 절벽 위에는 9.1m 폭의 받침대 위에 13.7m 높이의 부처가 양각되어 있고 바위에는 등과 계단을 새겨놓았는데, 그 거친 윤곽선을 이끼와 지의류가 덮어 부드러워 보이게 했다. 그 위에는 거대한 나무와 환상적인 산정이 솟아오르고 있었다.

'저 여름의 맛깔스런 푸르름 속으로.'

이런 묘사는 한갓 카탈로그일 뿐이다. 실제로 황홀경에 빠뜨리고 마는 이 웅장한 협곡은 온통 천혜의 아름다움 그 자체이다.

이 코스는 유럽 구두로는 갈 수가 없다. 그래서 한국식으로 짚신을 신고 감발을 했더니 한번도 미끄러지지 않았다. 바위에서 바위로 뛰어야 할 곳이 많았고, 뾰족한 바위의 돌출부를 감아 잡고 가거나 울퉁불퉁한 바위에 달라붙어 거의 발을 쓰지 않고 가야 할 곳도 많았다. 누군가의 등에 업혀 계곡을 건너야 하기도 했고, 깊은 틈바구니를 뛰어넘고 '줄타기'를 해서 난간을 건너야 하기도 했다. 급류의 하상을 건너야 하는 어려움에 맞닥뜨린 곳에서는 어김없이 미끄럽고 경사진 바위도 기꺼이 받아들여야 하고 그럴 경우 나무 등걸에 매달려서 건너야 한다.

우리를 따라온 두 사람의 승려들은 나에게 퍽이나 정중했고 위험한 곳에서는 손을 내밀어주었다. 그들은 또 전설, 주로 환상적이고 비범한 바위나 여울, 거대한 불상인 묘길상과 같은 것이나 어떤 신비한 보살의 물대야, 화룡소(火龍沼), 그리고 환상적인 만폭동(萬瀑洞), 1592년 왜군을 물리친 용바위 등에 얽힌 불교적인 전설을 들려주어 힘든 행보를 달래주었다.

세번째 절을 넘어서면 협곡은 더 험해지고 환상적인 광경이 조금씩 덜해지면서 삼림이 열어진다. 하늘의 미광(微光)이 흩어진 채 언뜻언뜻 보이고, 급기야는 조금 긴 지그재그 모양의 길들이 이어지다가 안문재의 탁 트인 풀밭으로 이루어진 정상에 이르게 된다. 그 위에는 자두나무와 배나무, 벚나무와 진달래, 철쭉나무가 즐비해 있고 아래쪽으로 가면 이름모를 꽃들이 무수히 피어 있다. 그 장관이란 아름다움의 여신이 처음으로 얼굴을 붉히고 태어나는 것 같았다. 서쪽으로 가면 지난 주에 여행했던 힘든 고장인데 잿빛 화강암과 깊은 골짜기, 호랑이가 어슬렁대는 숲이 푸르른 장막 뒤로 사라져간다. 동쪽으로 가면 짙은 삼림이 열어지면서 1200m 아래 푸른 동해가 아득히 보인다.

동쪽으로 하산하다 보면 거대한 소나무와 전나무가 우거져 있다. 그 중 얼마쯤은 껍질이 형편없이 벗겨져 있고, 꽃줄이 드리워진 녹회색의 석송(石松)이 길게 뻗어내려 있어 숲을 구슬퍼 보이게 했다. 이것으로 술을 해 단 기묘한 모자를 남녀 승려들이 때때로 만들어 쓴다. 아래로 지그재그 모양의 길을 쭉 따라가다 보면 멋진 계곡이 나 있는 바위 협곡으로 들어가게 된다. 그 계곡 바닥에 나 있는 커다란 '웅덩이'는 용이 목욕을 했던 곳인 듯한데, 용들의 습성이란 분명코 지상의 인간들보다 훨씬 더 청결했을 것이다.

유점사

수많은 골이 진 지붕과 새롭고 부티나는 외양을 갖춘 대찰 유점사로는 퍽 아슬아슬한 다리를 건너야 갈 수 있다. 다리를 건너면 수세기를 이어온 주지들의 유골을 다소 엄격한 모양으로 만든 부도(浮屠)에 안치해놓은 썩 잘 다듬어진 장지(葬地)가 있다. 장지를 지나는 길은 이곳을 보존하느라고 새로 베어낸 커다란 소나무 재목으로 막아놓았는데 상당히 많은 비용을 들여서 이루어놓은 것이었다.

승려들은 우리를 맞아들이는 것에 난색을 표했지만 그것은 단지 얼마 동안이었고 우리가 2~3일 동안 머무를 방을 몇 개 내주었다. 이런 사소한 난관이 있고 난 뒤에는 유난히 친절하고 친밀하게 대해주었다. 나중에 안문재까지 우리를 데려다준 한 젊은 승려는 일요일에는 밀러 씨에게 자신의 방까지 양보해주면서 이렇게 말하는 것이었다. "불도에 정진하는 데는 큰 방보다 여기가 더 조용한 곳이지요."

나는 힘든 한 주를 보낸 터라, 다음날은 좀 조용히 쉬고 싶었지만 받아들여지지 않았다. 70명의 비구와 20명의 비구니들말고도 거의 200명에 이르는 불목하니들과 목수들에게 금강산을 여행하는 최초의 유럽 여성은 대단한 볼거리였던지, 나를 구경하는 데 몰두해 있어 이른 아침부터 늦은 밤까지 쉴 틈이 없었다. 부엌에서 불을 때는, 내가 묵는 방의 바닥은 너무나 뜨거워서 장지문이 닫힌 채로는 도저히 있을 수가 없었다. 날씨조차 더운데 수많은 승려들과 불목하니들과 목수들이 문이 열려 있을 때마다 들끓어 한참씩 닫아걸곤 했던 탓에 나는 거의 질식할 뻔했다.

주지와 몇몇 고승들이 밀러 씨와 불교와 다른 종교를 비교하며 토론을 벌였다. 그들은 자기들 불교의 교리가 아무리 작은 미물이라도 살생하지 않는 반면, 우리는 소위 '동물들의 삶'을 무시하고 또한 탈속과 구원에 이르는 여러 가지 금욕을 높이 사지 않는다는 점을 지적했다. 그들은 승려들 중에서도 의를 위해 죽음도 불사하는 사람보다는 훤히 드러난 죄도 방치하고 사는 사람이 더 많다는 것을 시인했다. 유점사 주변에는 영리하고 분주한 소년들이 많이 있었는데 그들도 대부분 일찍 삭발한 상태였다. 삭발하지 않은 한 아이에게 우리 통역인 이체온 씨가 닭고기 한 조각을 주었다. 아이는 자신은 불제자이므로 먹지 않겠다고 사양을 했다. 그러자 못마땅한 얼굴을 한 늙은 뱀 같은 어떤 승려가 사람들이 보지 않을 때는 먹어도 괜찮다고 면박을 주었다. 그래도 그 아이는 여전히 받아먹지 않았다.

커다란 청동 범종은 14세기에 주조된 정교한 작품으로 조잡한 목조 건물의 흙마루 바닥 위에 달려 있었다. 먼지 긴 한구석에 걸린 창호지 등이 흰색 옷을 정제한 한 승려를 희미하게 비추었다. 그는 종 주위를 돌고 나서 아주 리듬감 있는 목소리로 자기 스스로도 무슨 말인지 모르는 염불을 되뇌면서 줄에 매달린 나무를 움직여 종 측면을 쳤다. 이렇게 30분이 지났다. 그러자 육중한 종채를 쥐고는 또 다른 불송을 되뇌며 더 한층 명상에 열중한 채 육중하게 그리고 리듬감 있게 종 주위를 뱅 돌아가며 종을 쳤다. 점점 더 빠르게, 점점 더 크게 광적인 소리가 터져 나올 때까지 쳐서 그는 거의 탈진할 지경이었다. 마지막으로 세 번의 엄청난 굉음을 내고 나서야 예불은 끝났다. 굉음은 가장자리는 20cm 두께이고 가운데는 비교적 얇은 금속종을 침으로써 나오는 것으로, 그 종소리는 도저히 잊을 수 없는 음악으로 탑과 마당을 흔들고 골짜기를 온통 굉음으로 울리게 할 정도이다. 나는 그 젊은 승려의 성실성에 추호의 의심도 가질 수 없었다.

그가 나를 광대한 '상상의 방'이라고 하는 큰 건물로 안내해주었다. 거기에는 한 외로운 승려가 석고로 된 촛대에 단 하나의 촛불만이 밝혀진 제단 앞에서 염불을 하면서 염불에 맞춰 사슴뿔로 된 작은 종을 치고 있었다. 희미한 빛이 건물 속에 움푹 꺼진 것 같은 그늘을 지우고 있었는데, 거기에는 무언가 눈에 보이지 않는 잡신들의 눈과 이빨과 뿔과 팔, 다리가 불가사의하게도 나타나 보이는 것이었다. 제단 위에는 땅 위에 불거진 나무뿌리를 나타내는 조잡하고 기이한 목각품이 놓여 있었고 그 사이에 쉰세 개의 신상이 앉거나 서 있었다. 한밤중의 어슴푸레함 속에서와 마찬가지로 대낮에 보아도 퍽 인상적인 이 거대한 상징은 역시 투박함과 힘을 담지하고 있었다. 목각 아래에는 세 마리의 위협적인 용이 있었는데 그 얼굴 위에다 제작자는 고통과 패배의 표정을 부여했다.

이 제단에 얽힌 전설은 이렇다. 53인의 승려가 인도로부터 불교를 전파하기 위해 한국에 왔을 때 여기에 이르러 몹시 지쳐 줄기가 옆으로 뻗은 나무 밑에 나 있는 우물 주위에 앉아 쉬었다. 이때 세 마리의 용이 우물에서 나와 이 불승들과 싸우기 시작했는데 이 과정에서 불승들이 나무가 넘어질 만한 거센 바람을 불러내었다. 책략으로 용에게 이긴 이 승려들은 각자 나무 뿌리 위에다 불상을 하나씩 만들어놓았는데 이것이 후에 제단이 되었다. 승려들이 용과 싸워 이겨서 그들을 억지로 우물 속에 들어가게 하고 그 위에다 거대한 바위덩어리를 올려놓음으로써 우물을 막아 그 속에서 나오지 못하게 한 뒤에 절터를 닦고 용의 무덤 위에다 절을 세운 것이다. 이 독특한 제단의 다른 한쪽에는 1.2m 너비에 3m 높이의 모란꽃 다발이 놓여 있었다.

갓 지어진 절의 '개인 숙소'는 응접실과 작은 개인용 방, 그리고 거주자들을 위한 제단으로 이루어져 있었는데 모두 무척 깨끗했다. 그러나 이 편안하고 조용하고 사치스러운 삶은 반 년도 채 지속되지 못한다. 몇몇의 승려들을 제외하고는 모두들 바랑 하나에 바가지 하나를 들고, 울퉁불퉁하고 질퍽질퍽하며 먼지 나는 한국적인 삶의 길을 걸어간다. 더러운 숙소도 마다하지 않고 불교에의 입교와 신념을 비난하는 사람들에게 끼니를 구걸하며 지상에서 가장 낮은 곳으로부터 오는 욕지거리도 기꺼이 받아들이는 연례적인 방랑을 떠나야 하는 것이다.

우리가 떠나기 바로 전에 늙은 주지가 우리를 퍽 깔끔한 자신의 방으로 초대해서 몸소 정중한 식사대접을 해주었다. 기름기 많은 잣과 꿀을 듬뿍 넣어 만든 떡과 쌀을 튀겨 꿀을 바른 유과, 달콤한 떡, 중국식 사탕과자, 꿀 그리고 꿀차에 잣을 띄워서 내놓았다. 이 견과류의 기름은, 강요된 채식생활을 하는 동안 결핍된 동물성지방을 보충해주었다. 그러나 풍부한 식물성지방과 꿀은 곧 물리게 했다. 그래서 주지는 우리를 대접하는 데 소홀히 한 것이 아닌가 하고 걱정을 했다. 이 산사에서의 일반적인 문화란 불교에 원천을 두고 있는 것으로 그 자상한 접대나 배려, 행동거지의 온후함은 한국 어디서나 만날 수 있는 그 꼬장꼬장한 공자의 후예들이 가진 교만함과 거만함, 오만방자함이나 자만심과 아주 좋은 대조를 이루는 것이었다.

모든 승려들과 헤어지고 짐꾼들이 정중한 작별인사를 해왔을 때 어떤 노승들은 얼마간의 거리까지 우리를 따라와주었다.

금강산 북동쪽 기슭에 위치하고 있는 대찰 신계사로 나 있는 잘 닦인 길을 따라 경사면을 내려온 후에 우리는 그곳을 떠나 다시 거칠고 힘든 서쪽 길로 갔다. 그러자 동해의 밝은 미광이 비치는 듯하더니 거대한 바위와 떡갈나무와 만병초(萬病草)로 가득 찬 짙은 수풀 속으로 들어섰다. 불규칙하고 이지러진 돌층계를 혹독하게 오르내리니 해발 1128m의 기조령(Ki-cho Pass)에 이르렀고, 그 다음부터는 맨숭맨숭하고 별 볼거리도 없는 길을 따라 몇 시간이고 지리한 행군을 해야 했다. 잘 닦인 오솔길이 나왔고, 소나무숲을 헤쳐 나가자 아름다운 장안사 고원에 이르렀다. 젊은 승려 하나가 우리의 짐을 자신의 방에다가 조심스럽게 보관해주었다. 그러나 펄펄 끓는 듯한 방바닥은 상자 속의 초를 녹여 마치 당밀처럼 만들어버린 탓에 사진기 용구들 사이로 스며들어 그것들을 엉망진창으로 만들어버렸다. 하느님!

산정무한(山情無限)

절경 금강산에 부치는 구원(久遠)의 구가(謳歌)

정비석(鄭飛石 : 1911~91)

소설가. 애욕과 도덕의식을 대담하게 대중적 문체로 풀어낸 소설을
많이 발표하였고 만년에는 장편역사소설에 몰두하였다.
대표작으로 《성황당》《자유부인》《소설 손자병법》《소설작법》 등이 있다.
《비석(飛石)과 금강산의 대화》는 시적 정취가 넘치는 명문으로
그 중 〈산정무한〉은 기행수필문학사에서 기념비적인 작품이다.

산길 걷기에 알맞도록 간편히만 차리고 떠난다는 옷차림이, 정작 푸른 하늘 아래에
떨치고 나서니 멋은 제대로 들었다. 스타킹과 니커팬츠와 잠바로 몸을 거뿐히 단속한 후,
등산모 제쳐 쓰고 바랑을 걸머지고 고개를 드니, 장차 우리의 발 밑에 밟혀야 할 만이천
봉이 천리로 트인 창공에 뚜렷이 솟아 보이는 듯하다.

그립던 금강(金剛)으로, 그리운 금강산으로! 떨치고 나선 산장(山莊)에서는 어느
새 산의 향기가 서리서리 풍긴다. 산뜻한 마음으로 활개쳐 가며 산으로 떠나는 지완(之
完)과 나는 이미 진고개에 방황하던 창백한 인텔리가 아니라, 역발산(力拔山) 기개세
(氣蓋世)의 기개를 가진 갈 데 없는 야인(野人) 문서방(文書房)이요, 정생원(鄭生員)
이었다.

차 안에서 무슨 흘게 빠진 체모란 말이냐? 우리 조상들의 본을 떠서 우리도 할 소리,
못할 소리 남 꺼릴 것 없이 성량(聲量)껏 떠들었으면 그만이 아닌가?

스스로 야인의 긍지에 도취되어서, 뒤로 흘러가는 창 밖의 경개(景槪)를 우리는 호
화로운 심정으로 영접하였다. 고리타분한 생활을 항간에 남겨두고, 잠시나마 자연인으
로 돌아간다는 것이 이처럼 쾌사(快事)였던가? 인간 생활이 코답지근하고 답답하기 한
없음을 인제서 깨달은 듯하였다. 잠시나마 악착스러운 생활을 벗어나 순수한 자연의 품
안에 들어본다는 것은 항상 오만한 인간 생활의 순화를 위하여 얼마나 긴요한 일일까?

허심탄회(虛心坦懷) 인화지(印畵紙)와 같은 마음으로 앞으로 전개될 자연들을 우
리는 해면(海綿)처럼 흡수했으면 그만이었다.

철원서 금강 전철로 차를 바꿔 탄 것이 저무는 일곱 시쯤—먼 산골에는 황혼이 어리
고, 대지는 각일각(刻一刻) 회색으로 용해되어가는데, 개성(個性)을 추상(抽象)당한

산령(山嶺)들이 묵직한 윤곽만으로 서녘 하늘에 웅크렸다.

고요하기 태고 같은 이 풍경 속에서 순시(瞬時)도 멎음 없이 변화를 조종하는 기막힌 조화(造化)는, 대체 누가 부리는 요술이던가? 창명(愴冥)히 저무는 경개에 심취하여, 창가에 기대인 채 마음의 평화를 즐기다가, 우리는 어느덧 저 모르게 가슴 깊이 지녔던 비밀들을 서로 이야기하고 있었다. 보배로 여기던 비밀을 아낌없이 털어놓도록 그만큼 우리를 에워싼 분위기는 순수했던 것이다.

유리창 밖으로 비치는 지완의 얼굴을 하염없이 바라보며, 그의 청춘사(靑春史)에서도 가장 깨끗하고 아름다웠을 사랑담을 허심히 들어넘기며, 나는 몇 번이고 담배를 바꿔 피웠다. 침착한 여인네가 장롱에 옷가지 챙겨넣듯 차근차근 조리 있게 얽어 나가는 지완의 능숙한 화술은 맑은 그의 음성과 어울려서 귓가에 도란도란 향기로웠다.

사랑이 그처럼 담담할 수 있을까? 세상에 사랑처럼 쓰라린 것, 매운 것은 없다는데, 지완의 것은 아침 이슬같이 담결(淡潔)했다니, 그도 그의 성격의 소치일까? 창 밖에 금풍(金風)이 소슬해서, 그 사람이 유난히 고매하게 느껴졌다.

내금강 역사(驛舍)다.

어느 외국인의 산장을 그대로 떠다놓은 듯이 멋진 양관(洋館), 외금강역과 아울러 이 한국식 내금강역은 산을 찾아오는 사람에게 무한 정겨운 호대조(好對照)의 두 건물이다. 내(內)와 외(外)를 여실히 상징한 것이 더 좋았다.

십삼 야월(夜月)의 달빛 차갑게 넘실거리는 역 광장에 나서니, 심산(深山)의 밤이라 과시(果是) 바람은 세찬데, 별안간 계간(溪澗)을 흐르는 물소리가 정신을 빼앗을 듯 소란하게 추위는 한층 뼈에 스민다. 장안사로 향하여 몇 걸음 걸어가며 고개를 드니, 산과 산들이 병풍처럼 사방에 우쭐우쭐 둘러선다. 기쓰고 찾아온 바로 저 산이 아니었던가고 금세 어루만져보고 싶은 충동을 느끼며, 힘껏 호흡을 들이마시니, 어느덧 간장(肝臟)도 청수(淸水)에 씻기운 듯 맑아온다. 청계를 끼고 물소리를 즐기며 걸어가기 10분쯤, 문득 발부리에 나타나는 단청(丹靑)된 다리는 이름부터 격에 어울려 함부로 건너기조차 외람된 문선교(問仙橋)!

문선교. 어느 때 어떤 은사(隱士)가 예까지 찾아와서, 선경(仙境)이 어디냐고 목동에게 차문(借問)한 고사라도 있었던가? 있을 법한 일이면서 깜짝 소문에조차 듣지 못한 것은, 역시 선경과 속계가 스스로 유별(有別)한 탓이었던가?

차문주가하처재(借問酒家何處在)

목동요지행화촌(牧童遙指杏花村)

은 속계의 노래로, 속계에서는 이만하면 '풍류객'이었다. 동양류의 선경이란 풍류객들이 사는 고장을 일컬음이니, 선경과 속계는 백지 한 겹밖에 아닌 듯이 믿어지니, 이미 세진(世塵)을 떨치고 나선 몸이라 서슴지 않고 문선교를 건너기로 하였다.

이튿날 아침, 고단한 마련해선 일찌거니 눈이 떠진 것은 몸에 지닌 기쁨이 하도 컸던 탓이었을까. 안타깝게도 간밤에 볼 수 없던 영봉(靈峰)들을 대면하려고 새댁(新婦)같이 수줍은 생각으로 밖에 나섰으나, 계곡은 여태 짙은 안개 속에서, 준봉(峻峰)은 상기 깊은 구름 속에서 용이하게 자태를 엿보일 성싶지 않았고, 다만 가까운 데의 전나무·잣나무 들만이 대장부의 기세로 활개를 쭉쭉 뻗고, 하늘을 찌를 듯이 솟아 있는 것이 눈에 뜨일 뿐이었다.

모두 근심 없이 자란 나무들이었다. 청운(靑雲)의 뜻을 품고 하늘을 향하여 문실문실 자란 나무들이었다. 꼬질꼬질 뒤틀어지고 외틀어지고 한 야산 나무밖에 보지 못한 눈에는 귀공자와 같이 기품이 있어 보이는 나무들이었다.

조반 후 단장 짚고 험난한 전정(前程)을 웃음경 삼아 탐승의 길에 올랐을 때에는, 어느덧 구름과 안개가 개어져 원근 산악이 열병식(閱兵式)하듯 점잖이들 버티고 서 있는데, 첫눈에 비치는 만산(滿山)의 색소(色素)는 홍(紅)! 이른바 단풍이란 저런 것인가 보다 하였다.

만학천봉(萬壑千峰)이 한바탕 흔들리게 웃는 듯, 산색(山色)은 붉을 대로 붉었다. 자세히 보니, 홍(紅)만도 아니었다. 청(靑)이 있고, 녹(綠)이 있고, 황(黃)이 있고, 등(橙)이 있고, 이를테면 산 전체가 무지개와 같이 복잡한 색소로 구성되었으면서, 얼른 보기에 주홍(朱紅)만으로 보이는 것은 스펙터클의 조화던가!

복잡한 것은 색만이 아니었다. 산의 용모는 더욱 다기(多岐)하다. 혹은 깎은 듯이 준초(峻峭)하고, 혹은 그린 듯이 온후하고, 혹은 막잡아 빚은 듯이 험상궂고, 혹은 틀에 박은 듯이 단정하고…… 용모 풍취(風趣)가 형형색색인 품이 이미 범속(凡俗)이 아니다.

산의 품평회를 연다면, 여기서 더 호화로울 수 있을까? 문자 그대로 무궁무진이다. 장안사 맞은편 산에 울울창창(鬱鬱蒼蒼) 우거진 것은 모두 잣나무뿐인데, 모두 이등변 삼각형으로 가지를 늘어뜨리고 섰는 품이 한 그루 한 그루의 나무가 흡사히 괴어놓은 차례탑(茶禮塔) 같다. 부처님은 예불상(禮佛床)만으로는 미흡해서, 이렇게 자연의 진수성찬을 베풀어놓은 것일까? 얼른 듣기에 부처님이 무엇을 탐낸다는 것이 이미 불심이 아니고 무엇이랴.

장안사 앞으로 흐르는 계류(溪流)를 끼고 돌며 몇 굽이의 협곡(峽谷)을 거슬러 올라가니, 산과 물이 어울리는 지점에 조그마한 찻집이 있다.

다리도 쉴 겸, 스탬프북을 한 권 사서, 옆에 구비된 기념 인장을 찍으니, 그림과 함께 지면에 나타나는 세 글자가 명경대(明鏡臺)! 부앙(俯仰)하여 천지에 참괴(慚愧)함이 없는 공명한 심경을 명경지수(明鏡止水)라고 이르나니, 명경대란 흐르는 물조차 머무르게 하는 곳이란 말인가! 아니면 지니고 온 악심(惡心)을 여기서만은 정(淨)하게 하지 아니치 못하는 곳이 바로 명경대란 말인가! 아무러나 아름다운 이름이라고 생각하며 찻집을 나와 수십 보를 바위로 올라가니, 깊고 푸른 황천담(黃泉潭)을 발밑에 굽어보며 반공(半空)에 위연(威然)히 솟은 층암절벽(層岩絶壁)이 우뚝 마주선다. 명경대였다. 틀림없는 화장경(化粧鏡) 그대로였다. 옛날의 죄의 유무를 이 명경에 비추면, 그 밑에 흐르는 황천담에 죄의 영자(影子)가 반영되었다고 길잡이는 말한다.

명경! 세상에 거울처럼 두려운 물건이 다신들 있을 수 있을까. 인간 비극은 거울이 발명되면서 비롯했고, 인류 문화의 근원은 거울에서 출했다고 하면 나의 지나친 억설일까? 백 번 놀라도 유부족(猶不足)일 거울의 요술을 아무런 두려움도 없이 일상으로 대하게 되었다는 것은, 또 얼마나 가경(可驚)할 일인가!

신라조 최후의 왕자인 마의태자(麻衣太子)는 시방 내가 서 있는 바로 이 바위 위에 꿇어 엎드려, 명경대를 우러러보며 오랜 세월을 두고 나무아미타불을 염송해보시려는 뜻이었을까! 운상기품(雲上氣稟)에 무슨 죄가 있으랴만 등극하실 몸에 마의(麻衣)를 감지 않으면 안 되었다는 것이 이미 불법이 말하는 전생의 연(緣)일지 모른다.

두고 떠나기 아쉬운 마음에 몇 번이고 뒤를 돌아다보며 계곡을 돌아 나가니, 앞으로 염마(閻魔)처럼 막아서는 웅자(雄姿)가 석가봉(釋迦峰), 뒤로 맹호(猛虎)같이 덮누르는 신용(神容)이 천진봉(天眞峰)! 전후 좌우를 살펴봐야 협착(狹窄)한 골짜구니는 그저 그뿐인 듯. 진퇴유곡(進退維谷)의 절박감을 느끼며 그대로 걸어 나가니, 간신히 트이는 또 하나의 협곡!

몸이 감길 듯이 정겨운 황천강 물줄기를 끼고 돌면, 길은 막히는 듯 나타나고, 나타나는 듯 막히고, 이 산에 흩어진 전설과, 저 봉에 얽힌 유래담(由來談)을 길잡이에게 들어가며 쉬엄쉬엄 걸어 나가는 동안에, 몸은 어느덧 심해(深海)같이 유수(幽邃)한 수목 속을 거닐고 있음을 깨닫게 되었다.

천하에 수목이 이렇게도 지천으로 많던가! 박달나무, 엄나무, 피나무, 자작나무, 고로쇠나무…… 나무의 종족은 하늘의 별보다도 많다고 한 어느 시(詩)의 구절을 연상하며 고개를 드니, 보이는 것이라곤 그저 단풍뿐, 단풍의 산이요, 단풍의 바다다.

산 전체가 요원(燎原) 같은 화원이요, 벽공(碧空)에 외연히 솟은 봉봉은 그대로가 활짝 피어오른 한 떨기의 꽃송이다. 산은 때 아닌 때에 다시 한 번 봄을 맞아 백화(百花) 난만(爛漫)한 것일까? 아니면, 불의(不意)의 신화(神火)에 이봉 저봉이 송두리째 붉게 타고 있는 것일까? 진주홍(眞朱紅)을 함빡 빨아들인 해면같이 우러러볼수록 찬란하다.

산은 언제 어디다 이렇게 많은 색소를 간직해두었다가, 일시에 지천으로 내뿜는 것일까?

단풍이 이렇게까지 고운 줄은 몰랐다. 김형은 몇 번이고 탄복하면서, 흡사히 동양화의 화폭 속을 거니는 감흥을 그대로 맛본다는 것이다. 정말 우리도 한 떨기 단풍에 지나지 않아 보인다. 다리는 줄기요, 팔은 가지인 채 피부는 단풍으로 물들어버린 것 같다. 옷을 훨훨 벗어 꼭 쥐어짜면, 물에 행궈낸 빨래처럼 진주홍 물이 주르르 흘러내릴 것만 같다.

그림 같은 연화담(蓮花潭) 수렴폭(水簾瀑)을 완상하며, 몇십 굽이의 석계(石階)와 목잔(木棧)과 철삭(鐵索)을 답파하고 나니, 문득 눈앞에 막아서는 무려 300단의 가파른 사다리―한 층계 한 층계 한사코 기어오르는 마지막 발걸음에서 시야는 일망무제(一望無際)로 탁 트인다. 여기가 해발 5000척의 망군대(望軍臺)―아! 천하는 이렇게도 광활하고 웅장하고 숭엄하던가!

이름도 정다운 백마봉(白馬峰)은 바로 지호지간(指呼之間)에 서 있고, 내일 오르기로 예정된 비로봉은 단걸음에 건너뛸 정도로 가깝다. 그 밖에도 유상무상(有象無象)의 허다한 봉들이 전시에 할거하는 영웅들처럼 여기에서도 불끈 저기에서도 불끈, 시선을 낮춰 아래로 굽어보니, 발밑은 천인단애(千仞斷崖) 무한제(無限際)로 뚝 떨어진 황천계곡에 단풍이 선혈처럼 붉다. 우러러보는 단풍이 새색시 머리의 칠보단장 같다면, 굽어보는 단풍은 치렁치렁 늘어진 규수의 붉은 치마폭 같다고나 할까. 수줍어 수줍어 생글 돌아서는 낯 붉힌 아가씨가 구석에서 금방 튀어나올 것도 같구나!

저물 무렵에 마하연의 여사(旅舍)를 찾았다. 산중에 사람이 귀해서였던가. 어서 오십사고 상냥한 안주인의 환대도 은근하거니와, 문고리 잡고 말없이 맞아주는 여관집 아가씨의 정성은 무르익은 머루알같이 고왔다.

여장을 풀고 마하연사를 찾아갔다. 여기는 선원(禪院)이어서, 불경 공부 하는 승려뿐이라고 한다. 크지도 않은 절이건만, 승려 수는 실로 30명은 됨직하다. 이런 심산에 웬 중이 그렇게도 많을까?

무한청산행욕진(無限靑山行慾盡)

백운심처노승다(白雲深處老僧多)

옛 글 그대로다.

노독을 풀 겸 식후에 바둑이나 두려고 남포등 아래에 앉으니, 온고지정(溫故之情)이 불현듯 새로워졌다.

"남포등은 참말 오래간만인데."

하며 불을 바라보는 김형의 말씨가 하도 따뜻해서, 나도 장난삼아 심지를 돋우었다 줄였다 하며 까맣게 잊었던 옛 기억을 되살렸다. 그리운 얼굴들이 흐르는 물의 낙화(落花)송이같이 떠올랐다.

밤 깊어 뜰에 나가니, 날씨는 흐려 달은 구름 속에 잠겼고 음풍(陰風)이 몸에 선선하다. 어디서 쏼쏼 소란히 들려오는 소리가 있기에 바람 소린가 했으나 가만히 들어보면, 바람 소리만도 아니요, 물소리인가 했더니 물소리만도 아니요, 나뭇잎 갈리는 소린가 했더니 나뭇잎 갈리는 소리만은 더구나 아니다. 아마 바람 소리와 물소리와 나뭇잎 갈리는 소리가 함께 어울린 교향악인 듯싶거니와, 어쩌면 곤히 잠든 산의 호흡인지도 모를 일이다.

뜰을 어정어정 거닐다 보니, 여관집 아가씨는 등잔 아래에 외로이 앉아서 책을 읽고 있다. 무슨 책일까? 밤 깊은 줄조차 모르고 골똘히 읽는 품이, 춘향이 태형 맞으며 백(百)으로 아뢰는 대목일 것도 같고, 누명 쓴 장화(薔花)가 자결을 각오하고 원한을 하늘에 고축하는 대목일 것도 같고, 시베리아로 정배가는 카추샤의 뒤를 네프 백작이 쫓아가는 대목일 것도 같고…… 궁금한 판에 제멋대로 상상해보는 동안에 산속의 밤은 처량히 깊어갔다.

자꾸 깊은 산속으로만 들어가기에, 어느 세월에 이 골을 다시 헤어나볼까 두렵다. 이대로 친지와 처자를 버리고 중이 되는 수밖에 없나 보다고 생각하며 고개를 돌이키니, 몸은 어느새 구름을 타고 두리둥실 솟았는지, 군소봉(群小峰)이 발밑에 절하여 아뢰는 비로봉 중 허리에 나는 서 있었다. 여기서부터 날씨는 급격히 변화되어, 이 골짝 저 골짝에 안개가 자욱하고 음산한 구름장이 산허리에 감기더니, 은제(銀梯) 금제(金梯)에 다다랐을 때, 기어이 비가 내렸다. 쫏빛 같은 연무(煙霧)가 짙어서 지척을 분별할 수 없다. 우장 없이 떠난 몸이기에 그냥 비를 맞으며 올라가느라니까, 돌연 일진 광풍(一陣狂風)이 어디서 불어왔는가, 휙 소리를 내며 운무를 몰아가자, 은하수같이 정다운 은제와, 주홍 주단폭같이 늘어놓은 붉은 진달래 단풍이, 몰려가는 연무 사이로 나타나 보인다. 은제와 단풍은 마치 이랑 이랑으로 섞바꾸어가며 짜놓은 비단결같이 봉에서 골짜기로 퍼덕이며 흘러내리는 듯하다. 진달래는 꽃보다 단풍이 배승(倍勝)함을 이제야 깨달았다.

오를수록 우세(雨勢)는 맹렬했으나, 광풍이 안개를 헤칠 때마다 농무 속에서 홀현홀몰(忽顯忽沒)하는 영봉을 영송(迎送)하는 것도 가히 장관이었다.

산마루가 가까울수록 비는 폭주(暴注)로 내리붓는다. 만이천봉을 단박에 창해(滄海)로 변해버리는 것일까. 우리는 갈 데 없이 물에 빠진 쥐 모양을 해가지고 비로봉 절정에 있는 찻집으로 찾아드니, 유리창 너머로 내다보고 섰던 동자가 문을 열어 우리를 영접하였고, 벌겋게 타오른 장독 같은 난로를 에워싸고 둘러앉았던 선착객(先着客)들이 자리를 사양해준다. 인정이 다사롭기 온실 같은데, 밖에서는 몰아치는 빗발이 어느덧 우박으로 변해서 창을 때리고 문을 뒤흔들고 금시로 천지가 뒤집히는 듯하다. 용호(龍虎)가 싸우는 것일까? 산신령이 대로하신 것일까? 경천동지(驚天動地)도 유만부동이지, 이렇게 만상(萬象)을 뒤집을 법이 어디 있으랴고, 간장(肝臟)을 죄는 몇 분이 지나자, 날씨는 삽시간에 잠든 양같이 온순해진다. 변환(變幻)도 이만하면 극치에 달한 듯싶다.

비로봉 최고점이라는 암상(岩上)에 올라 사방을 조망했으나, 보이는 것은 그저 뭉게뭉게 피어오르는 운해뿐—, 운해는 태평양보다도 깊으리라 싶었다. 내, 외, 해 삼 금강을 일망지하(一望之下)에 굽어 살필 수 있다는 한 지점에서 허무한 운해밖에 볼 수 없는 것이 가석(可惜)하나, 돌이켜 생각건대 해발 6000척에 다시 신장 5척을 가하고 오연(傲然)히 저립(佇立)해서, 만학천봉을 발밑에 꿇어 엎드리게 하였으면 그만이지, 더 바랄 것이 무엇이랴. 마음은 천군만마에 군림하는 쾌승장군보다도 교만해진다.

비로봉 동쪽은 아낙네의 살결보다도 흰 자작나무의 수해(樹海)였다. 설 자리를 삼가, 구중심처(九重深處)가 아니면 살지 않는 자작나무는 무슨 수중(樹中) 공주이던가! 길이 저물어 지친 다리를 끌며 찾아든 곳이 애화(哀話) 맺혀 있는 용마석(龍馬石)—마의태자의 무덤이 황혼에 고독했다. 능이라기에는 너무 초라한 무덤—철책도 상석(床石)도 없고, 풍림(風霖)에 시달려 비문조차 읽을 수 없는 화강암 비석이 오히려 처량하다.

무덤 가 비에 젖은 두어 평 잔디밭 테두리에는 잡초가 우거지고, 석양이 저무는 서녘 하늘에 화석(化石)된 태자의 애기(愛騎) 용마(龍馬)의 고영(孤影)이 슬프다. 무심히 떠도는 구름도 여기서는 잠시 머무는 듯, 소복한 백화(白樺)는 한결같이 슬프게 서 있고 눈물 머금은 초저녁 달이 중천에 서럽다.

태자의 몸으로 마의를 걸치고 스스로 험산에 들어온 것은 천년 사직(社稷)을 망쳐버린 비통을 한 몸에 짊어지려는 고행이었으리라. 울며 소맷귀 부여잡는 낙랑공주의 섬섬옥수(纖纖玉手)를 뿌리치고 돌아서 입산할 때에, 대장부의 흉리(胸裏)가 어떠했을까?

홍망이 재천(在天)이라, 천운을 슬퍼한들 무엇하랴만 사람에게는 스스로 신의가 있으니, 태자가 고행으로 창맹(蒼氓)에게 베푸신 두터운 자혜(慈惠)가 천년 후에 따습다.

천년 사직이 남가일몽(南柯一夢)이었고, 태자 가신 지 또다시 천년이 지났으니, 유구한 영겁(永劫)으로 보면 천년도 수유(須臾)던가!

고작 칠십 생애에 희로애락을 싣고 각축하다가 한 움큼 부토(腐土)로 돌아가는 것이 인생이라 생각하니, 의지 없는 나그네의 마음은 암연히 수수(愁愁)롭다.

6 금강산, 문학과 회화의 세계

묘길상

금강산을 노래한 시와 산문

김 혈 조

1. 옛 기행문과 금강산

국토산하를 즐기며 이를 소재로 시를 짓거나 글을 남기는 일은 전통시대 선비들의 기본 소양이고, 한편 일상생활의 일부였다. 시인 학자들은 그들 사유의 지형이자 감성의 양식인 국토산하에 남다른 애착을 보였다. 그들에게 산수는 단순한 자연에 그치지 않고, 민족의 역사와 문화가 산생(産生)된 국토였고, 자신의 인격과 도덕적 완성의 대상이고 토대였다. 따라서 그들의 산수유람은 단지 유흥오락에 머물지 않았다. 국토산하에서 느끼는 감흥이나 철학적 사유를 시나 산문으로 작품화하거나 혹은 여행기처럼 글을 짓게 된 구체적 과정까지도 기록으로 남겼는데 이러한 기록물은 등산이나 유람을 기록한 것 이상의 어떤 정신사적 의미를 내포한다. 오늘날 여행객들이 '남는 것은 사진'이라는 식으로 여행지의 감동적 체험을 손쉽게 사진기에 박는 것과는 다른 문학적·철학적 실천의 결과물이다.

현전하는 선인들의 문집을 들춰보면 산수유람과 관련된 시문이 없는 문집이 없을 정도로 산수유람 시문창작은 선비들의 삶의 과정의 하나였다. 이렇게 지어진 시문들은 자신이나 남들에게 읽혀짐으로써 그 여행 당시의 감동을 재현하게 된다. 기행시를 별도의 책자로 간행하는 까닭이기도 하다. 특히 기행산문은 조선 후기로 내려올수록 더욱 많이 지어지게 되고, 독립된 책자로 묶여지기도 한다. 개인적 체험을 공유화하고 사회화하려는 문화적 현상의 하나이다.

개인의 독립된 서책을 넘어서 산문들은 다시 선집되어 와유록(臥遊錄, 臥游錄)이라는 책으로 꾸며지기도 한다. 와유라는 말은 방안에 누워서 산천을 유람한다는, 곧 직접 여행을 할 수 없는 사람이 그 책을 통해 간접체험을 가능케 하는 기록물이라는 뜻이다. 이 와유록은 본인이나 남에게 간접체험을 주는 자료로서뿐 아니라, 일종의 여행안내책자 노릇을 하기도 하였다.

기행시집, 기행산문, 와유록 등에서 압도적으로 많은 분량을 차지하는 것은 금강산에 대한 기록물이다. 금강산도 식후경이라는 언어습관이 있듯 민족사의 전통에서 최대의 구경거리로 인식된 것은 금강산이다. 금강산은 우리 민족에게 최대의 산수로 대접받았을 뿐 아니라, 중국인조차 조선에 태어나 금강산을 보고 싶다고 했다 한다.

최남선은 《금강예찬》이란 책에서 금강산이 세계에서 가장 빼어난 산이라고 말했다. 그는 서사(序詞)에서 산을 의인화하여 세계의 산왕(山王)을 뽑는 투표에서 금강산이 만장일치로 뽑히는 형식을 빌려 세계적 명산임을 밝혔다. 금강산이 세계의 산왕이 될 수밖에 없는 이유를 최남선은 〈조선정신의 표치(標幟)〉에서 이렇게 적고 있다.

또 금강산은 조선인에게 있어서는 풍경 가려(風景佳麗)한 지문적(地文的) 일 현상일 뿐 아닙니다. 실상 조선심(朝鮮心)의 물적(物的) 표상(表象), 조선정신의 구체적 표상으로 조선인의 생활·문화 내지 역사에 장구(長久)코 긴밀한 관계를 가지는 성적(聖的) 일 존재입니다. 옛날에는 생명의 본원, 영혼의 귀지처(歸止處)로까지 생각되고, 근세까지도 허다한 예언자의 전당이 된 곳입니다.

금강산에 대한 민족적 자부심은 최남선 이전에도 있었다. 금강산을 유람하며 곳곳의 자연풍경을 묘사하고 기록한 이상수(李象秀)가 그의 〈동행산수기(東行山水記)〉에서 중국의 산을 예찬하면서 금강산은 산이 되다 만 산이라고 하며 금강산을 악평한 어떤 이를 두고 "응당 혀를 뽑는 지옥에 넣어야 한다"고 했을 정도로 금강산에 대한 민족적 자부심은 대단한 것이었다. 민족적 자부심이 밴 금강산이었기에 그곳의 유람과 탐승은 우리 민족에게 평생 소원이었다.

금강산에 유람하는 사람도 갈수록 증가하여 조선 후기에 이르면 '금강산 가기'가 일종의 유행으로까지 확산되었다. 이러한 현상은 이미 고려 후기부터 시작되었으며 그에 따른 폐해 역시 대단했던 모양이다. 그리하여 금강산 일대에 사는 서민대중들은 유람객을 응접하고 고된 노역에 시달린 끝에 "어째서 금강산이 다른 지방에 있지 아니한가"라고 화를 내기까지 했다 한다. 금강산의 빼어남을 반어적으로 나타낸 듯한 이 일화를 통해서도 우리 민족의 역사상 금강산이 어떤 존재로 인식되었는가를 단적으로 알 수 있다.

이렇게 빼어난 자연경관으로 인해 조선정신의 구체적 표상으로까지 인식되어온 금강산의 아름다움을 문자로 표현하는 것이 가능한가? 그리고 그 표현물이 독자들에게 감동을 줄 수 있을까? 옛말에 닭이나 개를 그리기는 어렵고 귀신을 그리기는 쉽다고 했다. 귀신은 본 사람이 없으므로 아무렇게 그려도 통하겠지만, 눈으로 볼 수 있는 일상사물은 아무렇게나 꿰어맞추어서는 사람을 속일 수 없다는 데서 나온 말이다. 눈앞의 일상사물도 그러하거늘, 금강산같이 빼어난 산수를 글이나 그림으로 형용한다는 것이 가능한가?

시조작가 안민영(安玫英)의 작품에 이러한 사설시조가 있다.

금강 일만이천봉이 눈 아니면 옥이로다.
헐성루 올라가니 천상인 되었것다.
아마도 서부진화부득(書不盡畵不得)은 금강인가 하노라.

여기서 '서부진화부득'이란 말은 글로써도 다 표현할 수 없고 그림으로도 다 묘사할 수 없다는 뜻이다. 금강산의 아름다움을 역설적으로 표현한 말이다. 본 사람은 보았기 때문에 말할 수 없고, 못 본 사람은 보지 못했기에 말할 수 없는 산, 그것이 금강산이다. 이풍익(李豊瀷)의 《동유첩(東遊帖)》에 서문을 쓴 박종훈(朴宗薰)은 그 서문에서 자신은 두 번이나 금강산을 유람했지만 시문이나 그림 하나 그릴 수 없었다는 안타까운 고백을 했는데, '서부진화부득'의 심정을 솔직하게 표현한 것이라고 보인다. 화가 최북(崔北)이 금강산에 들어가 구룡폭포에서 자살하려고 투신했던 행동의 뿌리도 '서부진화부득'의 심정에서 나온 것이라 생각된다. 이렇게 금강산은 자각된 의식을 가진 문학 예술인들에게 쉽게 접근을 허용하여 그것을 필설로 형용할 수 있게 만드는 산이 아니었다.

조선 중기 이후 통신사들이 일본에 갈 때마다 일본인들은 후지산(富士山)이 금강산의 경관보다 훌륭하다고 자랑하는 한시를 지으며 통신사들에게 금강산 시를 짓기를 요구했다고 한다. 자못 민족적 대결의식으로까지 확산된 이 한시논쟁에서 조선의 한다한 문사들이 우리 금강산을 "일만이천 봉우리가 모두 뇌락하고 마치 옥을 깎은 듯 기이하다"라고 상투적인 한시 표현으로 대응할 수밖에 없던 까닭은, 그들 문사들이 우리 국토(금강산)를 실제 답사한 경험이 없거나 무지했던 탓도 있었겠지만, 필설로 금강산을 그 이상 사실적으로 묘사하기 힘들다는 점을 증명하는 것이기도 하다. 금강산에 대한 문학적 표현은 섬세한 감성을 지닌 탁월한 작가가 아니고서는 남에게 감동을 줄 수 없으며, 그렇게 만드는 것이 금강산이다.

표암(豹菴) 강세황(姜世晃)은 역대의 금강산 문학작품, 특히 한시의 상투적 표현에 대해 다음과 같이 평가한 바 있다.

금강산을 유람하는 사람은 걸핏하면 시를 짓는다. 하나의 봉우리, 하나의 골짜기, 하나의 절집, 하나의 암자마다 골라서 제목을 붙이고 각각 한 편의 시를 짓는데, 마치 여행의 일정을 날마다 기록하는 것처럼 한다. "일만이천 봉우리, 옥 같고 눈 같으며 비단 같은 산들" 하는 구절들을 모든 사람이 이구동성으로 부화뇌동하듯 표현한다. 이 따위 시들로서야 읽는다 한들 산을 보지 못한 사람들에게 마치 자신이 금강산 속에 있다는 느낌을 들게 할 수 있을까?

신과 자연의 섭리와 조화로 다듬어진 금강산의 기묘함과 수려함을 인간의 필설로 묘사한다는 것이 근본적으로 불가능함을 알고 있었던 터이지만, 역대의 문인 화가들은 거기에 체념하지 않고 꾸준히 문학적·회화적 실천에 도전하고 시도하였다. 강세황의 지적처럼 평범하고 상투적인 작품으로 흘러버린 경우도 많았지만, 탁월한 문학적 형상으로 문학사를 자못 화려하게 장식한 작품 역시 적지않다. 이제 금강산에 대한 기록물, 특히 고전 문학에서 금강산은 어떻게 작품화되었으며 그 의미는 무엇인가를 살펴본다. 편의상 한시, 기행산문 등으로 나누어 일별한다.

2. 한시를 통해 본 금강산

1) 조선시대 이전의 금강산 시

현재 문자로 남아 있는 것으로 가장 오래된 기록물은 최치원이 구룡연(九龍淵) 바위에 썼다는 '千丈白練 萬斛眞珠(천장백련 만곡진주)' 란 구절이다. "천길 흰 비단 드리웠는가 만섬 진주알을 흩뿌렸는가"라는 뜻의 이 글은 구룡연의 너럭바위에 최치원이 쓴 것이라 전한다. 외금강의 구룡폭포가 떨어져 만들어진 못이 구룡연인데, 최치원은 구룡폭포에서 구룡연으로 떨어지는 폭포의 높이와 물줄기가 뿜어내는 분말을 그렇게 형상하였던 것이다.

고려시대 작품은 주로 고려 후기 신진사대부들에 의해 지어졌다. 무신 집권기에 노봉(老峰) 김극기(金克己)가 금강산의 입구인 철령에서 지은 금강산 시가《동국여지승람》에 한 수 전해지고, 또 이인로(李仁老)와 동시대 인물인 전치유(田致儒)가 강원도 안찰사가 되어 금강산을 지나며 지은 작품이《동국여지승람》과《파한집》에 수록되어 전해지지만, 본격적인 금강산 시는 고려 후기 즉 신진사대부들이 중앙 정계에 진출하면서 창작된다. 성리학적 이념으로 무장한 이들 사대부들은 동시대의 문신들과는 체질적으로 그 이념을 달리하였다. 특히 부원배(附元輩)인 문신과 일부 승려들에 대해 대단히 비판적이었기에, 그들은 불교의 유적지가 많은 금강산과 그 명칭에 대해서 자못 이의를 제기하였다.

졸옹(拙翁) 최해(崔瀣), 권근(權近), 하륜(河崙) 등은 중들을 금강산에 보내며 지은 여러 송서(送序)들에서 한결같이 금강산의 금강이라는 명칭이 불경에서 나왔고, 또 대장경에 금강산의 존재에 대한 언급이 있다는 말은 황당한 것이며 중들이 금강산이라 명명한 것을 잘못이라고 비판하면서 명칭을 풍악산이라고 사용할 것을 주장하였다. 최해는 당시의 불교 특히 금강산에서 발생하는 폐단을 격렬하게 비판하면서, 자신은 그런 꼴을 보고 싶지 않기 때문에 금강산에 가지도 않을 뿐 아니라, 가는 사람을 말리고 싶다고까지 했다.

불교와 금강산에 대한 기본 인식이 이러하였기에 고려 말에 지어진 금강산 시는 대체로 금강산의 모습을 있는 그대로 묘사한 시와, 불교의 타락과 금강산 탐승에 따른 민폐를 애민적 입장에서 그린 시들이 주종을 이룬다. 고려 말의 중요한 작가로는 가정(稼亭) 이곡(李穀;1298~1351), 근재(謹齋) 안축(安軸;1287~1348), 익재(益齋) 이제현(李齊賢;1287~1367), 제정(霽亭) 이달충(李達衷;?~1385), 척약재(惕若齋) 김구용(金九容;1338~84) 등을 꼽을 수 있다.

안축의 시를 보기로 한다.

뼈만 솟은 봉우리 창칼처럼 번쩍이고
재를 마친 중들 우두커니 앉았네
어찌하여 산 아래 생민(生民, 백성)들은
귀인행차 바라보며 이마를 찡그리는가.

이 시에서는 등장하는 인간 군상의 유형이 셋으로 설정된 점이 매우 흥미롭다. 재를 파하고 우두커니 앉아 있는 중들, 금강산 탐승에 나선 귀인 또는 관인, 그들의 공궤(供饋)에 지친 사하촌(寺下村)의 백성들, 이들은 마치 기름에 찬물 돌듯 서로 겉도는데, 그들의 마음속의 생각 역시 세 방향으로 치닫고 있음을 느끼게 해준다. 애민적 시각으로 쓴 이 작품은 금강산에서 벌어지는 인간들의 갈등을 통해 당시 불교나 관의 민폐를 드러내고 있으며, 동시에 여말 사대부들의 사상적·정치적 지향이 어디에 있었던가를 엿보게 해준다.

2) 조선 초(15~16세기) 사대부들의 금강산 시

성리학적 이념을 신봉한 사대부들이 건국한 조선조에 와서는 금강산에 대한 인식이 달라지며, 금강산 시 역시 고려 후기의 그것과는 구별된다. 무엇보다 성리학적 이념이 국가의 이념으로 확립되면서 그들 사대부들은 불교에 대해 더 이상 비판적이거나 대결의식을 갖지 않았던 것으로 보인다.

숭유배불이 국가의 정치적·이념적 정책이었기 때문에 조선조의 사대부들은 불교에 대해 기본적으로 배척을 하였지만 고려 말의 사대부처럼 적대적이지는 않았다. 힘의 역학관계상 상대가 될 수 없었으므로 사대부들의 우월의식은 불교에 대해 관대하거나 혹은 있는 그대로 받아들이려는 자세를 보인다. 사대부들의 금강산 유람시에 승려들이 남여를 메고 다녔던 것을 보면, 이제 불교 또는 승려에 대해 사대부들은 예민하게 반응하기보다는 연민의 입장에 섰음을 알 수 있다. 이들 사대부들의 의식이 금강산 시에도 일정하게 반영되었음이 물론이다.

• 권근의 〈금강산〉

조선 초(1396년) 권근은 명나라와의 외교적 마찰을 해소하고자 명나라에 들어갔다. 이때 명나라 황제는 권근에게 응제시(應製詩)를 짓도록 명하고, 특히 '금강산'이란 시제(詩題)를 주어 금강산을 묘사하게 하였다. 권근의 응제시는 외교적 목적을 달성하기 위해 치밀한 의도로 창작되었는데, 이 응제시의 결과 명나라와 무력적 충돌을 피하고 문치주의를 표방한 문화외교를 끌어내는 데 성공하였다. 권근의 금강산 시는 자연의 조화로 만들어진 금강산은 신령이 깃들여 있으므로 침략해서는 안 된다는 뜻을 은근히 드러내고, 동시에 신흥 조선에 대한 민족적 자부심과 사대부의 기개를 과시한 작품이다.

눈처럼 우뚝 선 천만 봉우리
바닷구름 걷히자 옥부용(玉芙蓉) 같은 산이 드러난다.
신령한 빛은 푸른 바닷가에 일렁이고
맑은 기운 서려 있음은 조화옹이 모은 것
험준한 멧부리는 험한 산길로 이어졌고
그윽한 골짜기엔 신선의 발자취들
동쪽을 유람하다 정상에 올라
동방세계를 굽어보며 한바탕 가슴을 씻어보리라.

• 성현의 〈유점사〉

  조선 초 관료문인을 대표하는 허백당(虛白堂) 성현(成俔)이나 성임(成任) 등에 이르면 금강산 시는 금강산의 실체를 통해 자신의 삶에 대한 깨달음을 반영하기도 한다. 《악학궤범》《용재총화》 등을 편찬한 성현이나, 《국조보감》《경국대전》의 편찬에 참여한 성임 등은 조선 초 사대부 문학, 특히 재도적(載道的) 문학관을 대표하는 문인이었던 만큼, 그들의 문학은 화미(華美)함을 위주로 하였다. 그들의 금강산 시 역시 있는 경관을 사실적으로 묘사함으로써 밝은 분위기를 전해준다.

  가을 깊은 봉우리에 산 안개 그득하고
  대웅전 전각에 채색구름 둘렀네.
  영롱한 절벽 위에 금은빛 햇빛이 비추네.
  바람은 솔솔 불어 반공(半空)에서 풍경 소리 쟁그랑 쟁그랑.
  속세에 있을 땐 불법을 알지 못했더니
  금강산에 와서야 새벽 종소리에 깊이 참회하네.
  홍진에 매인 몸 돌아갈 길 바쁘니
  까마득한 산천유람 꿈속은 아닐런가.

  성현이 강원도 관찰사로 있을 때 유점사(楡岾寺)에 대해 지은 시이다. 5·6구의 표현에 의하면 적어도 성현은 불교나 불교교리에 대해 적대적이지 않았음을 알 수 있다. 이러한 의식이 만추의 금강산과 그 속에 조화롭게 자리잡은 사찰의 조용함을 담담한 필치로 그려내게 하였다. 절간의 새벽 종소리를 듣고 속세 사람으로서 참회하는 마음으로까지 나아갔던 것처럼 금강산과 금강산의 사찰이 자신의 존재를 성찰하게 하는 계기로 작용하고 있음을 보여준다.

• 유희경의 〈꿈에 비로봉에 올라〉

  한편 신선·학·월궁 등 선적인 이미지를 가지고 선경(仙境)으로서의 금강산의 모습을 그린 작품도 지어졌다. 이들 시에서는 실제 금강산의 빼어난 모습은 관심의 대상이 되지 않고 오직 금강산이 주는 표상만을 그리는 것이 특징이다.

  꿈에 비로봉 제일봉 지팡이로 올랐더니

동해바다 해가 떠올라 물결 붉게 물들인다.
여자 신선은 학을 타고 구름 위를 지나가며
달 속 계수나무 그림자 사이로 나를 맞이하네.

촌은(村隱) 유희경(劉希慶)의 〈꿈에 비로봉에 올라(夢上毘盧峰)〉라는 7언절구 작
품이다. 이 작품은 작가 유희경이 실제 금강산에 가서 비로봉에 오르는 꿈을 꾸고 지은
것인지, 아니면 금강산 이야기만 듣고서 금강산을 꿈속에서까지 동경하다 지은 작품인
지 알 수 없다. 다만 〈정양사의 천일대(天逸臺)에 올라〉라는 5언절구 시가 있고, 같은 여
항시인 백대붕(白大鵬)과 함께 금강산에 갔다는 기록이 있는 것을 보아서 그가 금강산
유람을 한 것은 분명하다. 비로봉은 만폭동을 지나 오르는 금강산에서 제일 높은 봉우리
이고, 내금강 중에서도 빼어난 경관을 가지고 있는 산이다. 산 정상에서 내외금강의 절경
을 굽어볼 수 있는 전망이 가장 좋은 곳이며, 동시에 산의 정상에 올랐다는 정복감이 드
는 장관일 터인데 단지 유희경의 시에서는 동해바다의 일출광경만 소박하게 묘사했을
뿐 다른 언급은 없다. 요컨대 유희경이 비로봉 또는 금강산의 자연경물 자체에 관심을 가
지기보다는, 금강산이 주는 신비한 이미지 또는 그 이미지에서 받은 시인의 주관적 정서
만을 그렸던 것이다.

3) 조선 중기 성리학자들의 금강산 시

성리학적 학문세계가 완숙되는 시기에 오게 되면 금강산의 존재 또한 그 학문적 성격
과 관련을 가지게 된다. 즉 성리학이 정착한 이래 산수를 바라보는 입장도 산수 자체를 성
리학적 이치와 연결하면서 깨달음의 대상 혹은 도의 본원으로서 보는 쪽으로 바뀌게 된다.

도학의 높은 경지에 오른 회재(晦齋) 이언적(李彦迪) 같은 분은 "나이가 들수록
인위적으로 꾸미는 일 줄어드니, 길이 청산을 마주하고서도 시를 짓고 싶지 않네"라고
읊었다. 그는 청산을 바라보며 무한한 흥취, 곧 만물에서 삶의 진리를 배운다는 느낌을
받으면서도 시를 짓지 않겠다고 하였다.

후대의 어떤 시인은 회재의 이 시를 두고 기교적인 공력을 들이지 않고서도 참된 의
경(意境)에 도달한 작품이라 평한 바 있거니와, 요컨대 학자형의 시이다. 이들 철학자
의 시작(詩作)은 학자적 생활의 일부로 그 지향을 강학(講學), 구지(求志)에 두었다.
이들은 관료문인들의 화미한 사장주의(詞章主義)를 배격하면서도 본질적으로는 정감
의 세계 특히 인간의 심성 문제를 예술과 관련시켰다. 퇴계 이황, 율곡 이이 등이 대표

적인 분인데, 이들이 지은 금강산 시에서도 그러한 특성이 잘 드러난다.

• 이황의 〈금강산〉

퇴계는 자연을 대하여 방외인적 혹은 노장적인 탐닉의 자세를 반대하고 철저히 유교적 관점으로 바라보았다.

전에 산림을 즐겼던 분들을 보건대 두 부류가 있었다. 현허(玄虛)와 고상(高尙)을 사모하여 즐기는 자가 있었으며, 도의와 심성에 편안하여 즐기는 사람도 있었다. 전자의 태도를 따르다가는 결신난륜(潔身亂倫)에 흘러 심한 경우 새나 짐승과 더불어 한 무리가 되어서도 이를 잘못인지 모르게 된다.

여기서 결신난륜이란 자신을 지나치게 고결하게 지키려다 인륜을 어지럽힌다는 뜻인데 현실세계의 모순에 대해 자아의 고결성을 지키려다 결국 윤리질서에 파탄을 초래하게 됨을 비판한 것이다. 매월당 김시습을 염두에 두고 발언한 듯한 이 말에서 중요한 점은 퇴계가 산수자연과 도의 심성을 관련시켰다는 것이다. 산수자연에 지나치게 매몰되어 유교적인 삶을 버리고, 노장류(老莊類)의 은일자로 처신할 것이 아니라, 산수자연을 어디까지나 유교적 삶의 완성 또는 그 구현을 위한 대상으로 여겨야 한다는 것이다.

퇴계가 지은 금강산 시 4수 중 제3수를 들어본다.

우리나라는 아름다운 땅으로
절승경개 끝이 없어라
강과 산 호탕하여 눈이 열리고
달과 바람 청량하여 가슴 열린다.
이제 의리와 운명을 편히 여기게 되었으니
어찌 다시 외형을 꾸미랴
내 이제 돌아가면 집을 옮기고
샘 맑은 숲속에 정자 지으리.

대자연의 아름다운 경치를 보고 안목과 회포가 열림으로써 지나간 삶이 안빈낙도하지 못했으니 장차 전원의 삶으로 돌아가겠다는 깨달음과 각오를 나타내었다. 퇴계가 인식한 산수자연은 천리(天理) 곧 자연의 법칙에 따라 순응하며 사는 존재이다. 자연에서 천리를 발견하고 자신의 세속적 삶을 자성하는 계기를 삼은 것인데, 이제 자신은 초야에 묻혀 자연의 법칙에 따라 은거의 생활을 하겠다는 것이니 퇴계에게 산수자연은 인생의 가치관을 깨닫게 하는 의미로 작용하였다.

• 이이의 〈산중사영〉

율곡의 금강산 시에 나타난 자연관은 퇴계에서 한 걸음 더 나아간 것으로 보인다. 그는 잡다한 사물의 양상에서 존재론적 근원을 따지고 거기서 어떤 원리를 발견함으로써 인간의 삶과 관련지으려 하였다. 〈산중사영(山中四詠)〉은 금강산의 바람·달·물·구름을 각각 읊은 작품인데, 달과 물의 경우를 본다.

〈달〉
구름 걷힌 만리장천 끝없이 푸른데
녹음 짙은 산마루에 달이 솟아오른다.
세속인들은 그저 차고 기우는 것 보건만
뉘라서 알랴 둥글고 맑음은 변함 없었음을
〈물〉
주야로 쉬지 않고 구름과 통하는가
물의 근원과 갈래가 끝없음을 알겠노라.
보아야 하리라 천층 높은 바다 물결도
깊은 샘에서 나오는 한 줄기 흐름임을

여기 달과 물은 금강산의 그것이라고 할 수 없으며, 또 특이한 풍경이나 새로운 사실을 묘사한 것도 아니다. 다만 율곡은 달을 통해서 현상적으로는 변하지만 그 실체는 영구 불변하다는 이치를 깨닫고, 물을 보고는 거대한 바닷물도 한 줄기 샘물에서 시작한다는 근원적 원리를 깨달은 것이다. 구체적 사물을 궁구함으로써 도의 실체 내지 본원을 깨닫는다는 철학의 시이다. 율곡은 치재(恥齋) 홍인우(洪仁祐)가 금강산을 유람하고 남긴 《관동록(關東錄)》이란 책에 발문을 쓰면서 산수자연을 통한 도체(道體)의 발견이란 점을 특히 강조하였다. 그는 모든 사물에는 이(理)가 있으니, 일월성신에서 산천초목에 이르기까지 모두 도체가 깃들여 있다고 했다. 선비가 금강산을 유람하면서 눈으로만 볼 뿐

산수의 의취를 모르거나 또 산수의 의취만 알고 도체를 알지 못한다면 산수를 잘 알지 못하는 것이라고 하여, 산수유람의 진정한 의의를 도체의 발견에 두었다. 이 도덕적 효용론을 강조한 철학의 시는 그 소재는 산수자연을 취했지만 산수자연 시의 본래 개념과는 이미 멀어졌다고 할 수밖에 없다.

이 철리(哲理) 시는 후대의 철학자·사상가 들에 이르러 더욱 심화 발전되며, 산수자연을 통한 인간성정의 발현이라는 미학적 측면은 점차 사라지게 되고 대신 사변적이고 교훈적인 내용으로 흘러버린다. 예컨대 식산(息山) 이만부(李萬敷)는 〈금강산총기(金剛山總記)〉라는 글에서 문인들이 금강산을 통해 얻거나 배워야 할 것은 유교적 가치 덕목에 있다고까지 하였다.

금강산은 아무리 비유한들 다 묘사할 수 없는 산이다. 차라리 내 몸에 금강산의 교훈을 받아들이는 것만 못하니 그 산의 편안하고 중후함을 취하여 인(仁)의 표본으로 삼고, 그 유창하고 통달함을 취하여 지(知)의 표본으로 삼고, 그 험준하고 단절함이 명쾌하고 시원한 점을 취하여 의(義)의 표본으로 삼고, 그 존엄하고도 태연함을 취하여 덕(德)의 표본으로 삼고, 그 어느 사물이든 모두 정경이 없는 곳이 없는 것을 취하여 도(道)가 두루 갖추어진 표본으로 삼고, 그 빛나고 찬란함을 취하여 문장(文章)의 표본으로 삼는다면 이에 산을 관찰하는 도리를 얻게 될 것이다.

• 허균과 이달의 금강산 시

16세기 후반에 접어들면서 추상적인 심성도덕을 읊고 이취(理趣)를 중시하는 송풍(宋風)의 시에 대한 일대 반성이 일어나게 된다. 허균(許筠), 이달(李達) 등이 대표적 인물인데 이들은 문학이 출세주의의 수단으로 떨어져 범속하게 되거나, 또 도학주의에 경색되는 풍토를 비판하고, 예술로서의 문학을 제창했다는 평가를 받는다. 허균이 지은 〈표훈사(表訓寺)〉, 이달이 지은 〈비 갠 금강산(金剛晴雨)〉, 〈유발연사(遊鉢淵寺)〉 등과 같은 작품에서도 이 점은 드러나 도학군자들의 시풍과는 확실히 구분된다.

4) 17, 18세기 진시의 등장과 금강산

17, 18세기에 이르면 금강산의 참 모습(眞景)을 형상화하려는 일군의 시인들이 등장한다. 중국의 사상과 문화에서 탈피하여 우리의 것을 소중하게 인식해야 한다는 민족 주체의식의 각성이라는 사상사의 흐름이 문학사적 현상으로 나타난 결과이다. 농암(農

巖) 김창협(金昌協), 삼연(三淵) 김창흡(金昌翕), 사천(槎川) 이병연(李秉淵) 등이 그 대표적 인물인데, 이들이 주장하는 시론의 공통적 특징은 시인의 진실성(天機), 시적 소재와 표현의 진실성(天眞, 自然) 등을 강조한 점이다. 천기론(天機論) 내지 진시(眞詩)로 요약되는 조선 후기 한시사의 특징적 흐름을 형성한 이들의 주장은 요컨대 우리의 산수자연을 시인의 진실성에 의해 있는 그대로 묘사하자는 것이다. 여기서 이들이 주목한 산이 금강산이며, 이는 국토산하에 대한 민족적 발견이라는 의의를 가진다.

이 시기 금강산에 대한 관심과 그 문학적 표현은 하나의 사조를 이룰 만큼 왕성하게 전개되었다. 김창협과 김창흡 및 그 문도들은 서로 금강산 기행을 고무 · 격려하는 한편, 금강산 기행 체험을 창작화하고, 이를 비평하는 단계에까지 나아갔다. 그들이 지은 송서(送序), 발문(跋文)을 통해 금강산 기행이 단순히 풍류에 그치지 않고 문학적 논리를 세우고 문학론을 실천하는 것임을 알 수 있다. 김창협이 유명악(兪命岳), 이몽상(李蒙相)을 금강산으로 보내며 지은 송서에 언급한 다음과 같은 발언은 그들이 금강산을 어떻게 보았으며, 나아가서 지향했던 시론을 엿볼 수 있는 중요한 내용이다.

동방에서 산수를 말하자면 금강산이 제일로, 전대부터 시인들의 시와 읊조림이 매우 많았다. 그런데 한마디 말로써 그 승경을 똑같이 그려낸 것을 찾으면 끝내 찾을 수가 없다. 대개 조물주가 오직 신수숙려(神秀淑麗)한 기운을 이 산에 모아서 그 기운으로 기이한 봉우리와 깎아지른 절벽을 만들고, 그 기운으로 맑은 샘과 깊숙한 골짜기를 만들고, 그 기운으로 아름답고 기이한 나무와 풀, 금빛 은빛의 모래와 자갈을 만들었으니 그 형승이 참으로 묘하다. 세상에 시를 짓는 자들은 바야흐로 비근(卑近)한 것을 즐겨 익히고 비루하고 진부한 것을 답습하여, 깊은 생각을 내고 독창적인 말을 펼치지 못했다. 그것은 천기(天機)를 움직인 것이 얕아서 흥취와 기상이 멀지 못하고, 사물을 명명한 것이 조잡하여 묘사(描寫)가 진실하지 못하였으니, 이런 태도로 산수에 가니 어찌 펼침이 있을 수 있겠는가. 내가 생각건대 시가의 도가 떨쳐지지 않는다면 우리나라 사람들이 금강산을 저버린 것이 그칠 때가 없을 것이다.

금강산은 빼어나고 맑은 기운을 한데 모은 산이어서 시인의 천기와 진실한 묘사에 상응하는 시적 대상이고, 동시에 이러한 금강산을 저버리지 않으려면 시인의 깊은 천기를 드러내고, 묘사가 진실한 시를 지어야 한다는 것이다.

이러한 시적 인식의 전환에 따라 그들은 금강산 관련 저작을 많이 남겼다. 김창협은 한시뿐 아니라, 금강산 기행을 산문으로 기록하여 〈동유기(東游記)〉를 남겼고, 김창즙 (金昌緝)의 〈동유기〉, 오도일(吳道一)의 〈관동록(關東錄)〉, 이의현(李宜顯)의 〈유금 강산기(遊金剛山記)〉, 이하곤(李夏坤)의 《동유록(東遊錄)》 등과 같은 기행산문이 줄 지어 창작되었다. 시로는 김창흡, 이병연 등의 작품이 쏟아져 나왔다.

- 김창흡의 〈구룡연〉

   김창흡이 지은 〈구룡연(九龍淵)〉이란 작품을 예로 든다. 구룡폭포가 떨어져 이룬 못인 구룡연은 외금강의 제일 장관으로 꼽히는 절승인데, 못 하나하나를 차례로 묘사하였다.

   첫째 못 맑아 거울을 펴놓은 듯
   물과 돌은 맑고 둥글다.
   아찔한 절벽엔 휘어진 나무조차 없어
   무엇을 붙잡고 오를 수 있으랴
   ……
   넷째 못 물의 형세 느릿느릿
   소리와 빛깔이 마음을 기쁘게 하네
   거울보다 맑은 여울로 내려가며
   몇 번이나 고개 돌려 돌아보았다.

   다섯째 못 물살이 급히 돌다가
   남쪽 기슭에 솥 물처럼 고였네
   앞서거니 뒤서거니 흘러드는 물
   넘치면 춤을 추듯 빙빙 돌아간다.
   ……
   아홉째 못 산 밖으로 물이 흘러
   천길 두레박으로도 푸기 어려우리
   빠른 소리 주야로 방아를 찧는 듯해도
   못 안에 잠긴 용은 저 혼자 편안하다.

   폭포에서 떨어진 물이 아홉 개의 못을 이루며 산 아래로 흘러가는 모습을 축조적으로 묘사하였다. 서로 엇비슷하게 생겼음직한 아홉 개의 못을 세밀하게 관찰하여 각각의 개성적 면모를 뚜렷이 부각시킨 솜씨가 탁월하다. 시적 자아나 감정의 이입이 전혀 없이 객관 사물의 실제 모습을 여실하게 그린 이 작품은 독자들이 시만 읽고서도 그 모습을 상상케 할 수 있도록 되어 있는데, 특히 물의 고인 모습, 색깔, 유속(流速), 깊이, 흐르는 모습, 물에 비치는 정경 등을 직서(直敍)하기도 하고, 때로 비유법을 사용함으로써 각양각색인 못의 모습을 절로 연상케 하였다.

- 이병연의 〈마하연〉

다음에 이병연의 작품을 인용한다. 이병연은 삼연 김창흡의 제자이며 특히 겸재(謙齋) 정선(鄭敾)과 교유한 인물로도 유명하다. 겸재가 진경산수화의 이론을 실천하여 금강산도를 그리게 된 것도 기실 이병연과의 교유를 통해 직간접적인 영향을 받은 데 있었던 것으로 보인다. 말하자면 회화에서 금강산 진경산수화를 정선이 열었다면 그에 상응하는 문학적 성과는 이병연에서 찾을 수 있다는 말이다.

> 고색창연한 절은 어지러운 넝쿨로 들어가고
> 중향성(衆香城)은 솟아 괴석이 뾰족뾰족
> 해 저물녘 골짜기 성긴 빗방울 들고
> 시냇가 창가에 있는 늙은 중
> 빈 좌대에 가을이 와 낙엽이 쌓였고
> 텅 빈 법당에 등불은 다해 등만 홀로 걸렸네
> 가련하다. 산 봉우리 위 담무갈(曇無竭)은
> 아득한 몇 겁의 세월에 대꾸도 없구나.

만폭동의 가장 깊은 곳에 위치한 마하연암(摩訶衍菴)을 읊은 〈마하연〉이란 작품이다. 주위로 중향성·나한봉 등 높은 봉우리들이 솟아 있고 칠성바위·관음바위가 풍치를 더해주는 마하연은 내금강 중에서도 절승에 속하는 절이다. 제1·2구에서는 절의 위치를 설명했다. 어지럽게 얽힌 넝쿨 사이로 들어가는 마하연의 근경과, 마하연에서 올려다보이는 바위산 중향성의 원경을 그대로 묘사하였다. 제3·4구에서는 해질녘 성긴 비가 이는 마하연 골짜기를 배경으로 포치하고, 우두커니 앉은 노승의 한가한 모습을 회화적으로 묘사함으로써 1·2구에 이어 절의 내외 원근의 모습을 드러내었다. 5·6구에서는 시선을 이동하여 절간 대웅전 안을 그렸다.

　시점 역시 낮에서 저물녘으로, 저물녘에서 밤으로 이어져, 마하연에서 겪은 하루 동안의 체험임이 암시되었다. 빈 좌대와 텅 빈 법당이라는 대구는 마하연암의 고적한 분위기를 시각적으로 형상화하고, 낙엽과 불 꺼진 등불의 대조적 모습을 통해 절의 퇴락을 쓸쓸하게 묘사하면서 동시에 시인의 심회까지 전해주고 있다. 7·8구에서 묵묵히 앉은 산의 실제 정경을 작가가 바라보며 묻는 모습으로 설정하고 물어도 대답하지 않는 산을 통해 대자연 속에서 느끼는 산의 엄숙함과 엄습해오는 시인 자신의 외로움까지 묻어나게 하였다. 금강산의 진경을 그대로 묘사하면서도 시인 자신의 진실한 느낌까지 교묘히 드러내고 있다는 점에서 이 작품은 뛰어난 시이다.

5) 실학파 문인들의 금강산 시

　실학파 문인으로 금강산 시를 남겨놓은 분으로는 초정(楚亭) 박제가(朴齊家)와 연암(燕巖) 박지원(朴趾源)을 꼽을 수 있다. 박제가의 〈금강산〉이라는 시제의 한시는 7언 100구의 장편시이다. 장편시인 만큼 금강산에 대한 명칭에서부터 금강산의 전체적인 모습 또는 금강산과 관련된 고사와 일화 등에 이르기까지, 사실과 자신이 느낀 소감을 웅장하게 묘사하면서 금강산을 미화하였다. 그리고 중국의 태산이나 화산 같은 이름난 산도 금강산에 비길 수 없다고 말함으로써 민족적 자부심을 드러내기도 하였다.

　연암 박지원은 29세 때 금강산을 유람하였는데 총석정에서 해돋이 장면을 보고 작품화한 〈총석정관일출(叢石亭觀日出)〉이란 유명한 한시를 남겼다. 산문작가로서뿐 아니라 시인으로서 시적 재능을 유감없이 발휘한 대표적 한시작품이다. 이 시는 7언 70구의 장편고시로 매우 어려운 시이기도 하다. 운자를 강운(强韻)인 증(蒸)자 운을 썼을 뿐 아니라 사용한 글자 고사 모두 어려운 것인데도 무리 없이 구사하여 해돋이의 장관을 절묘하게 그려내었다.

　당시 판서 홍상한(洪象漢, 洪樂性의 부친이고 洪奭周, 吉周, 顯周의 조부임)은 연암의 시를 보고 "이 시대에 이런 필력이 있단 말인가? 이런 시는 공짜로 읽을 수 없다" 하고 시를 읽은 값으로 붓 200개를 연암에게 선물했다 하며, 연암 스스로도 뒷날 《열하일기(熱河日記)》에 인용할 만큼 자부했던 작품이기도 하다.

6) 금강산을 노래한 장시의 세계

　이상에서 살펴본 한시는 대체로 한시사의 흐름과 관련하여 금강산이 어떤 모습으로 인식되었고, 그것의 문학사적 의의가 무엇인지 쉽게 드러나는 작품을 뽑아 해설한 것이다. 그리하여 사상사·문학사의 흐름과 일정하게 대응된다는 사실을 말하였는데, 이는 그러한 경향성이 있다는 것이지 작가들의 모든 시가 정확하게 일치한다는 말은 아니다.

또한 위에서 예를 든 한시는 대체로 짧은 것이거나, 금강산에 대해 전문적인 시작품을 남겨놓은 작가들의 한시가 아닌 경우도 있었다. 아무래도 금강산의 참 모습을 제대로 형상화하기 위해서는 시의 편폭이 길어야 하며, 전문적인 작가의 손을 거쳐야 된다는 것이 필자의 생각이다. 구한말 창강(滄江) 김택영(金澤榮)은 한시 2000년사에서 가장 탁월한 작가로 익재 이제현을 꼽은 바 있지만, 마하연암을 읊은 익재의 다음과 같은 시를 가지고서는 마하연의 실제 모습을 상상하기란 힘들다.

산중에 해는 중천에 떠 있건만
풀 끝의 이슬은 짚신을 적신다.
중들이 떠난 낡은 절엔
흰 구름만 뜰에 가득하구나.

한낮이 되어도 풀의 이슬이 마르지 않을 정도로 깊은 산골에 마하연이 위치해 있다는 지리적 설명과 그곳을 찾아가는 시인의 모습이 그려졌으며, 도착한 절에는 있을 법한 중은 없고 오직 흰 구름만이 뜰을 지키고 있는 풍경을 담담하게 그린 것이다. 격조가 있는 작품일 수는 있어도, 독자들이 시제(詩題) 없이 읽는다면 마하연암을 떠올리기란 불가능하다. 이는 자연경물에 관심을 가지기보다는 그 경물에서 받은 시상을 5언절구라는 압축된 형식에 담으려 했기 때문일 것이다. 따라서 금강산의 실제 모습을 충실하게 묘사하기도 하고 또 그 경물에 환기된 시인의 시상·정서 등을 잘 형상화함으로써 산수시 본래의 면모를 드러내기 위해서는 시의 편폭이 길어질 수밖에 없을 것이다.

금강산에 대한 장편 한시로는 율곡의 작품을 꼽을 수 있다. 소위 〈풍악행(楓嶽行)〉으로 지칭되는 이 작품은 본래 제목이 없고 다만 창작동기를 설명한 내용이 제목처럼 처리되어 있다. "금강산을 유람할 때 성품이 게을러 시를 짓지 못했다가 여행을 마치고 보고 들은 것을 모아 3000언으로 꾸몄는데 감히 시라고 할 수 없으며 단지 지나간 곳을 기록했을 뿐이어서 말이 비루하고 운자도 맞지 않으니 읽는 자가 비웃지 말라"라는 내용이 그것인데, 율곡의 작품은 5언 600구 3000글자의 장편시이다. 본인 검사처럼 금강산 전체의 절승과 유적지를 소개하듯 묘사한 시이다.

작품의 서두에서 천지자연 이치와 조화로 금강산이 만들어진 배경을 소상하게 설명함으로써 금강산을 신비화하였고, 이어서 장안동의 장안사에서 시작하여 금강산의 구석구석을 담담한 필치로 소개하였다. 가급적 시적 자아의 개입을 절제하고 절승을 사실적으로 그렸기 때문에 마치 5언으로 끊어지는 산문을 연상케 한다. 그 일단을 보면 다음과 같다.

가장 먼저 장안사에 들어가니
골짜기 입구의 구름은 언뜻 걷혔다.
……

천왕문 안에 선 사천왕상
부릅뜬 눈 사람을 놀래킨다.
대웅전 마당에는 무엇이 있는가
여러 떨기의 붉은 작약 나무로다.
선방의 침상에서 두 다리 뻗었더니
피곤이 엄습해 하룻밤을 유숙했네
……

그런데 재미있는 것은 시의 끝부분에서 시인인 율곡이 꿈속에서 산신령을 만나 그와 주고받은 대화를 삽입했다는 점이다. 산신령은 우주간의 만물이 그 적임자를 만나 이름이 빛나게 된다고 하며, 중국의 여산이 이백을, 난정(蘭亭)은 왕희지를, 동정호는 두보를, 적벽은 소 동파를 각각 만나 그들의 문학적 재능에 의해 그 아름다움을 후대에 전할수 있었는데 어째서 그대(율곡)는 금강산을 유람하면서 시를 짓지 않는가 힐문하며 시짓기를 종용했다. 율곡은 산신령의 간곡한 요청을 거절할 수 없어 시를 짓게 되었는데 깨고나니 꿈이었다는 사실을 작품 말미에 언급하였다.

서문처럼 보이는 제목과 작품 말미의 내용은 서로 모순관계에 있다. 제목에서 언급한 내용은 율곡의 겸사로 보아야 할 것 같다. 즉 율곡은 이 작품의 창작과 그 의의에 대해 자부하고 있었던 것으로 보인다. 중국의 저명한 시인 문인들의 작품에 의해 명승지가 유명해졌고 역으로 명승지를 읊은 작품이 그들의 대표작이 될 만큼 명작이 되었다는 사실을 거론함으로써 이제 금강산은 자신의 필력에 의해 천하에 명산으로 알려질 것이며 동시에 이 작품은 자신을 저명한 작가로 만들 대표작이 되어 후대까지 회자될 것임을 산신령에 가탁하여 자부한 것이다.

7) 금강산 시집의 출간

금강산 시를 별도의 책자로 꾸민 사람으로 꼽을 수 있는 사람으로는 매월당(梅月堂) 김시습(金時習), 진택(震澤) 신광하(申光河), 식산(息山) 이만부(李萬敷), 담헌(澹軒) 이하곤(李夏坤) 등이다. 매월당은 금강산 시를 모아《유관동록(遊關東錄)》이라 이름했는데, 특히 장안사·표훈사·정양사 등과 같은 사찰을 그린 작품은 방외인으로서의 문학적 특성과 관련시켜 해석해볼 작품이다. 그는 금강산의 삽상한 천석(泉石)을 보고서 속세의 인색하고 더러운 흉중을 씻을 수 있다고 〈관동록 후지(後志)〉에서 말한 바 있는데, 생육신으로서의 고뇌를 방랑과 산천유람을 통해 해소하려 했던 것에서 그가 지은 금강산 시의 성격도 유추해볼 수 있다.

진택 신광하(1729~96)는 남인 출신의 시인이었다. 노론 집권시 벼슬 진출이 막힌 그는 평생 포의(布衣)로써 또 시인으로서 방랑생활을 하였다. 그는 성리학의 규범주의에 자신을 묶어두지 않았기 때문에 시인으로서 독자적 시세계를 개척할 수 있었다. 그의 문집은 대부분 시집이고 시집의 대부분은 여행시이다. 국토의 동서남북 어느 곳에도 그의 족적이 닿지 않은 곳이 없을 정도로 그는 여행을 자주 하였는데 특히 금강산 유람은 두 차례나 하였다.

1778년 50세 때 금강산 여행에서 지은 시를 모아《동유록(東遊錄)》이라 했으며, 1787년 59세 때 재차 금강산 유람을 나섰는데 이때 지은 시를 모아《풍악록(楓嶽錄)》이라 하였다. 또한 첫번째 유람시에는 시집뿐 아니라 〈동유기행(東遊紀行)〉이라는 여행기 문도 함께 저술하였다. 56일간의 여행 체험과 일정, 날씨, 유적 등을 날짜별로 기록한 이 산문은 시집《동유록》과 서로 상보관계에 있는 기록이다.

〈금강산가(金剛山歌)〉〈비로봉가〉〈만폭동가〉〈구룡폭포가〉 등은 제목에서 알 수 있듯 악부 형식의 제목을 빌려 금강산의 빼어난 경관을 읊은 장편의 한시이다. 그의 시세계는 대자연을 즐기고 이를 문학적으로 형상화함으로써 당시 협착한 조선의 사회적 조건에서 자기를 해방시키고 동시에 세속적 부귀영화를 하찮게 보려는 그의 의식을 드러냈다는 의의를 가진다.

담헌 이하곤(1677~1724) 역시 기행산문과 기행시집을 함께 남겼다. 농암 김창협의 제자인 이하곤은 농암의 시론을 계승하여 특히 진시(眞詩)를 강조하는 시론을 전개하였으며, 그가 남긴 금강시는 그의 시론의 실천적 결과이다. 그는 37세 되던 해에 금강산 일대를 여행하고 그 견문을 시집 문집으로 꾸몄으며, 명칭은 모두《동유록(東遊錄)》이라 하였다. 담헌이 읊은 금강산시의 특징 중 하나는 장편 고시를 많이 지었다는 점이다. 견문한 산수풍광의 실경을 진실하게 묘사하고 또 독자가 실경을 보는 듯 전달하는 데는 고시의 형식이 적절했기 때문이라 여겨진다. 〈백탑동(百塔洞)〉〈명연(鳴淵)〉〈보덕굴〉〈구룡연〉〈비로봉가〉〈총석가〉 등은 모두 장편 고시이며, 특히 '원통사에서 정양사에 이르기까지 본 것을 쓴다'라는 제목의 〈자원통지정양사기소견(自圓通至正陽寺記所見)〉이라는 작품은 5언 220구의 장편 고시이다.

이 작품은 전후반 단락으로 크게 양분할 수 있다. 전반부는 원통사에서 비로봉에 이르기까지의 숲, 길 등과 같은 주변 풍경과 사찰의 유물 유적 및 자신의 여행담 등을 사실적으로 묘사한 부분이고, 후반부는 금강산 최고봉인 비로봉의 장관을 읊은 내용이다. 비로봉의 존재를 문무백관의 조회를 받는 제왕에 비유하고, 그 형형색색의 모습은 의관을 정제한 선비, 옥으로 장식한 규방처녀, 전장터의 용사, 강의하는 스승, 장사꾼, 곱사등이 등등의 갖가지 인물 유형에 비유하여 산중 왕으로서의 면모를 그렸다. 특히 비로봉의 실경을 꼼꼼히 살피고 그에 적합한 비유를 들어 형상한 점이 뛰어나다. 그리하여 비로봉의 산세는 완벽한 조화미를 갖춘 명산이라는 결론에 도달한다. 자신은 비로봉에 와서야 명산 금강산의 진면목을 실감하였고, 이 산은 이백과 두보 같은 솜씨로도 그 실경을 표현하기 힘들 것이므로 자신의 시 솜씨가 부끄럽다는 것으로 시를 마쳤다. 작가의 겸사에도 불구하고 이 작품이야말로 비로봉의 진면목을 여실하게 사경(寫境)하는 데 성공했다는 평가를 받아 마땅할 것이다.

3. 기행산문을 통해 본 금강산

1) 기행산문과 금강산

유기(遊記)와 유록(遊錄)은 산천을 유람하면서 견문하고 체험한 사실을 기록하는 양식의 글이다. 이 서사체 양식은 서술자의 개인적 일에 대한 서술이며, 서술자가 직접 서사의 주동자가 되는 것이 그 양식적 특징이다. 기(記)와 록(錄)이라는 양식이 발전되어 나타난 이 유기와 유록은 기와 록의 의론성(議論性)은 점차 약화되고 객관적 사실만을 충실하게 기록하게 된다.

중국의 경우 도연명의 〈도화원기(桃花源記)〉나 유종원의 〈영주팔기(永州八記)〉와 같이 특정 공간에서의 체험과 주변 풍광을 그린 짧은 유기가 있는가 하면, 시대를 내려올수록 유기는 그 편폭이 커지며 담는 내용도 다양해진다. 송나라 육유(陸遊)가 전국시대

촉나라 땅이었던 기주(夔州)를 여행하고 지은 〈입촉기(入蜀記)〉에 이르면 그 담는 내용도 다양해지면서 기록 형태도 기행일기의 형태를 띠게 된다. 그리하여 명나라 때 서홍조(徐弘組;1586~1641, 호는 霞客)의 이른바 《서하객유기(徐霞客遊記)》에 이르면 방대한 서적으로까지 발전한다. 서 하객은 35년간에 걸쳐 중국 천하를 유람하고 방대한 유람기록을 남겼다. 이때의 유기는 산수에 대한 체험과 감흥을 기록하는 기행문학 또는 산수문학의 차원을 넘어서 박물학적인 기록으로 바뀌게 된다. 이 《서하객유기》는 저자 개인의 체험뿐 아니라 그 지방과 관련된 문학작품, 민속, 민담, 역사, 지리, 지질, 명승지, 기후 등을 망라하고 있기 때문에 오늘날 그 방면의 학문 영역에서 중요한 원전으로 취급하고 있다.

우리나라에서 유기가 나온 시기는 고려 중엽이다. 가장 오래된 것으로 임춘(林椿)의 〈동행기(東行記)〉가 있다. 강원도 명주, 원주 등의 유람기록인 동행기는 편폭도 짧을 뿐 아니라 시간의 흐름을 따라 순차적으로 기록한 것으로 아직 기행일기체의 형식을 갖추지는 못했다. 고려 말부터 시작하여 조선 초에 이르면 유기는 본격적으로 지어지고, 기행일기 형태를 띠게 된다. 이 유기는 산천을 직접 유람한 뒤에 쓴 기록으로 유람의 동기와 과정, 산천의 지리적 위치와 모양, 산천과 관련된 역사문화유산, 유람시의 흥취 등을 기록했다는 측면에서 기행문학이고 동시에 산수문학의 성격을 갖는다.

현재 금강산유기로서 가장 오래되고 또 고려시대의 유일한 작품은 가정(稼亭) 이곡(李穀;1298~1351)이 지은 〈동유기(東遊記)〉이다. 목은(牧隱) 이색(李穡)의 부친인 이곡은 1349년에 송도를 출발하여 내금강에서 외금강을 거쳐 평해의 월송정까지 유람하고 그 기행을 기록하였다. 이 기행문은 최초의 금강산 기행문이라는 의의를 가지고 있지만, 지나간 경로를 사실적으로 기록한 소략한 내용이며, 특히 금강산에 대해서는 아무리 훌륭한 화가나 시인일지라도 비슷하게 형용할 수 없다고만 말했지, 그 구체적인 경관에 대해서는 전혀 묘사하지 않았다. 오히려 외금강에서 낙산사로 이어지는 경로에 더 서술의 비중을 두었다. 곧 문학작품보다는 기행일록의 성격에 가까운 글이다.

조선조에 들어오면 기행산문이 쏟아져 나온다. 금강산이 워낙 자연경관으로서 뛰어난 산이기 때문에 탐승에 대한 욕구가 있었다는 데에 원인이 있었겠지만, 국토에 대한 사대부들의 인문지리적 관심의 확대 및 그들의 정치적 향배 또는 성리학적 학문의 실천 등이 원인이 되어 많은 사대부들이 금강산 유람에 나섰으며, 그 결과 문학적 성과도 풍성한 결실을 거두었다.

이제 중요한 기행산문을 꼽아보면 다음과 같다. 주로 한문학사에서 거론되는 인물 위주로 뽑은 것이다.

남효온(南孝溫;1454~92) 〈유금강산기(遊金剛山記)〉

이원(李黿;?~1504) 〈유금강록(遊金剛錄)〉

유운룡(柳雲龍;1539~1601) 〈유금강산록(遊金剛山錄)〉

양대박(梁大樸;1544~92) 〈금강산기행록(金剛山紀行錄)〉

이정구(李廷龜;1564~1635) 〈유금강산기(遊金剛山記)〉

정엽(鄭曄;1563~1625) 〈금강록(金剛錄)〉

신익성(申翊聖;1588~1644) 〈유금강내외산제기(遊金剛內外山諸記)〉

이경석(李景奭;1595~1671) 〈풍악록(楓嶽錄)〉

김득신(金得臣;1604~84) 〈금강산록(金剛山錄)〉

홍여하(洪汝河;1621~78) 〈유풍악기(遊楓嶽記)〉

김수증(金壽增;1624~1701) 〈풍악일기(楓嶽日記)〉

김창협(金昌協;1651~1708) 《동유기(東游記)》

이만부(李萬敷;1664~1732) 〈금강산기(金剛山記)〉

이하곤(李夏坤;1677~1724) 《동유록(東遊錄)》

황경원(黃景源;1709~87) 〈구룡연기(九龍淵記)〉

강세황(姜世晃;1713~91) 〈유금강산기(遊金剛山記)〉

안석경(安錫儆;1718~74) 〈동행기(東行記)〉〈동유기(東遊記)〉

신광하(申光河;1729~96) 〈동유기행(東遊紀行)〉

허훈(許薰;1836~1907) 〈동유록(東遊錄)〉

이상수(李象秀;1820~82) 〈동행산수기(東行山水記)〉

송병선(宋秉璿;1836~1905) 〈동유기(東遊記)〉

2) 금강산 기행산문의 형식과 내용

이상 제시한 산문작품은 그 제목의 명칭이 다양하듯 형식 또한 각양각색이다. 여행 날짜별로 일기 형식으로 서술한 것도 있고, 어느 곳에서 어디까지로 이동한 지명을 따서 기술한 것도 있으며, 이 양자를 결합한 방식도 있다. 예외적으로 날짜 기록 없이 여행 경로만 기술한 작품도 있다. 견문한 체험을 산문으로만 서술한 작품이 주종을 이루고 혹 산문과 운문(한시)을 섞어 쓴 작품도 있다. 자연물이나 유물 유적을 보고 흥기된 느낌이 최고

조에 달했을 때 한시를 지어 삽입하게 되는데, 유운룡과 이경석의 작품이 그러한 예이다.

이 유산기는 대체로 서두에서 유람의 동기나 계기 및 금강산 도착까지의 일정을 간략히 언급하고, 중간 단락에서는 유람의 구체적 과정을 서술하고, 끝에서는 금강산에서 귀가하기까지의 일정, 전체 노정의 거리, 소요일자, 여행 및 산에 대한 총평 등으로 구성되어 있다. 작가에 따라 처음과 끝이 생략되는 경우도 있다. 이 부분은 초등학생 일기처럼 어디에서 무얼 먹고 어디에서 숙박했다는 식의 사실을 기계적으로 간략히 서술하였기에 크게 주목을 요하지 않지만, 금강산에 대한 총평이 실려 있는 점은 흥미롭다. 〈동유기〉의 작자 김창협은 총평에서 "이번에 나는 금강산을 보고 반생 동안 보았다는 산들은 모두 흙더미, 돌무더기였다고 하였더니 지금 또 여기(총석정) 와서는 반생 동안 보았다는 물들은 다 도랑물, 소발자국물이었구나 하였다"라고 하여 금강산 유람의 의의를 말한 바 있다. 기행산문에서 정작 작품의 핵심을 이루는 부분은 중간 단락이며, 양적인 면에서도 제일 길고 작가의 이념 지향이나 세계관 또는 문학적 표현 솜씨가 드러나는 곳이기도 하다.

작품에 담긴 내용은 시대에 따라 또는 작가의 출신이나 기질 예컨대 훈구관료 문인인가 아니면 사림파의 학자인가에 따라 약간의 출입이 있어 그 분량이나 강조하는 면이 다르기도 하지만 대체로 대동소이하다. 자신이 기존에 들어왔던 금강산에 대한 선입관과 실제 탐승 후에 받은 감동적인 인상과의 차이점, 자연경관에 대한 느낌과 묘사, 등산 혹은 하산할 때의 체험과 감회, 함께한 일행들과의 일화, 대자연을 통해 깨닫게 된 도(道)나 인생에 대한 교훈, 산사에 머물며 산승들과 주고받은 대화 및 유불(儒佛)논쟁, 곳곳에 산재한 역사 유물과 유적에 대한 묘사, 역대 인물에 대한 평가 및 관련 시화, 산중 음식에 대한 품평, 유산을 하며 즐기는 풍류적 놀이, 선인들이 남긴 시문학 또는 사료적 가치가 있는 문헌채록 등등이 그 대체적 내용이다.

서술문의 성격도 작가의 세계관이나 필치에 따라 편차를 보이지만 대체로 후대로 갈수록 글이 섬세하고 화려하며 만연체를 띠게 된다. 초기의 유기가 어떤 경치나 사실을 직서하거나 설명하는 지리적 성격을 크게 벗어나지 못한 것임에 비해, 후기의 작품들은 자연 풍광이나 유물 유적을 얼마나 문학적으로 형상화를 잘하느냐에 따라 기행산문 자체의 성공 여부가 결정된다는 듯이 표현기교를 부리고 있다. 곧 기행문이라는 산문 양식이 실용문의 성격에서 점차 문예문의 성격으로 바뀌는 현상인데, 이는 산문 양식의 발전으로 이해할 수 있으며 동시에 문학에 대한 작가의식의 발전으로 볼 수 있다. 단순히 아름다운 문장 추구가 아니라 아름다운 국토산하를 새롭게 인식하게 된 민족적 자긍심 내지 주체성이 문학적 형상화로 연결될 수 있겠기 때문이다.

구체적으로 작품을 통해 그 변모 양상을 살펴보자.

● 남효온과 신익성의 금강산기

(비로봉) 봉우리 서쪽에 만경대·백운대·중향성이 있고, 그 다음에 마하연의 뒷봉우리들이 비로봉과 연결되어 하나의 산처럼 되었다. 동북쪽에는 안문봉이 있고, 그 다음에 비로봉이 있으며, 안문봉 뒤에는 대장봉과 상개심봉(上開心峰)의 여러 봉우리가 있는데, 다만 붓끝처럼 뾰족한 봉우리가 보일 뿐이며, 그 뾰족한 봉우리 남쪽에 있는 봉우리 둘은 이 봉우리에 비하면 두세 등급이 낮은데 바로 시왕봉(十王峰)이다.

인용문은 남효온의 금강산 기행의 일부이다. 내금강 쪽의 산의 위치·산세·절터 등의 지리적 사실들을 비교적 소상하게 기술하였으며 자신의 생각이나 정감은 거의 반영되어 있지 않다. 등산지도 내지 등산안내도를 읽는 느낌이다. 마치 금강산도 그림을 언어문자로 옮겨놓았다는 이상의 느낌을 받을 수 없다. 남효온의 기행문은 금강산 관련 설화, 불교 특히 불교 이론에 대한 공박, 절의 연기설화 등에 대한 서술과 인용이 약간씩 섞여 있기는 하지만, 내용의 주조는 위 인용문과 같이 지리적 설명이 차지하고 있다. 정감적 문장이라기보다는 사실적인 보고문이라는 느낌이 강한 글이다.

이러한 지지적 성격의 글이 후대로 오면 점차 묘사가 세밀해지고, 사실적 묘사뿐 아니라 그것에 대한 자신의 소감까지 피력하게 된다. 내금강의 가장 장관이라 일컬어지는 중향성에 대한 묘사가 어떻게 변화 발전하는지 살펴보자. 중향성은 내금강에서 이름난 전망대의 하나인 백운대 북쪽의 산으로서 기암괴석이 성벽처럼 두른 모양이 마치 수많은 향불을 피워 그 연기가 오르는 것같이 보인다고 하여 중향성(衆香城)이라 이름지어진 산이다. 흰 구름이 항상 산허리를 두르고 그 위에 솟은 봉우리가 백옥이나 은 같으며, 석양 노을이 비끼면 그 기묘함과 아름다움은 극치에 달하여 금강산 풍경 중에서도 가장 백미로 꼽힌다. 한시의 시제로서도 중향성은 자주 애용되었다.

위의 남효온의 글에서 중향성은 금강산의 최고봉인 비로봉 옆에 만경대 백운대와 함께 옆에 있는 봉우리라는 정도로만 언급되었는데, 신익성의 기행문에 이르면 약간의 수식이 가해진다.

비로봉의 가운데 산줄기가 중향성이다. 암석들의 형세가 빙 둘러 마치 성의 담장과 같고, 빛깔은 백금 같아서 사람들이 함부로 넘볼 수 없었다.

신익성 역시 산세에 대한 약간의 비유적 설명에 그쳤을 뿐 그 미적 형상에 대해서는 그리지 못했다.

- 이상수의 〈동행산수기〉와 김창협의 〈동유기〉
이상수의 〈동행산수기〉에 이르면 다음과 같이 자못 현란한 표현으로 바뀐다.

대저 조물주는 이렇게도 신기로운 재주 부리기를 좋아하였던가! 멀리서 이를 바라보니 아침은 아니건만 돌아오는 아침 해의 영롱한 광선이 여기에만 빛나고 있는 듯하며 가까이서 이를 살필 땐 바위 봉우리들이 마치도 껍질 벗은 하얀 마늘쪽을 책상 위에 죽 늘어세운 것도 같다. 그리고 그런 바위들이 층대층대 삐죽삐죽 모여 서 있어 한치의 흙과 한자의 나무도 없다. 산꼭대기로부터 깊은 골에 이르기까지 온통 그것이다.…… 대개 일만이천봉을 큰 금광이라고 한다면 중향성은 그 노다지라 하리로다. 그러나 금강산을 말한 자 이를 언급 못하였으니 괴이하구나!

다음에 내금강 만폭동의 소위 팔담(八潭) 중 하나인 여섯굽이째 진주담(眞珠潭)에 대한 묘사를 본다. 먼저 농암 김창협의 〈동유기〉를 인용한다. 조선 초·중기의 유기에 비해 농암의 〈동유기〉는 그의 문학론인 참(眞)을 그린다는 주장에 걸맞게 금강산의 절경을 잘 묘사한 글이다.

좀 쉬고 나서 서북쪽으로 비틀비틀 내려가 다시 만폭동 시내의 한 못에 이르니 그 이름을 진주담이라고 한다. 급한 계곡물이 달려오다가 바위 언덕의 턱을 받고 부서져 수없는 구슬로 되어 못으로 떨어지기 때문에 그 이름을 얻은 것이다. 진주담 왼편에는 바위가 처마처럼 비스듬히 내밀어 그 아래로 오륙 명이 들어앉을 수 있게 되었기에 두 다리를 뻗고 앉았더니 때때로 날려오는 진주 싸라기가 내 얼굴에 풍긴다.

진주담의 명칭에 대한 설명을 가하고, 진주알처럼 부서지는 물보라를 실제 자신이 경험했다는 사실을 담담한 필치로 옮겨놓았다. 진주담이 장관이라는 사실을 연상토록 하는 정도로 최소한의 묘사에 그쳤을 뿐, 미사여구를 늘어놓지는 않았다. 깔끔한 묘사라는 느낌을 받는다. 그런데 이상수의 〈동행산수기〉에는 다음처럼 물에 대한 일반법칙이나 현상을 도출하는 데까지 나아간다.

흰 물결이 다투어 달리니 쳐다보면서 정신 팔고 굽어보면서 반하지 않을 수 없어 발은 더듬더듬 삼가 디디면서도 눈은 두루두루 보기에 바쁘다. 물은 본래 그러해야 하겠다는 의식이 없지만 그 모든 변화가 다 돌을 만난 때문이다.…… 급히 떨어지는 데를 만나면 노하여 폭포가 되었다가 우묵 편편한 데로 가서는 깊고 넓게 고여 말갛게 되어 쉬기도 하는 것이다. 그러나 이렇게 겨우 주변을 수습하고 나면 앞으로 또다시 싸움이 벌어져서 시내는 문득 털이 꺼칠해지고 잎도 돋쳐 성낸 형세를 짓는다. 이때 벌려 선 멧부리들은 몸을 솟구쳐 그 승부를 내려다보고 있다. 대개 진주를 흩뿌리는 진주담이 가장 우월하고…….

폭포와 물의 생성과 그 현상을 바위와 물의 싸움에 비유하여 고집스런 돌 때문에 생긴다고 하였다. 그러한 승부처 중에서 가장 승리한 곳은 진주담이라 하여, 진주담의 물보라가 가장 뛰어난 것임을 우회적으로 묘사하였다. 다소 장황한 설명이긴 하지만 그 착상 자체는 참신한 것이다. 산과 돌의 대결을 양자간의 조화로 전환시키고 그 디테일을 확대한 최남선의 진주담 설명은 그 기본적 착상이 이러한 기행문의 영향에서 나온 것으로 보인다.

산은 돌을 얻어 더욱 생기를 띠고 돌은 물을 인하여 더욱 정채를 나타내매, 만폭동이라는 데는 마치 날기 익히는 종달새가 한번은 한번보다 더 활기를 띠어오는 것처럼 싱싱한 맛의 걸음걸음 느는 것만으로도 한없는 상쾌를 깨닫게 합니다. 그런데, 이 시원한 뜻은 분설담(噴雪潭)에서 8~9분(分)이 되다가, 다시 한층 진주담에를 올라서는 12분의 대창일(大漲溢)을 보이게 됩니다.
헌걸찬 두벽(陡壁)이 좌우에 내리질리고, 민틋한 석상(石床)이 보기 좋게 그 사이를 가로질렀는데, 우긋하게 흰 한 장 돌이 조금조금 턱이 지다가 문득 크게 결단한 것처럼 직각 단면이 생기고, 그 정중(正中)으로서 폭으로나 장(長)으로나 시방까지 보지 못하던 커다란 폭포가 기운차게 펑펑펑 쏟아져 내려오면, 뿌다귀에 부딪고 모서리에 스치는 물발이 그대로 만억무량(萬億無量) 대주소주(大珠小珠)를 아주 헤프게 사방으로 헤뜨립니다. 젊고 잘생기고 세간 많은 소년 남자가 아무 거리끼는 것 없이 아주 푼푼하고 너그럽고 수월스럽게 행사하는 것 같은 시원입니다. 무엇이라는 것보다도 다만 한 마디 '사나이답다'는 말로 형용함직한 폭포는 금강산에서 여기를 쳐주겠습니다. 생기고 생겨도 다함 없는 구슬은 떨어지고 떨어져 그칠 줄을 모르는데, 한줌쯤 떨어지면 두 줌 세줌씩 품앗이하는 암면(岩面)의 솟는 구슬을 합하면 천하의 주옥은 여기와 모인 듯합니다. 녹유리반(綠琉璃盤)에 눈을 속이는 은주(銀珠)·수정주(水晶珠) 펑펑 퍼붓고 죽죽 끼었고 홱홱 뿌리고 좌좌 쏟치고 솟고 뛰고 춤추고 숨바꼭질하는 미관도 결코결코 필설로 어찌 못할 경입니다. 이 많은 구슬이 임자 없이 흩어지건마는 고금래(古今來)에 한 알갱이 집어간 이 있단 말을 들을 수 없으니, 사람들이 여기서만 청렴한 것을 야릇하다 하겠습니다.

4. 기행문을 통해서 본 금강산 인식

이상에서 기행산문의 수사적 특징이 어떻게 변화했는가를 일별해보았거니와 이제 작품을 통해 작가들은 금강산을 어떻게 인식했는가를 살펴보자.

금강산에 대한 인식 문제는 작가들의 탐승태도 및 의미와 밀접하게 관련을 가지는데 작가층의 성격이나 시대에 따라 차이가 있었던 것으로 생각된다. 이들 기행산문을 보다 정치(精緻)하게 분석함으로써 이 문제는 가능할 터이지만 여기서는 거칠지만 종합적으로 다루어보기로 한다. 기행산문 또는 기행의 정신사적 의의가 어떻게 변모했으며, 그것이 어떤 시대사적 의미를 지니는가 하는 문제는 소략하게 다루어질 수밖에 없다.

1) 인간의 장소로서의 금강산

첫째, 기행산문에서 금강산은 인간의 장소로 인식되었다. 금강산은 속세와 격리 또는 대립되는 곳으로 신비하고 성스러운 공간으로 인식되기도 했으나 신의 장소가 아닌 인간의 장소로 인식되었다. 팔만구 암자라는 말이 있듯 금강산 전체는 하나의 커다란 불교의 도량으로 되다시피 했지만 기행작가들은 대체로 이 점을 못마땅하게 생각했다.

예컨대 남효온은 고려시대 묵헌(默軒) 민지(閔漬)가 썼다는 〈유점사기(楡岾寺記)〉를 보고 일곱 가지 큰 망발을 했다고 하며, 그 일곱 가지를 조목조목 반박하는 내용을 상당 분량 수록하면서 세상의 교화에 아무런 보탬도 되지 않으니 없애버리는 것이 좋다는 극언을 하기도 하였다. 또한 삼일포의 유람시에는 신라 화랑인 영랑이 썼다는 '永郎徒

南石行(영랑도남석행)'이란 글자를 보고, 그 문장의 조리나 글씨체로 비추어보아 호사 가들이나 아이들이 장난으로 꾸몄을 것이라는 추측을 하는 등 전해지는 신비한 설화를 액면 그대로 받아들이지 않고 나름대로 비판을 가하는 이성적·합리적 자세를 취하였다. 이러한 배불적 태도는 양대박·정엽 등의 기행산문에도 드러난다.

그런데 유학자들의 배불적인 태도는 어디까지나 불교 이론에 대한 것이지, 금강산 도처에 있는 사찰이나 유물 유적 자체에 대해서는 부정하거나 무시하지 않고 있는 그대로를 소개한다. 또한 자신의 가마를 메고 다니며 탐승을 안내하는 젊은 승려들에 대해 인간적으로 연민을 느끼기도 하고 특히 몇십 년 이상 금강산을 나서지 않고 수행을 하는 고승 대덕들에 대해서는 그들의 인품이나 학식에 감복하기도 하며 그들이 훌륭한 인물이라는 칭찬을 아끼지 않기도 한다. 유학적 이념에 보다 투철했던 이원 같은 인물은 마하연에서 참선하는 승려와 나눈 유불에 관한 철학적 논쟁에서 자신이 승리한 사실과 그 문답 내용을 기행문 〈유금강록〉에 수록함으로써 불교 이론을 공박하는 태도를 보였지만, 김창협은 구연암(九淵菴)에서 만난 관천(貫天)이란 승려의 외양 및 인물됨과 그의 고행을 〈동유기〉에 소상하게 기록함으로써 정감을 드러내기도 했고, 신익성 같은 작가는 자신이 많은 승려들과 교제한다는 사실을 밝히고, 유불에 두루 통한 성정(性淨)이라는 승려와 주고받은 학술적 대화를 소상하게 기록하는 호의를 보이기도 하였다.

2) 민족 역사의 현장

둘째, 금강산은 민족의 역사 현장이기도 하며, 문물 유적의 보고로 인식되었다. 이민족의 침입으로 상흔이 남은 민족수난사의 현장이기도 하며(이곡의 〈동유기〉, 남효온의 〈유금강산기〉), 마의태자의 애절한 사연이 담긴 동족비극의 현장이기도 하다(신익성의 〈유금강내외산제기〉, 이상수의 〈동행산수기〉). 금강산의 사찰과 소장 유물은 그 자체 문화재일 터인데, 많은 작가들은 이를 사실적으로 기술하였다. 등산장비, 등산로와 숙박시설이 미비했던 당시로서 산수유람이란 산사를 중심으로 행동반경을 삼았을 것이며, 또 승려들의 안내나 도움 없이는 산행이 불가능했을 터이므로 아무래도 자신의 숙박지와 그 부속 건물 및 문화유산을 자연히 언급할 수밖에 없다고도 보이지만 보다 볼 만한 문화유적이라는 인식이 기록을 가능하게 했을 터이다.

특히 신익성 같은 인물은 사실 기록이 아니라 감상을 통한 평가와 묘사를 상세히 수록하고 있어 그의 금강산 기행은 산천유람을 문화기행 특히 불교문화(건축, 그림)기행 차원으로까지 발전시킨 모습을 보인다. 또한 이하곤의 《동유록》에 수록된 아래 인용문에서 보는 것처럼 기행산문은 이제 기행일기 차원을 넘어 문화답사의 성격을 띠게 된다. 저자 자신 문인화에 밝은 예술적 취향에 그 원인이 있겠지만 기행산문 양식의 발전으로 해석함직하다.

정양사에 도착하여 곧바로 소위 팔각전이란 곳으로 갔다. 그 제작기법이 극히 공교롭다. 벽에는 온통 탱화인데 세상에서는 당나라 오도자(吳道子)의 필치라고 전하지만 아닐 것이며, 그렇다고 신라 이후에 그린 것도 아니다. 연전에 승려들이 벗겨져 떨어져 나가는 그림을 안타깝게 여겨 서툰 화공을 불러다 붉은 채색을 덧칠하였다고 한다. 예전의 장관을 더 이상 볼 수 없게 되었으니 그들이 그림에 무지하다는 것이 정말 통탄할 만한 일이다. 불전(佛殿) 천장에 대장경을 보관하고 있다기에 중들을 시켜 가져오게 했더니 대체로 일찍이 보지 못한 것들이었다. 고려 문종 때 국(局)을 설치하여 경판을 새기고 각각 한 본씩 인쇄하여 명산에 소장케 했는데 이는 그 중의 하나이다.

3) 문학창작의 산실이자 휴식과 풍류의 공간
셋째, 금강산은 그 빼어난 자연경관으로 유람자의 미적 욕구를 충족시키고 문학창작 욕구를 불러일으키는 원천으로 문학창작의 산실이자, 휴식과 풍류의 공간이었다. 빼어난 자연경관을 묘사한 기행산문 자체가 이미 금강산 유람자의 산문창작 욕구의 반영임이 물론인데, 기행산문 작가는 도도히 오르는 시적 흥취를 억누르지 못하고 시를 창작하여 산문 중간에 넣기도 하고, 따로 시편을 엮기도 하였다. 앞에서 소개한 한시에서 보듯 금강산의 아름답고 기묘한 장관은 한시 소양을 가진 어떤 사람들에게라도 시 창작을 충동하였다. 경관을 묘사하는 것 자체가 아름다운 시가 될 수 있게 하는 산이 금강산이다. 게다가 천하의 명산 대천을 구경하면 문장의 기(氣)가 커진다는 전통적 문예관이 계승되어 금강산 유람은 문학창작 수업의 필연적 과정이라고 생각하였다.

월사(月沙) 이정구의 〈유금강산기〉에 그러한 풍류가 잘 드러나 있다. 그의 산행에는 노래와 춤, 술과 피리가 따라다녔다. 산에 오를 때 함무금(咸武金)이란 악공을 시켜 마상에서 피리를 불게 하여 자연의 소리인 물소리, 새소리와 음악 소리가 내는 조화를 듣기도 하고, 화공 표응현(表應賢)을 시켜서 비범한 경관과 자신들의 풍류를 그림으로 그리게 하였다. 해금강에서는 배에 기생들을 싣고 북치고 피리불며 흥취를 돋우었다. 당시 월사는 예조판서였다. 그의 높은 신분이 산행을 보다 즐겁게 만든 요인이었다기보다 그의 인간적 기질에서 나온 것으로 보인다. 월사에게 있어 금강산은 관료적 속박을 벗고 휴식과 풍류를 즐길 수 있는 흥의 제공처였고, 결과적으로 그의 기행문에서 드러난 금강산의 성격도 감성적이고 서정적으로 형상화되었으며, 작품 역시 경쾌한 느낌을 준다. 인간 기질 자체가 도덕적 엄숙주의자와 확실히 구분되기 때문에 글의 리듬 역시 다를 수밖에 없다.

4) 철학적 이치를 깨닫는 도량

넷째, 금강산은 자연의 도체(道體)가 깃들인 곳으로 도학자들에게는 철학적 이치를 깨닫는 장소로 혹은 심신을 단련하고 호연지기를 기르는 장소로 인식되었다. 지리산, 청량산, 소백산, 가야산에 비해 금강산은 워낙 아름다운 산이라 여겨왔기 때문에 금강산 기행은 기실 관광의 측면이 강했던 것이 사실이다. 그들 산에 대한 기본적 인식이나 산행태도가 다분히 철학적 사유와 관련이 있는 것이라면 금강산에 대한 인식은 확실히 그 점에서 구분된다. 따라서 기행문의 성격조차 구분된다. 남명 조식의 지리산 기행문인 〈유두류록(遊頭流錄)〉, 주세붕의 〈유청량산록(遊淸凉山錄)〉, 퇴계 이황의 〈유소백산록(遊小白山錄)〉, 한강 정구의 〈유가야산록(遊伽倻山錄)〉 등의 기행산문은 확실히 수양론을 중시한 성리학자들의 면모가 유감없이 드러난다.

그러나 금강산을 유람한 사람들 역시 기본적으로 유학자였기 때문에 그 점을 아주 소홀히 할 수는 없었다. 완물상지를 경계하는 학문적 속성상 그들은 아름다운 경치에 지나치게 고혹되어 자신의 주체마저 흔들리는 것을 경계하였다. 따라서 그들의 응사접물(應事接物)은 자아에 대한 성찰과 심성수양의 계기 내지 소재가 되었다. 조선 초·중기 기행산문 작가들에게 이러한 경향이 강한데, 정엽, 이원의 경우가 그것이다.

이원은 작품 말미에 금강산 유람의 의미를 총평하면서 공맹(孔孟)이 남긴 산과 물의 교훈적인 격언을 나열하고, 산행이란 인지(仁智)를 체화하고 사물을 궁구하는 일에 도움이 된다고 그 의미를 부여하였다. 정엽 역시 작품 끝에 산행의 의미를 이렇게 부여하였다.

높은 산에 올라서는 한 삼태기의 흙을 마저 붓지 않음으로 해서 산을 이룰 수 없다는 마무리의 중요성을 일깨운 교훈으로 나를 추스렸고, 흘러가는 물에 임해서는 공자가 냇가에서 흘러가는 물을 보고 세월이 영원으로 쉬지 않고 흘러감을 알았다는 사실을 새삼 깨달았다. 우뚝 솟은 산악, 혼연한 바다에 대해서 그 근원이나 끝을 거슬러 끝까지 찾아갔고 부지런히 고인의 뛰어난 자취를 추적하였더니 나 스스로 고명광대(高明廣大)한 경지까지 이르러 마침내 그 일상을 뛰어넘었다. 마치 하잘것없는 개미집이 태산이 되고 도랑물이 하해(河海)가 된 것 같았으니, 이번 여행에서 얻은 것이 어느 정도이랴.

심성수양과 도(道)를 깨닫는 장소일 뿐 아니라, 금강산은 속세의 삶에 대한 반성과 함께 마음과 여유를 찾고 호연지기를 길러 삶의 궤도를 수정하거나 속세를 초탈하는 은일자적 자세를 갖도록 하는 자연적 스승의 역할도 하였다.

5) 민족의 상징적 존재

다섯째, 금강산은 민족의 상징적 존재로 인식되어 민족적 자존의식 내지 주체성을 고양, 각성시키는 역할을 하였다. 기행산문 곳곳에는 중국인들이 고려국에 태어나 금강산 보기를 소원했다든지, 사신 일행이 금강산의 절경에 감복하여 투신을 했다든지 하는 일화들을 인용하기도 하고, 이 태백이 자랑한 여산(廬山)의 진면목이 바로 금강산에 있다, 혹은 이 태백이 다시 태어나 금강산을 본다면 여산이 금강산보다 낫다는 말을 하지 못하리라는 구절을 자주 인용하였다. 금강산의 빼어난 경관을 드러내기 위한 상투적 표현이기도 하지만, 그보다는 민족적 자긍심의 표현으로 해석해야 할 것 같다.

중국이 천하의 중심이라는 중화주의적 세계관에 반발하여 민족의 주체성을 각성한 차원에서 그러한 표현이 가능했던 것으로 보인다. 중국의 산천이 가장 아름답다는 중국인의 자만심에 대해 정작 중국의 산천보다 더 아름다운 금강산이 우리 땅에 있다고 한 것은 그들과 정면으로 대결하려는 의식의 한 표현이기도 하며, 그러한 의식은 미의 관점을 어디에 둘 것인가 하는 미의식 변화에서 나온 것이기도 하다. 또한 금강산은 단순한 자연경관으로서뿐 아니라 우리 민족의 오랜 역사와 문화가 축적된 공간이라는 데서 더욱 민족적 자존의식은 고양되었다. 그리하여 중국인들이 금강산에 들어와 산천을 파괴하고 유물 유적을 훼손한 사실에 자못 분개하고 이를 기행문에 빠짐없이 기록하기도 하였다.

이 미의식의 변화는 자아의 자각으로 우리나라의 실지 실정에 입각해 실제적인 사고를 세우려는 사상사의 흐름과 밀접한 관련이 있으며, 특히 조선 후기 실학시대에 내려오면 그러한 변화는 더욱 뚜렷해진다. 이제 금강산뿐 아니라 조국산천의 곳곳을 답사하여 국토미를 발견하게 되는데, 특히 백두산 기행은 민족 주체성에 대한 자각이라는 점과 밀접한 관련성을 갖는다.

5. 국문문학상의 금강산

이제 금강산 관련 국문문학을 간략히 언급하기로 한다.

최초의 국문문학 작품은 고려 말 근재 안축이 지은 〈관동별곡(關東別曲)〉이다. 1330년 강원도 존무사(存撫使)로 있던 저자가 돌아오는 길에 관동의 절경을 노래한 경기체가 작품이다. 전체 9장인 이 작품은 금강산뿐 아니라 관동의 명승 전체를 포괄하고 있으며, 실재하는 자연의 경관을 그대로 나열하고 있어 금강산의 빼어난 경관을 소상히 형상화하지는 못했다.

1) 정철의《관동별곡》과 기행가사

금강산에 대한 구체적 묘사는 송강(松江) 정철(鄭澈;1536~93)의《관동별곡》에 와서 이루어진다.《관동별곡》은 정철의 나이 45세(1580)에 강원도 관찰사로 제수되었을 때 원주에 부임하여 내·외·해금강과 관동팔경을 두루 유람하고 그 절경을 노래한 가사작품이다. 작품 전편은 크게 세 단락으로 구성되어 있다. 1단에서는 향리에 은거했다가 임금의 부름을 받아 강원도 원주로 부임하는 원주행의 모습을 보여주고, 2단에서는 내금강의 풍치 즉 만폭동·금강대·진헐대(眞歇臺)·십이폭포 등의 아름다움을 묘사했고, 3단에서는 총석정·삼일포·의상대의 일출, 경포대·죽서루(竹西樓) 등 외금강, 해금강, 동해안의 유람을 노래했으며, 4단에서는 저자의 풍류를 꿈속에서 신선과 대화하고 노니는 것으로 각각 읊었다. 작품에서 특히 금강산의 만폭동, 금강대, 진헐대의 경관을 묘사한 부분이 압권이며 그 내용은 다음과 같다.

대향로 소향로 눈 아래 굽어보며
정양사 진헐대에 다시 올라 앉으니
여산 진면목이 여기서 다 보이도다
어와 조화옹이여 그 재간 놀랍도다
날거든 뛰지 말거나 섰거든 솟지 말거나
연꽃을 꽂았는 듯 백옥을 묶었는 듯
동해를 박차는 듯 북극을 괴었는 듯

서포(西浦) 김만중(金萬重)은, 우리나라의 한문문장은 마치 앵무새가 사람의 말을 흉내낸 것인 데 비해, 정철의 이 작품이야말로 천기(天機)를 드러내고 한 점 속기(俗氣)가 없는 천하의 명문장이라 격찬한 바 있다. 그리하여 한문가사인 이 작품이 도리어 한시로 번역되기도 하였는데, 청음(淸陰) 김상헌(金尙憲), 택당(澤堂) 이식(李植), 청호(淸

湖) 이양렬(李楊烈), 서포 김만중 등의 한역시가 그것이다. 일반적으로 한문으로 된 명
문장이 국역되는 경우는 많이 있으나, 이처럼 한글작품이 한역되는 경우는 드문 것이 문
학사적 사정이다. 그만큼《관동별곡》의 명성을 반증하는 예다.

후인들은 송강의 작품을 애송했을 뿐 아니라, 이를 모방하여 또 다른 관동별곡을 짓
기도 하였다. 광해군 때 문신인 이재(頤齋) 조우인(曺友仁;1561~1625)은 〈관동속별
곡(關東續別曲)〉을 지어 정철의 작품을 보완적 차원에서 계승했다. 그는 작품의 서문에
서 송강의 작품을 극찬하고 자신이 젊은 시절 탐승한 금강산을 다시는 갈 수 없기에 옛
추억을 되살려 작품을 쓰되 송강의《관동별곡》에서 상세히 묘사한 부분을 빼고 언급하지
않은 부분을 보완한다고 말함으로써 송강의 작품을 계승했음을 밝혔다.

영조 때 명촌(明村) 박순우(朴淳愚)도 과거시험에 실패한 뒤 울적한 심회를 풀기 위
해 금강산을 유람하고 〈금강별곡(金剛別曲)〉을 지었다. 이 외에 지은이와 저작 연대를
알 수 없는 〈금강별곡〉〈금강산가〉〈금강장유가(金剛壯遊歌)〉 등의 작품이 다수 전한
다. 이들 기행가사 역시 후대로 올수록 정철의 작품에 비해 편폭이 길어지고 세부 묘사가
치밀해지는 것이 그 특징이다.

역시 저자와 저작 연대를 알 수 없는 〈금강산완경록(金剛山玩景錄)〉〈금강산유산록
(金剛山遊山錄)〉 등의 작품도 그 율격이 3 · 4 혹은 4 · 4조로 되어 있어 그 외형은 가사
작품으로 볼 수 있으나, 작품 제목에 록(錄)이라는 명칭을 쓰고 있는 것을 보면 기행산문
의 성격에 가깝다. 가사문학의 율격적 전통이 기행산문에 계승된 것인데, 이러한 예는 근
대 이후까지 계승되어 1930년대 청파(靑坡)거사라는 사람이 쓴《금강산유람록(金剛山
遊覽錄)》이라는 작품도 4 · 4조의 율격을 답습하고 있다.

2) 한글 기행산문

한글로 된 기행산문으로는 저자와 저작 연대를 알 수 없는《금강산유상록(金剛山遊
賞錄)》과 조선 말기 철종 연간에 지어진 저자 미상의《동유기(東遊記)》가 있다. 이들 한
글 기행산문은 저자가 지나간 경로의 사찰 · 자연경관 등을 소상하게 기술하거나 사찰의
연기설화 등을 충실히 소개하고 있는 점이 특징이다. 금강산의 자연경관을 훌륭하게 형
상화했을 뿐 아니라 곳곳에 얽힌 신앙 · 전설 · 지명 · 연기설화 들을 소개하기도 하였다.
특히 산사의 승려들의 생활상, 음식, 복식 등 민속학적 자료를 충실히 담고 있는 한글 기
행문은 1890년에 조병균(趙秉均)이 지은《금강녹》이다. 한문으로 된 기행산문 〈봉래일
록(蓬萊日錄)〉을 이미 저술한 바 있는 조병균이 비록 내용은 다르지만 국문본 기행문을

지었다는 것은 특별한 이유가 있었던 것으로 보인다. 조선 말기에 이르러 금강산 유람의 열기가 높아지자 현실적 여건으로 금강산을 직접 탐승할 수 없는 사람은 소위 와유록(臥遊錄)을 통해 간접체험하는 데 만족할 수밖에 없었다. 그러나 와유록은 한문본이기 때문에 일반 독서대중이 쉽게 다가설 수 없다. 여기서 금강산 유람의 즐거움과 아름다움을 말로 설명해주는 이야기꾼이 나오기도 했으며, 그러한 대중들을 위한 한글본 기행산문이 필요했던 것이다. 일화에 의하면 조병균은 금강산 이야기에 정신이 팔려 가사조차 소홀히 하였다는 자기 부인을 위로하기 위해 국문본《금강녹》을 지었다고 한다.

근대 이후 도로망이 확장되고 교통의 발달로 인해 금강산 유람은 더욱 확대되었다. 조선시대 선비들이 짧아야 한 달, 길면 두 달 걸리던 여행일정도 대폭 줄어들어, 이제 웬만하면 금강산을 갈 수 있는 곳으로 생각하기에 이르렀다. 특히 일제시대 이후 해방 이전까지 수학여행지로 각광을 받기도 했다. 한문학이 종식되고 국문이 우리의 문자로 정착된 20세기 이후에는 근대적 감각의 기행산문, 나아가서 국토예찬 차원에서 작품이 나오는가 하면, 한편에서 금강산 여행의 열기를 타고 전문적 안내책자까지 나왔다. 금강산까지 열차가 개통된 이래 철도국에서 금강산에 대한 종합책자를 출판하여 금강산 기행을 부추기기도 하였다.

근세 초기에 나온 대표적 기행산문으로 이광수의《금강산유기(金剛山遊記)》와 최남선의《금강예찬(金剛禮讚)》을 꼽을 수 있다. 잡지《신생활(新生活)》에 연재했던 일기체의 기행문을 모아 만든《금강산유기》는 이광수가 1921년에 부인과 함께 금강산 여행을 하고 지은 것이다. 부인과 함께 여행했다는 점과 그 자신 문인이고 독자를 염두에 두고 쓴 것이 글의 성격을 결정한 것으로 보인다.

자신이 본 경관과 체험을 독자에게 보고하듯 존대어로 썼으며, 역사나 경관을 묘사할 때 사이사이 옛 시인들의 시구를 한두 구씩 인용하여 자신의 박학을 과시하기도 했다. 또한 자신의 정서가 고조될 때는 시조류의 시를 삽입하기도 하고, 등산의 현장감을 살리기 위해 실제 벌어졌던 일들을 대화체로 표현하기도 하였다. 따라서 큰 부담 없이 읽을 수 있는 가벼움이 있다.

이에 비해《금강예찬》은 보다 학술적인 성격까지 가미한 책이다. 최남선은 전국토에 대한 기행산문을 남길 정도로 그 자신 국토에 대한 관심이 각별했으며, 특히 세계에 내놓을 수 있는 자랑거리로서 금강산을 인식했던 만큼《금강예찬》의 저술은 공력을 들인 책으로 스스로 자부하였다. 그는 평소 금강산에 대해 세 가지 기록물을 남기려 계획하였다. 첫째는 금강산의 학문적 검토인데, 이 내용은《시대일보(時代日報)》에 〈풍악기유(楓嶽

記遊))라는 제하로 연재되었다. 둘째는 금강산에 관련된 고문헌 모음이다. 셋째는 금강산 유람의 향도기(嚮導記) 제공인데, 곧 유람안내서 발간이다. 이 세번째 목적에서 나온 책이 《금강예찬》이다. 금강산 승경의 배치, 구성, 요소, 특질, 역사적 유서, 유력상(遊歷上)의 요건을 서술하여 일반 탐승객의 길잡이 역할을 하겠다는 것이다. 최남선의 야심찬 계획에 걸맞게 《금강예찬》은 역사나 경관을 중심으로 한 객관적 서술로 일관한다. 물론 경관을 묘사하기 위해 문학적 형상화가 없었던 것은 아니지만 지나치게 자기 중심을 잃고 감상적 유흥적으로 흐르지는 않았다. 76개의 경관을 중심으로 매편이 단락으로 구성되었으며, 중간중간에 역대 한문 기행산문을 원전대로 인용한 것도 자신의 중심을 잃지 않고 객관적 묘사에 충실하려는 태도에서 나온 것으로 보인다.

이 외에 정비석이 쓴 짧은 분량의 〈산정무한(山情無限)〉은 제목에서 암시하듯 자신의 주관적 정서가 지나치게 개입하여 오히려 감상적인 글로 흘렀으며, 호암(湖巖) 문일평(文一平)이 《조선일보》(1993년 9월)에 연재했던 〈동해유기(東海遊記)〉는 감정의 지나친 흔들림이 없이 담담한 필치로 자신의 여행 체험과 경관을 서술했는데, 마치 조선시대 선비의 기행문을 한문으로 번역한 듯한 차분함을 느낄 수 있다. 사학자로서의 그의 면모가 드러난다.

이상 기왕에 우리에게 알려진 근세 초기 기행문을 소략하게 소개했으나, 이 밖에도 유명무명의 국문 기행문은 많았을 것으로 보인다. 1920년대에 배를 이용해 금강산 수학여행을 한 양정고보 학생들이 금강산 탐승기를 학교교지에 투고했던 사실로도 이는 입증이 된다.

6. 글을 마치며

앞에서 우리는 고전문학에 나타난 금강산의 모습을 소략하고도 거칠게 일별해보았거니와, 금강산을 어떻게 인식했고 또 어떻게 형상화했는지는 개별 작가마다 다를 수 있었지만 적어도 모든 작가들에게 어떤 공통적 의식이 그들 작품 속에 관류함을 알 수 있었다. 그것은 금강산, 나아가서 국토산하는 민족의 삶의 터전이기 때문에 우리에게 소중한 것이고, 따라서 보호해야 된다는 의식이다. 인간은 자연을 떠나서 살 수 없으며, 그 자연과 더불어 살면서 조화와 균형을 유지해야 된다는 자연친화적 생각이 그들의 금강산 유람에 전제되어 있었다. 곧 인간 위주의 가치관이 아니라 만물(자연)이 나와 평등하다는 평등주의적 사고를 지녔던 것이 그들의 공통된 인식이다. 이러한 의식에서 본다면 공존해야 할 자연을 훼손하는 것은 곧 자신을 훼손하는 것과 같은 행위이다.

아무리 아름다운 경관이나 태곳적 신비를 가진 산천이라 하더라도 인간이 꾀기 시작하면 그 훼손은 시간 문제이며, 급기야 재기 불능으로 망가지게 마련임을 우리는 근대 이후의 역사적 경험을 통해 알고 있다. 산업사회 이후 인간의 가치관은 인간의 안락과 물질적 풍요를 위해서 내가 아닌 모든 것을 이용할 수 있으며, 심지어 파괴해도 괜찮은 것쯤으로 바뀌었다. 유흥 오락의 소비욕구를 충족하기 위해서는 당연한 것이며 또 어쩔 수 없지 않으냐는 태도이다. 자연은 인간을 위해 존재하기 때문에 얼마든지 지배하고 이용하며, 심지어 파괴해도 괜찮다는 의식이 뿌리박혔다. 옛사람은 이 점을 경계했다. 다음에 인용하는 이상수의 〈동행산수기〉의 한 대목은 우리를 성찰하게 만들고, 동시에 옛사람들의 산수관 혹은 자연관의 일단을 보여준다.

> 금강산의 제명(題名)은 장안사에 들어가는 동구의 문간에서부터 시작되어 명경대에 가서 버썩 늘고 만폭동에서는 극성을 떨어 주먹만한 돌이라도 모두 빈틈을 남긴 것이 적다.……
>
> 청산(靑山) 백석(白石)이 무슨 죄가 있기에 까닭 없이 그 얼굴에 자자(刺字)를 가하고 그 살을 째놓으니 아 — 또한 어질지 못한 일이로구나" 하였다.…… 돌에다 자기 이름을 의탁하려 하여 크고 깊게 새겨 산중의 돌로써 영원한 자기 기록을 삼으려 한들 무슨 소용이 있단 말인가? 심지어 앞서 새긴 사람의 성명을 깎아내고 자기 성명을 새겨놓은 일도 있으니, 이는 남의 무덤을 허물고 자기 시신을 묻는 것과 같기에 식자는 선량치 못한 짓임을 알고 미워하는 것이다. 혹은 바로 남의 이름을 덮어 눌러 열 자나 넘는 글자를 새기기도 하고 또는 남이 새긴 작은 글자를 쓸어버리거나 남의 글자의 점과 획을 손질하여 이지러뜨리고 부서뜨리는 짓들도 있으니, 그 또한 차마 할 수 있단 말인가!

명산대천 암석에는 자신이 다녀갔다는 족적을 남기기 위해 시문이나 성명을 새겼는데, 금강산의 웬만한 돌에는 이름이 새겨지지 않은 돌이 없다는 것이다. 이러한 제명 행위를 이상수는 명백히 자연 파괴로 규정하였다. 이 세속 인사들의 의식에는 만물평등의 사상은 물론 자연과 공존하고 그를 보호해야 한다는 생각조차 없는 것이다.

일찍이 장횡거(張橫渠)는 "안과 밖을 합하고 사물과 나를 평등히 보는 데서 도(道)의 큰 실마리를 볼 수 있다"고 했는데, 모름지기 학문의 입론과 완성이 만물평등의 관점에서 나온다는 말이다. 여기서 사물은 나를 둘러싼 세계의 모든 것, 곧 삼라만상이다.

성호(星湖) 이익(李瀷)은 "무릇 천지 사이에 있는 날짐승과 들짐승, 풀과 나무가 모두 물(物) 아닌 것이 없다. 인(仁)이란 이 모두를 나 자신과 한 몸으로 간주하는 태도이다"라고 하였다. 학문을 통해 도달해야 할 인간의 가치 덕목 중에서 최고의 개념인 인(仁)이란 바로 나와 사물을 동일하게 보는 태도라는 뜻으로, 이러한 사고에 입각하면 나와 대등한 자연물을 함부로 훼손할 수 없음이 물론이다.

선인들의 금강산 기행은 그 목적이 아무리 풍류에 있었다 해도 최소한 다음과 같은 왕양명(王陽明)의 사상이 기본적으로 체질화되어 있었으며, 그들의 문학작품에는 이것이 무의식적으로 반영되었다. 그러하였기에 근세 초기까지 금강산은 금강산의 이름값을 유지할 수 있었다고 생각된다.

새가 슬피 울거나 짐승이 끌려가면서 겁에 질린 모습을 짓는 것을 보면 반드시 차마 죽이지 못하는 마음이 생겨나니, 이는 그 사람의 인(仁)이 새와 짐승을 자기 자신과 한 몸으로 여기기 때문이다. 새나 짐승은 지각이 있는 존재라서 그렇다고 치자. 풀이 베이거나 나무가 잘리는 것을 보면 반드시 안된 마음이 생겨나니, 이는 그 사람의 인(仁)이 풀과 나무를 자기 자신과 한 몸으로 여기기 때문이다. 풀이나 나무는 생명이 있는 존재라서 그렇다고 치자. 기와가 깨어지고 바윗돌이 부서진 것을 보면 반드시 애석해하는 마음이 생겨나니, 이는 그 사람의 인(仁)이 기와와 바윗돌을 자기 자신과 한 몸으로 여기기 때문이다. 이것이 바로 천지만물을 자신과 한 몸으로 여기는 인(仁)인 것이다.

'금강산도 식후경'이란 속담이 계속 유효한 속담으로 쓰이기를 바라며 글을 마친다.

(영남대 교수/ 한문학)

한국 산수화의 모태, 금강산과 금강산 그림

이 태 호

아름다운 금강산

우리나라 자연의 백미로 일컬어지는 금강산 일만이천봉, '개골산(皆骨山)' 이란 이름처럼 빼곡이 솟은 각종 형상의 바위와 험준한 절벽으로 천봉만학(千峰萬壑)을 이룬 곳이다. 옛사람들은 그 내금강의 부드러운 토산에 어울린 봉우리들이 너무나 눈부시게 희어서 은이나 눈, 구슬, 얼음, 서릿발 같다고 했고, 백옥(白玉)이나 백련(白蓮), 혹은 옥부용(玉芙蓉)에 비유하기도 했다. 그리고 그 암반 계곡으로 굽이치며 떨어지는 하얀 물길은 진주에 비유하였고, 깊이 파인 담과 소(潭沼)의 물은 진초록 비취색을 띠어 그야말로 옥류(玉流)를 이루고 있다.

해방 전에 금강산을 다녀온 노인들의 얘기를 들어보면, 단발령에 올라섰을 때 구름 위에 떠 있는 일만이천봉 암산(岩山)이 수정처럼 하얗게 빛을 발하는 별천지의 장관을 만나게 되는데, 그 감명을 가장 못 잊어 한다. 일만이천봉의 기기묘묘한 외관에 덧붙여, 산봉우리 사이를 감도는 싱그런 산바람과 골짜기 암반을 따라 흐르는 물길의 황홀경을 입이 마르게 상찬한다. 조선 후기 어느 문인은 "물과 돌이 내는 소리가 거문고, 아쟁 소리처럼 영롱하다"[1] 하였다.

내금강의 수려한 천석(川石)은 외금강을 비롯한 주변의 숲이 우거진 토산(土山)과 조화를 이루어 기후조건에 따라 색다른 풍광을 연출한다. 산기슭에는 솔밭과 잣나무나 전나무 숲, 혹은 혼성 침엽수림이 중후하게 터를 잡고, 중상봉에는 활엽수와 침엽수, 누운 향나무와 측백나무 등이 뒤섞여 자라고 있다. 특히 구룡연 입구 6km에 이르는 창터 솔밭 길, 장안사 입구의 솔밭과 전나무숲은 울울창창하다. 이들은 흰 봉우리와 어울려 특히 계절의 미모를 뽐내게 된다.

'풍악산(楓嶽山)' 이라는 금강산의 또 다른 별칭은 가을 단풍을 으뜸으로 삼기에 붙

---

1) 성해응(成海應),《동국명산기(東國名山記)》중〈관동산수(關東山水)〉.

여진 이름이다. 말쑥한 백옥봉(白玉峰)에 붉은 비단장막을 두른 차림 같다고 한다. 겨울의 단아한 설봉(雪峰), 진달래와 철쭉이 화사한 봄의 축제, 여름의 짙푸른 녹음과 빠른 여울의 우레 같은 물소리도 빼놓을 수 없는 금강산의 자연미로 꼽는다. 여기에 우리나라 식물 분포에서 남북 계통이 교차되는 곳이어서, 금강산 일대에는 900여 종이 넘는 다채로운 식물들이 자생하고 있다. 금강초롱, 백도라지, 만병초, 머루와 다래 등 다양한 꽃과 열매식물은 산세 그늘에 걸맞게 수줍고 다소곳하면서 미려한 형상과 색채의 맛을 풍긴다. 또한 예쁜 물고기들과 새나 산짐승이 다양하게 생존하는 지역으로, 금강산은 외형적 경관뿐만 아니라 생태계도 손색없는 자연사박물관의 보고로 알려져 있다.

금강산은 태백산 줄기의 북쪽에 위치한다. 서쪽으로 내륙의 산악지대와 인접하고, 동해바다에 닿아 있다. 토산이 암산을 감싸는 형국의 내금강은 바위산곡의 천석을 중심으로 구성되어 있고, 토산 위에 암산이 솟은 외금강과 신금강, 북쪽의 별금강, 동해안의 해금강으로 구분된다. 외금강의 줄기가 동쪽으로 뻗어 남강변의 평야지대를 이루다 다시 솟은 해금강은 거암 절벽과 파도에 침식당한 해암(海岩)의 기관(奇觀)을 자랑한다. 해금강의 아름다움은 남쪽으로 울진 평해까지 동해를 끼고 형성된 관동팔경으로 이어진다. 그래서 화가나 시인묵객, 여행자들이 금강산을 유람할 때면 동시에 관동팔경까지 답사 일정을 잡는 게 통례이다.

이처럼 금강산은 지역 전체가 절경을 이루어 한반도에서 가장 빼어난 명산이고, 더불어 금수강산을 대변하는 민족의 긍지로 여겨져왔다. 인근의 고인돌과 청동기시대 유적지로 미루어볼 때, 최소한 2500년 이상 우리 조상들의 삶, 역사와 고락을 함께해온 곳이다. 그러하기에 금강산은 설화문학, 기행시문, 민요 등 민족예술을 발전시킨 진원지의 하나이고, 특히 한국 산수화의 모태라 내세울 수 있다.

민족예술을 풍요롭게 한 절경이자 영산

'봉래산(蓬萊山)'이라 불리기도 하는 금강산은 그 별명처럼 동해의 신선이 사는 영산(靈山)으로, 영험 높은 기도처로 사랑을 받았다. 금강산 탐승은 지옥에 떨어지는 것을 막아준다고 회자되어왔고, 상팔담의 〈나무꾼과 선녀〉를 비롯한 많은 설화들도 민족의 영산으로서 금강산의 면모를 잘 보여준다.

삼국시대 이후에는 불교의 성지로 뛰어난 고승들을 배출한 곳이다. 장안사·표훈사·정양사·유점사 등 크고작은 사찰과 수도처, 불교 유적 들이 들어서 있으며, '금강산(金剛山)'은 바로 불교에서 유래한 이름이다. 또 금강산의 제일봉인 비로봉(毘盧峰)

부터 담무갈보살의 거처인 중향봉(衆香峰), 석가봉, 관음봉, 향로봉, 영원동, 단발령 등 많은 지명이 불교적 의미를 갖고 있다. 이 역시 금강산이 한국불교사에서 얼마나 중요한 터전이었는지를 알게 해준다.

조선시대 유교사회에서도 금강산은 사대부나 문인 선비들에게 도의(道義)의 수신처로, 인격 도야를 위한 요산요수(樂山樂水)의 탐승지로, 은일와유(隱逸臥遊)에 적합한 비경으로 각광을 받았다. 조선시대에는 왕조 500년 전 시기에 걸쳐 금강산을 읊은 수많은 문인들의 기행문과 시, 가사문학이 창작된 점, 그리고 조선 후기 진경산수화를 발생케 하고 유행시킨 대상이 된 점은 그런 실상을 반증한다. 이처럼 금강산은 조선시대 문예 발전의 중심 역할을 하였던 것이다.

신선이 사는 도가적 이상향, 불교의 성지, 유교적 인품을 쌓기 위해 산수를 벗하는 풍류터로서, 금강산이 선택을 받은 가장 큰 이유는 누구나 사랑할 수밖에 없도록 신비롭고 아름다운 절경 때문일 것이다. 나아가 우리의 옛 선인들은 대자연을 생명체로 인식하는 사상적 기반 아래, 금강산을 맑은 영혼이 깃들인 인격체로 여겼다. 그래서 수산(修山) 이종휘(李鍾徽;1731~?) 같은 문인은 수려한 금강산을 닮은 인물이 당대에 배출되지 않음을 탄식하기도 했다. 그리고 겸재(謙齋) 정선(鄭敾;1676~1759)의 《해악전신첩(海岳傳神帖)》(간송미술관 소장)의 말미에 박덕재(朴德載)라는 이가 쓴 발문에는 금강산을 산수의 '성자(聖者)'로, 그 성자를 그린 정선을 '화성(畫聖)'이라 지칭했을 정도이다.

대저 산수가 성인과 어떻게 짝하는가. 공자께서 이르시기를 어진 이는 산을 좋아하고 지혜로운 이는 물을 좋아한다(仁者樂山智者樂水) 하셨는데, 어질고 또 지혜로우면 이미 성인(聖人)이다……. 태산은 언덕에서 성인이 되고, 하해(河海)는 도랑물에서 성인이 되는 것으로 역시 가히 미루어 알 수 있다. 우리 금강산은 태산과 하해의 성인을 겸해서 천하에 소문난 지 오래다. 이로써 중국의 선비들이 한 번만 그것을 보고자 원해서 시를 짓는 속에 말하기까지 하였다. 경에 이른 대로 범인은 성인을 보지 못하고 만약 볼 수 없으면 그를 믿지도 않는다는 것인가. 우리 금강산이 산수에서 성인이 되는 것이니 이에 정선이 그림으로 성인을 모시게 됨으로써, 곧 향당(鄕黨)의 화성인(畫聖人)이 되었고……[2]

금강산의 자연경관이 지닌 형상미는 특히 조선시대 세속을 떠나 은둔자가 되고 싶어

---

2) 정선의 《해악전신첩》 말미에 쓴 박덕재(朴德載)의 발문:최완수,
《겸재 정선의 진경산수화》(범우사, 1993)에서 재인용.

했던 사대부나 선비들에게 '조선적 문예창조 내지 성리학적 이상을 내 땅에서도 구현할
수 있다'는 자신감을 심어주기에 충분하다고 여겨진다. 그 좋은 예로 송강(松江) 정철
(鄭澈 ; 1536~93)이 《관동별곡》에서 중국의 유명한 "여산(廬山)이 여기보다 낫단 말 못
하리라"라고 읊었던 점을 들 수 있다. 또 다른 문인들의 기행문이나 시, 가사 등에서 금강
산의 아름다움을 흔히 중국의 여산, 태산, 곤륜산이나 계림(桂林)과 비교하여 손색없음
을 노래한 점에도 잘 드러난다. 도리어 중국문인들 가운데 '금강산이 있는 고려국에 태
어나고 싶다'고 노래한 가십거리를 자주 등장시키곤 하였다.

　　조선 사대부들의 금강산에 대한 열정적 사랑과 문예경향은 우리 문화가 중국에 의존
했던 모화사상을 일정하게 극복하고 중국의 산하, 문화와 예술에 대한 열등감을 벗는 데
중요한 역할을 한 셈이다. 다시 말해서 금강산이 조선의 주체적 성리학과 문학예술을 창
출하는 밑거름이 된 것이다. 그러니 이 땅에 살고 있음에 대한 진정한 애정이 금강산의
아름다움에서 싹텄다고 해도 지나치지 않을 것이다.

　　그러한 점은 조선시대 문학의 대종을 이루는 기행문학의 발달에 잘 드러난다. 조선시
대 그 많은 기행문이나 기행시의 절반 가량이 금강산과 그 일대를 대상으로 삼은 사실로
미루어서도, 우리 땅에서 금강산이 차지하는 위치를 새삼 가늠할 수 있다. 조선 시문학의
최고 걸작으로 손꼽히는 16세기 후반 정철의 《관동별곡》과 같은 가사문학이 대표적인
사례일 것이다. 또 17~18세기에 오면서 시인 묵객들의 금강산 탐승이 더욱 빈번해지고,
기행문이나 기행시의 유행이 금강산에 대한 애정을 대변해준다.

금강산의 형상 표현은 문학보다 그림이 낫다

　　시인 묵객이나 문사들의 기행문학과 가사문학에 이어 옛 화가들에게도 금강산은 예
술세계 형성의 주요 대상이었다. 조선 후기 화단에서 겸재 정선의 등장과 진경산수화(眞
景山水畵)의 유행이 시사하듯이, 어쩌면 문학 영역보다 회화 역량의 진보에 금강산이
더욱 큰 역할을 했다고 생각된다. 그만큼 금강산은 자연의 형상미가 빼어나고 조선시대
의 문인들이 추구하던 성리학적 이상세계와 맞아떨어졌기 때문이다.

　　조선시대 금강산 예술의 양대 예맥(藝脈)은 단연 문학사에서 정철의 《관동별곡》과
회화사에서 정선의 금강산 그림을 꼽을 수 있겠다. 이미 18세기의 한 문인도 "천추의 불
정대, 두 정씨(鄭氏) 드러내니 뒤에는 원백(元伯 ; 정선의 자)이 있고, 앞에는 계함(季
涵 ; 정철의 자)이 있네"[3]라고 읊은 적이 있다. 그런데 두 사람의 활동 시기로 볼 때, 정철
의 《관동별곡》에 버금가는 정선의 금강산 그림이 나오기까지는 적어도 150년 가량을 기

---

3) 조유수(趙裕壽), 《후계집(后溪集)》.

다려야 했다.

그만큼 조선시대 기행문학의 발전에 비하여, 회화사조에서는 금강산이나 우리 산천을 직접 대상으로 삼은 진경산수화의 발전이 더딘 편이다. 일반적인 예술사의 흐름에서 문학과 미술사조의 변모 과정을 살피면 시대적 차이가 발생하는 양상을 보인다. 조선시대에 기행문학보다 진경산수의 진전이 늦은 근본적인 이유는 15~17세기의 화가들이 중국 성리학 이념의 발전에 따라 확장된 송(宋)에서 명(明)나라에 이르는 산수화풍을 받아들여 소화하기 여념이 없는 상태였기 때문이다.

15~16세기 안견(安堅)의 〈몽유도원도〉나 안견파 그림에는 중국 화북지방을 중심으로 형성된 북송대 이후의 곽희계(郭熙系) 화풍이 두드러져 있다. 16~17세기 김지(金禔), 이경윤(李慶胤), 김명국(金明國) 등의 산수화에는 명나라 때 강남지방을 모델로 한 이른바 절파계(浙派系) 화풍의 영향이 뚜렷이 감지된다. 이러한 회화 경향은 당대에 중국문화를 선망하고 사대부 문화의 주류인 성리학적 이상향을 성리학이 발생한 중국에 두었던 시대사조와 관련이 깊을 것이다. 그러면서도 위의 화가들은 꾸준히 중국화풍과 다른 조선적인 형식을 재창조하려는 노력을 게을리하지 않았다. 조선적 화풍은 당연히 화가들의 눈에 익은 주변 산수의 자연미와 결부된다. 그러니 우리 산천에서 가장 형상미가 빼어난 금강산은 어느 지역의 풍경보다 중요한 의미를 지닌 곳이라 할 수 있다.

그러한 사실을 확인할 현존 작품이 없지만, 고려 말부터 금강산을 그렸던 사례들이 전해온다. 《고려사》에 '송균이 충렬왕 30년(1304) 금강산도를 가지고 원(元)나라에 들어간' 일이나 조선 초기 중국사신들의 요청에 따라 선물용으로 안귀생(安貴生)이나 배련(裵連) 같은 일급 화원들이 금강산도를 그렸다는 기록이 그것이다.[4]

이 예들은 당시 금강산이 중국에서 인기가 있었음을 예증한다. 한편 조선 초기부터 정밀한 지도 제작을 위해서는 반드시 지관인 상지(相地)와 함께 화원이나 문인화가들을 동행시켰다.[5] 이를 통해서도 조선 초기부터 화가들에게 조선 산천의 모양새를 충분히 익힐 기회가 주어졌음을 엿볼 수 있다.

또한 앞의 선비화가 김지와 이경윤, 그리고 화원인 이정(李楨)이나 김명국 등도 금강산을 탐승하였고, 금강산 그림을 그렸거나 여행 이후 화경(畫境)이 깊어졌다고 전해온다. 이들의 금강산도가 어느 수준이고 어떤 형식으로 그렸는지는 현존 작품이 없어 알 수 없지만, 대체로 지도적 성격의 전경도(全景圖) 식이었을 것으로 짐작된다. 이는 17세기 선비화가 조속(趙涑)이 당시의 금강전도인 〈묘리총도(妙理總圖)〉 족자를 보고 평한 글에 드러나 있다.

---

4) 박은순, 《금강산도 연구》, 일지사, 1997.

5) 이태호, 〈조선시대 지도의 회화성〉, 《한국의 옛 지도》, 영남대학교 박물관, 1998.

이 판서(李判書) 홍연(弘淵;1613~83)이 강원감사였던 시절 〈묘리총도〉 족자 하나를 얻어 조속에게 보여주었다. 그것을 보고 조속은 말하기를 "새처럼 날아올라 하늘에서 내려다보면 진실되다 하겠다. 그러나 사람이 몸소 다니며 본 것을 그린다면, 봉우리가 솟고 골짜기가 돌아드는 것은 반드시 사람이 앉은 곳을 따라 폭마다 다르게 해야 본 것을 그려낼 수 있는 것이다."[6]

'새가 본 듯' 부감한 조감도(鳥瞰圖) 형식의 그림에 대한 비판과 '사람이 앉은 곳'에서 보이는 풍경을 잡아내야 한다는 견해에 따라, 창강(滄江) 조속(1595~1668)은 실제로 금강산 명승도를 그렸던 모양이다. 남학명(南鶴鳴;1654~?)의 《회은집》에 조속의 그림으로 〈장안사(長安寺)〉〈장안사 동북망(東北望)〉〈벽하담(碧霞潭)〉〈표훈사(表訓寺)〉〈표훈사 문루동망(門樓東望)〉〈마하연 북망(摩訶衍北望)〉〈마하연 동남망〉〈삼일정 동망(三日亭東望)〉이 전한다. 8폭의 작품 제목이 특정 지명과 '동북망' '동남망' '문루동망' 등 풍경을 바라본 방향을 밝히고 있어 관심을 끈다. 이 제목들은 그 전의 금강산 그림이나 실경화와 구분되는 형식으로, 18세기 금강산 명승도의 전형을 창출해낸 정선식 금강산 그림의 전거를 보여주기 때문이다.

조속의 금강산 그림과 유사한 실례로는 1664년 한시각(韓時覺)이 《북관수창록(北關酬唱錄)》(국립중앙박물관 소장)에 그려넣은 〈칠보산도(七寶山圖)〉와 길주 명천의 실경작품을 들 수 있다.[7] 이 실경도와 17세기의 또 다른 실경그림 〈곡운구곡도〉(조세걸 작, 국립중앙박물관 소장)를 볼 때, 화면구성이 엉성하고 충분히 회화적으로 무르익지 않은 솜씨이다. 이로 미루어 조속의 금강산 그림 역시 그리 높은 경지에는 못 미쳤을 것이다. 조속의 금강산 실경도들이나 김명국의 감상용 족자그림 〈금강산도〉[8] 등에 대한 기록은 17세기에 일기 시작한 금강산과 실경 그리기 전통의 형성을 알려주며, 18세기 진경산수화의 유행을 예시해준다는 데 커다란 의미가 있다.

조선 후기 정선의 금강산 그림과 진경산수화의 완성은 한국회화사를 대표하는 업적으로 손꼽는다. 금강산과 우리 산천을 대상으로 삼은 진경산수화는 풍속화와 더불어 땅과 삶에 대한 당대의 인식 변화를 시사하는 것이다. 이들 사실정신이 표출된 회화사조의 등장은 조선시대 회화사에서 전기와 후기를 가름하는 혁신적인 변화라 할 수 있다.

진경산수화나 풍속화의 발전은 실학의 발생과 한글소설, 판소리, 연행예술 등 조선 후기에 부상한 새로운 문예사조의 사실주의적인 성향과 함께하는 것이다. 더불어 농업 생산력과 상공업의 발달, 경제력의 성장에 따른 사회변동 위에 형성된 동시대의 성과물

---

6) 남학명, 《회은집(晦隱集)》; 박은순, 앞의 책에서 재인용.

7) 이태호, 〈한시각의 북새선은도와 북관실경도〉, 《정신문화 연구》 34호, 1988.

8) 윤두서, 《기졸(記拙)》.

萬二千峯皆骨山何人用
意寫真難衆香浮
勃扶桑外
積氣雄蟠
世界
間
衆香
芙蓉印日素
又半林松
柏隨玄閣徙命脚
躅頭今遍事似枝逞者不惺

甲寅
春日

金剛全圖
謙齊

정선, 〈금강전도〉, 종이에 수묵담채, 130.7×94.1cm, 1734년, 호암미술관 소장.

이기에 더욱 주목된다. 비록 그 유행이 기행문학보다 시기적으로 뒤에 나타났지만, 진경산수화는 봉건사회 해체기 내지 근대사회를 향한 여명기로 일컬어지는 조선 후기의 시대정신, 즉 사실적 문예 양식과 이전 시기와 구분되는 차별성을 더욱 선명하게 드러내주기 때문이다. 역시 시와 그림은 표현상 유사한 점이 많으면서도, 실경의 형상 묘사에서는 시문학보다 회화가 시각적으로 더 리얼한 장점이 있다.

이러한 점은 18세기 서화가 내지 서화이론가로 영·정조 시기 예림(藝林)의 총수 격이고 진경산수화의 발전에 일익을 담당한 강세황의 〈유금강산기(遊金剛山記)〉에 적절히 표현되어 있다. "과연 이 산을 보지 못한 사람들에게 자신의 몸이 그 속에 가 있는 것처럼 느끼게 할 수 있을까", 그리고 "시를 지어 물상을 드러내기 힘든데 누가 그림으로 정교하게 전신(傳神)하겠는가"라며, 산수를 표현하는 데는 '시보다 기행문이 낫고, 기행문보다는 그림이 나은 편'이라고 피력하였다.[9] 나아가 강세황은 정선이 그린 한 화첩의 발문에서 '정선이 우리나라에서 실경을 제일 잘 그리는 화가'로 꼽은 적이 있다.

닮은 것과 닮지 않은 것, 정선의 금강산 그림

겸재 정선의 출현과 그의 진경산수화는 한국회화사의 흐름 속에서 일대 변혁이었다해도 과언이 아니다. 한국의 자연을 재해석하고 독창적인 진경산수화를 창출해서 한국회화의 신기원을 이룩하였기 때문이다. 앞서 언급했듯이 금강산을 중심으로 실경(實景)을 그린 일은 고려나 조선 초·중기에도 보이지만, '진경산수화(眞景山水畫)'라는 회화 장르로 발전한 것은 정선의 출현 이후이다. 정선이 이룩한 새로운 진경산수화는 조선후기의 많은 화가들을 자극하였고, 정선은 후배 화가들에게 한국의 아름다운 승경(勝景) 표현에 대한 인식을 일깨워 진경산수화의 선풍을 일으켰던 셈이다. 정선의 진경산수화는 대상의 선택부터 한국의 경관에 어울리는 개성적 화법의 구축까지 사실상 한국 진경산수화의 전모를 대변하기에 충분하다.[10] 당대의 평가부터가 그러하였다.

내금강 외금강을 드나들며, 또 영남지방의 승경을 유람하며 그 산수의 형세를 파악하였다. 그의 그림에 대한 노력은 대단하여 사용한 붓이 무덤을 이룰 만큼이나 되었다. 그래서 스스로 새로운 화격을 창출하였고, 우리나라 화가들의 먹 다루는 누습(陋習)을 벗어났다. 진정코 우리나라의 산수화는 바로 정선에서 출발하여 개벽(開闢)한 것이다.[11]

9) 강세황, 《표암유고(豹菴遺稿)》 ; 변영섭, 《표암 강세황 회화 연구》(일지사, 1988) 참조.

10) 이태호, 〈정선 진경산수화풍의 계승과 변모〉, 《조선 후기 회화의 사실정신》, 학고재, 1996.

11) 조영석(趙榮祏), 《관아재고(觀我齋稿)》.

…… 우리나라 그림에는 병폐가 두 가지 있는데, 하나는 문견이 좁고 다른 하나는 사려가 얕다는 것이다. 정선은 진한 먹으로 큰 고개와 겹겹이 싸인 봉우리, 큰 소나무와 고목을 그리는 것을 좋아하여 나무들이 서로 그늘져 있는 기상이 자연 심원하다. 정선의 뜻이 오직 동인(東人)의 병을 바로잡으려고 하니, 이것이 바로 정선이 화가의 삼매처를 얻은 바이다.[12]

앞 시기 산수화의 병폐를 벗고 조선식 산수화를 개벽한 정선은 84세까지 장수를 누리면서 말년에도 붓을 놓지 않았다고 전해오듯이 많은 그림을 남겼다. 정선의 진경작품을 훑어보면 금강산과 관동팔경, 그리고 서울과 한강 주변을 담은 산수화가 중심을 이룬다. 또 정선이 하양(河陽)현감(1721~26)과 청하(淸河)현감(1733~35)을 지내면서 그렸을 영남의 명승도들이 있고, 단양 명승, 개성의 박연폭포 그림 등이 전한다. 그림이 될 만한 전국의 절경 명소들을 거의 섭렵한 셈이다.

정선이 실경그림에 심취한 계기는 화가로 관로(官路)에 들어선 만큼 명사들과의 교유를 통해서 가졌던 시회(詩會)나 계회(契會) 등 와유를 기념하는 주변의 요구에서 출발하였을 것으로 추정된다. 이는 현존하는 진경산수 작품 가운데 상당량이 절친했던 시인 사천(槎川) 이병연(李秉淵;1671~1751)을 비롯한 문인 관료들과의 만남에 의해서 제작된 사실을 통해서 엿볼 수 있다.

정선의 진경산수는 전경도(全景圖) 형태부터 자연의 특징적인 부분을 압축한 단일 화재(畫材)까지 매우 다양하다. 소낙비에 젖은 인왕산의 장관을 담은 1751년작 〈인왕제색도〉(호암미술관 소장)처럼, 대상의 절묘한 특색을 추출하는 안목이나 계절과 일기에 따라 변화하는 형상의 인상적인 순간포착 감각도 뛰어나다. 정선은 풍경을 위에서 내려다보듯 관망하는 부감법을 기본으로 삼았고, 엄정한 수직과 수평구도를 즐겨 활용하였다. 그리고 정선의 진경산수화풍은 당시 화단에 유행하기 시작한 피마준(披麻皴)이나 미점(米點) 등 남종화법을 바탕으로 하였다. 조선 중기에 유행했던 절파 화풍도 엿보이며, 대담한 넓은 붓질로 괴량감 넘치는 대부벽준(大斧劈皴) 형태의 적묵암준법(積墨岩皴法)이 그 잔영이다. 한편 열마준법(裂麻皴法) 혹은 난시준(亂柴皴)으로 일컬어졌던 것으로 거침없이 힘차게 내리그은 수직준법(垂直皴法)과 한손에 붓 두 자루를 쥐고 그리는 양필법(兩筆法)이 정선식 진경 표현법이다. 이러한 정선의 개성은 금강산의 독특한 형상을 그리면서 생성되었을 것으로 조선 후기의 새로운 화풍으로 부상하였다. 그래서 정선의 금강산 그림은 진경산수화의 요체이자 한국 산수화의 고전이라 할 수 있다.

---

12) 이하곤(李夏坤),《두타초(頭陀草)》; 이선옥,〈담헌 이하곤의 회화관〉(서울대학교 대학원
   석사학위논문, 1987)에서 재인용.

정선의 금강산 그림 가운데 연대가 밝혀진 초기 작품은 국립중앙박물관에서 소장하고 있는 《금강산화첩》이다. 이 화첩에는 1711년에 백석공(白石公)이라는 인물이 금강산을 두번째로 유람하였을 때 정선을 동행시켜 금강산도를 제작토록 하였고, 친구들과 함께 시를 읊고 수창(酬唱)하였다는 내역을 적은 별도의 발문이 딸려 있다. 1711년이면 정선이 36세 때니까 그의 첫 금강산 나들이였으리라 짐작되며, 이때는 마침 친하게 교우했던 시인 이병연이 금강산 근처의 김화(金化)현감(1710~15)을 지내고 있었다.

이 화첩에 그려진 13점의 금강산 그림은 〈단발령망금강산도(斷髮嶺望金剛山圖)〉, 〈내금강산도(內金剛山圖)〉에서 〈옹천도(瓮遷圖)〉에 이르기까지 내금강과 외금강, 해금강의 주요 명승고적을 담은 것이다. 화면에 잡은 경치들은 차후로 제작된 금강산도들과 유사하고 그림에는 모두 특정 지명을 적어넣었다. 이 화첩의 금강산 그림들은 정선화풍의 형성 과정을 알 수 있게 해주는 수준이다. 안정된 묘사력을 갖추고 있으나, 화면의 짜임새나 필세(筆勢)가 전체적으로 약한 편이다.

그 예로 〈내금강산도〉를 보면 부감법의 산풍경 조망, 개골암봉(皆骨岩峰)의 수직준법, 토산(土山)의 미점 등 이미 정선의 독자적인 금강산 표현법이 설정되어 있지만, 전체적인 조화미와 필력이 부족한 느낌이다. 〈옹천도〉의 암면 표현에도 그의 활달한 적묵법이 나타나 있지 않고 조심스런 건필수묵(乾筆水墨)의 덧칠을 가한 정도이다. 특히나 친분이 두터웠던 선비화가 조영석의 지적대로 "붓 두 자루를 뾰족하게 세워서 어지러이 '난시준(亂柴皴)'을 이루었다"[13]는 개성적인 화법이 개발되어 있지 않고, 아직 실경에 대한 자신감 넘치는 해석과 표현력은 드러나 있지 않다.

미완의 정선 화풍은 50대에 결실을 이룬다. 이 시기는 청하와 양천의 수령을 지내며 명류(名流)들과 접촉하는 등 역시 정선의 가장 왕성했던 활동기이다. 50대의 대표작은 1734년 겨울에 그린 〈금강전도(金剛全圖)〉(호암미술관 소장)를 꼽는다. 내금강의 전경을 담은 이 작품은 부감법의 원형구도, 기암의 수직준법과 토산의 미점으로 구분한 대조적 조화, 그리고 개골설봉(皆骨雪峰)을 드러낸 담채 표현으로 금강산 전경도의 전형을 이루었다. 앞의 1711년에 그린 〈내금강산도〉와 비교할 때 흡사한 내용이지만, 전경을 집약한 화면구성의 응집력이나 힘찬 필세는 혁신적인 탈바꿈이며 정선 화풍의 완성을 말해주는 것이다.

정선의 금강산 전경도 형식은 몇 가지 유형으로 구별된다. 내금강 전체를 원형구도에 담으면서 왼쪽에 미점의 토산을, 오른쪽에 수직준의 암산을 배치하는 앞의 〈금강전도〉식이 있는가 하면, 정양사·표훈사·장안사가 있는 토산을 아래쪽에 깔고 암산을 위쪽

---

13) 조영석, 《관아재고》.

에 구성하는 방식으로 변모된 경우도 눈에 띈다. 간송미술관 소장의 부채그림 〈금강전도〉와 고려대박물관 소장의 〈금강전도〉 등이 그 좋은 예이다. 특히 두 그림은 수묵의 강약과 자유분방한 붓의 움직임으로 '양필 난시준'을 거침없이 구사하여 마치 금강산 일만 이천봉의 바람이 일듯 하게 그려놓았다. 긴 족자 형태의 공간에 실제 폭포보다 두 배 가량 길게 늘려 과장하고 폭포 주변의 바위를 진한 적묵으로 대비해 꽝꽝거리며 떨어지는 폭포 소리를 웅대한 울림으로 회화화(繪畫化)해낸 〈박연폭도〉(개인 소장)처럼, 현장에서 받았던 강한 인상의 리얼리티를 그렇게 표현한 것이다. 또한 근경에 토산 사이의 단발령을 배치하고 그 위로 안개구름에 싸인 암산을 그려넣는 유형의 금강산도가 여러 점 전한다. 그리고 최근 중국에서 유입되었다는 〈봉래산도〉(호암미술관 소장)와 같이 창도역(昌道驛) 근처의 풍경에서 단발령, 만폭동을 중심으로 한 내금강까지 횡축(橫軸)에 여행 과정을 오른쪽에서 왼쪽으로 연이어서 담은 경우도 있다.[14]

전경도에 이어서 금강산의 개별 명승들을 그리는 화풍의 완성은 청하현감을 마치고

---

14) 호암미술관, 《조선 후기 국보전》, 1998.

상경한 이후 양천(陽川)현령(1740~45), 사도시첨정(1754)을 지내는 등 만년의 안정된 서울생활을 통해서 이루어졌다. 1739년에 그린 〈청풍계도(淸風溪圖)〉(간송미술관 소장)를 비롯하여 양천현령 재직시인 1740년의 《경교명승첩(京郊名勝帖)》(간송미술관 소장)과 1742년의 《연강임술첩(漣江壬戌帖)》(개인 소장) 같은 서울과 한강 일대의 명승도가 그 대표적인 사례이며, 60~70대 초반의 금강산 그림인 1738년작 《관동명승첩》이나 1742년작 《해악전신첩》에서 그 완성도를 찾아볼 수 있다.

《관동명승첩》은 최창억(崔昌億)이라는 문인에게 그려준 것으로 총석정, 삼일호, 해산정을 포함한 관동팔경 그림과 〈정자연도(亭子淵圖)〉〈수태사동구도(水泰寺洞口圖)〉〈천불암도(千佛岩圖)〉 등 11폭으로 꾸며진 화첩이다. 시인 이병연과 홍봉조(洪鳳祚)의 시와 발문이 딸려 있는 《해악전신첩》에는 〈단발령망 금강산도〉〈금강산 내산총도〉〈불정

대도(佛頂臺圖)〉〈용항동구도(龍頁洞口圖)〉〈총석정도〉〈사선정도〉〈칠성암도〉 등 내외 해금강 명승도와 서울서 금강산 가는 길목의 화적연(禾積淵), 정자연, 피금정(披襟亭) 등이 포함된 21폭 화첩이다.

금강산과 그 일대의 명승고적을 포착한 이들 진경 작품의 특색은 전경도의 형식보다 정선의 화풍이 당시 화단에 유포된 남종화풍을 바탕으로 형성되었음을 말해준다. 습윤한 피마준법, 듬성이 찍은 미점과 태점(苔點), 잡목 표현 등 남종화풍을 우리의 실경 형상에 어울리는 필법으로 소화한 화풍이 무르익어 있다. 그리고 동적인 대각선이나 사선의 화면구성, 바위 표현에 부벽준을 변형시킨 필치의 적묵법, 능란한 편필(偏筆)과 직필(直筆)의 'T'형 소나무 묘법, 양필법 구사 등 전형적인 정선 화풍이 완연해졌다.

말년을 대표하는 금강산 그림으로는 〈만폭동도(萬瀑洞圖)〉나 〈혈망봉도(穴望

정선, 〈불정대〉, 종이에 수묵담채, 114.4×50.0cm, 전남대 박물관 소장.

峰圖)〉(서울대학교박물관 소장), 선면(扇面) 〈금강전도(金剛全圖)〉, 〈정양사도(正陽寺圖)〉와 〈금강대도(金剛臺圖)〉(간송미술관 소장)가 손꼽힌다. 이 그림들은 생동감 넘치는 화면구성이나 실경의 특징을 압축한 표현 등으로 보아 실경을 직접 사생한 것이 아니고, 그가 여행에서 받았던 인상을 차후에 쏟아놓은 것들이 대부분이다. 〈만폭동도〉는 내금강의 얼굴 격인 절승(絕勝)을 담은 것으로 생동감 넘치는 부감식 화면구성을 보여준다. 그리고 수직준법과 미점, 특유의 소나무 묘사와 수파묘 등은 단숨에 그린 속사의 필치가 어우러져 있다. 마치 계곡에 들어서면 물소리밖에 들리지 않는다는 만폭동의 소란스럽게 여울지는 계곡물 소리를 붓끝에 실어낸 듯하다. 소품 〈정양사도〉에서는 미점의 토산과 솔밭에 둘러싸인 절의 정경을 함축해서 아늑하게 표현하였다. 〈금강대도〉는 수채화를 보는 듯한 맑은 수묵담채의 구사가 일품이다.

그리고 〈비로봉도(毗盧峰圖)〉(개인 소장)나 〈통천문암도(通川門岩圖)〉(간송미술관 소장)는 힘차고 긴 선묘의 중복만으로 화면을 꽉 채워넣어 이색적인 감흥을 준다. 특히 〈통천문암도〉에서 넘실대는 파고의 표현은 위압적인 동해 물결의 감정이 그득하다.

이상과 같이 정선의 진경산수화는 50대에서 60, 70대로 말기에 오면서 더욱 자신감 넘치고 독자적인 경지로 무르익었다. 필묵(筆墨)의 운용은 사생적 태도를 벗어나 자연스럽고 활달해져 화면에 생기를 불어넣으며, 물상의 형상화는 물론 물소리나 바람 소리 같은 현장에서 받은 감명을 극대화해내고, 실경의 기억이나 인상에 의한 대담한 재구성과 변형을 보여준다. 그리하여 정선은 우리의 산천을 예술적 감동으로 승화시켰고, 우리 땅을 그리는 정형을 이룩한 것이다.

그런데 정선의 금강산 그림과 진경작품은 실제 현장을 답사하거나 현장사진과 비교해보면, 〈인왕제색도〉나 〈백악산도〉처럼 자신이 살았던 곳의 풍경화를 제외하고는 대부분 실경과 닮은 점을 발견하기 힘들다. 금강산 사진들을 아무리 들춰봐도 정선의 그림과 닮은 위치를 찾을 수 없다. 관동팔경 그림의 경우는 그 실경 현장과 아예 달라서 과연 정선이 실경을 대하고 그린 것인가 하는 의혹마저 들 정도다. 당대에도 이하곤은 정선의 금강산 그림을 '분위기만 담고 형사(形似)를 취하지 않았다'라고 평한 적이 있다.

정선의 금강산 전경도나 부분 명승도들이 실경과 다른 것은 앞서의 설명처럼 외형보다 현장에서 느낀 감정의 리얼리티와 첫 인상의 형상화를 중요시했기 때문일 것이다. 부감식 화면구성과 대담한 변형과 생략, 반복되는 붓질의 리듬은 천석의 울림, 즉 기암들 사이를 부는 바람 소리와 계곡을 여울지는 소란스런 물소리를 화면에 담으려는 의도에서 비롯되었을 터이다. 이는 신선이 사는 선경(仙境)을 의미하는, 그래서 당대 사대부들 정선, 〈만폭동〉, 비단에 수묵담채, 33.2×22.0cm, 서울대 박물관 소장.

의 은일와유적 취미에 걸맞은 진경산수 개념과 부합하는 것이기도 하다.

또한 정선이 전경도에서 '새가 하늘에서 내려다보듯이' 부감하여 그리는 조감도(鳥
瞰圖) 형식은 조속이 17세기 금강산 전경도에 대해 '새가 본 것 같다'고 진실되지 않음
을 비판한 것과 대립하여 흥미롭다. 도리어 정선은 지도식 화법을 적극적으로 수용하고
발전시켜 금강전도의 구도법을 창안해낸 것이다. 옆에서 본 모습의 각 봉우리들을 층층
이 상하로 쌓아서 부감식으로 재구성한 정선의 형식은 내금강 개골산 기암들을 한 화면
에 집약할 수 있는 최선의 방식이기에 그렇게 채택했을 것이다.

정선의 금강산 그림들은 비록 외형을 닮지 않았지만, 단발령에 올라 금강산이 주는
첫 울림과 산 전체에 대한 즉흥적 감동을 다시 일깨워준다. 예컨대 당대의 문인 삼명(三
溟) 강준흠(姜浚欽:1768~?)이 금강산을 한눈에 보고 싶어하며 금강산의 최정상인 비
로봉 매바위에 올라 읊은 시는, 정선은 물론 금강산을 여행하면서 느끼는 시인 묵객의 그
러한 열망을 잘 대변해준다.

천봉만학 그 사이를
오고가며 맴돌아도
내 눈에 보이는 것 한쪽 면이 고작이라
이 몸이 어찌하면 날개가 돋쳐서
하늘 위에 날아올라
안팎 금강 굽어볼까.[15]

진경산수화의 확산, 정선 일파와 문인화가의 금강산 그림

18세기 화단에는 정선의 영향을 받아 우리의 풍경에 매료되어 실경을 그리는 화가들
이 속출하였다. 근래에 와서, 정선의 화법을 따른 일군의 화가를 '정선파(겸재파)' 혹은
'정선 일파'라 부른다. 정선 일파로는 강희언, 김윤겸, 정선의 손자인 정황, 최북, 김응
환 등이 지목된다. 그리고 김유성, 장시흥, 정충엽, 이인문, 김득신 등도 진경 표현에 정
선화풍을 수용하였고, 잘 알려져 있지 않은 화가인 거연당의 작품이나 민화풍의 금강산
그림에서도 정선의 화의(畫意)를 강하게 느낄 수 있다.[16]

18세기 중엽에서 19세기 초에 활동한 정선파 화가들은 크게 두 부류로 구분된다. 그
하나는 1710~30년대에 태어난 화가들로 정선에게 직접 그림을 배웠거나 접촉했을 가
능성이 짙은 세대이며, 또 한 부류는 1730년대 이후 출생하여 18세기 후반~19세기 초

---

15) 안재청 외, 《금강산 일화집》(과학백과사전종합출판사, 1992)에서 재인용.
16) 이태호, 〈정선 진경산수화풍의 계승과 변모〉.

에 활약한 화가들로 정선 사후 작품을 통해서 간접적으로 전수한 세대이다. 전자의 경우
는 강희언·김윤겸·최북·정황 등이 해당하는데, 이들의 진경산수화에는 정선을 바탕
으로 비교적 개성적인 자기 화풍을 세우려 한 의도가 어느 정도 드러나 있다. 후자는 김
응환, 이인문, 김득신·석신 형제 등으로 앞선 화가들에 비해 정선을 답습하는 데 그친
경우가 많다. 그리고 두 부류는 신분상으로도 구분되어 흥미롭다. 전자는 운과(雲科)에
급제한 강희언, 명문 사대부가의 서출인 김윤겸, 괴팍한 성품으로 당대를 풍미한 최북 등
당대에 지식층으로 부상한 중인 계열의 작가들이고, 후자는 모두 도화서 출신들이다.

구룡연의 아름다움에 빠져들려 했다는 최북의 부채그림 〈금강전도〉가 정선식인데,
〈표훈사도〉(개인 소장)는 심사정의 화풍을 많이 참작한 차분한 그림이다. 또한 정선파로
분류되면서도 가벼운 담묵과 설채로 개성적 화풍을 이룬 화가를 꼽자면 진재(眞宰) 김
윤겸(金允謙:1711~75)을 들 수 있다. 1768년에 그린 《봉래도권》이 김윤겸의 대표적인
금강산 화첩으로 장안사, 보덕굴, 원화동천, 정양사, 명경대, 내원통, 마하연, 묘길상 등
내금강의 명승을 담은 것이다. 이들은 김윤겸의 다른 진경작품과 마찬가지로 서 있는 위
치에서 실경을 보이는 대로 포착하는 방식을 취하였으나, 역시 소략한 필치여서 실경의
감명은 떨어진다. 정선식 화법에 충실하면서 가장 성공적으로 회화성을 높인 화가는 〈총

석정도〉(간송미술관 소장)와 〈단발령망금강전도〉(개인 소장)를 남긴 고송류수관도인(古松流水館道人) 이인문(李寅文 ;1745~1821)일 것이다. 이인문은 김홍도와 동갑내기로 함께 화원활동을 하였고, 산수화 분야에서 일가를 이룬 작가이다.

〈단발령망금강전도〉는 이인문의 작품 가운데 가장 뛰어난 가작으로 지목된다. 이 작품은 우측 하단 전경(前景)에 단발령 고개를 배치하고 그 너머로 전개된 내금강의 개골산을 담았는데, 경물의 배치나 미점의 토산과 암봉의 수직준법은 정선의 형식을 참작하여 그렸다. 그러나 전경과 후경의 원근 표현, 농담의 수묵과 수채화풍의 담채 구사에서 이인문의 개성과 뛰어난 역량이 드러나 있다. 나아가 개개 산봉의 특징을 살리는 데 역점을 둔 당시의 금강산전도와 달리 멀리 보이는 전체의 인상만을 연출한 표현은 새로운 감동을 자아내게 한다. 시원한 수묵담채 처리와 함께 현대적인 감각마저 감돈다. 〈총석정도〉의 거친 석주(石柱) 표현, 오른쪽 누정으로 가는 언덕의 미점 처리, 파도 묘사에 정선의 영향이 남아 있기는 하다. 그러나 돌기둥 위로 전개된 동해의 넘실대는 파고(波高), 간략하게 압축시킨 세 개의 돌기둥은 드라마틱하다. 독자적 진경 해석에 의한 이인문의 기량을 보이는 것이다. 이렇듯 이인문은 과작이긴 하지만 진경산수화에서도 자신의 필력을 유감없이 발휘하였다. 정선의 영향이 김홍도에 비하여 보다 강하게 남아 있으나 〈단발령망금강전도〉나 〈총석정도〉와 같은 참신한 감각의 그림은 조선 후기 진경산수화에서 빼놓을 수 없는 역작들이다. 그리고 정선식 금강산 그림은 얼마든지 재창조할 소지가 있음을 보여준다.

이들 외에도 정선에 의해 일깨워진 진경산수화에 대한 새로운 인식은 보다 폭넓게 파급되었다. 18세기 화단에서 남종화풍을 적극적으로 수용하는 데 앞장섰던 문인화가들도 정선을 공감하여 탐승(探勝)과 사경(寫景)에 대거 참여한 것이다. 우리 강산에 대한 문인화가들의 관심은 조선 후기 진경산수화의 발전을 다채롭게 하였고, 기행과 사경을 통하여 습득한 화법은 또한 남종화풍을 조선적으로 소화한 양상을 띠고 있다.

김윤겸, 〈묘길상〉, 종이에 수묵담채, 27.7×38.8cm, 국립중앙박물관 소장.

---

17) 이태호, 〈문인화가들의 기행사경〉, 《조선 후기 회화의 사실정신》.

이로써 조선 후기 진경산수화의 이념과 격조 높은 형식의 발전에 촉진제 역할을 했다고
볼 수 있다.

　기행과 사경으로 진경산수화를 남긴 문인화가로는 심사정, 이인상, 강세황, 허필, 이
윤영, 정수영, 윤제홍 등이 떠오른다. 이들은 모두 18세기 화단에서 산수화로 일가를 이
룬 문인화가들로 평생 시(詩)·서(書)와 화업(畫業)에 정진하였으며, 심사정과 이인상
과 강세황은 조선적인 남종화풍을 세우는 데 크게 기여한 대가들이다.[17]

　현재(玄齋) 심사정(沈師正;1707~69)의 금강산 그림으로 〈장안사도〉〈명경대도
(明鏡臺圖)〉〈만폭동도〉(이상 간송미술관 소장) 등은 직접 현장을 사생한 구성을 보여
준다. 〈명경대도〉의 경우 카메라에 담은 실경 사진과 비교해보면, 거의 같은 구도를 만날
수 있을 정도이다. 17세기 문인화가 조속의 화법을 따른 것으로 보인다. 또 이들은 심사
정이 정선을 배웠다고 전해오듯이 정선화풍이 엿보이나, 마른 건필의 먹선으로 묘사한
바위의 외형 묘사와 태점 구사는 심사정식 남종산수의 전형이다. 현장을 보는 시점대로
닮게 옮기는 심사정의 화면 운영법과 남종산수화풍은 후배 화가들에게 정선 못지않은
영향을 끼쳤다. 정선 일파인 최북이나 김유성은 물론, 이유신, 이인문과 김홍도에 이르기
까지 폭넓게 파급되었다.

　능호관(凌壺觀) 이인상(李麟祥;1710~60)의 금강산 그림은 외금강의 〈구룡폭도
(九龍瀑圖)〉(1752, 국립중앙박물관 소장)처럼 까실하면서도 예민한 독필(禿筆)의 먹

선으로 바위의 골기(骨氣)만을 표현한 작품이 있는가 하면, 이와 대조적으로 〈은선대도(隱仙臺圖)〉와 〈옥류동도(玉流洞圖)〉(간송미술관 소장)처럼 연한 담청과 담묵을 은은하게 펼친 작품도 남기고 있다. 이러한 먹선묘법과 선염법은 모두 이인상의 개성적 화풍으로 이윤영, 윤제홍, 정수영 등 후배 화가에게 영향을 끼쳤다.

문인화가들의 금강산 그림은 담백한 시취(詩趣)로 대상 포착과 화면구성에서 정선과 달리 과장과 변형을 크게 하지 않고, 현장 사생에 주력한 것이다. 그러한 경향은 이인상과 심사정의 1740~50년대 화풍, 1780~90년대 강세황과 정수영의 사경도에 가장 뚜렷이 드러나 있다. 특히 강세황의 1788년작 《풍악장유첩(楓岳壯遊帖)》(국립중앙박물관 소장)이나 정수영의 1799년작 《해산첩(海山帖)》(국립중앙박물관 소장) 같은 시 · 서 · 화를 포함한 사경도첩은 기행하는 가운데 현장 스케치의 파격적인 필치가 돋보이는 사례들이다.

강세황의 《풍악장유첩》에는 날고기 같은 맛의 수묵선묘와 담먹으로 현장을 여행하며 사생한 〈백산도(栢山圖)〉 〈청간정도〉 〈죽서루도〉 등이 포함되어 있다. 그런데 1788년 김홍도와 함께한 여정이 말해주듯이, 김홍도의 작품으로 전하는 《금강사군첩》의 구도와 유사한 점이 눈에 띈다. 지우재(之又齋) 정수영(鄭遂榮;1743~1831)은 가장 독특한 문인화가이다. 《해산첩》은 단발령에서 옹천까지의 금강산 사생답사 과정을 기행문과 함께 꾸민 화첩인데, 유탄(柳炭)으로 밑그림을 그린 위에 그 꺼칠꺼칠한 맛을 수묵담채로 색다르게 표현하였다. 몽당붓 같은 독필로 짧은 터치를 경쾌하고 속도감 있게 반복하는 정수영의 필법은 《해산첩》 이후의 금강산 그림에 일관되게 나타난다. 소박하면서도 기행 사경의 생생한 맛을 살려낸 것이다.

진경산수와 남종화풍을 개성미 넘치게 융화시켰던 18세기 선비화가들은 19세기 중엽 이후 구체적인 대상이 없이 중국 문인화를 모델로 관념적 사의와 문기의 강조만으로 흘러버린 김정희 일파와 좋은 대조를 이룬다.

현장 사생의 맛을 살린 김홍도의 금강산 그림

18세기 영조 연간 정선과 그의 영향 아래 형성되었던 정선 일파, 그리고 선비화가들의 참여로 융성하였던 진경산수화는 이후 급격한 쇠잔을 보인다. 진경산수화는 1820~30년대까지 활약했던 몇몇 화가들—선비화가로 기행사경에 심취했던 정수영과 화원인 이인문이나 김석신 등—을 제외하고는 18세기 후반~19세기에 들어서면 내세울 만한 작가가 많지 않다. 정조 연간 김홍도를 주축으로 현실감을 강조한 풍속화의 번창과 함께 다양한 영역으로의 확장이 두드러지면서, 김홍도의 금강산 그림과 진경산수는 현장의 사실묘사에 충실한 회화성의 질적 발전을 이루었다. 이런 변화에 따른 새로운 양식의 정착은 정선과 심사정의 금강산도를 비교한 강세황의 화평에서 제시된 적이 있다.

정선은 평생토록 익힌 능숙한 필법으로 마음먹은 바를 휘려(揮麗)하게 그려냈는데 바위의 형태와 봉우리를 막론하고 거친 열마(裂麻)준법으로 일관하여 난사(亂寫)하였다. 그래서 사진(寫眞)의 부족함이 드러난다. 심사정의 것은 정선보다 나은 편이지만 역시 폭넓고 고랑(高朗)한 시각이 결핍되어 있다.[18]

정선과 심사정의 약점을 지적한 강세황의 이 품평(品評)은 18세기 전반에서 후반으로 진행하는 조형감각의 변화를 시사한다. 진경의 현장성과 탁 트인 시각이 부족했던 영조 시기 금강산 그림을 꼬집은 점은 정조 시기에 올 방향을 제시해준 것이다. 강세황이 제시한 방향은 그의 애제자 격인 김홍도에게 수렴되었다. 단원(檀園) 김홍도(金弘道 ; 1745~1806경)는 정선에게 부족했던 현장사생의 사진(寫眞) 개념과 심사정에게 결핍되었던 폭넓고 고랑(高朗)한 시각을 보완해서 자기 양식을 완성한 것이다.

김홍도의 진경산수화는 정선의 감명과 문인화가들의 영향에서 출발하였으나 형식화된 정선 일파나 문인화가들의 한정된 기행작업을 탈피하게 된다. 정선의 큰 울림이 담긴 야성미(野性美)를 순화시켜 현장감 넘치는 사실성으로 세련화시킨 것이, 김홍도의 금강산 그림이고 실경작품이다. 이는 바로 영조 때와 달라진 정조 시기의 미감과 문화감각의 차이를 말해준다.

김홍도 진경산수의 출발점은 무신년(戊申年, 1788) 정조의 어명으로 김응환과 동행하여 금강산을 비롯한 영동 일대를 여행하며 곳곳의 명승도를 제작한 데 있다. 이때 정조는 금강산 근처의 관리들에게 두 화가를 경연관(經筵官)과 같이 대접하도록 지시하여 이례적으로 배려하였다고 한다. 정조의 금강산에 대한 관심과 약관 40대였던 김홍도의 위치도 짐작할 수 있겠다. 이러한 사실은 당시 금강산에서 만났던 강세황의 문집에도 기술되어 있는데, 강세황의 글에는 "김홍도와 김응환이 100여 폭의 영동 9군과 금강산 승경도를 신필(神筆)로 그렸다"고 쓰여 있다. 그리고 금강산을 여행한 뒤 정조에게 올리기 위해 횡축으로 채색화《금강사군첩(金剛四郡帖)》을 제작했다고 전해온다.[19]

김홍도의《금강사군첩》은 화첩의 일부 그림이 사진으로 소개되다가, 1995년 12월 '김홍도 탄신 250주년 기념 특별전'(국립중앙박물관)에《해산도첩》이라는 이름으로 처

---

18) 강세황,《표암유고》; 이태호,〈정선 진경산수화풍의 계승과 변모〉에서 재인용.

19) 유홍준,〈단원 김홍도 연구 노트〉,《단원 김홍도》, 국립중앙박물관, 1990.

음 전시된 적이 있었다. 그런데 이 화첩은 일정한 묘사 수준과 격조를 갖추었으나, 화첩
의 상태와 화풍으로 미루어 짐작컨대 김홍도 당대의 그림이라기보다 후대의 모사품으로
여겨진다. 특히 비단의 아교포수가 거의 변질되지 않은 점으로 미루어, 빨라도 20세기
초반에 김홍도의 《금강사군첩》을 베껴 그린 화첩이 아닐까 싶다. 특히 김규진(金圭
鎭;1868~1933)의 금강산 그림들과 유사한 점이 많아 김규진의 모사화첩일 가능성도
없지 않다.

이 화첩을 통해 우리는 김홍도의 옛 《금강사군첩》의 단면을 엿볼 수 있다. 화첩은 금
강산과 인근 영동의 명승도 60점으로 꾸며져 있다. 단발령에서 시작하여 내·외·해금
강과 금성·회양의 명승고적과 통천·고성의 기암 승경, 삼척·강릉·울진의 관동팔경,
명주 오대산과 설악산 일대까지 포함되어 있다. 비단 위에 수묵담채로 촘촘히 그린 실경
도들은 김홍도식의 잔영도 보이지만, 구도나 필법은 풍경에 따라 치밀하고 사생적이다.
김홍도의 안목과 화흥에 의해 명승의 특징적인 부분을 포착한 것이라기보다, 일정한 격
식으로 풍경을 찍은 기념사진과도 같다. 현장에서 만난 그대로를 사실적으로 담은 이 화
첩 그림은 정선의 화풍을 바탕으로 한 김홍도식 진경산수화를 추이할 수 있는 의미 있는
모사본 격인 셈이다.

김홍도, 〈총석정〉, 종이에 수묵담채, 23.0×27.7cm, 개인 소장.

한편 화첩에 포함된 60점의 내용 구성을 볼 때 사생현장이 이전보다 한층 다양해졌다. 정조의 어명이 있었던 탓인지 현지 관리들의 각별한 배려와 상세한 안내를 받아 답사 가능한 명소를 샅샅이 뒤진 모양이다. 김홍도 이전 정선과 영조 시기의 금강산 그림이 내금강 전경도를 비롯해서 장안사·표훈사·정양사·만폭동 등 대여섯 곳의 내금강 명승고적과 불정대·옥류동 등 두세 곳의 외금강 명승에 한정되었는 데 비하여 그렇다. 내금강의 경우 진주담·분설담·영원암·문탑·수미탑·백화암·삼불암 등 20여 곳으로, 외금강의 경우 만물초·선담·비봉폭 등 6~7곳으로 사생장소가 늘어난 것이다. 이같이 확대된 금강산 명소 스케치는 정수영·김하종·이풍익 등의 금강산 화첩 제작으로 이어졌다. 아무튼 금강산 여행에서 얻은 자극과 인상은 다른 화가와 마찬가지로 김홍도에게도 컸을 것인즉, 1788년 여행 이후의 금강산도들에 그대로 반영되어 있다.

그 가운데서도 근래에 일본에서 국내에 유입된 〈명경대도(明鏡臺圖)〉와 〈만폭동도(萬瀑洞圖)〉는 사생적인 면모를 벗은 김홍도 50대의 회화력을 보여준다. 비단 위에 수묵담채로 그린 이 두 작품은 명경대와 만폭동 암봉을 중심으로 각각 내금강의 가을 풍경을 긴 족자에 포치하여 실경의 분위기를 적절히 살려낸 그림들이다. 그런데 앞의 화첩에서와 마찬가지로 구도 잡는 법이 정선의 그것과 크게 다르다. 예컨대 두 화가의 〈만폭동도〉를 비교해보면, 정선은 부감법을 써서 원형 구도식의 화면운영으로 전경을 포착한 데 비하여, 김홍도는 대각선 구도로 시점을 낮추고 만폭동 중앙 바위의 형상묘사에 치중하고 있다. 이는 심사정이나 문인화가풍의 진경화법을 따른 것이다. 그리고 정선의 수직준법을 변형시킨 암산 표현이 엿보이지만, 암봉의 가벼운 부벽준법에는 심사정의 화풍이 가미되어 있다. 그러면서 각이 진 바위의 세부 표현, 개울의 성긴 수파묘(水波描) 물결과 방형의 모난 돌, 나무 묘사 등은 김홍도식의 완숙한 필치가 역력하다. 두 작품보다는 화격이 떨어지지만 명경대와 만폭동을 포함하여 구룡폭, 총석정 등 8폭으로 꾸며진 금강산 그림 병풍이 간송미술관에 소장되어 있다.

김홍도는 앞의 금강산도와 대조적으로 〈구룡폭도(九龍瀑圖)〉(평양역사박물관 소장)처럼 소품의 화첩류에서 더욱 활달하고 강한 수묵을 구사하였다. 〈구룡폭도〉는 당시 일반적인 구룡연 그림의 포치와 달리 전경에 간략한 바위와 나무를 그려넣고 소(沼)를 생략하였다. 폭포와 암벽을 좌측 화면에 꽉 채워넣은 구도는 김홍도의 대상 해석에 대한 뛰어난 감각을 말해주고 있다. 아울러 전경 표현과 대각선 구도, 각이 진 암벽의 주름 표현, 소나무 묘법 등 김홍도의 전용 필법인 비스듬한 터치의 사용이 눈에 띈다.

또한 김홍도 50대의 무르익은 대표작으로는 금강산을 여행한 7년 뒤에 그린 〈총석정도(叢石亭圖)〉(개인 소장)가 있다. 그림에 '을묘중추사 증김경림(乙卯仲秋寫贈金景林)'이라고 밝혀져 있듯이, 을묘년(1795) 가을에 염상이자 역관으로서 김홍도를 후원한 김한태(金漢泰)에게 그려준 화첩 중의 소품이다. 이 그림은 《금강사군첩》에 포함된 〈총석정도〉의 수평식 포치에서 변화된 구도여서 〈구룡폭도〉와 마찬가지로 사생 당시의 인상을 간략하게 요약한 과정을 알 수 있다. 대각선 구도에 돌기둥의 특징 있는 표현과, 소나무 묘법에 정선의 냄새가 남아 있다. 하지만 단조로운 여러 석주(石柱)를 수묵의 농담 구사로 거리감을 내었으며, 연녹색 담채의 싱그러움과 수파묘법에 김홍도의 개성미가 돋보인다. 너울대는 파도와 석주에 부딪히는 물결 위의 작은 물새들은 풍속화가인 김홍도다운 재치 있는 발상이다.

금강산 사생으로 출발한 김홍도의 진경산수는 50대 후반 이후에 이르면 금강산보다 《병진년화첩》(호암미술관 소장)의 〈소림명월도〉와 같은 평이한 풍경의 포착이나 삶의 모습을 풍경 속에 담은 사경풍속(寫景風俗) 양식으로 정립된다. 이는 당대의 진경이 의미

변관식, 〈외금강 삼선암 가을색〉, 종이에 수묵담채, 150.0×117.0cm, 1959년, 개인 소장.

하던 선경적(仙景的) 성격을 뛰어넘어 주변에서 흔히 마주치는 삶이 담긴 산수화로 확대시킨 것이다. 이는 또 근대적 사실주의 풍경화에 근접한 형식이며, 우리 자연이 지닌 일상 풍경의 잔잔한 서정을 그렇게 풀어내었다고 생각된다. 김홍도의 진경산수를 정선의 회화 못지않게 평가할 수 있는 이유도 그 점에 있다.

김홍도의 진경산수화풍은 인물풍속과 마찬가지로 정선의 화법보다 동료나 후배 화가들에게 크게 파급되었다. 김홍도의 산수화풍을 따라 금강산 그림을 남긴 화가로는 엄치욱이나 이풍익이 김홍도 화풍을 빼다 박은 듯이 그렸고, 조정규나 김하종이 근대로의 교량 역할을 하면서 말기적 퇴락 형태를 보여준다. 한편 이들의 금강산 그림으로 꾸민 화첩이나 병풍은 19세기에도 금강산 그림의 인기가 폭넓게 확산되었음을 알려주며, 금강산 그림에 대한 사회적 요구가 보편화되었음을 나타내주는 사례들이어서 관심을 끈다.

통일 예술의 새 바람은 다시 금강산에서

그토록 아름다운 금강산이 이 땅에 존재해왔기에, 한국 산수화의 고전이라 할 조선시대 진경산수화가 태동하고 발전했을 것이다. 중국 산수화의 감화로부터 온전히 탈피하여, 조선 후기에 겸재 정선이나 단원 김홍도, 그리고 동시대에 개성적 화법의 다양한 화가들이 배출된 것이 금강산이 우리 문화사에 안겨준 천혜의 예술적 선물이라 아니할 수 없겠다. 또한 성리학을 토대로 이상사회를 펼치려는 당대 문인 사대부의 사회적 열망이 컸기에, 그리고 우리 조상들이 금강산을 열정적으로 사랑했던 까닭에, 그같이 뛰어난 작가와 걸작들이 18세기 근 백년에 걸쳐 집중적으로 쏟아져 나올 수 있었다고 생각된다.

그런데 19세기 금강산 그림의 유행과 형식적 퇴락 이후, 20세기에 들어서는 18세기에 버금가는 금강산 예술과 작가를 찾을 수 없다. 역시 일본제국주의의 식민지로 전락하고, 이후 분단에 따른 부조리하고 비민주적인 시대적 상황이 악화시켰을 것이다. 한쪽에서는 50년 동안 변변한 사진조차 보지 못하는 처지였기에 더욱 그러하였다. 그런데다 서구문화의 수용과 서구식 조형어법에 의존하여 우리 풍경을 그려온 탓에 조선 후기와 같은 좋은 산수화나 금강산 그림을 만나기 힘들 수밖에 없었을 것이다.

20세기의 금강산 작가를 떠올리자면, 일제 강점기 초 창덕궁 희정전(熙政殿) 벽화로 〈총석정절경도〉와 〈만물초승경도(萬物肖勝景圖)〉를 제작한 김규진과 해방 후 삼선암(三仙岩), 옥류동, 진주담, 구룡폭, 단발령 등을 추억해서 그린 소정(小亭) 변관식(卞寬植;1899~1976)을 들 수 있겠다. 김규진의 1920년대 희정전 벽화들은 수평식 구성법과 화사한 채색감각이 전통 형식을 계승하면서도 금강산 그림에 대한 참신한 의욕을 담고 있다. 오히려 김규진의 〈금강산십경도〉 병풍(개인 소장)에서는 정선과 김홍도에 이은 19세기 금강산 그림의 전통을 충실히 따르고 있다. 변관식의 1960년대 〈삼선암도〉나 〈옥류동〉, 1970년대 〈단발령〉 같은 작품은 나름대로 전통 형식을 벗고 근대적 형식의 금강산 회화로의 변환과 새로운 방향을 제시해준다.

그 동안 한국회화사의 꽃이라 할 정선의 금강산 그림과 조선 후기의 진경산수화에 대한 연구는 현지 확인이 불가능하여 문헌과 화적, 그리고 화질이 떨어지는 한정된 사진에 의지함으로써 미흡할 수밖에 없었다. 이는 당대 문인들이 '금강산을 다녀온 뒤에야 정선이 그린 금강산도의 진면목을 알게 되었다'고 전했던 화평에 비하여, 우리의 금강산 그림에 대한 감명이 절반에 못 미쳤다는 얘기이다.

금년 가을이면 동해안에 금강산 유람선이 뜬다고 하여 많은 이들의 관심을 끌고 있다. 금강산의 개방은 제한적으로나마 금강산 탐승의 길이 현실적으로 열림으로써 책상 위의 연구에서 벗어나 새로운 지평을 열게 되었음을 의미한다. 이제사 우리는 직접 현장 확인을 통해서 정선의 금강산 그림과 옛 금강산 예술의 참맛을 재음미하게 된 것이다. 금강산을 몸으로 호흡하면서 금강산 그림의 예술성을 진정으로 감상하게 되었고, 동시에 금강산 그림을 통해서 한국 산수의 성자(聖者) 격인 금강산의 비경을 가슴 깊이 느낄 수 있는 안복(眼福)을 누리게 된 것이다.

나아가 금강산을 밟는 일은 단순한 유람이라기보다는 통일의 염원과 그 가능성이라는 맺혔던 현대사의 한 고빗사위를 풀고 넘어가는 일이고, 그 동안 쌓인 그리움을 안고 답사하게 되는 것이니, 오늘의 금강산 탐승은 옛 선현들이 느끼지 못했던 또 다른 감동으로 다가올 것임에 틀림없다. 그렇게 볼 때, 통일된 민족예술의 새 바람은 다시 아름다운 금강산에서 일기 시작할 것이다.

(전남대 교수/ 미술사)

금강산 관련 자료

● 한문 시문 및 기행산문

강세황(姜世晃;1713~91) 〈유금강산기(遊金剛山記)〉(豹菴稿 卷4)

강철흠(姜哲欽;1778~1856) 〈해산록(海山錄)〉(海山錄)

권박(權瞨;1574~1650) 〈정미동유기(丁未東遊記)〉(龜沙金剛錄 全)

금원 김씨(錦園金氏;1817~?) 〈호동서락기(湖東西洛記)〉(湖東西洛記)

김개국(金盖國;1548~1603) 〈관동록(關東錄)〉(晚翠先生遺稿 卷2)

김득신(金得臣;1604~84) 〈금강산록(金剛山錄)〉(柏谷集 卷6)

김상휴(金相休;正祖시대) 〈금강산사(金剛山史)〉(華南漫錄 續1)

김수증(金壽增;1624~1701) 〈풍악일기(楓嶽日記)〉(谷雲集 卷3)

김시습(金時習;1435~93) 《유관동록(遊關東錄)》(梅月堂集 卷13), 《관동일록(關東日錄)》

김원복(金元服;高宗시대) 〈금강일기(金剛日記)〉(金剛日記)

김인섭(金麟燮;1827~1903) 〈범주유총석정기(泛舟遊叢石亭記)〉, 〈유금란굴기(遊金幱窟記)〉,
　　　　　　　　　　　　〈관음사전춘기(觀音寺餞春記)〉(端磎集 卷10)

김종정(金鍾正;1722~87) 〈동정일기(東征日記)〉(雲溪漫稿 卷8)

김창즙(金昌緝;1662~1713) 〈동유기(東遊記)〉(圃陰集 卷6)

김창협(金昌協;1651~1708) 〈동유기(東游記)〉(農巖集 卷23)

남오일(南五一;高宗시대) 〈동유록일기(東遊錄日記)〉(仙補漫錄)

남효온(南孝溫;1454~92) 〈유금강산기(遊金剛山記)〉(秋江集 卷3)

노경임(盧景任;1569~1620) 〈유금강산기(遊金剛山記)〉(敬菴集 卷16)

박순우(朴淳愚;1686~1759) 〈동유록(東遊錄)〉(明村遺稿)

박영석(朴永錫;1734~1801) 〈동유록(東遊錄)〉(晚翠亭遺稿)

박춘영(朴春榮;英祖시대) 〈봉래기유(蓬萊紀遊)〉(蓬萊紀遊)

배용길(裵龍吉;1556~1609) 〈금강산기(金剛山記)〉(琴易堂集 卷5)

서영보(徐榮輔;1759~1816) 〈풍악기(楓嶽記)〉(楓嶽記)

서원예(徐元藝;1838년 봄 기행) 〈박천동유록(博泉東遊錄)〉(博泉東遊錄)

서응순(徐應淳;1824~80) 〈삼유관기(三游觀記)〉(絅堂集)

서종태(徐宗泰;1652~1719) 〈관풍악내산기(觀楓嶽內山記)〉(晚亭堂集 卷1)

석법종(釋法宗;1670~1733) 〈유금강록(遊金剛錄)〉(虛靜集 下)

석세환(釋世煥;1853~89) 〈금강록(金剛錄)〉(混元集 卷2)

성제원(成悌元;1506~59) 〈유금강록(遊金剛錄)〉(臥遊錄 卷1)

성해응(成海應;1760~1839) 《관동산수기(關東山水記)》

성현(成俔;1439~1504) 〈유삼일포부(遊三日浦賦)〉(虛白堂集 卷1),
　　　　　　　　　　　〈동행기(東行記)〉(臥遊錄 卷9)

《세조대왕실록》〈어가동순록(御駕東巡錄)〉(世祖大王實錄 卷38)

손봉상(孫鳳祥;?~?) 〈金�窟記〉〈叢石記〉(韶山集)

송광연(宋光淵;1638~95) 〈금강록결어(金剛錄結語)〉(泛虛亭集 卷7)

송근수(宋近秀;1818~1902) 〈동유일기(東遊日記)〉(東遊記)

송병선(宋秉璿;1836~1905) 〈동유기(東遊記)〉(淵齋集)

송주상(宋周相;1687~1753) 〈동유일기(東遊日記)〉(東遊日記)

송홍직(宋洪直;1783~1836) 〈유금강산록(遊金剛山錄)〉(書巢集 卷3)

송환기(宋煥箕;1728~1807) 〈동유일기(東遊日記)〉(性潭集 卷12)

신광하(申光河;1729~96) 〈동유기행(東遊紀行)〉(震澤集 卷11),
　　　　　　　　　　　《동유록(東遊錄)》《풍악록(楓嶽錄)》

신익성(申翊聖;1588~1644) 〈유금강내외산제기(遊金剛內外山諸記)〉,
　　　　　　　　　　　〈유금강소기(遊金剛小記)〉(樂全堂集 卷7)

안경점(安景漸;?~?) 〈유금강록(遊金剛錄)〉(冷窩集 卷3)

안병두(安炳斗;?~?) 〈금강록(金剛錄)〉(東隱遺稿)

안석경(安錫儆;1718~74) 〈동행기(東行記)〉(霅稿集 上), 〈동유기(東遊記)〉(霅稿集 中)

안축(安軸;1287~1348) 《관동와주(關東瓦注)》,〈관동별곡(關東別曲)〉(謹齋集 卷1)

양대박(梁大樸;1544~92) 〈금강산기행록(金剛山紀行錄)〉(靑溪集 坤)

오도일(吳道一;1645~1793) 〈관동록(關東錄)〉(西坡集 卷6)

오은(號 鰲隱;純祖시대) 〈풍악지장도겸시축(楓嶽指掌圖兼詩軸)〉(周紙)

오재순(吳載純;1727~92) 〈해산일기(海山日記)〉(醇庵集 卷5)

오준선(吳駿善;?~?) 〈유금강산기(遊金剛山記)〉(後石集)

유심영(柳心永;憲宗시대) 〈동유록(東遊錄)〉(金剛錄)

유운룡(柳雲龍;1539~1601) 〈유금강산록(遊金剛山錄)〉(謙菴集 卷5)

이경석(李景奭;1595~1671) 〈풍악록(楓嶽錄)〉(白軒集 卷10)

이곡(李穀:1298~1351) 〈동유기(東遊記)〉(稼亭集 卷5)

이도익(李道翼:1692~1762) 〈배유금강록(陪遊金剛錄)〉(喜懼齋遺稿)

이동표(李東標:1644~1700) 〈유금강산록(遊金剛山錄)〉(懶隱集 卷5)

이동항(李東沆:?~?) 〈해산록(海山錄)〉〈풍악총론(楓嶽總論)〉(遲庵文集 卷4)

이만부(李萬敷:1664~1732) 〈금강산기(金剛山記)〉(地行錄)

이명준(李命俊:1572~1630) 〈유산록(遊山錄)〉(潛窩遺稿 坤)

이명한(李明漢:1595~1645) 〈유풍악기(游楓嶽記)〉(白洲集 卷16)

이명환(李明煥:1718~64) 〈풍악지행(楓嶽之行)〉(海嶽集 卷3)

이민구(李敏救?:1589~1670) 〈풍악록(楓嶽錄)〉(東洲集)

이병렬(李秉烈:?~?) 〈금강일기(金剛日記)〉(龍岡集 卷1)

이상수(李象秀:1820~82) 〈동행산수기(東行山水記)〉(峿堂集 卷13)

이세구(李世龜:1646~1700) 〈동유록(東遊錄)〉(養窩集 卷12)

이시선(李時善:1625~1715) 〈관동록(關東錄)〉(松月齋集 卷5)

이원(李黿:?~1504) 〈유금강록(遊金剛錄)〉(再思堂逸集 卷1)

이의현(李宜顯:1669~1745) 〈유금강산기(遊金剛山記)〉(陶谷集 卷25)

이이(李珥:1536~84) 〈풍악행(楓嶽行)〉(栗谷全書10 遺1)

이재의(李載毅:1772~1839) 〈동유록(東遊錄)〉(文山集 卷8)

이정구(李廷龜:1564~1635) 〈유금강산기(遊金剛山記)〉上·下(月沙集 卷38)

이조묵(李祖默:1792~1840) 〈금강산기(金剛山記)〉(六橋稿略)

이진택(李鎭宅:1738~1805) 〈금강산유록(金剛山遊錄)〉(德峯集 卷4)

이천상(李天相:1637~1708) 〈관동록(關東錄)〉(新溪集)

이하경(李夏卿:仁祖시대) 〈금강산도로기(金剛山道路記)〉(金剛山道路記)

이하곤(李夏坤:1677~1724) 《동유록(東遊錄)》(시집),《동유록(東遊錄)》(문집)(頭陀草 下)

이희조(李喜朝:1655~1724) 〈해산창수록(海山唱酬錄)〉(芝村集 卷19)

임정주(任靖周:1727~96) 〈동유기(東遊記)〉(雲湖集 卷5)

임춘(林椿:고려 중기) 〈동행기(東行記)〉(西河先生集)

정곤수(鄭崐壽:1538~1602) 〈금강록(金剛錄)〉(臥遊錄 卷8)

정기안(鄭基安:1695~1767) 〈유풍악록(遊楓嶽錄)〉(晩慕遺稿)

정식(鄭栻:1683~1746) 〈관동록(關東錄)〉(明庵集 卷3)

정엽(鄭曄:1563~1625) 〈금강록(金剛錄)〉(守夢集 卷3)

정치종(丁穉種;1793~?)〈승유록(乘遊錄)〉(乘遊錄)

조병균(趙秉均;1855~?)《봉래일록(蓬萊日錄)》(1890)

조병현(趙秉鉉;1791~1849)〈금강관서(金剛觀敍)〉(成齋集 卷15)

조성하(趙成夏;1845~81)〈금강산기(金剛山記)〉(金剛山記)

조용화(趙容和;1793~?)〈해산일기(海山日記)〉(晴沼遺稿 地)

조재도(趙載道;英祖시대)〈유풍악기(遊楓嶽記)〉〈재입풍악기(再入楓嶽記)(忍庵集 乾)

조정만(趙正萬;1656~1739)〈유금강산소기(遊金剛山小記)〉(寤齋集 卷3)

조존영(趙存榮;純祖시대)〈동유록(東遊錄)〉(鍾山集 卷2)

조필감(趙弼鑑;正祖시대)〈동행일기 임술(東行日記 壬戌)〉(瞻猗軒遺稿 乾)

진덕립의 형(陳德立 伯氏;1861년 봄 기행)〈금강소백완경기(金剛小白翫景記)〉
          (金剛小白翫景記)

채지홍(蔡之洪;1683~1741)〈동정기(東征記)〉(鳳巖集 卷13)

채팽윤(蔡彭胤;1669~1731)〈풍악록(楓嶽錄)〉(希庵集 卷22)

최동환(崔東煥;哲宗시대)〈동유록(東遊錄)〉(東遊錄)

최현구(崔鉉九;哲宗시대)〈동유록(東遊錄)〉(蘭史集 坤)

필자 미상(1790년 가을 기행)〈동유록(東遊錄)〉(東遊錄)

필자 미상(1826년 봄 기행)〈동유소기(東遊小記)〉(快客東遊錄)

필자 미상(1832년 기행)〈금강유상록(金剛遊賞錄)〉(金剛遊賞錄)

필자 미상(1887년 기행)〈동유록(東遊錄)〉(東遊錄)

학산(學山;고종시대)〈금강록(金剛錄)〉(海嶽錄)

허훈(許薰;1836~1907)〈동유록(東遊錄)〉(舫山全集)

홍병모(洪炳謨;1801~81)〈몽유록(夢遊錄)〉(夢遊錄)

홍여하(洪汝河;1621~78)〈유풍악기(遊楓嶽記)〉(木齋集 卷7),〈유삼일포기(遊三日浦記)〉
          〈총석정기(叢石亭記)〉〈풍악만록(楓嶽漫錄)〉(木齋集 卷6)

홍인우(洪仁祐;1515~54)《관동록(關東錄)》(恥齋遺稿 卷3)

황경원(黃景源;1709~87)〈구룡연기(九龍淵記)〉(江漢集 卷9),
          〈영원석기(靈源石記)〉(江漢集 卷10)

● 국문 문학

김구하(金九河;?~?)《금강산관상록(金剛山觀賞錄)》(1932)

김원근(金元根;1786~1832) 〈자경지 함흥일기(慈慶志 咸興日記)〉

문일평(文一平;1888~1936) 〈동해유기(東海遊記)〉〈조선의 명폭(名瀑)

　　　　　　　　　　　　　〈조선의 명산거찰(名山巨刹)〉(湖岩史論史話選集, 1996, 현대실학사)

박순우(朴淳愚;영조대) 〈금강별곡(金剛別曲)〉

이광수(李光洙;1892~?) 《금강산유기(金剛山遊記)》(시문사, 1924)

이은상(李殷相;1903~82) 〈금강행(金剛行)〉

정비석(鄭飛石;1911~91) 〈산정무한(山情無限)〉

정철(鄭澈;1536~93) 《관동별곡(關東別曲)》(松江歌辭)

조병균(趙秉均;1865~?) 〈금강녹〉(금강녹) 1890년 기행.

조우인(曺友仁;1561~1625) 〈관동속별곡(關東續別曲)〉(頤齋詠言)

청파거사(青坡居士;?~?) 《금강산유람록(金剛山遊覽錄)》

최남선(崔南善;1890~1957) 《금강예찬(金剛禮讚)》,

　　　　　　　　　　　　〈풍악기유(楓嶽記遊)〉(육당 최남선전집 6, 1975, 현암사)

필자 미상(1876년 봄 기행) 〈금강산유상녹〉(金剛山遊賞錄)

필자 미상(철종대 발간) 〈동유기 권지일〉(東遊記)

● 이 밖에도 아래의 문헌에 금강산 관련 글과 자료들이 수록되어 있다.

《京城と金剛山》岡本曉翠, 京城眞美會, 1932.

《금강록(金剛錄)》

《금강록(金剛錄)》(필사본) 동농거사(東農居士), 을미(乙未).

《금강산(金剛山)》 원산 덕전사진관, 1926.

《금강산(金剛山)》 조선총독부 철도국, 1929 · 1932.

《金剛山》前田寬, 朝鮮鐵道協會, 1931.

《금강산교통안내조감도(金剛山交通案內鳥瞰圖)》(世界の名山) 金剛山電鐵(株), 1929.

《금강산기》 조성하(趙成夏;1845~81) 편

《금강산시집》(편자, 발간 연도 미상, 단국대도서관 소장본)

《금강산안내지도(金剛山案內地圖)》(1932)

《금강산유산일기(金剛山遊山日記)》

《금강산유상록(金剛山遊賞錄)》(한글기행산문)

《금강산유점사사적기(金剛山楡岾寺事蹟記)》(목판본), 민청(閔淸), 신미(辛未).

《금강산집》(6편 23책, 편자 미상)

《금강산탐승안내도(金剛山探勝案內圖)》

《금강승람(金剛勝覽)》신민사, 1928.

《동국여지승람》'회양도호부' 조와 '고성군' '통천군' 조

《동유기(東遊記)》

《東遊錄(金剛行錄)》(필사본) 조원승(曺元承), 정묘(丁卯).

《봉래련상록(蓬萊聯賞錄)》공성학(孔聖學) 외, 1929.

《신민》1928년 8월호(금강산호)

《와유금강기》(20세기)

《와유록(臥遊錄)》정신문화연구원, 1997.

《朝鮮の山》飯山達雄, 朝鮮山岳會, 1943.

《조선금강산(朝鮮金剛山)》조선총독부 철도국, 1935.

《조선금강산교통대조감도(朝鮮金剛山交通大鳥瞰圖)》총독부 조선철도국, 1929.

《조선금강산대관(朝鮮金剛山大觀)》원산 덕전사진관, 1935.

《조선금강산대도회(朝鮮金剛山大圖繪)》총독부 조선철도국, 1931.

《조선금강산사진첩(朝鮮金剛山寫眞帖)》원산 덕전사진관, 1916.

《조선왕조실록》

《천하지조선금강산(天下之朝鮮金剛山)》원산 덕전사진관, 1918.

《택리지》'산천' 조

《풍악기(楓嶽記)》(목판본) 죽석산인(竹石山人)

《풍악기유오십칙(楓嶽記遊五十則)》(목활자본) 석릉거사(石菱居士)

《풍악시초(楓嶽詩鈔)》공성학(孔聖學), 춘포사(春圃社), 1936.

《한강선생봉산욕행록(寒岡先生蓬山浴行錄)》(목활자본), 정술(鄭述), 1912.

《한국역대산수유기취편(韓國歷代山水遊記聚編)》2 · 3 · 4(정민 편, 민창문화사, 1996)

● 북한측 자료

《금강산 백도라지》김복련 외, 조선미술출판사, 1991.

《금강산 일화집》안재청 외, 과학백과사전종합출판사, 1992.

《금강산 한시집》리용준 · 오희복 역, 문예출판사, 1989.

《금강산》(도록) 조선화보사, 1991.